AF645151

MÜNCHEN. SCHAU her!

BSB Bayerische StaatsBibliothek
Information in erster Linie

Förderer & Freunde der Bayerischen StaatsBibliothek e.V.

Das Bildarchiv
der Bayerischen Staatsbibliothek

Fotografien 1839–1979

MÜNCHEN. SCHAU her!

HERAUSGEGEBEN VON DER
BAYERISCHEN STAATSBIBLIOTHEK
SCHIRMER/MOSEL

Inhalt

Grußwort

Die Bayerische Staatsbibliothek ist eine Gedächtnisinstitution von Weltrang. Ihre Schätze reichen dabei vom frühen Mittelalter bis in die unmittelbare Gegenwart. Sie umfassen wertvolle Handschriften und Inkunabeln, seltene Drucke, Künstlerbücher, Nachlässe, Karten, Atlanten und natürlich auch Fotos und Bilder. Seit Mitte der 1980er Jahre schenkt die Bibliothek diesen visuellen Beständen besondere Aufmerksamkeit. Mit der Gründung eines eigenen Bildarchivs hat sie es sich seither zur Aufgabe gemacht, für den Erhalt dieser bedeutenden Quellen zu sorgen und sie einer breiten Öffentlichkeit zugänglich und bekannt zu machen. Dazu trägt auch unser Kulturportal *bavarikon* bei, in dem eine breite Auswahl an Bildern dieses Archivs zu sehen ist.

Die Bayerische Staatsbibliothek beschreitet seit 20 Jahren konsequent den Weg zur „Digitalen Bibliothek". Zum einen wird die Zugänglichkeit der digitalen Inhalte stetig verbessert, zum anderen werden durch die Langzeitarchivierung die dauerhafte Sicherung und Nutzbarkeit dieser Bestände gewährleistet. Inzwischen sind schon über 70 Prozent der urheberrechtsfreien Werke im Internet zugänglich. Das bedeutet einen offenen und uneingeschränkten Zugang zu diesen Kulturschätzen – für Forschung und Wissenschaft genauso wie für die breite Öffentlichkeit. Mit der Übernahme des *stern*-Fotoarchivs 2019 und der damit verbundenen Verantwortung für die Erhaltung und Zugänglichmachung dieses zentralen visuellen

Gedächtnisses der Bundesrepublik zeigt die Bayerische Staatsbibliothek einmal mehr ihre Vorreiterrolle bei der Digitalisierung unseres kulturellen Erbes und unterstreicht gleichzeitig ihre internationale Bedeutung.

Ich freue mich sehr, dass die Schätze des Fotoarchivs der Bayerischen Staatsbibliothek jetzt erstmals in einer großen, umfassenden Ausstellung zu sehen sind. Ein Bildarchiv, das die Entwicklung der Fotografie seit der Mitte des 19. Jahrhunderts an herausragenden eigenen Beständen dokumentieren kann, ist für dieses Ausstellungsthema geradezu prädestiniert. In einer Zeit, in der Bildquellen stark an Bedeutung gewinnen und damit unser visuelles Gedächtnis immer mehr in den Vordergrund rückt, kommen diese Ausstellung und der dazugehörige Begleitband zum richtigen Zeitpunkt.

Bernd Sibler
Bayerischer Staatsminister
für Wissenschaft und Kunst

Liebe Leserin, lieber Leser!

Das digitale Zeitalter, so wird oft gesagt, ist ein Zeitalter des Visuellen. An die Stelle der linearen Textualität, jahrhundertelang das bevorzugte Objekt bibliothekarischen Bemühens, treten zusehends knappe, rasch rezipierbare Textschnipsel mit „Twitter" als dem Idealtyp einer internetgemäßen „Schriftlichkeit". Aber geht es überhaupt noch um „Geschriebenes", in welcher Form auch immer?

Ist es nicht vor allem die unentwegt steigende Bilderflut, milliardenfach produziert, kopiert, reproduziert, geteilt und geliked, die die Substanz der digitalen Welt ausmacht? Zumindest so viel sei konzediert: Der auf Twitterformat dezimierte und marginalisierte Text ist nicht mehr in der Lage, die visuelle Kraft des Bildes, bisher primär Beiwerk und bloße „Illustration", einzuhegen und zu bändigen. Schritt für Schritt wird das Bild (wieder) zum Informationsträger eigenen Rechts – sagte es doch immer schon mehr als tausend Worte.

Bibliothekare, traditionell Sachwalter des geschriebenen Wortes und Bewahrer schriftlichen Kulturguts, mögen dies bedauern. Aber ängstigen braucht es sie nicht, gehören doch große Fototheken und Bildarchive schon von jeher zu ihrem Sammlungsauftrag. Die große Jahresausstellung der Bayerischen Staatsbibliothek 2020 „MÜNCHEN. SCHAU her! Das Bildarchiv der Bayerischen Staatsbibliothek", deren begleitenden Bildband Sie in der Hand halten, kommt also genau zur rechten Zeit. Präsentiert wird eine spannende Zeitreise durch München und Umgebung von der Mitte des 19. Jahrhunderts bis in die 1970er Jahre – in Fotografien festgehalten, die einen repräsentativen Ausschnitt der Sammlungen unseres Bildarchivs darstellen.

Damit ist zugleich die besondere Herausforderung dieser Ausstellung bezeichnet: es geht nicht um eine Geschichte Münchens „im Bild", sondern um den Beitrag des Fotoarchivs der Bayerischen Staatsbibliothek zur visuellen Geschichte Münchens. Die Schwerpunkte und Highlights, aber auch die Lücken und Leerstellen dieses Archivs decken sich zwar oft, aber keineswegs immer mit den „Bedeutsamkeiten" der Münchner Stadtgeschichte.

Umso wichtiger und umso aufwändiger war es daher, die gezeigten Bilder sorgfältig zu erläutern und zu kontextualisieren – und damit kommt dann doch wieder der Text zu seinem guten und notwendigen Recht. Bei der Vorbereitung von Ausstellung und Bildband haben wir eindrücklich erfahren, was Walter Benjamin seinerzeit so formuliert hat: „Nicht der Schrift-, sondern der Photographieunkundige wird, so hat man gesagt, der Analphabet der Zukunft sein. Aber muss nicht weniger als ein Analphabet ein Photograph gelten, der seine eigenen Bilder nicht lesen kann? Wird die Beschriftung nicht zum wesentlichsten Bestandteil der Aufnahme werden?"

Dies kann als die zentrale Anforderung an unsere Ausstellung gelten: die Faszinationskraft der Bilder durch ihre Erläuterung nicht zu brechen, sondern so zu steigern, dass aus begrifflosem Starren ein verstehendes Bilderlebnis wird – ein „Schauen" eben. Dies ist umso wichtiger, je länger die fotografierten Ereignisse zurückliegen und je jünger das betrachtende Publikum ist. Denn hier gilt das Diktum der berühmten Publizistin Susan Sontag, die ihr Leben lang über das Faszinosum Fotografie nachgedacht hat: „Erinnern bedeutet immer weniger, sich auf eine Geschichte zu besinnen, und immer mehr, ein Bild aufrufen zu können."

Ausstellung und Katalogband wurden in nur knapp zwei Jahren realisiert, und dies in einem Zeitraum, der für die primär verantwortliche Abteilung „Karten und Bilder" der Bayerischen Staatsbibliothek an Arbeitsintensität wohl kaum zu überbieten war: fällt in ihn doch zugleich die Schenkung des mehr als 15 Millionen Fotos umfassenden analogen Bildarchivs des *stern* durch den Verlag Gruner + Jahr. Mit dieser Schenkung ist die Bayerische Staatsbibliothek kurzerhand zur größten zeitgeschichtlichen Fotosammlung Deutschlands in öffentlicher Trägerschaft herangewachsen.*

An erster Stelle und ganz besonders möchte ich daher der Leiterin der Abteilung „Karten und Bilder" für ihr bedingungsloses Engagement und ihre nahezu unbegrenzte Belastbarkeit angesichts dieser doppelten Herausforderung – neben dem Tagesgeschäft, versteht sich – ganz herzlich danken. Zum Jahresende 2019 sagte mir Frau Dr. Jahn: „Dies war das intensivste Jahr meiner beruflichen Laufbahn", und ich konnte nur antworten: „Ja, so ist es, wenn man die Nummer 1 auf dem Platz ist." Weiterhin möchte ich danken: Paul Bräg M.A., der diese Ausstellung mitkuratiert und vorbereitet hat; unserem Institut für Bestandserhaltung und Restaurierung, das in bewährter Weise die hochempfindlichen Objekte betreut hat und für die Präsentation in den Schatzkammern verantwortlich zeichnet; unserem Referat für Presse- und Öffentlichkeitsarbeit für die federführende Koordination und Organisation des gesamten Projekts; der Gruppe GUT, Bozen, für die professionelle Gestaltung der Ausstellung; unserem Scanzentrum, Jürgen Wagner für die Leitung des Ausstellungsaufbaus und unseren Werkstätten für die praktische

* Da die Ausstellung zum Zeitpunkt der Schenkung bereits weitgehend konzipiert war, kommen Fotos des *stern*-Archivs im Katalog noch nicht und in der Ausstellung nur in Form eines knappen Ausblicks vor. Es ist geplant, die Jahresausstellung 2023 ausschließlich dem *stern*-Fotoarchiv zu widmen.

Umsetzung und natürlich dem Verlag Schirmer/Mosel für diesen gelungenen Begleitband.

Ein ganz besonderer Dank gilt dem Verein der Förderer und Freunde der Bayerischen Staatsbibliothek für die Finanzierung des Ihnen vorliegenden Werkes. Nur mit dieser Unterstützung konnten die herausragende visuelle Qualität und optische Opulenz des Bandes erreicht werden.

Abschließend sei noch einmal Susan Sontag zitiert: „Kein noch so ausgeprägtes Bewusstsein davon, was Fotografie ist oder sein kann, wird jemals der Faszination etwas anhaben können, mit der uns ein Bild erfüllt, das ein wachsamer Fotograf im richtigen Augenblick von einem unerwarteten Geschehen festhält.“ In diesem Sinne wünsche ich Ihnen eine spannende und erkenntnisreiche Zeit mit „MÜNCHEN. SCHAU her!“ sowohl in der Ausstellung wie mit dem Ihnen vorliegenden Bildband.

Dr. Klaus Ceynowa
Generaldirektor
der Bayerischen Staatsbibliothek

Das Bildarchiv der Bayerischen Staatsbibliothek

CORNELIA JAHN

In der mehr als 460-jährigen Geschichte der Bayerischen Staatsbibliothek ist das Bildarchiv eine sehr junge Gründung, geht es doch in seiner jetzigen Form erst auf das Jahr 1985 zurück. Es umfasst heute mehr als 17 Millionen Aufnahmen und ist damit die größte zeitgeschichtliche Fotosammlung in öffentlicher Trägerschaft.

Gründung des Bildarchivs – Aufbau der Porträtsammlung

Als Vorläufer des heutigen Bildarchivs muss zunächst der Aufbau einer Sammlung fotografischer Einzelaufnahmen genannt werden, die der Münchner Hoffotograf Carl Teufel (1845–1912) ab 1899 von Handschriften, Drucken und Einbänden der Bibliothek mit deren Unterstützung, aber auf eigenes verlegerisches Risiko anfertigte und die sich heute bei Foto Marburg befindet.[1] Die mehr als 6000 Glasplattennegative vermachte Teufel kurz vor seinem Tod zusammen mit 333 Fotografien von Münchner Ateliers aus der Zeit von 1899 bis 1900 und mit rund 7000 Aufnahmen von Objekten des Bayerischen Nationalmuseums dem Verlag Riehn und Tietze. Dessen Archiv übernahm 1920 der Buch- und Kunstverlag Riehn und Reusch, der es dann 1925 an den Benno-Filser-Verlag verkaufte. Genau zehn Jahre später übernahm Foto Marburg diesen Bestand, der nunmehr 22.500 Negative umfasste.

Anfang der 1980er Jahre ergriff der damalige Leiter der Handschriftenabteilung Karl Dachs (1929–2016) die Initiative zum Aufbau einer Porträtsammlung der Bibliothek. Deren Aufgabe sollte es sein, „Porträts im Sinne einer Dokumentation zu sammeln und zu katalogisieren", wobei „nicht der künstlerische Aspekt, sondern die dargestellte Person entscheidend ist".[2] Man begann, Bilder, die in der Handschriftenabteilung an den verschiedensten Stellen aufbewahrt wurden und zumeist nicht erschlossen waren, zusammenzufassen, zu erschließen und zur Nutzung zur Verfügung zu stellen. Dabei handelt es sich um Bilder in den verschiedensten grafischen Techniken wie Holzschnitte, Kupferstiche, Lithografien etc. sowie um Fotografien, die ab 1840 Verbreitung fanden. Der größte Teil dieser Porträts stammt aus der sog. Autografensammlung, die auf den Philologen und Direktor der Bibliothek Karl Halm (1809–1882) zurückgeht. Ab 1858 trug er ganz in der Tradition jener Zeit Briefe und andere Schriftstücke berühmter Persönlichkeiten zusammen.[3] Diesen lagen zur Ergänzung oft Porträts der Briefschreiber bei. Im Mittelpunkt des Interesses stand jedoch immer das eigenhändig verfasste Schriftstück; die Porträts wurden als wenig wertgeschätztes Beiwerk betrachtet. Da sie das Format der Autografenmappen in dieser Zeit oftmals sprengten, wurden sie gefaltet oder unterschiedlich stark beschnitten; Fotografien nahmen Schaden, da sie dem direkten Kontakt mit den häufig säurehaltigen Schriftstücken ausgesetzt waren. So gab es also gute Gründe, diese Objekte auszugliedern, sie zu einer eigenen Sammlung zusammenzufassen, konservatorisch fachgerecht zu versorgen und der Nutzung zur Verfügung zu stellen. Wissenschaftler, Musiker und Literaten sind in der Porträtsammlung, wie der Bestand nunmehr genannt wurde, ebenso vertreten wie Regenten der europäischen Herrscherhäuser, vor allem der Wittelsbacher, aber auch Theater- und Filmschauspieler des 19. und 20. Jahrhunderts. Die Porträtsammlung bildet somit den eigentlichen Nukleus des Bildarchivs der Bayerischen Staatsbibliothek. Der Bestand wird seither kontinuierlich erweitert, insbesondere durch gezielte Ankäufe im Auktions- und Antiquariatshandel. Gesammelt wird Bildmaterial von Persönlichkeiten jedweder Profession, die für das kulturelle, geistige und politische Leben in Bayern von Bedeutung waren oder sind. Gleiches gilt für Abbildungen historischer Ereignisse, wobei in Bezug auf Deutschland der Schwerpunkt auf der Zeitgeschichte liegt. Mit der organisatorischen Zusammenlegung von Bildarchiv und Kartensammlung 2001 wurde die Sammlung um historische Ansichten und Abbildungen erweitert. Sie umfasst heute 32.000 Aufnahmen.

Ergänzend dazu werden Bilder aus den mehr als 1000 Nachlässen, die die Bibliothek verwahrt, erfasst.[4] Diesem zumeist unbekannten Bildmaterial kommt hohe Bedeutung zu, unterscheidet es sich in seinem Charakter doch grundlegend von den Fotos, die in den Archiven von Fotografen überliefert sind. Es entstammt privater Provenienz – eben aus dem Besitz des Nachlassers bzw. seiner Familie – und hat daher genau diesen, nicht selten sehr persönlichen bis vertraulichen Charakter. Aufnahmen aus der Frühzeit der Fotografie, oft in unikalen Techniken wie z. B. die beiden Ambrotypien von Oskar und Mathilde von Redwitz finden sich in dem gleichnamigen Nachlass.[5] Achtunddreißig Aufnahmen des ersten Münchner Fotografen Alois Löcherer (1815–1862) sind in dem Nachlass des Gelehrten Hyacinth Holland (1827–1918) überliefert, einer wahren Fundgrube für Porträts bekannter und weniger bekannter Persönlichkeiten der zweiten Hälfte des 19. Jahrhunderts. Wichtiges Bildmaterial enthalten die Nachlässe der Forschungsreisenden Hermann (1826–1882) und Robert Schlagintweit (1833–1885) sowie des Mediziners Franz Ignaz Pruner (1808–1882) mit Fotografien zum Thema Ethnografie. Sie bilden zusammen mit den Bildern des Ingenieurs und Forschungsreisenden Otto Henrik Schütt (geb. 1843), der 1879/80 das Kongogebiet bereiste, und den Aufnahmen, die

Henri Lucchesi Palli (1861–1924) 1887/89 in Südost- und Ostasien anfertigte, den Grundstock einer völkerkundlichen Sammlung, die überwiegend aus Vintage Prints besteht. Diesem Bereich müssen auch die Glasnegative zugeordnet werden, die aus dem Nachlass des Sinologen Carl Philipp Hentze (1883–1975) stammen, sowie die Bilder, die der Botaniker und Forschungsreisende Carl von Faber (1880–1954) bei seinen Reisen nach Java aufnahm. Der umfangreiche, historische Bilderschatz aus den Nachlässen der Bayerischen Staatsbibliothek ist noch längst nicht gehoben.

Eine Sonderstellung nehmen sechs Alben zur russischen Militär- und Bürgerkriegsgeschichte mit insgesamt 360 Fotografien aus der Zeit von 1894 bis 1923 ein.[6] Ein Teil davon, möglicherweise auch alle, stammen aus dem Besitz des berühmten Generals der Weißen Armee, Freiherr Peter von Wrangel (1878–1928). Vor allem das vierte Album mit 103 Aufnahmen des „Roten Terrors" im Russischen Bürgerkrieg zwischen 1918 und 1920 ist von besonderem Interesse.

Ausbau der Sammlung in den 1990er Jahren

Mit dem Ankauf der Fotoarchive von Felicitas Timpe 1989[7] und Heinrich Hoffmann 1992[8] erfuhr das Bildarchiv erste, weichenstellende Erweiterungen, die das Profil der Sammlung bis heute entscheidend prägen.

Die Münchner Fotografin Felicitas Timpe (1923–2006) hielt von 1952 bis 2003 das vielfältige und reichhaltige kulturelle und wissenschaftliche Leben der bayerischen Landeshauptstadt im Bild fest. Schauspieler, Regisseure, Künstler und Wissenschaftler lichtete sie ebenso ab wie Konzerte der klassischen, Unterhaltungs-, Jazz-

und Rockmusik, ergänzt durch Aufnahmen aus den Münchner Fernsehstudios von ARD und ZDF. Ihr Archiv umfasst schätzungsweise eine Million Aufnahmen. 1997/98 fand unter dem Titel *Von Armstrong bis Zappa* die erste Fotoausstellung der Bayerischen Staatsbibliothek statt.[9] Sie war ausschließlich den Fotografien von Felicitas Timpe gewidmet und präsentierte mit Aufnahmen von Jazz- und Rockmusikern einen Bestand, der hier nicht unbedingt erwartet wurde.

Mit dem Erwerb des Fotoarchivs Hoffmann, der in zwei Tranchen 1992 und 2002 erfolgte, wurde ein klarer zeitgeschichtlicher Akzent gesetzt, der sich hervorragend in das allgemeine Erwerbungsprofil der Bibliothek einfügt, zu deren Sammelschwerpunkten die Geschichte gehört.[10] Heinrich Hoffmann (1885–1957) ließ sich 1909 als Fotograf in München nieder und spezialisierte sich schon bald auf politische Reportagen und Pressefotografie, deren Bedeutung er früh erkannte. Mit seinen Aufnahmen zur Revolution 1918/19 wurde er einem größeren Publikum bekannt.[11] Mitte der 1920er Jahre traf er erstmals Adolf Hitler, eine Begegnung, aus der sich für Hoffmann eine äußerst lukrative Geschäftsbeziehung entwickeln sollte.[12] Er avancierte zum „Reichsbildberichterstatter" und zum persönlichen Fotografen Hitlers, in dessen engstem Umfeld er sich ab 1933 bewegen durfte. Hoffmann nahm damit eine einzigartige Sonderstellung ein. Seine Firma expandierte rasch. Am Ende des Zweiten Weltkriegs waren 320 Mitarbeiter in zehn Filialen in verschiedenen europäischen Städten tätig. Nach Kriegsende beschlagnahmte die amerikanische Armee das zentrale Bildarchiv des Unternehmens, das in den letzten Kriegsjahren von Berlin nach Oberbayern verbracht worden war.[13] Während der Kriegsverbrecherprozesse in Nürnberg diente es als Beweismaterial, danach kam es in die National Archives in Washington, D.C. Der Umfang der Sammlung lässt sich schwer beziffern, die vielfach genannte Zahl von

2,5 Millionen Originalfotos ist nicht belegt.[14] Ein kleiner, aber sehr ansehnlicher, rund 66.000 Motive umfassender Teil verblieb jedoch in Familienbesitz. Diesen konnte die Bayerische Staatsbibliothek mit Unterstützung der Deutschen Forschungsgemeinschaft und Mitteln des Stifterverbands für die Deutsche Wissenschaft erwerben. Ergänzend dazu gelang es 2002, rund 23.000 Aufnahmen der Wiener Niederlassung Hoffmanns anzukaufen und in den Bestand zu integrieren. Mit heute mehr als 70.000 einzeln auf hohem Erschließungsniveau nachgewiesenen Bildern zur Weimarer Republik und zur NS-Zeit zählt dieser Bestand zu den am meisten nachgefragten des Bildarchivs der Bayerischen Staatsbibliothek.

Ergänzend hierzu werden Aufnahmen aus der Nachkriegszeit gesammelt, die die Zerstörungen, den Wiederaufbau und den Alltag jener Jahre dokumentieren. 1999 erhielt die Bibliothek eine Sammlung von Aufnahmen unbekannter Fotografen als Geschenk, die der im Baureferat tätige Helmut Koenig (1908–1999) angelegt hatte.[15] 2002 kamen 1300 Aufnahmen des Beamten der Stadt München und Fotografen Johann Vorzellner (1908–1960) hinzu. Im Jahr darauf folgte das Fotoarchiv des Architekten Tino Walz (1913–2008), der vor allem die zerstörte Münchner Residenz und deren Wiederaufbau dokumentierte. Auch das Archiv des Journalisten und Fotografen Georg Fruhstorfer (1915–2003), der zunächst das Alltagsleben und die zerstörten Gebäude Münchens nach 1945 im Bild festhielt, muss hier angeführt werden.[16] Einen vorläufigen Abschluss dieses Zeitsegments stellt der Erwerb eines Teils von Fotografien im Jahr 2010 dar, die Helmut Silchmüller (1906–1980) angefertigt hatte, der in der Hohenzollernstraße in München-Schwabing ein Fotogeschäft unterhielt.

Der bereits erwähnte Fotograf Georg Fruhstorfer, dessen Archiv von knapp 20.000 Aufnahmen zwischen 2005 und 2012 angekauft wurde, hielt ab den 1950er Jahren das wirtschaftliche und gesellschaftliche Leben der bayerischen Landeshauptstadt bildlich fest. Bei den zahlreichen Prominenten, die in München und im Umland wohnten, waren er und seine Frau, Heidi Fruhstorfer, gerne gesehen, berichteten sie doch in sog. Homestories – einer typischen Gattung der 1960er bis 1980er Jahre – über deren Privatleben. Diese Reportagen sind auch in gedruckter Form im Archiv überliefert. Darüber hinaus war Georg Fruhstorfer als Gerichtsfotograf tätig.

Sammelschwerpunkt Bayern

Ende 2003 und Anfang 2006 kam aus Familienbesitz der fotografische Nachlass des in Partenkirchen (heute: Garmisch-Partenkirchen) arbeitenden Bernhard Johannes (1846–1899) in die Bibliothek. Während Johannes 1888 nach Meran umzog und dort weiter tätig war, wurde das Geschäft in Partenkirchen von seinen Nachfolgern Max Beckert (1860–1919), August Beckert (1893–1961) und Franz Kölbl (1922–2004) fortgeführt. Das Archiv umfasst mehr als 540.000 Negative, darunter einige Tausend Glasnegative. Neben den üblichen Atelieraufnahmen hielten die Fotografen vor allem Landschaften, Orte, Gebäude und das Brauchtum im Werdenfelser Land und im angrenzenden Tirol fest. Aufgrund der geografischen Lage des „Photo-Hauses B. Johannes", wie die Firma offiziell hieß, fanden Wintersportereignisse aus der Zeit von 1920 bis 1960 besondere Beachtung.

Der amtliche Pressefotograf der Olympischen Winterspiele von 1936 in Garmisch-Partenkirchen war Adi Blumenthal (1912–1999), dessen umfangreiches Archiv 2006 übernommen wurde.[17] Er war ab 1928 in der Region ansässig, hielt die spektakulären Flugmanöver von Ernst Udet im Bild fest und fotografierte 1934 den ersten Nachtslalom auf dem Wank mit Hilfe von Magnesiumfackeln.[18]

Aufnahmen des Berchtesgadener Landes, überwiegend aus den 1920er und 1930er Jahren, finden sich im Archiv des Hobbyfotografen Josef Beierl (1905 – verm. 1943), das 2017 aus Familienbesitz übernommen wurde.

Fotografien bayerischer Landschaften sowie Ansichten von Städten, Gebäuden und bayerischen Brauchtums aus Altbayern und Schwaben finden sich im Archiv des in Stralsund geborenen und in München von 1956 bis 1982 tätigen Fotografen Joachim Kankel (1921–1984), das 2016 ebenfalls aus Privatbesitz übernommen wurde. Hervorgehoben seien seine Bilder der Hauptsehenswürdigkeiten Münchens und von den Olympischen Spielen 1972, die vielfach und in hohen Auflagen publiziert wurden.

Sammlung zur dreidimensionalen Fotografie

Eine Sonderstellung nimmt das Archiv des Meteorologen und Publizisten Dieter Lorenz (1932–2013) ein, der im Laufe seines Lebens eine der umfassendsten Sammlungen zur Fotografie, insbesondere zur dreidimensionalen Fotografie zusammentrug.[19] Sie umfasst mehr als 3000 einschlägige Monografien und Zeitschriften, die der Bibliothek bis dato weitgehend fehlten, mehr als 58.000 Stereobilder, Dias, Abzüge, Postkarten und Negative, dreidimensionale Objekte wie Stereobildbetrachter und -kameras sowie biografische Unterlagen und Korrespondenzen.[20] Die einmalige Sammlung an Stereobildern erstreckt sich von den Anfängen dieser Technik im zweiten Drittel des 19. Jahrhunderts bis in die Gegenwart. Die abgebildeten Motive reichen weit über Europa hinaus bis nach Amerika und Asien.

Übernahme des analogen Fotoarchivs des *stern* 2019

Im Januar 2019 hat der in Hamburg ansässige Verlag Gruner + Jahr sein analoges Fotoarchiv mit 15 Millionen Negativen, Abzügen und Dias aus der Zeit von 1948 bis 2001 der Bayerischen Staatsbibliothek geschenkt. Damit hat sich der Bestand des Bildarchivs der Bibliothek mehr als verachtfacht.[21] Mit insgesamt über 17 Millionen Bildern ist es jetzt die größte zeitgeschichtliche Fotosammlung in öffentlicher Trägerschaft.

Das Archiv gilt nicht nur als visuelles Gedächtnis der Bundesrepublik, sondern des gesamten weltpolitischen Geschehens in der zweiten Hälfte des 20. Jahrhunderts. Mit seinen herausragenden Fotoreportagen ist es eines der international bedeutendsten Dokumente des Fotojournalismus. Die Reportagen des *stern* mit seinen qualitätvollen, aktuellen Bildern, die die zeitweise mehr als 20 fest angestellten und viele freie Fotografen beisteuerten, prägten die öffentliche Wahrnehmung. Die Digitalisierung, Erschließung und Nutzbarmachung dieses einzigartigen Kulturguts in neuen, vernetzten digitalen Wissensräumen ist die zentrale Aufgabe der kommenden Jahre. „Es ist das Privileg und die Pflicht der großen Gedächtnisinstitutionen, diesen neuen Wissensraum zu gestalten – inhaltlich (content …) wie technologisch (… in context). Hierin finden Gedächtnisinstitutionen ihr Alleinstellungsmerkmal gerade auch in der digitalen Welt.“[22]

Anmerkungen

1 Franz Boll, „Photographische Einzelaufnahmen aus den Schätzen der K. Hof- und Staats-Bibliothek in München", in: *Centralblatt für Bibliothekswesen* 19 (1902), S. 229–248, hier: S. 229–230.

2 Bayerische Staatsbibliothek, Registratur Handschriftenabteilung, Akt 255, Porträtsammlung, ca. Juni 1981.

3 Sigrid von Moisy, „Aus den Anfängen der Autographensammlung der Bayerischen Staatsbibliothek", in: *Bibliotheksforum Bayern* 22 (1994), S. 7–25, hier: S. 7–10. – Die Sammlung umfasst heute rund 36.000 Einzelbriefe, darunter mehr als 1200 sog. Zimelienautographen. – Wolfgang Ikas / Cornelia Jahn, „Verborgene Schätze berühmter Persönlichkeiten. Die Sammlung der Zimelienautographen der Bayerischen Staatsbibliothek und ihre Digitalisierung", in: *Bibliotheksmagazin* 1 (2017), S. 68–75.

4 Karl Dachs, *Die schriftlichen Nachlässe in der Bayerischen Staatsbibliothek München*, Wiesbaden 1970. – Sigrid von Moisy, „Nachlass-Sammlungen in bayerischen Bibliotheken", in: *Entwicklungen und Bestände*, hrsg. von Klaus Walter Littger, Wiesbaden 2003, S. 195–213, hier S. 197ff.

5 BSB Redwitziana II.F.3.

6 BSB Cod.slav. 59. Die Bände sind vollständig digitalisiert und alle Einzelbilder im Katalog des Bildarchivs nachgewiesen. – https://www.bsb-muenchen.de/sammlungen/osteuropa/laender/russland/#c416.

7 Der Ankauf erfolgte durch die Deutsche Forschungsgemeinschaft (DFG) mit Mitteln des Stifterverbands für die Deutsche Wissenschaft. Weitere Ergänzungen folgten 1994 und dann jährlich von 2002 bis 2006. – Rudolf Scheutler, Timpe, Felicitas, in: NDB 26 (2016), S. 292–293.

8 Auch dieser Ankauf erfolgte durch die DFG mit Mitteln des Stifterverbands für die Deutsche Wissenschaft. Ergänzungslieferungen erfolgten 2002 und 2004. – Zu Heinrich Hoffmann künftig: Sebastian Peters, *Heinrich Hoffmann. Hitlers Fotograf und seine Netzwerke zwischen Politik, Propaganda und Profit.* – https://www.ifz-muenchen.de/forschung/ea/forschung/heinrich-hoffmann-hitlers-fotograf-und-seine-netzwerke-zwischen-politik-propaganda-und-profit/.

9 *Von Armstrong bis Zappa. In Bildern von Felicitas Timpe.* Ausstellung München 28.11.1997– 31.1.1998, bearb. von Reinhard Horn, München, Erfurt 1997. – Claudia Fabian u. a., *Das Ausstellungsgeschehen der Bayerischen Staatsbibliothek 1993 bis 2014*, München 2014, S. 137.

10 Monika Moravetz-Kuhlmann, „Bestandsaufbau an der Bayerischen Staatsbibliothek zu Beginn des 21. Jahrhunderts – Teil 1", in: *Sammeln und Erwerben an der Bayerischen Staatsbibliothek*, hrsg. von Klaus Haller und Klaus Kempf, Wiesbaden 2011, S. 57–67. – Hildegard Schäffler, „Bestandsaufbau an der Bayerischen Staatsbibliothek zu Beginn des 21. Jahrhunderts – Teil 2", ebda., S. 69–77.

11 Gregor Horstkemper / Cornelia Jahn / Stephan Kellner, „‚Majestät, genga S'heim, Revolution is!' Sammlungen zur Revolution 1918/19 in der Bayerischen Staatsbibliothek und ihre Präsentation", in: *Zeitschrift für Bibliothekswesen und Bibliographie* 65 (2018), S. 182–194, hier S. 185–190.

12 Reinhard Horn, „Heinrich Hoffmann – Reichsbildberichterstatter", in: *Bibliotheksforum Bayern* 22 (1994), S. 87–95. – Rudolf Herz, *Hoffmann & Hitler. Fotografie als Medium des Führer-Mythos*, München 1994.

13 Herz, *Hoffmann & Hitler*, S. 18.

14 Ebda.

15 Helmut Koenig, *7 Jahre Wiederaufbau in München. Ein Querschnitt durch den Wiederaufbau Münchens 1945–1952*, München 1952.

16 Vgl. hierzu die zahlreichen Publikationen von Heidi Fruhstorfer, z. B.: *Rama dama! München nach 1945* (2013). – *Wir sind wieder wer! München im Wirtschaftswunder* (2006). – *München nach 1945: hurra, wir leben noch!* (2003). – *München in den 50er und 60er Jahren* (2019).

17 Das Archiv umfasst 4000 Glasplattennegative aus der Zeit von 1930 bis 1950, mehr als 10.000 Kleinbildrollen für den Zeitraum 1953 bis 1983 und weitere 1000 Filme, 20 Super-8-Filmrollen und 500 Dias. Aufgrund fehlender Unterlagen ist eine Erschließung und Zugänglichmachung dieses Bestands schwierig.

18 Adi Blumenthal, in: Ralf Benkert, *Photographinnen und Photographen im Werdenfelser Land. Eine Auswahl aus dem ersten Künstlerlexikon des Werdenfelser Landes*. Sonderdruck o. J., S. 6.

19 Dieter Lorenz, *Fotografie und Raum. Beiträge zur Geschichte der Stereoskopie*, Münster, München 2012. – Uwe Förster, Nachruf Dr. Lorenz, in: *stereojournal* Heft 1 (2013), S. 25.

20 Die biografischen Materialien werden unter der Signatur Ana 771 in der Handschriftenabteilung verwahrt. Die Monografien und Zeitschriften wurden in den Katalog eingearbeitet, sie sind unter der Signatur „Slg. Lorenz" separat aufgestellt.

21 Klaus Ceynowa, „‚Etwas Tolleres gab es damals nicht!' Das *stern*-Fotoarchiv an der Bayerischen Staatsbibliothek", in: *Bibliotheksmagazin* 1 (2020), S. 13–22. – Ders., „15 Millionen Bilder für die ‚Ewigkeit'. Das *stern*-Fotoarchiv an der Bayerischen Staatsbibliothek", in: *Zeitschrift für Bibliothekswesen und Bibliographie* 66 (2019), S. 271–279.

22 Ebda.

Carl August von Steinheil (1801–1870) entwickelte ein erstes fotografisches Verfahren. Mit einer von ihm konstruierten Kamera fotografierte er 1839 auf lichtempfindlichem Chlorsilberpapier.

Franz Hanfstaengl (Firma), Fotogravure nach einem Gemälde von Ludwig Thiersch
Portr.D. Steinheil, Carl August von (1)

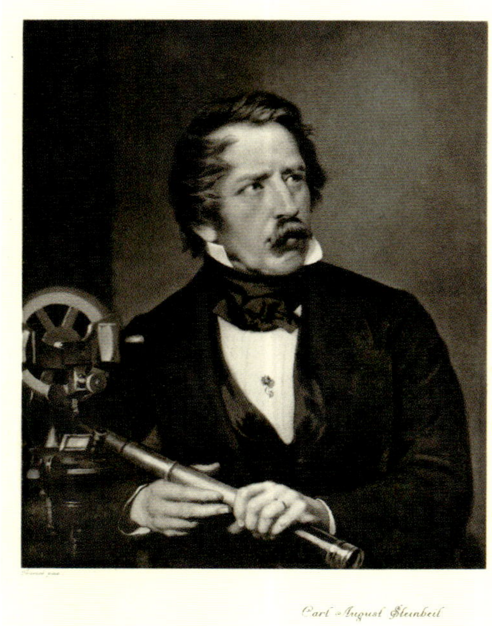

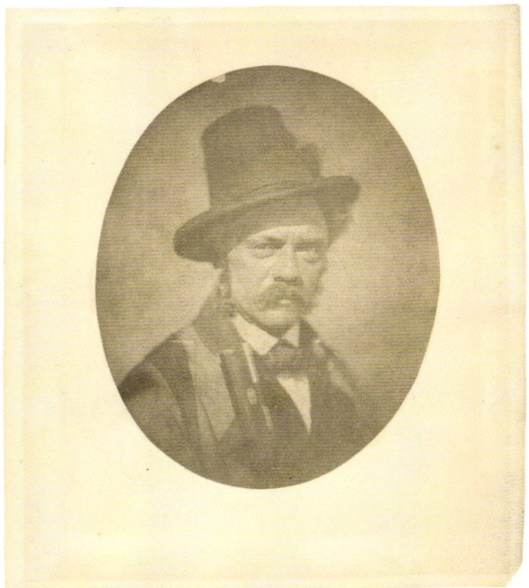

Franz von Kobell (1803–1882) zählt zu den Pionieren der Fotografie in Deutschland. Zusammen mit Steinheil fotografierte er ab 1839 verschiedene Motive in München, unter anderem die Glyptothek und die Frauenkirche.

Alois Löcherer, Fotografie, um 1845
Portr.B. Kobell, Franz von (1)

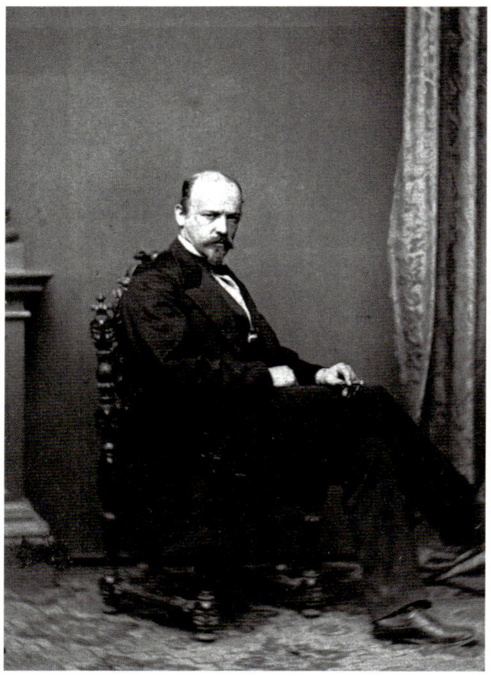

Joseph Albert (1825–1886) porträtierte als Hoffotograf die Familienmitglieder der Wittelsbacher. Neben seiner Tätigkeit als Fotograf betrieb er einen Kunstverlag und eine Druckanstalt.

Unbekannter Fotograf, Albumin, um 1860/1870
Portr.A. Albert, Joseph (1)

FRÜHE FOTOGRAFIE 1839 BIS 1914

Der Fotograf, Maler und Lithograf Franz Seraph Hanfstaengl (1804–1877) hielt mit seinen Aufnahmen die Persönlichkeiten der Münchner Gesellschaft fest.
Franz Hanfstaengl (Firma), Albumin, vor 1878
Hollandiana M. Hanfstaengl, Franz Seraph

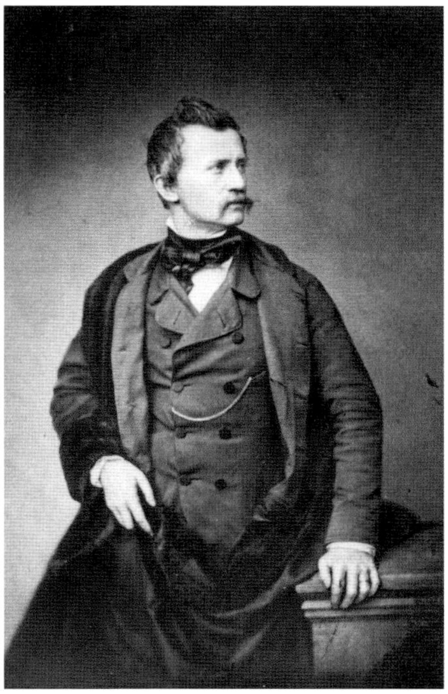

Die 1839 von Louis Daguerre (1787–1851) in Paris und von William Talbot (1800–1877) in England neu erfundene Technik der Fotografie fand in München rasch Verbreitung. Im gleichen Jahr legten der Mathematiker und Physiker Carl August von Steinheil und der Mineraloge Franz von Kobell erste Salzpapieraufnahmen und Daguerreotypien vor, die öffentlich ausgestellt wurden.
Schlüsselfigur dieser Jahre war der Fotograf Alois Löcherer (1815–1862), dem zahlreiche technische Verbesserungen des neuen Verfahrens gelangen, auf denen seine Schüler, die Hoffotografen Joseph Albert (1825–1886) und Franz Hanfstaengl (1804–1877) aufbauen konnten. Sie trugen entscheidend dazu bei, dass sich München zu einem Zentrum der Fotografie und der Vervielfältigung von Bildern entwickelte.
Die Originalaufnahmen stammen aus der Porträt- und Ansichtensammlung sowie aus verschiedenen Nachlässen der Bibliothek. Die Stereobildaufnahmen sind Kernbestandteil der umfangreichen Sammlung von Dieter Lorenz (1931–2013).

Teil 1: Frühe fotografische Techniken

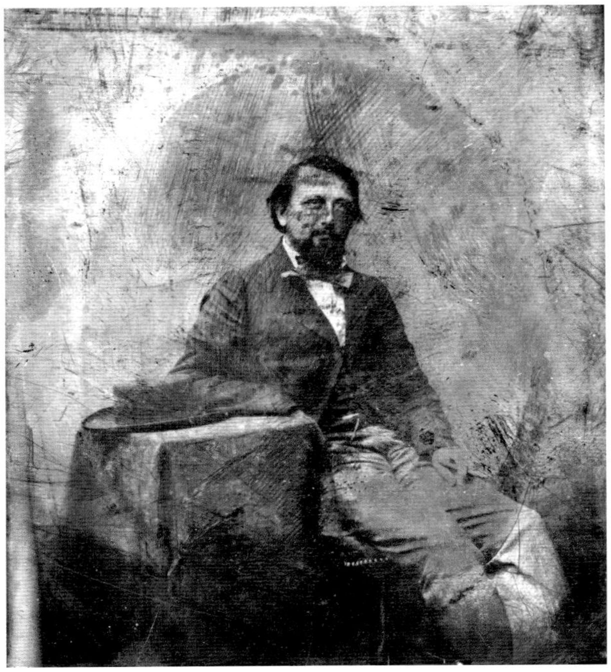

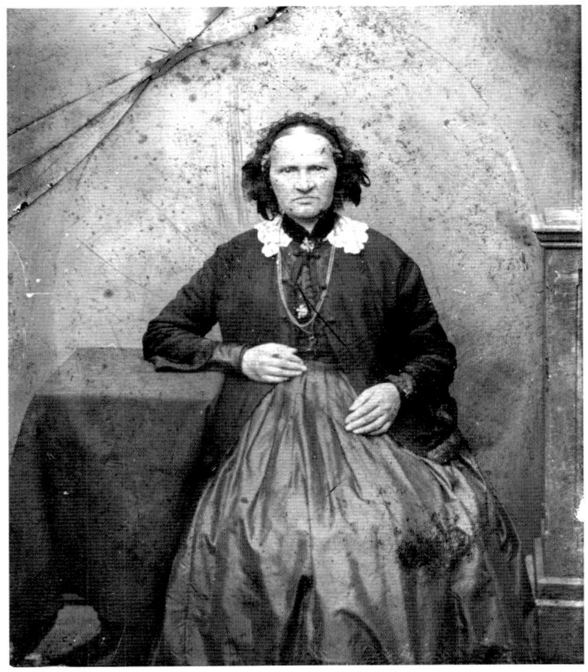

Der Dichter Dr. Oskar Freiherr von Redwitz-Schmölz (1823–1891) war zwischen 1858 und 1869 Mitglied des bayerischen Landtags. Er ließ sich 1859 in dem seit 1852 gebräuchlichen Ambrotypie-Verfahren fotografieren. Das Glasnegativ wird dabei mit Samt oder schwarzem Papier hinterlegt.

Ambrotypie, 1859
Redwitziana III.F.3

Mathilde von Redwitz (1833–1912) war seit 1851 mit Oskar von Redwitz verheiratet. Auch ihr Porträt, ebenfalls in der Technik des Direktpositiv-Verfahrens aufgenommen, hat sich im Nachlass ihres Mannes erhalten.

Ambrotypie, um 1859
Redwitziana III.F.3

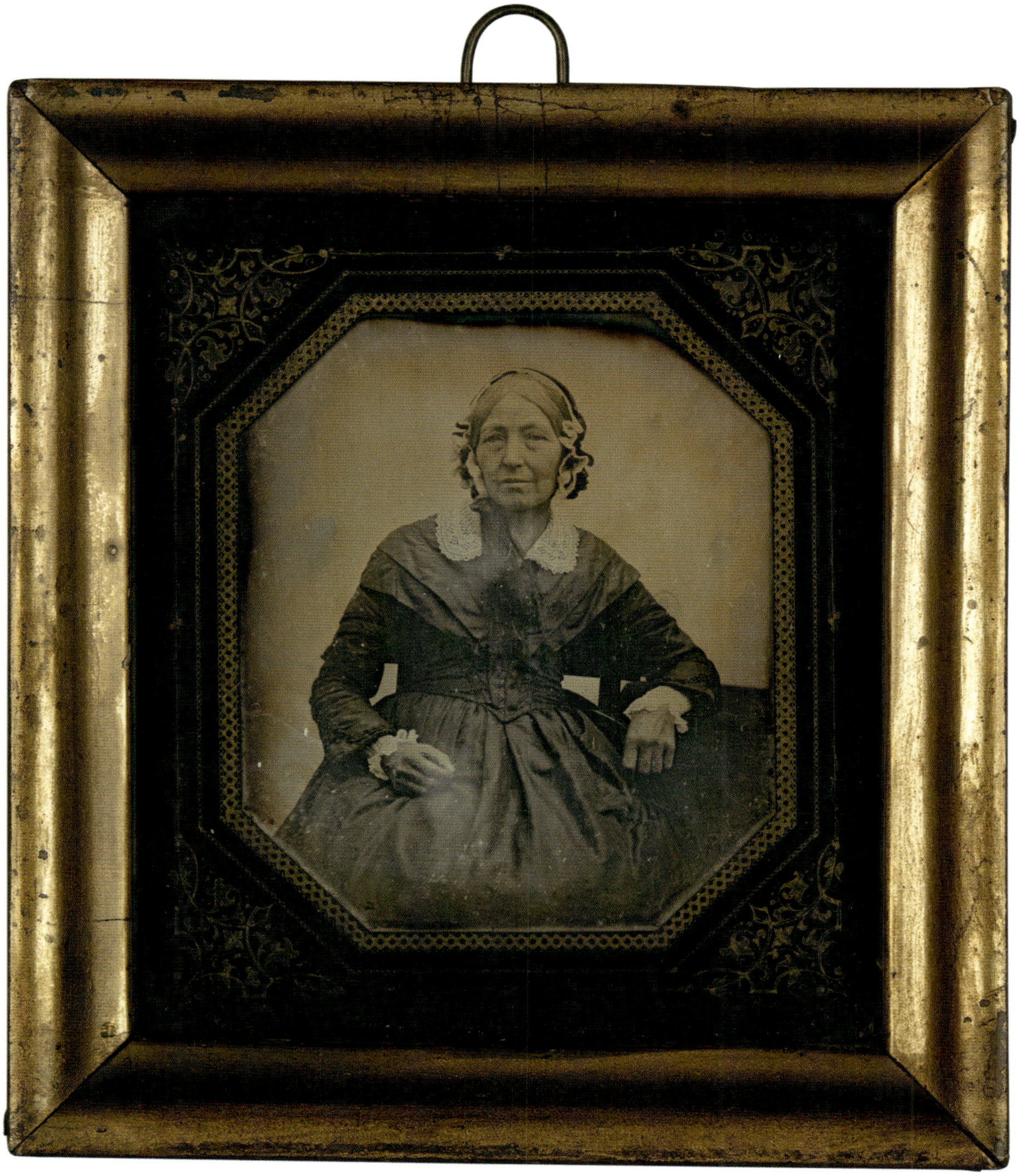

Die Technik der Daguerreotypie geht auf ihren Erfinder Louis Jacques Daguerre (1787–1851) zurück und fand von 1839 bis 1860 Anwendung. Dabei wird die lichtempfindliche Silberschicht auf eine Kupferplatte aufgebracht. Daguerreotypien sind Unikate.

Daguerreotypie um 1840/1850
Portr.Z. Varia

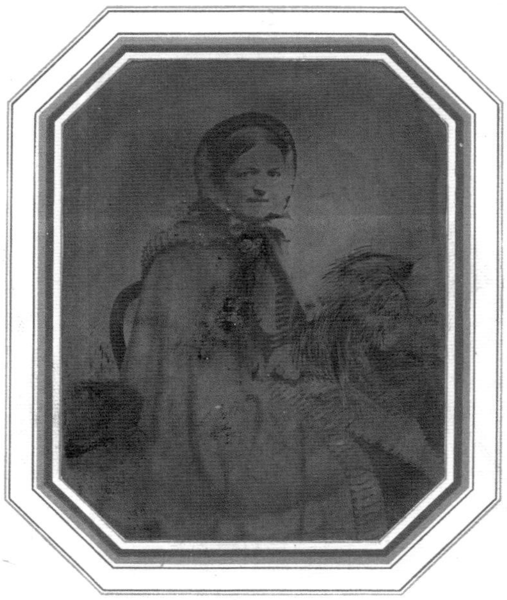

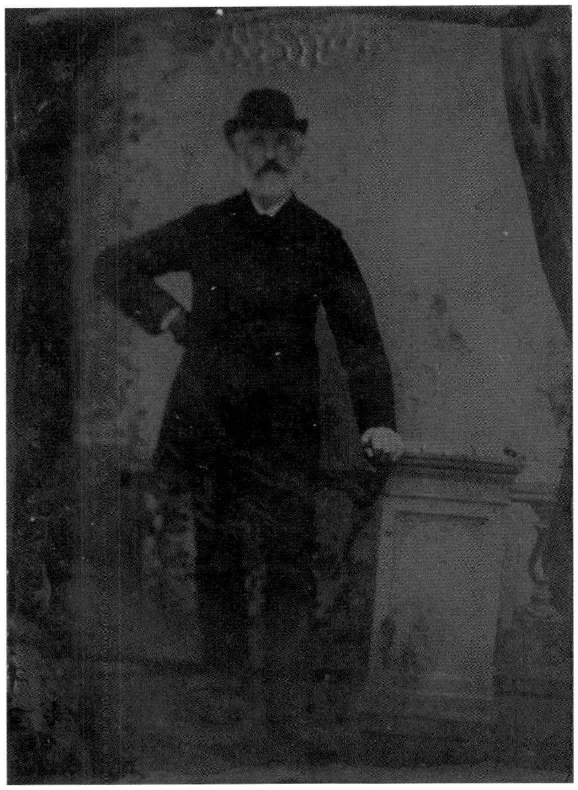

Marie Holland (1826–1905) war vor ihrer Heirat 1865 mit dem Kunst- und Literaturhistoriker Hyazinth Holland (1827–1918) als Erzieherin tätig. Ihr Bild, ebenfalls in der Technik des Direktpositiv-Verfahrens aufgenommen, dürfte in den 1860er Jahren entstanden sein.

Franz Hebensperger, Ambrotypie, undatiert
Hollandiana M. Holland, Marie von.2

Der gebürtige Münchner Maler Ludwig Thiersch (1825–1909), Sohn des Philologen Friedrich Thiersch, war an der künstlerischen Ausgestaltung von orthodoxen und protestantischen Kirchen beteiligt. Die 1853 erfundene Ferrotypie ist ein Direktpositiv-Verfahren, bei dem man als Bildträger schwarz lackiertes Eisenblech verwendete.

Ferrotypie, 10. Mai 1888
Thierschiana III.D.V.2.h

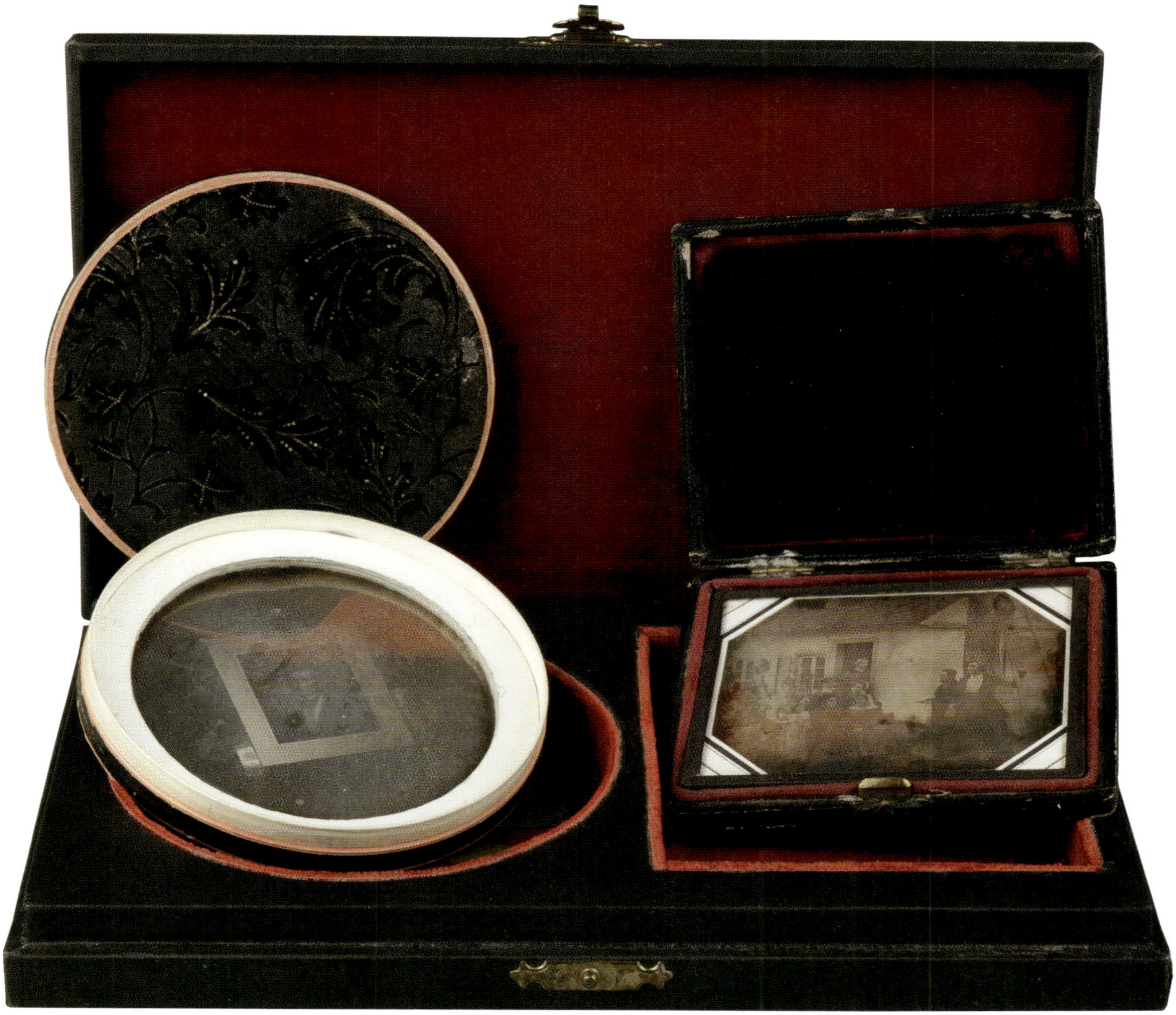

Daguerreotypien wurden oft in einem mit Samt ausgeschlagenen Lederetui präsentiert – ein Zeichen der hohen Wertschätzung, die diesen einmaligen Stücken entgegengebracht wurde.

Zwei Daguerreotypien im Lederetui
Portr.Z. Varia (2)

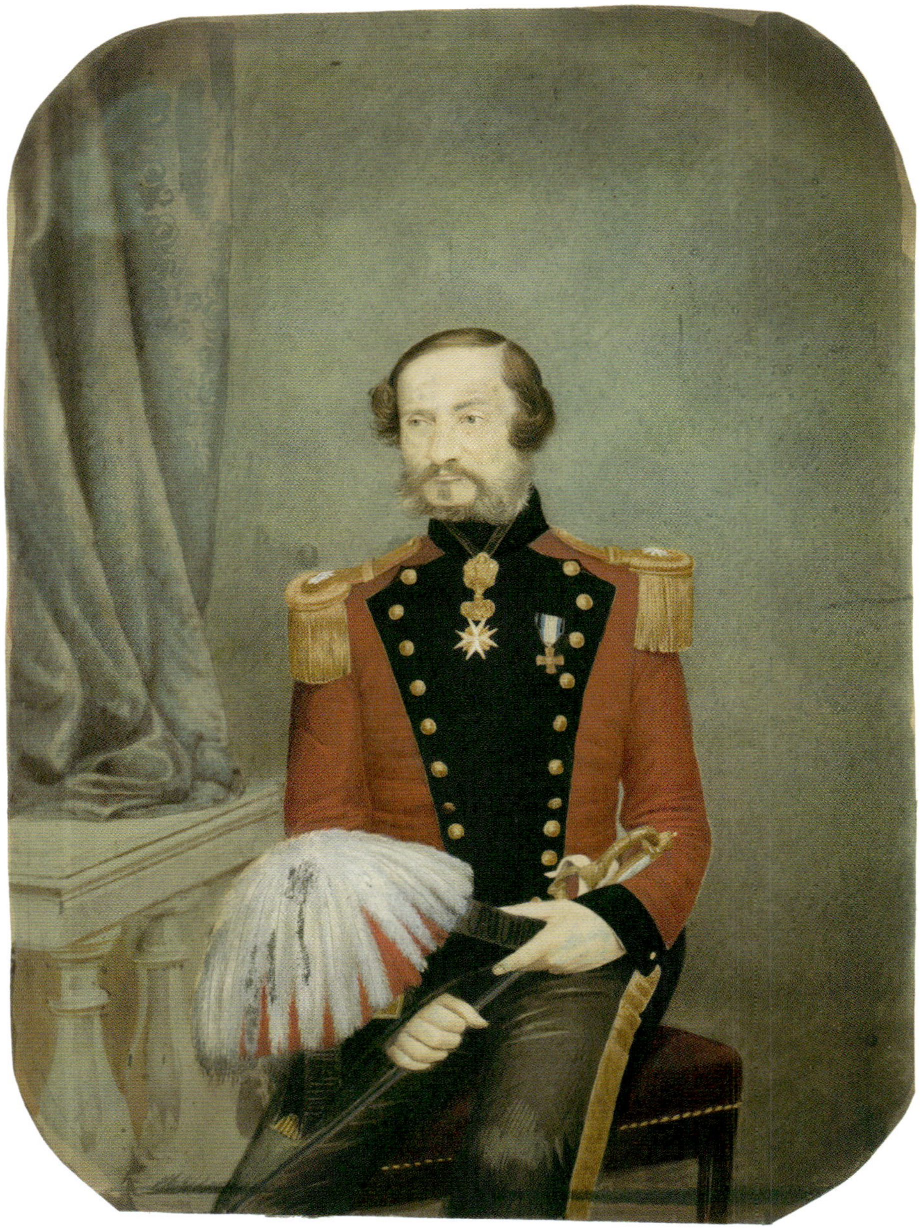

Hauptmann Heinrich Ludwig von Pöllnitz (1796–1853) ist hier in der Uniform eines Malteserritters mit dem Malteser-Komturkreuz und bayerischen Orden zu sehen. Der Münchner Fotograf Hermann Holz (1821–1883) wählte für das Porträt die Technik des Salzpapiers, bei dem Papier mit Silbernitrat und Kochsalz lichtempfindlich gemacht wird.

Hermann Holz, Salzpapier, koloriert, um 1851
Portr.A. Pöllnitz, Heinrich Ludwig von

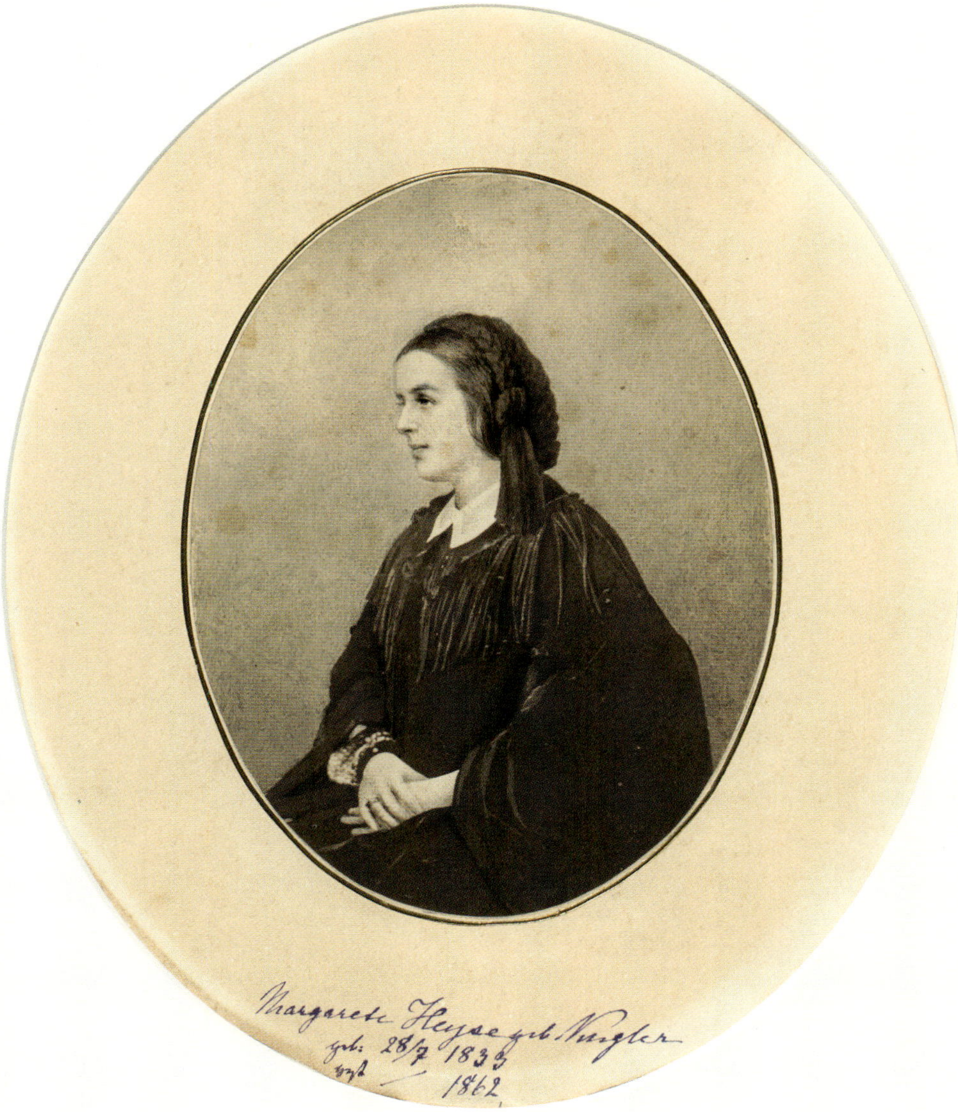

Margarete Heyse (1833–1862), Ehefrau des Dichters Paul Heyse (1830–1914), starb 1862 in Meran, ein Jahr nach der Geburt ihres vierten Kindes.

Salzpapier, koloriert und retuschiert, um 1860
Portr.B. Heyse, Margarete (1)

Teil 2: Alois Löcherer

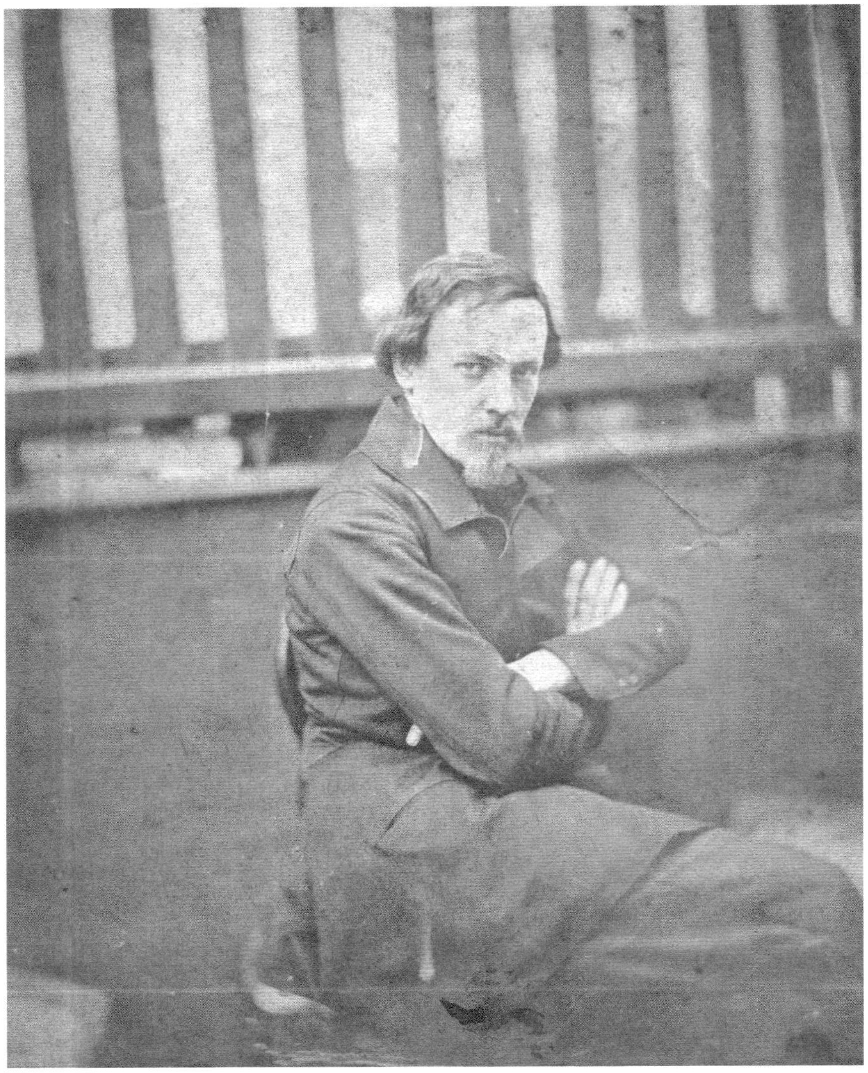

Der Fotograf Alois Löcherer (1815–1862) lichtete hier seinen Schüler, den späteren Hoffotografen Joseph Albert (1825–1886) ab, der bei ihm die Technik der Salzpapierfotografie erlernte.

Alois Löcherer, Salzpapier, vor 1863
Hollandiana M. Albert, Josef.2

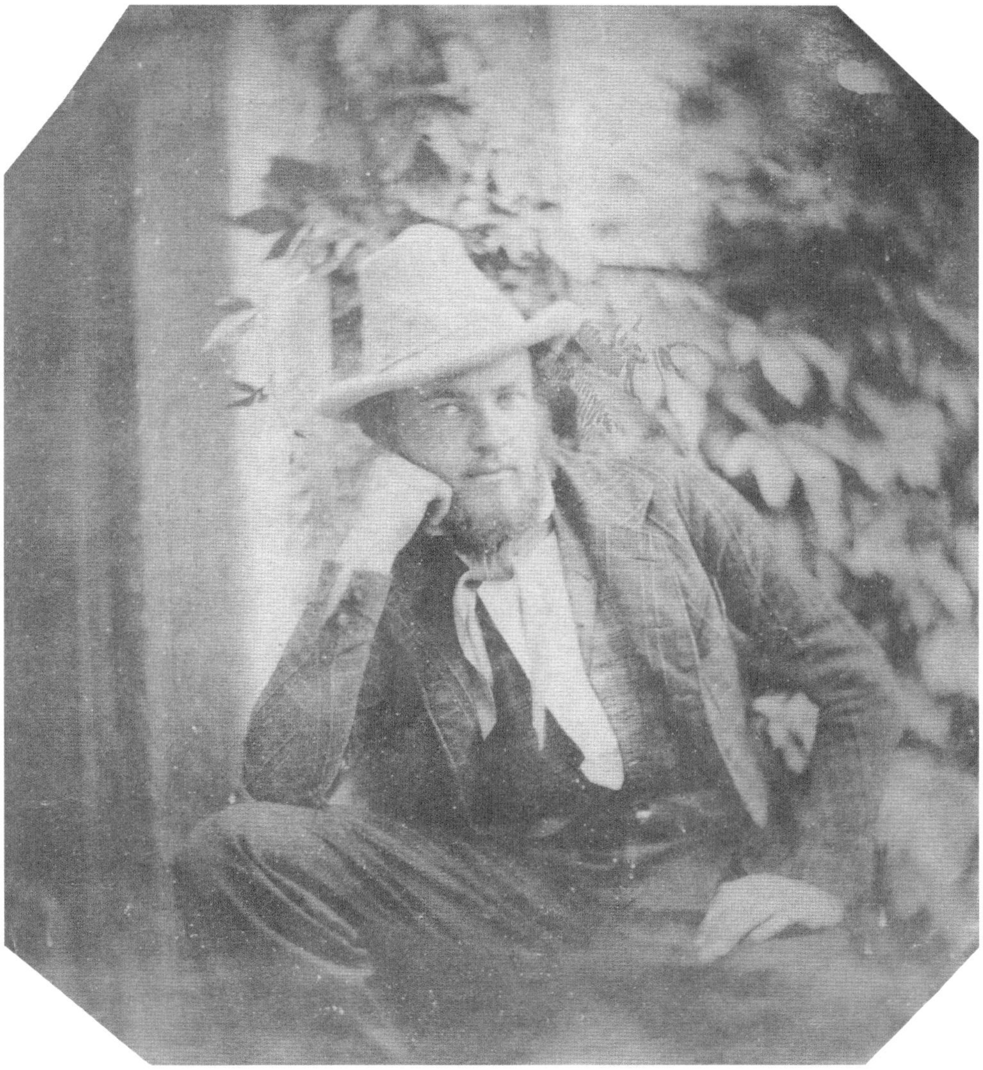

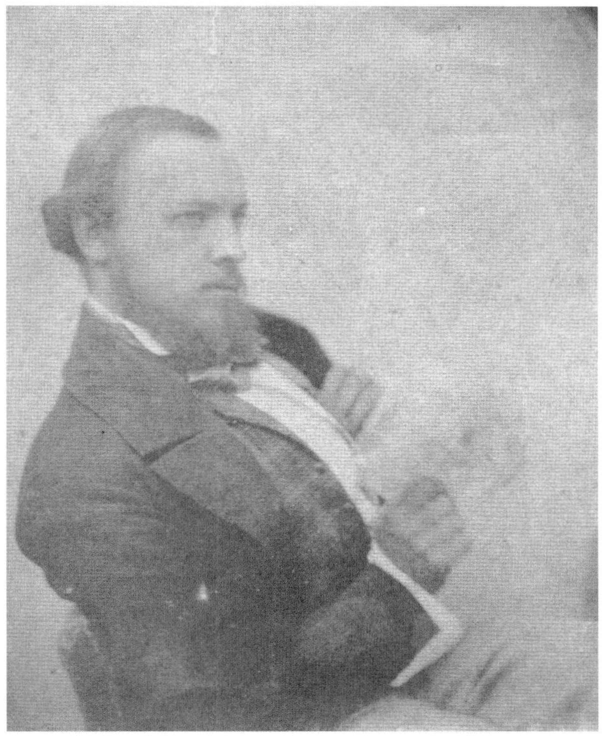

Der bayerische Hoffotograf Joseph Albert porträtierte die Mitglieder des Königshauses und dokumentierte die Bauten von König Ludwig II. Seine Weiterentwicklung des Lichtdrucks bezeichnete er als „Albertotypie".

Alois Löcherer, Salzpapier, vor 1863
Hollandiana M. Albert, Josef.3

Joseph Albert verlegte 1858 sein Atelier von Augsburg nach München. 1865 waren bereits 200 Mitarbeiter für ihn tätig.

Alois Löcherer, Salzpapier, vor 1863
Hollandiana M. Albert, Josef.1

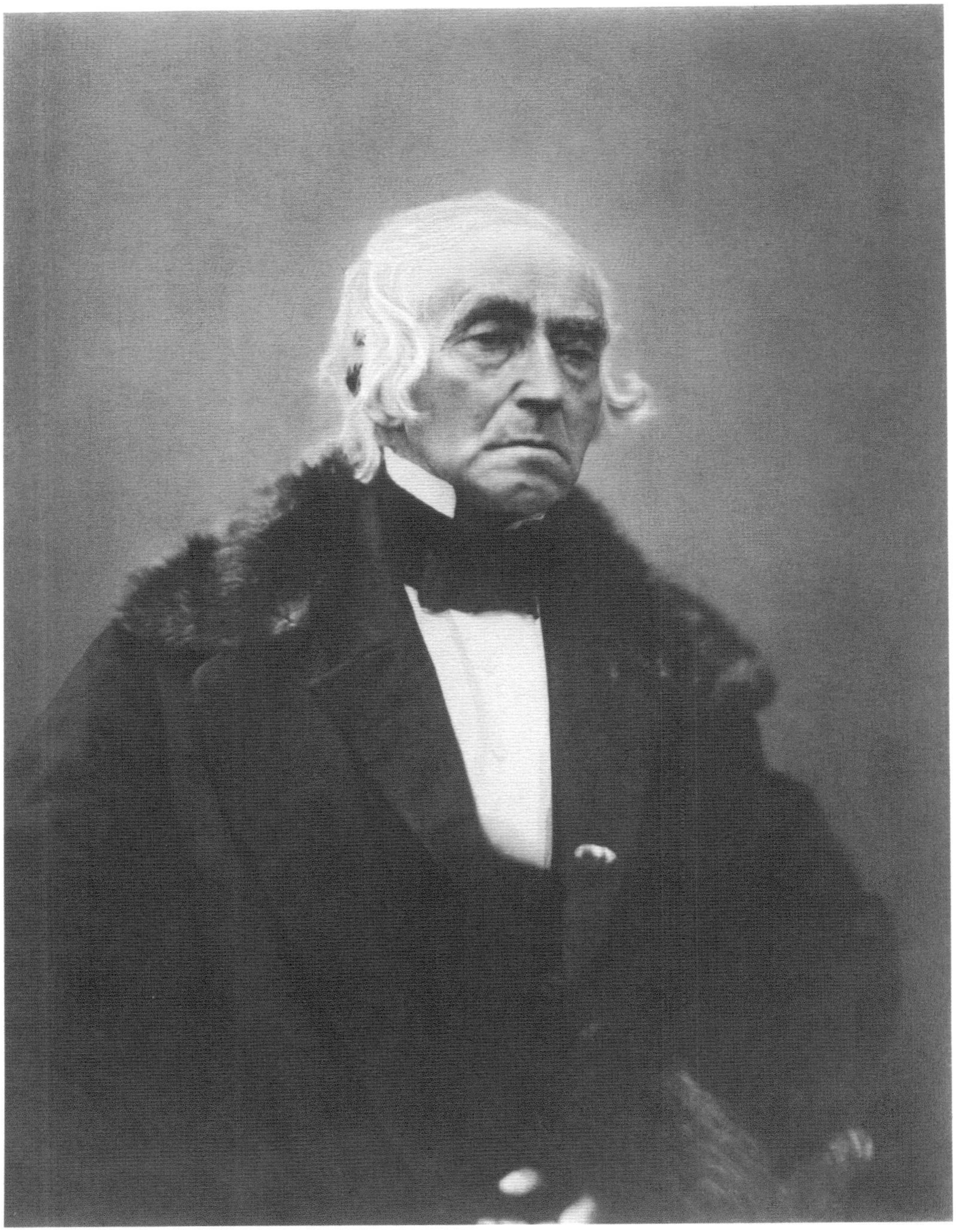

Der Philologe Friedrich Thiersch (1784–1860) wurde als „Praeceptor Bavariae" (Lehrer Bayerns) und als „Vater der humanistischen Bildung" in Bayern bezeichnet.

Alois Löcherer, Fotografie, vor 1861
Thierschiana I.71 (l)

Der Künstler Johann Moritz Rugendas (1802–1858) unternahm mehrere Reisen nach Südamerika. Sein umfangreiches zeichnerisches Werk dokumentiert die exotische Landschaft und das Leben der einheimischen Bevölkerung. Die Fotografien zeigen ihn in südamerikanischer Bekleidung.

Alois Löcherer, Salzpapier, um 1850
Hollandiana M. Rugendas, Johann Moritz.1–4

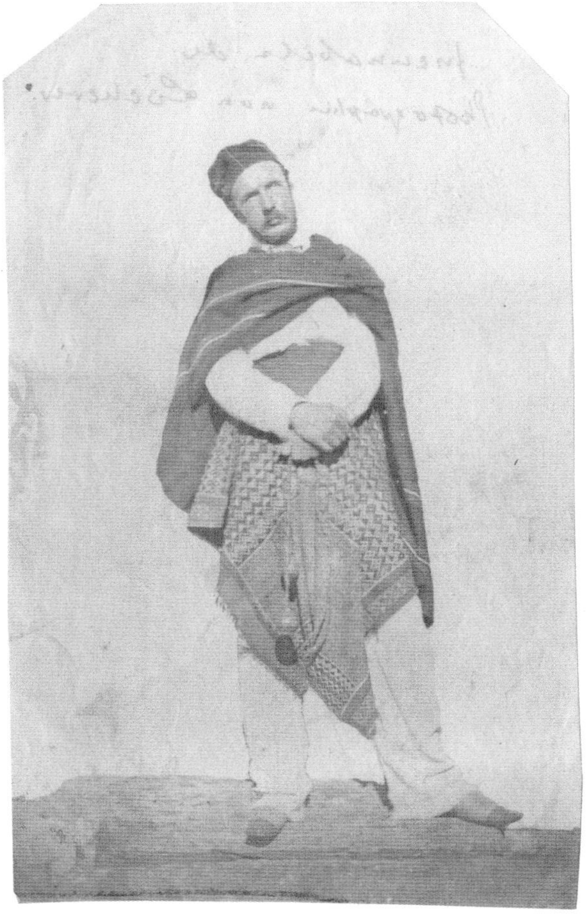

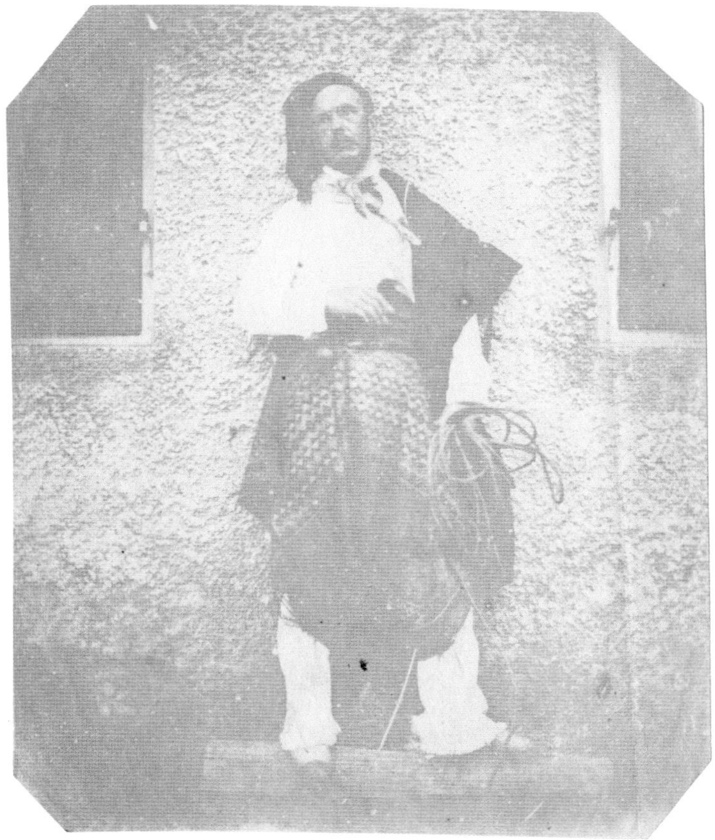

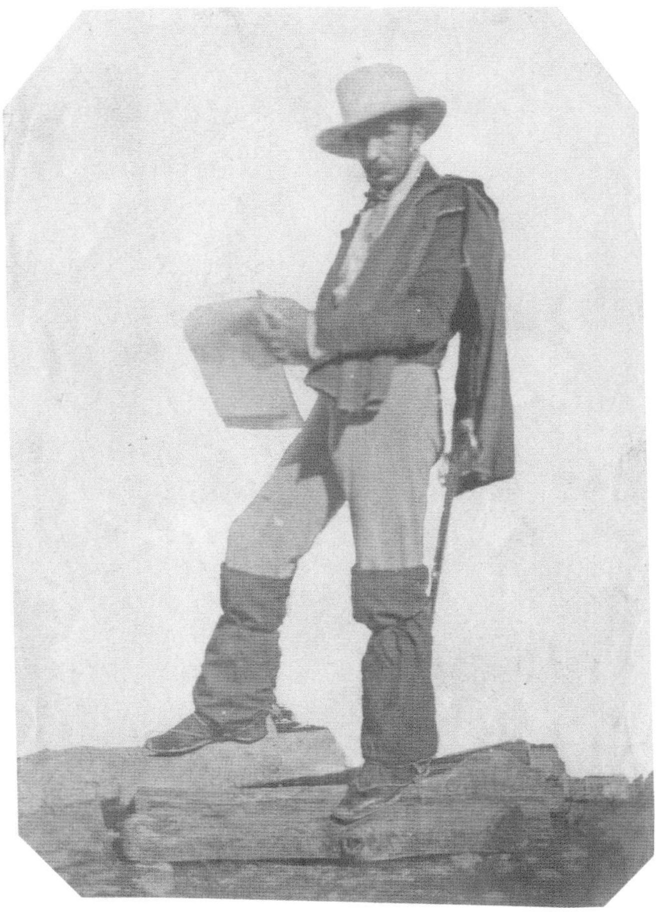

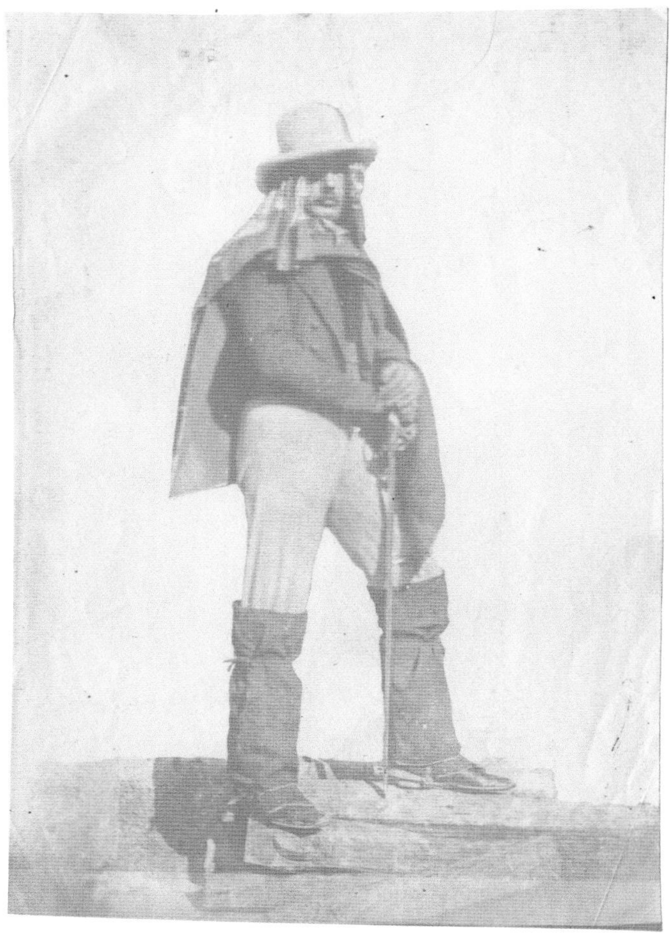

Teil 3: Stereobilder

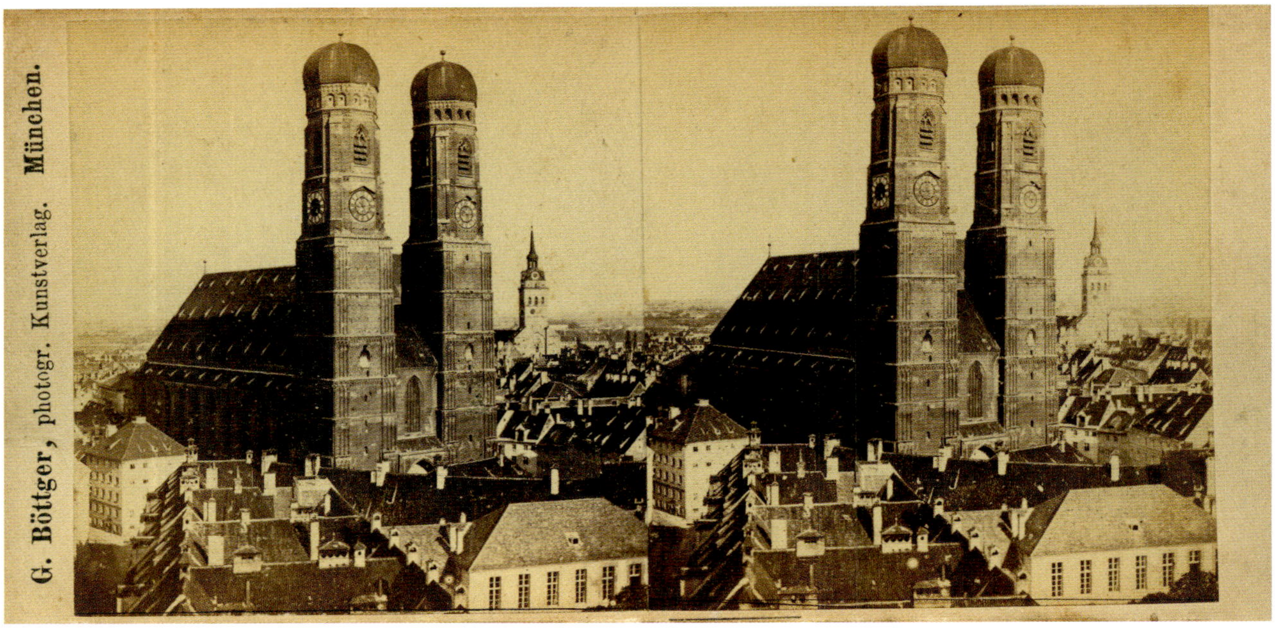

Blick über die Dächer Münchens mit den Türmen der Frauenkirche im Zentrum, im Hintergrund der Alte Peter, der Turm der Kirche St. Peter.

Georg Böttger,
Albumin-Stereobild, um 1860
Fotoarchiv Lorenz. 26

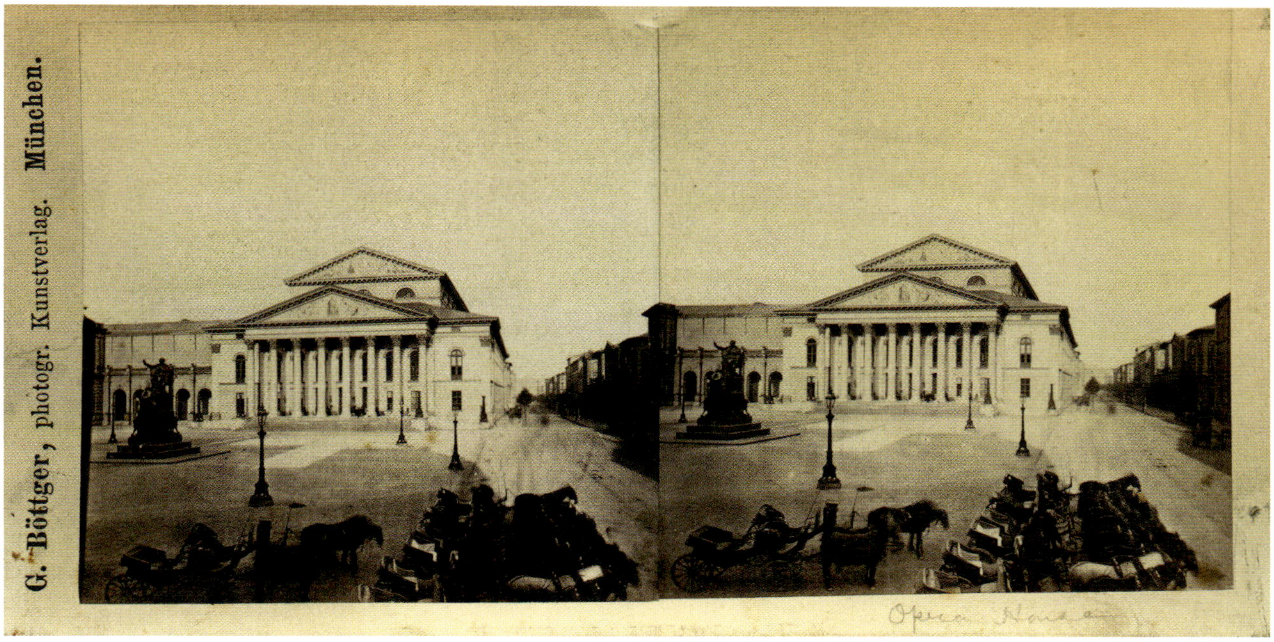

Stereobild des Münchner Nationaltheaters am Max-Joseph-Platz mit dem Denkmal von König Max I. Joseph, im Vordergrund eine Straßenszene mit Pferdedroschken.

Georg Böttger, Albumin-Stereobild, um 1860 Fotoarchiv Lorenz. 19

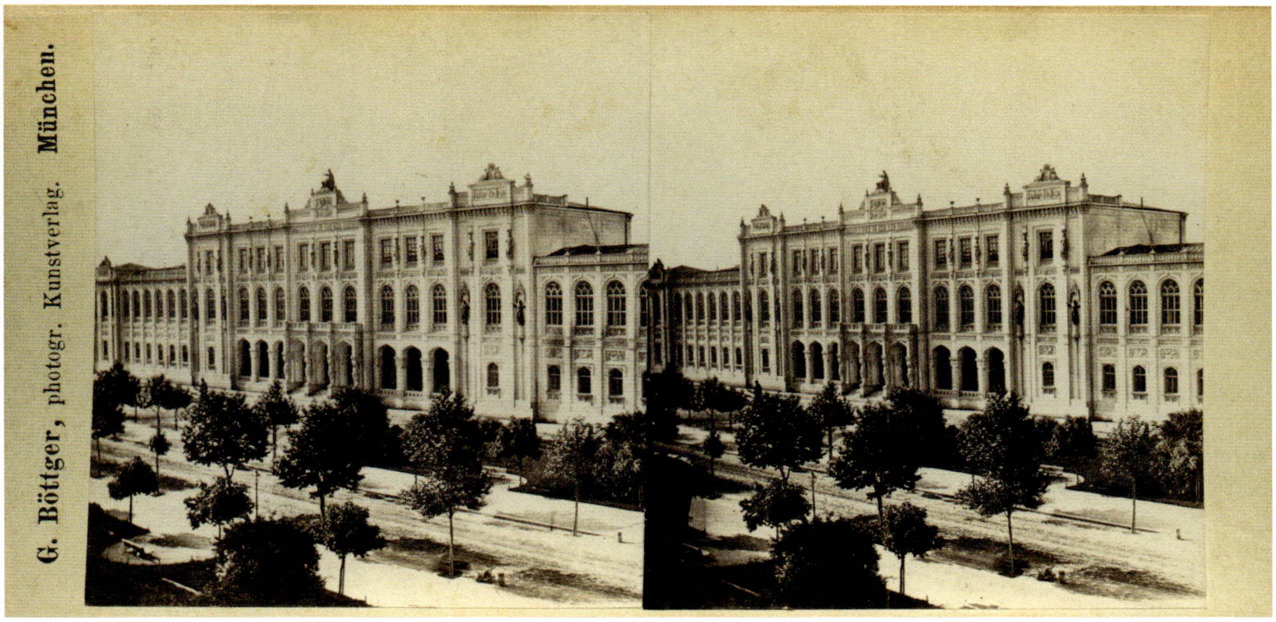

Zum Zeitpunkt der Aufnahme befand sich hier das 1855 gegründete Bayerische Nationalmuseum München. Nach dessen Umzug 1900 in die Prinzregentenstraße bezog das Völkerkundemuseum, das heutige Museum Fünf Kontinente, 1925/26 das Gebäude.

Georg Böttger, Albumin-Stereobild, um 1870 Fotoarchiv Lorenz. 29

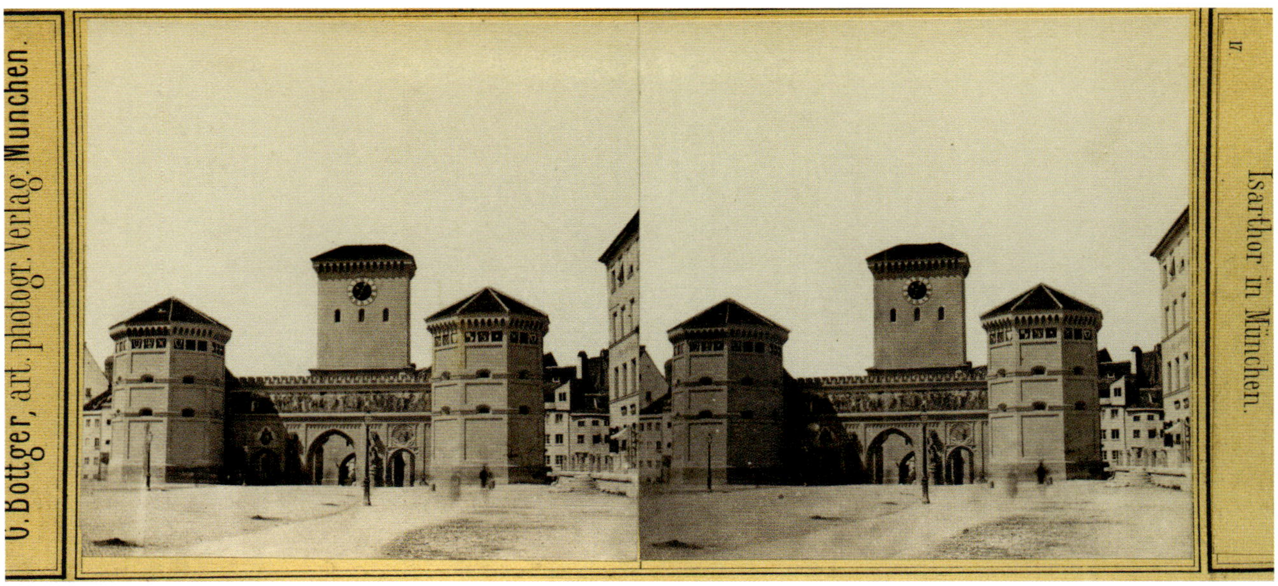

König Ludwig I. (1786–1868) veranlasste 1833 die Wiederherstellung des Isartors. Die bereits abgebrochenen Mauern zwischen dem Hauptturm und den Nebentürmen wurden wieder eingezogen.

Georg Böttger, Albumin-Stereobild, 1866 Fotoarchiv Lorenz. 34

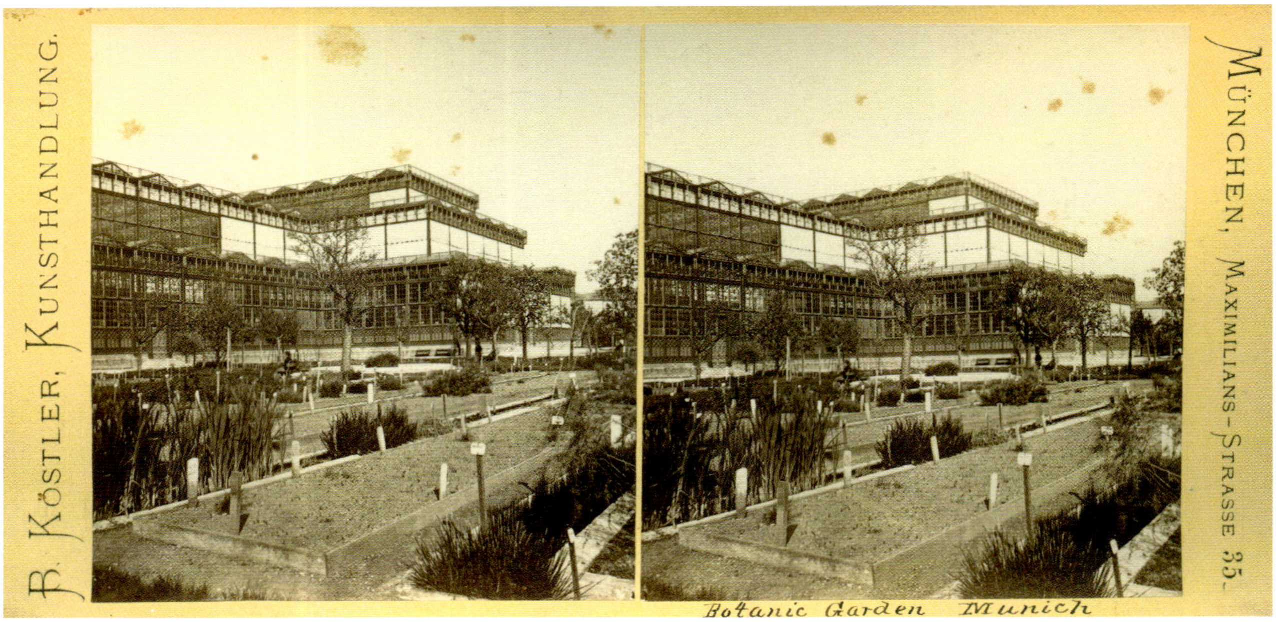

Der 1854 in nur sechs Monaten errichtete Glaspalast auf dem Gelände des Alten Botanischen Gartens spielte als Ausstellungs- und Veranstaltungsort in München eine zentrale Rolle. Er war vollständig aus Glas und Gusseisen gebaut.

Bartholomäus Köstler, Albumin-Stereobild, um 1900 Fotoarchiv Lorenz. 82

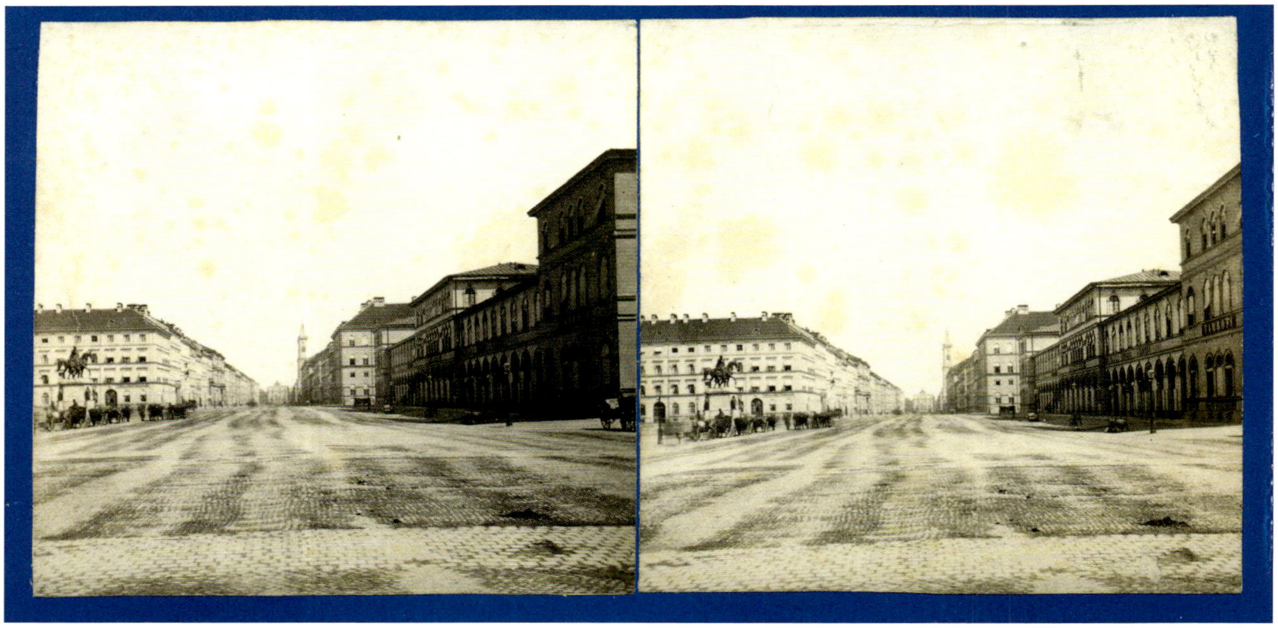

Die noch unbefestigte Ludwigstraße, vom Odeonsplatz aus aufgenommen. Links sieht man das Reiterstandbild König Ludwig I., rechts das Café Tambosi, im Hintergrund das Siegestor und die Ludwigskirche.

Ernst Reulbach, Albumin-Stereobild, um 1870 Fotoarchiv Lorenz. 50

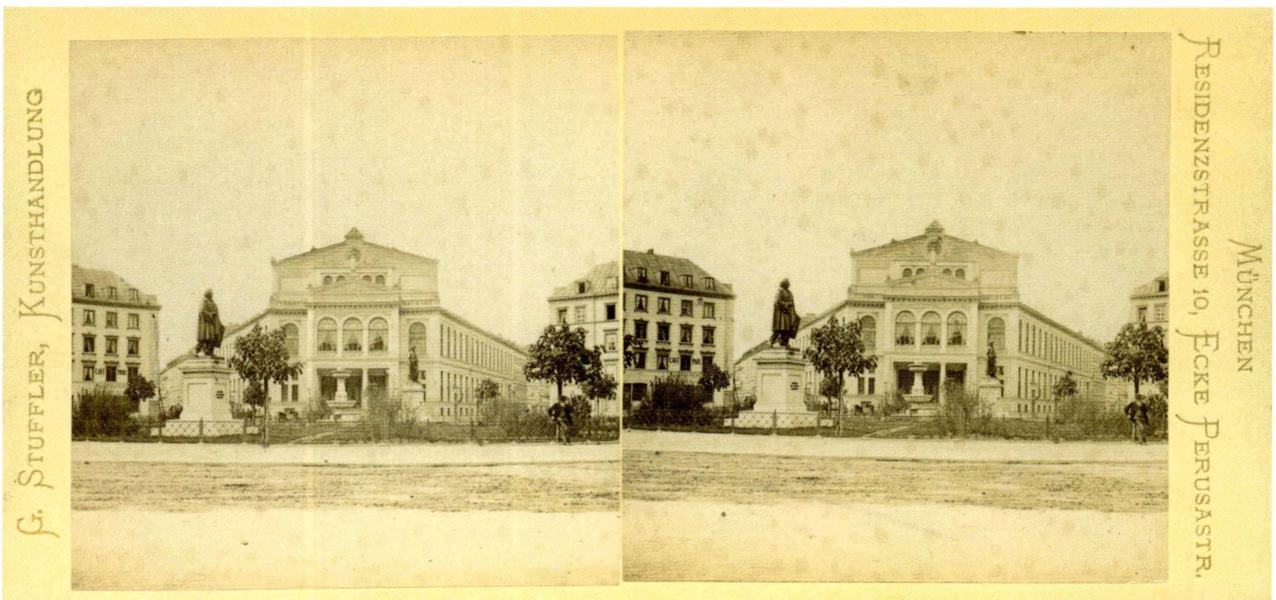

Zu Ehren des Architekten Friedrich von Gärtner (1792–1847) wurde 1863 ein Platz in der Isarvorstadt nach ihm benannt und ein Standbild errichtet. Das Gärtnerplatztheater wurde 1865 eröffnet.

Georg Stuffler, Albumin-Stereobild, um 1884 Fotoarchiv Lorenz. 57

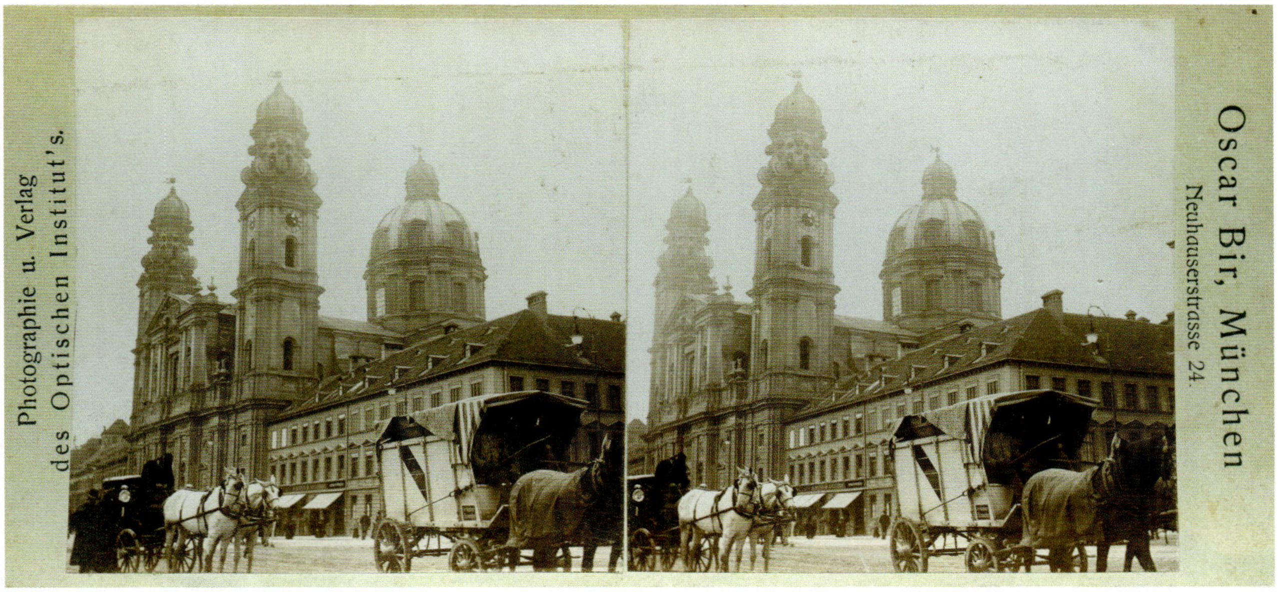

Die Theatinerkirche am Odeonsplatz mit ihren markanten Türmen ist 1767, gut 100 Jahre nach der Grundsteinlegung, fertiggestellt worden.
Oscar Bir, Kollodium, glänzend, um 1900/1910
Fotoarchiv Lorenz. 63

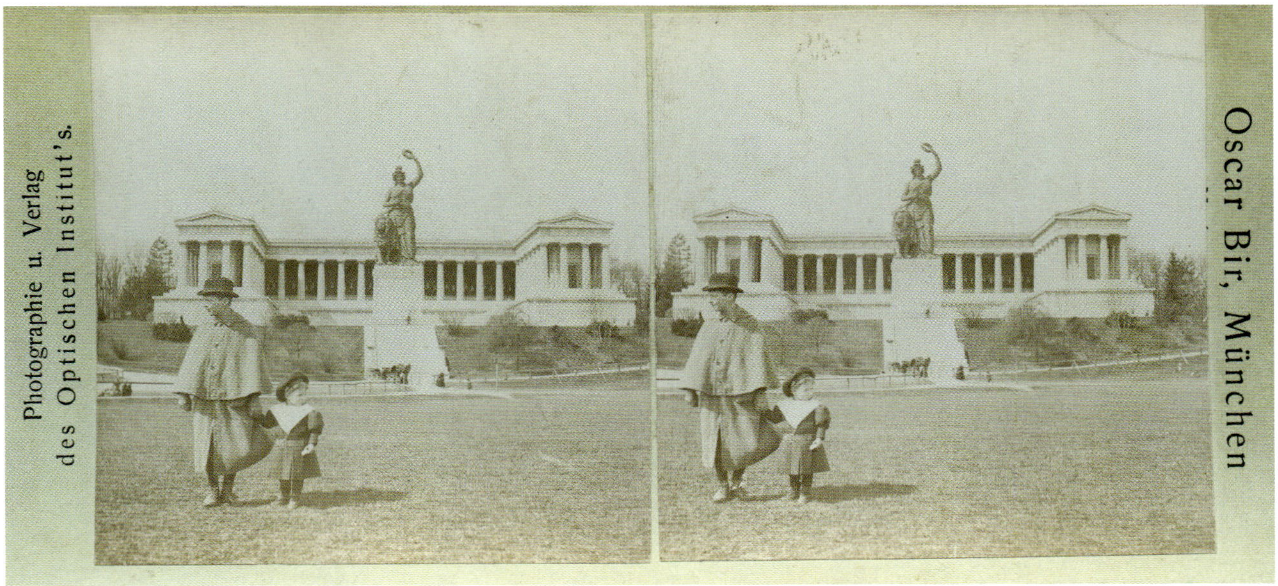

Die beiden Personen im Vordergrund machen die Größe der Kolossalstatue der Bavaria von über 18 m deutlich. Der Bildhauer Ludwig von Schwanthaler (1802–1848) lieferte den Entwurf, den Bronzeguss übernahm Ferdinand von Miller (1813–1887).
Oscar Bir, Kollodium, glänzend, um 1900/1910
Fotoarchiv Lorenz. 65

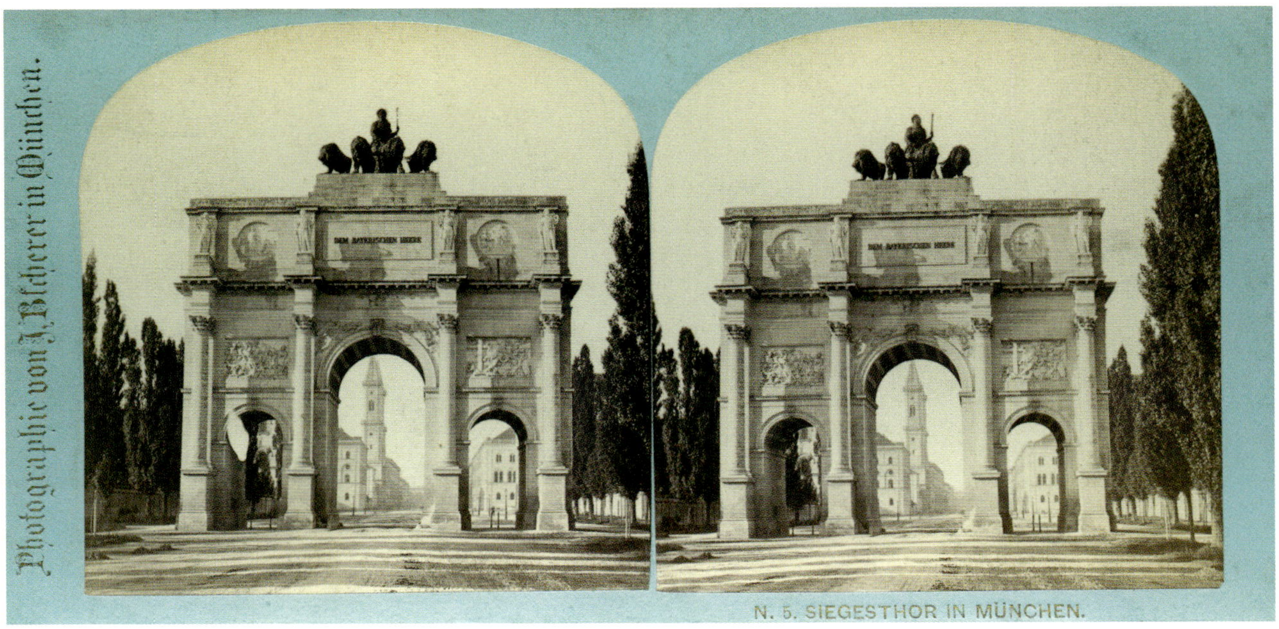

Blick durch den 1850 fertiggestellten Triumphbogen in der Ludwigstraße, der seit 1871 nach dem Sieg über Frankreich „Siegestor" genannt wird. Im mittleren Bogen ist der Turm der Ludwigskirche zu sehen.
Joseph Bscherer, Kollodium, glänzend, um 1869
Fotoarchiv Lorenz. 67

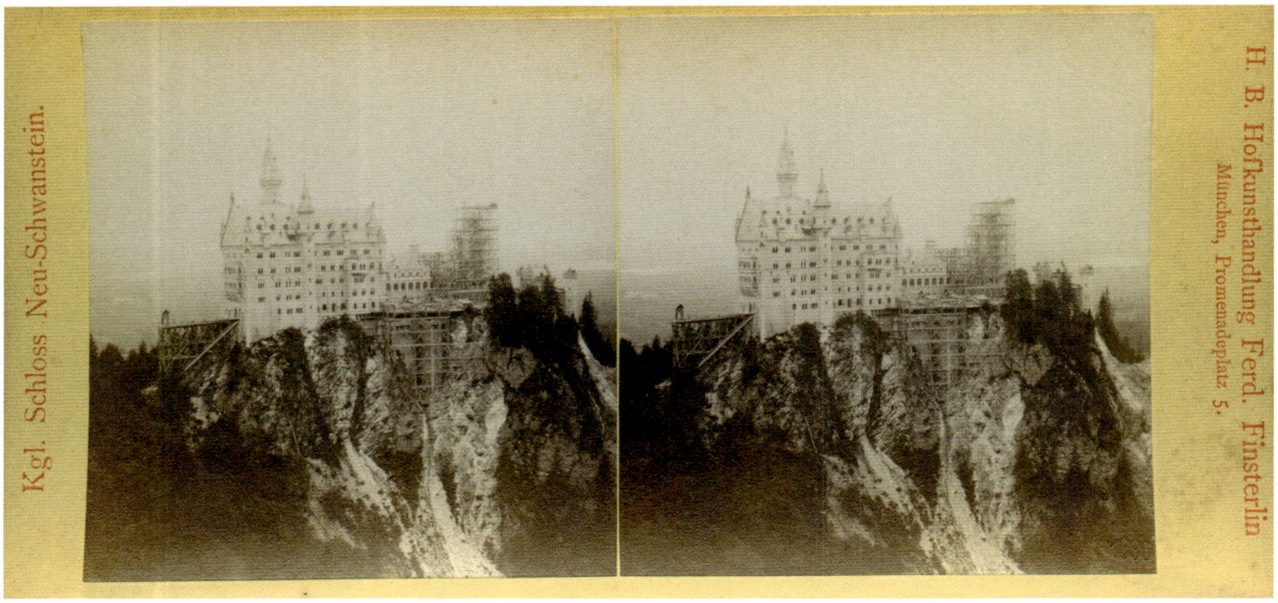

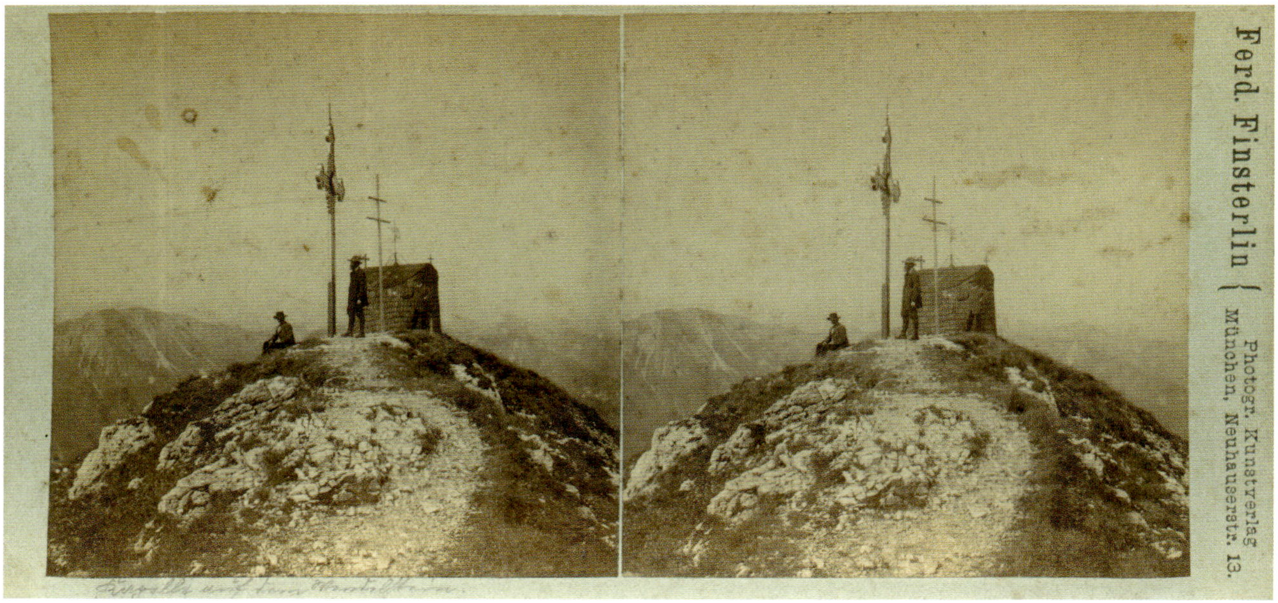

Mit dem Bau des Schlosses Neuschwanstein ab 1869 verwirklichte König Ludwig II. seine Idealvorstellung von einer mittelalterlichen Ritterburg. Die Aufnahme stammt aus der Bauzeit.
Ferdinand Finsterlin, Albumin-Stereobild, 1886
Fotoarchiv Lorenz. 70

Die Wendelinkapelle auf dem Gipfel des Wendelsteins wurde 1718 errichtet.
Ferdinand Finsterlin, Albumin-Stereobild, 1881
Fotoarchiv Lorenz. 74

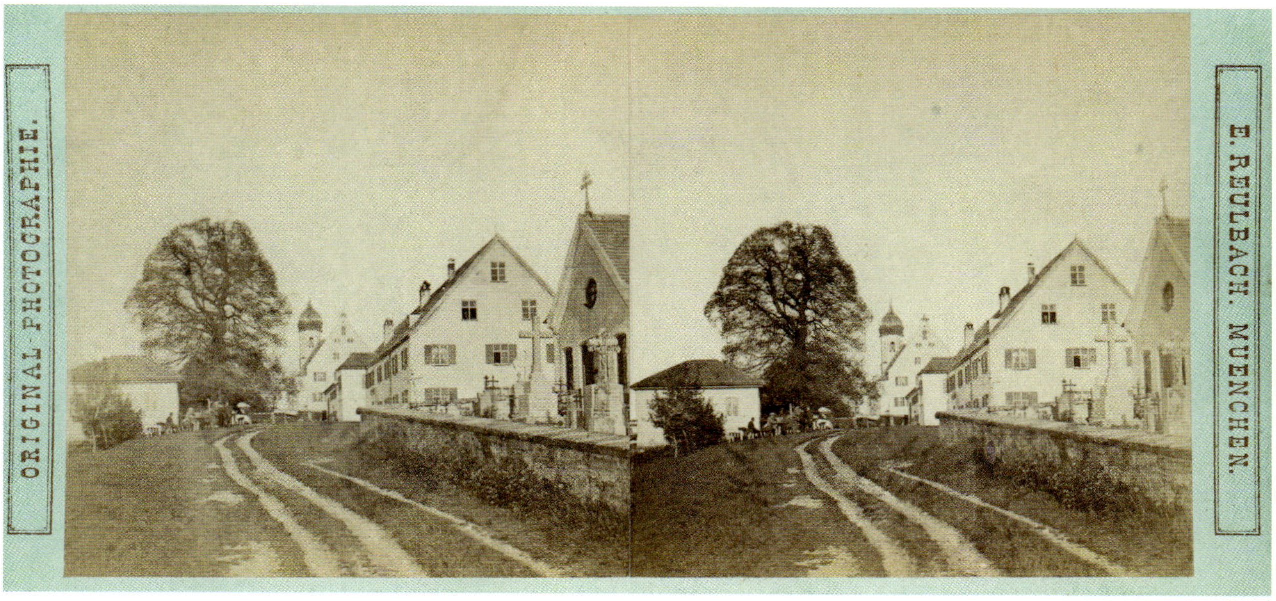

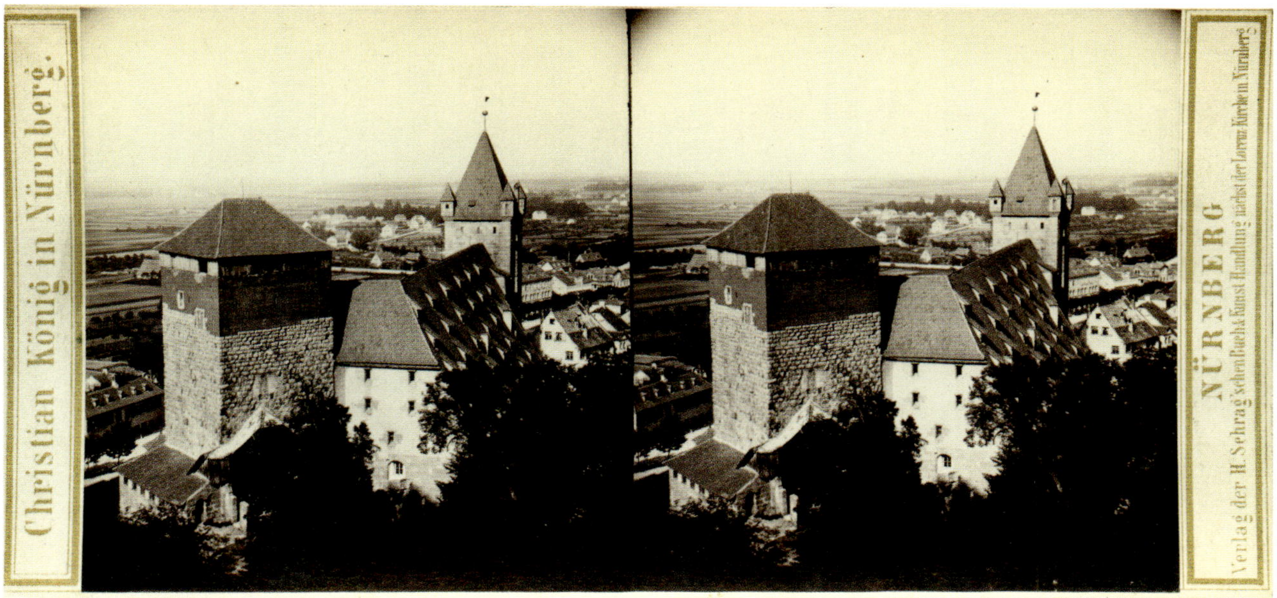

Die Wallfahrtskirche Mariä Himmelfahrt auf dem Hohen Peißenberg ist seit dem 16. Jahrhundert ein beliebter Pilgerort.

Ernst Reulbach, Albumin-Stereobild, um 1870 Fotoarchiv Lorenz. 46

Blick von der Kaiserburg in Nürnberg in das damals noch kaum besiedelte Umland.

Christian König, Albumin-Stereobild, um 1870/1895 Fotoarchiv Lorenz. 91

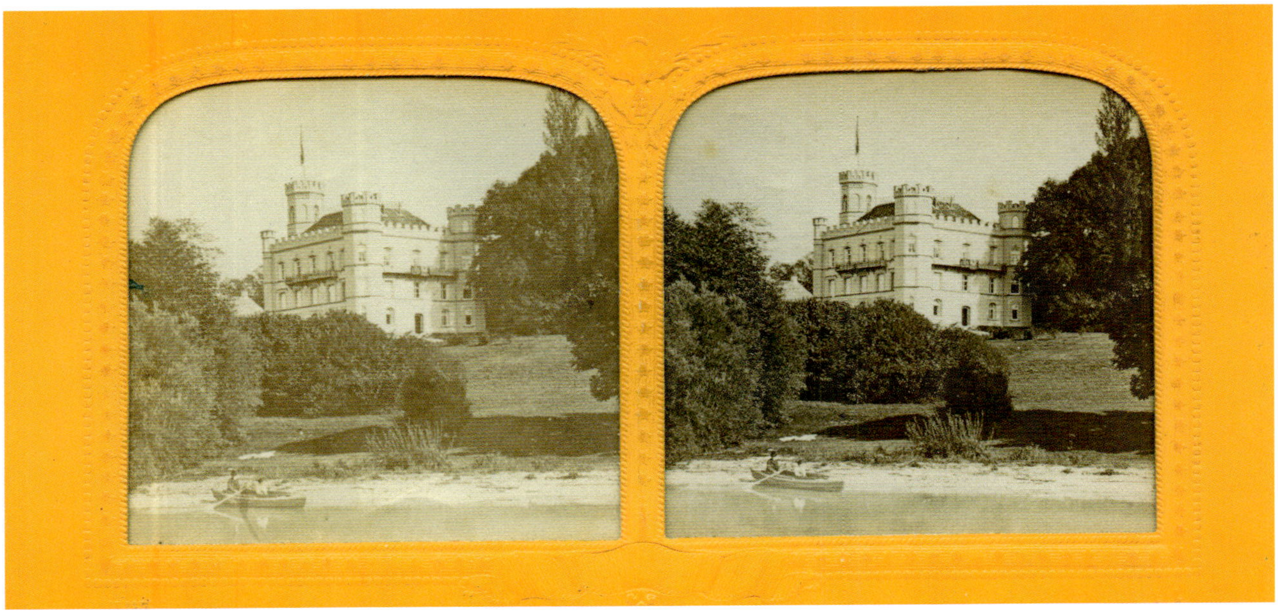

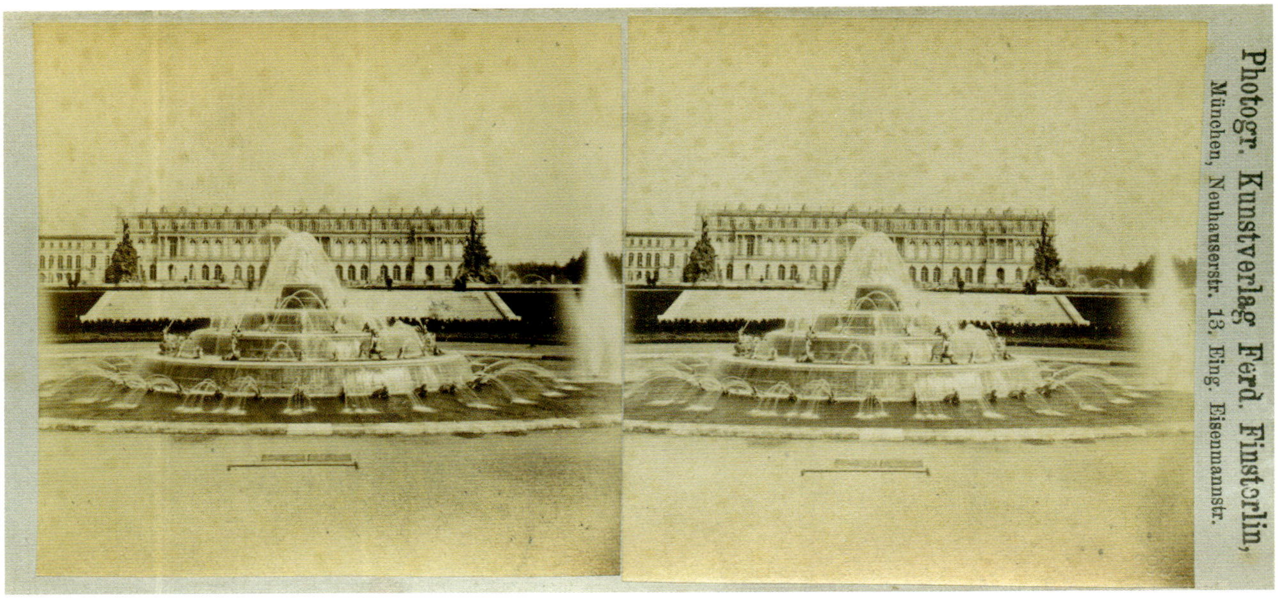

König Maximilian II. (1811–1864) ließ Schloss Berg am Starnberger See mit Türmen und Zinnen im neugotischen Stil umbauen.

Unbekannter Fotograf, Albumin-Stereobild, um 1900 Fotoarchiv Lorenz. 114

Schloss Herrenchiemsee wurde ab 1878 im Auftrag König Ludwig II. nach dem Vorbild von Versailles errichtet. Ludwig II. bewohnte es nur wenige Tage. Der Bau blieb unvollendet.

Ferdinand Finsterlin, Albumin-Stereobild, 1901 Fotoarchiv Lorenz. 76

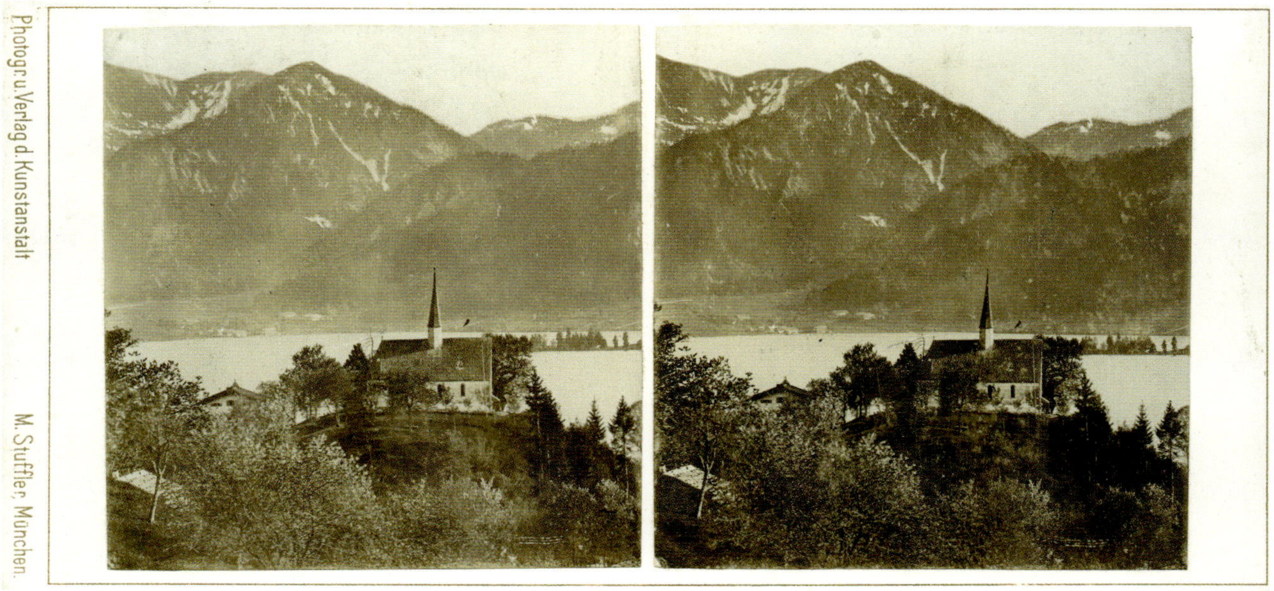

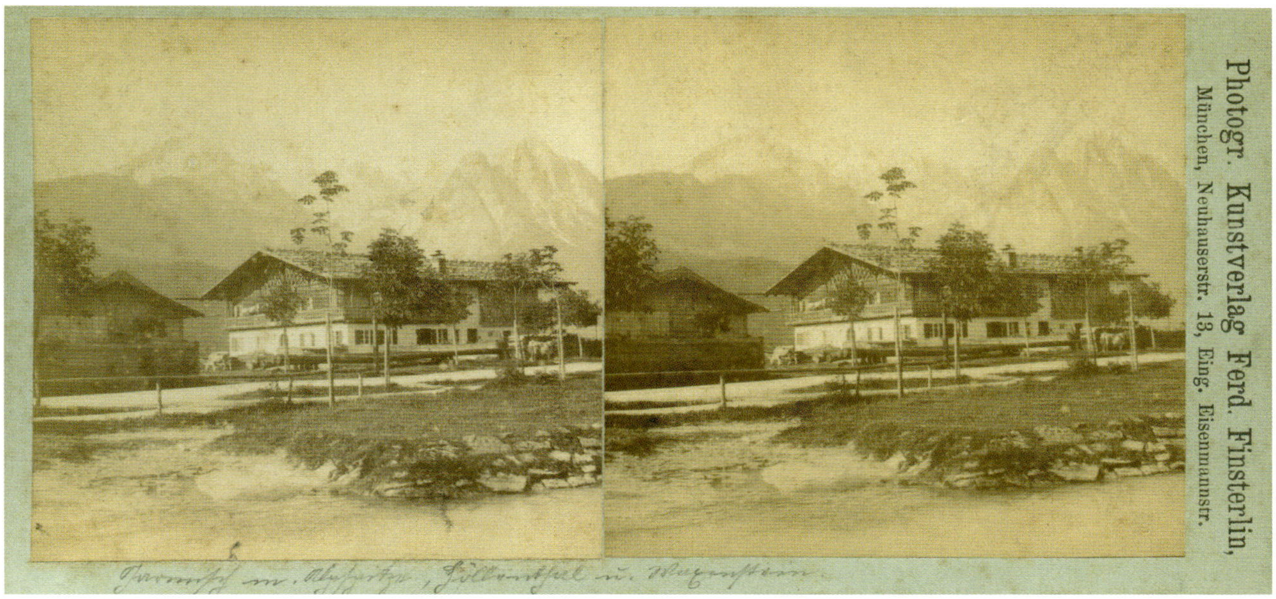

Georg von Waldeck ließ die Kapelle St. Georg am Weinberg in Schliersee (Lkr. Miesbach) nach seiner Befreiung aus türkischer Gefangenschaft Mitte des 14. Jahrhunderts errichten. Sie liegt 35 m über dem Schliersee.

Max Stuffler,
Albumin-Stereobild, um 1890
Fotoarchiv Lorenz. 61

Der königlich-bayerische Hoffotograf Ferdinand Finsterlin fotografierte dieses Bauernhaus in Garmisch. Er war von 1874 bis 1917 als Fotograf und Verleger in München tätig.

Ferdinand Finsterlin,
Albumin-Stereobild, 1893
Fotoarchiv Lorenz. 73

Teil 4: Hoffotograf Joseph Albert

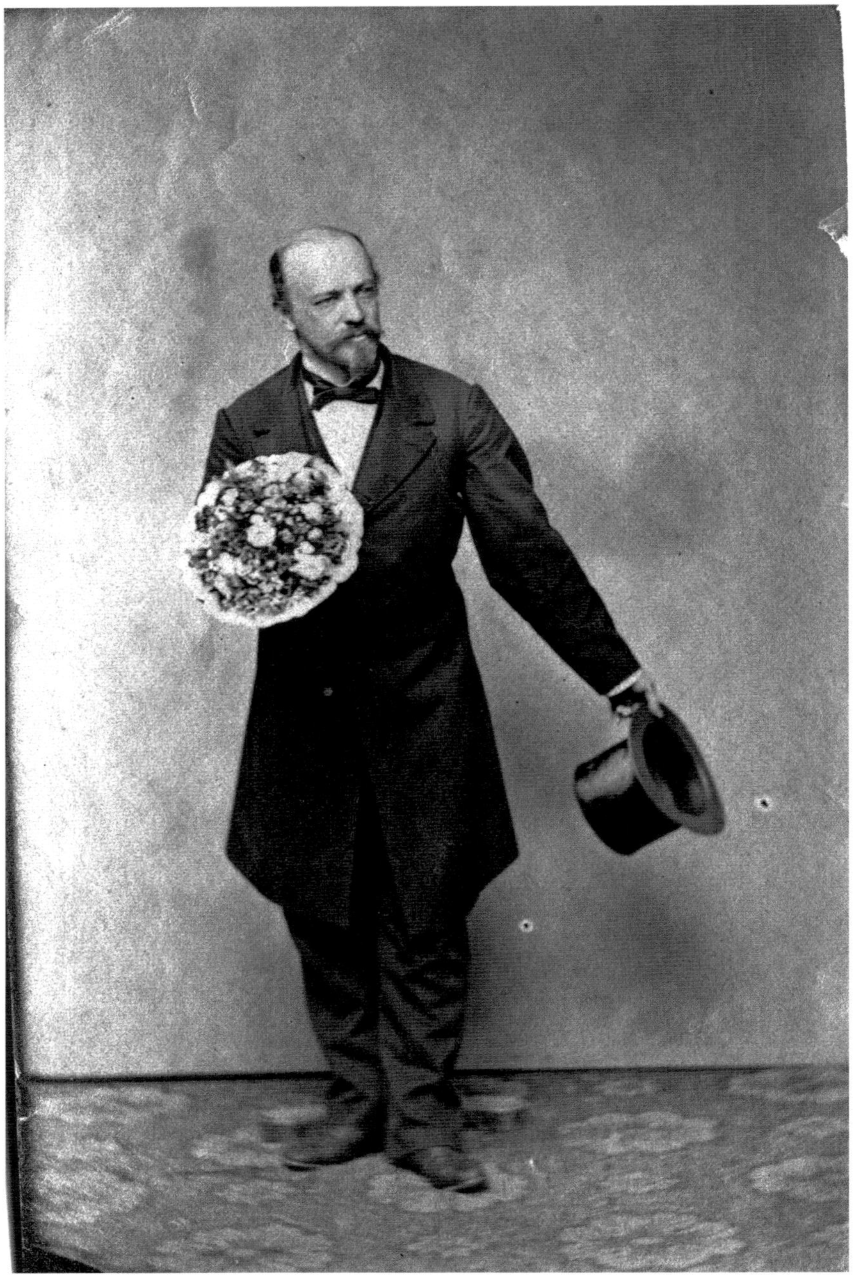

Joseph Albert (1825–1886), hier mit Blumenstrauß und Zylinder, porträtierte als Hoffotograf die Familienmitglieder der Wittelsbacher.
Unbekannter Fotograf, Albumin, um 1860/1870
Portr.A. Albert, Joseph (2)

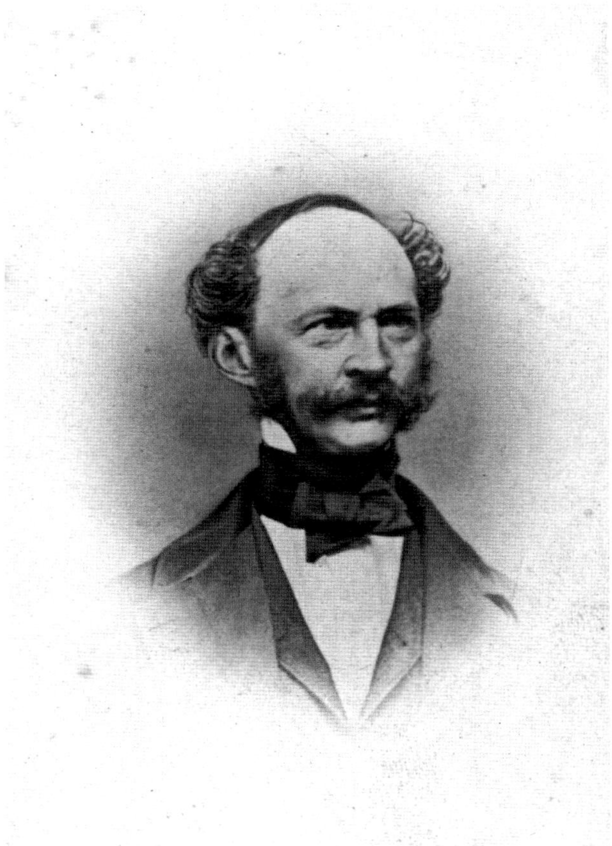

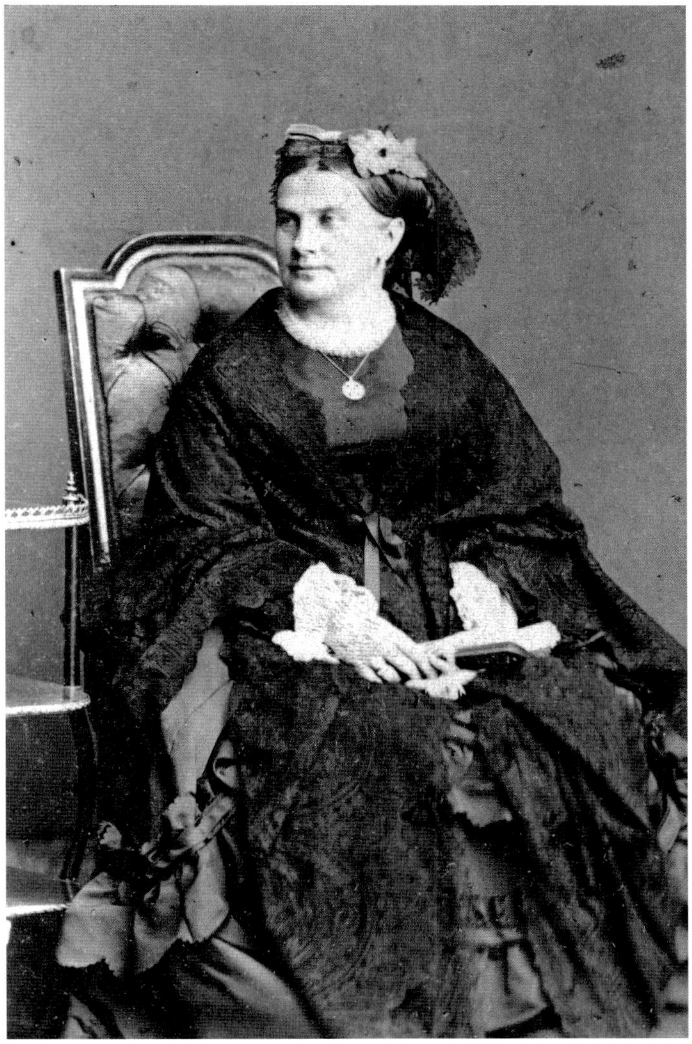

König Maximilian II. (1811–1864) war für die technischen Neuheiten seiner Zeit aufgeschlossen.

Joseph Albert, Albumin, vor 1865

Portr.A. Maximilian II., Kg. von Bayern (7)

Marie von Preußen (1825–1889) heiratete 1842 Kronprinz Maximilian von Bayern.

Joseph Albert, Albumin, vor 1890

Portr.A. Marie, Königin von Bayern (5)

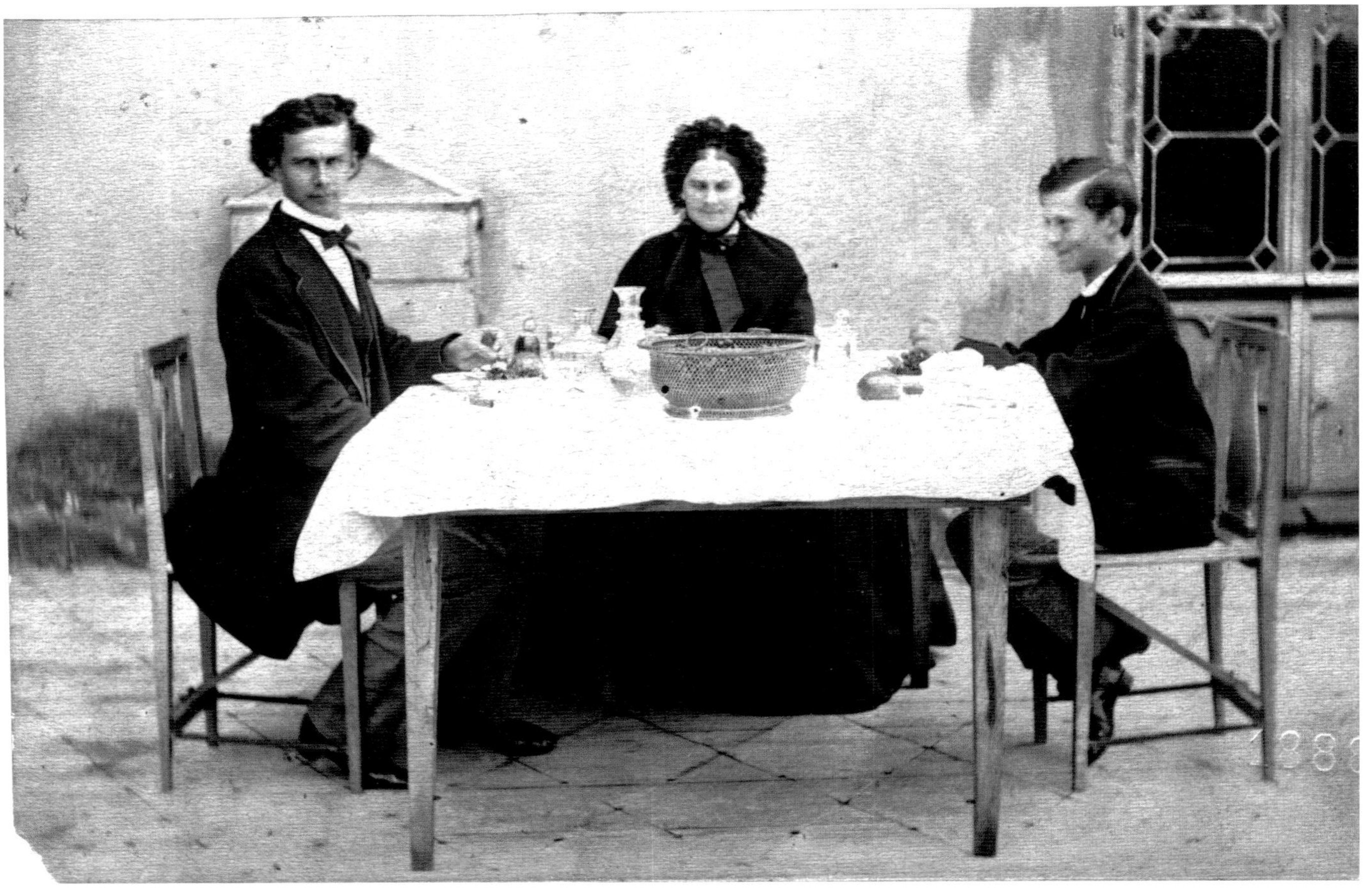

Königin Marie mit ihren Söhnen Ludwig, dem späteren König Ludwig II. von Bayern (1845–1886), und Otto, dem späteren König Otto I. von Bayern (1848–1916).

Joseph Albert, Albumin, um 1863

Portr.A. Ludwig II., Kg. von Bayern (38)

König Ludwig II., kurz vor seinem Tod.

Joseph Albert, Lichtdruck, Fotografie 1886

Portr.A. Ludwig II., Kg. von Bayern (17)

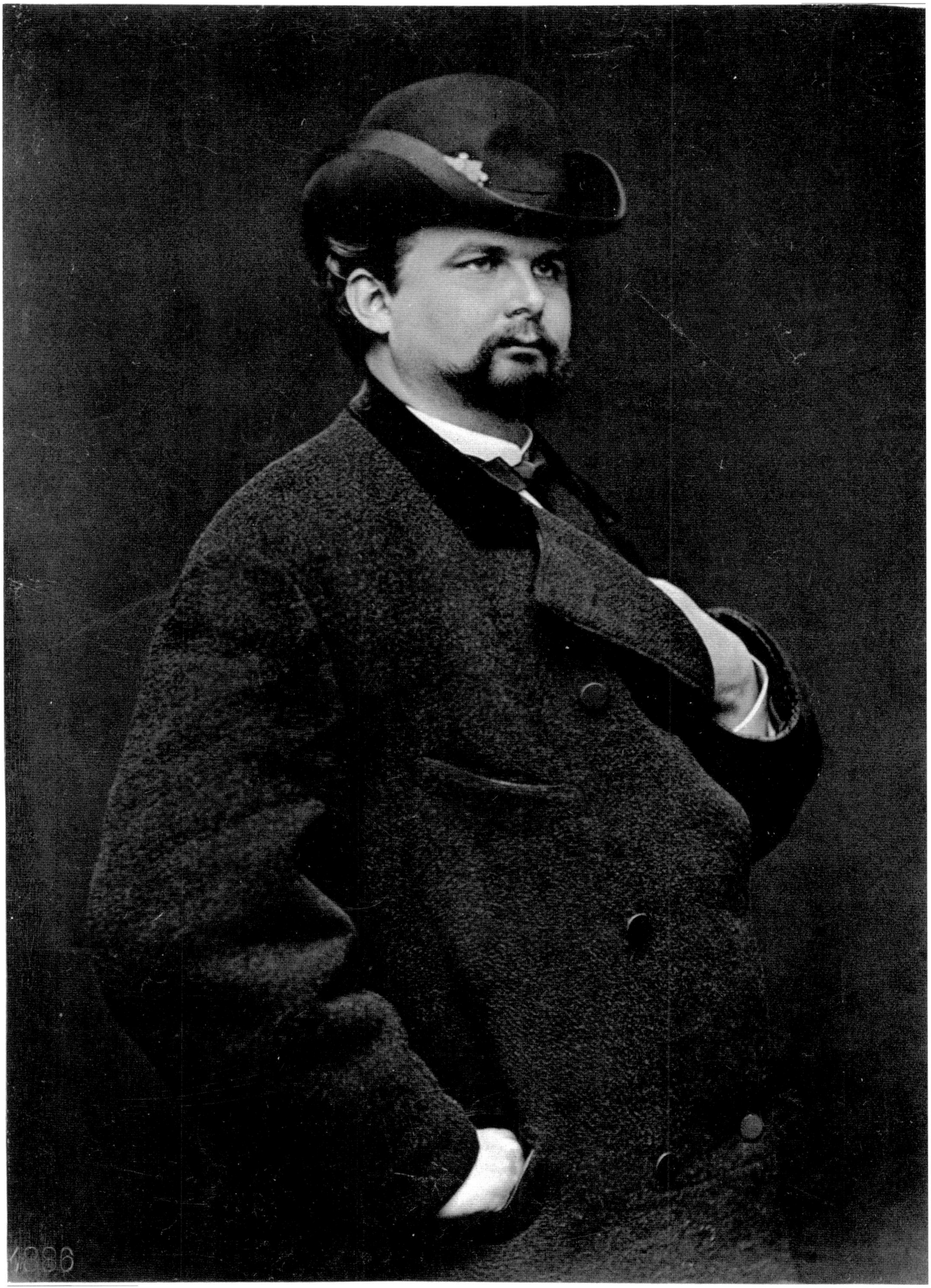

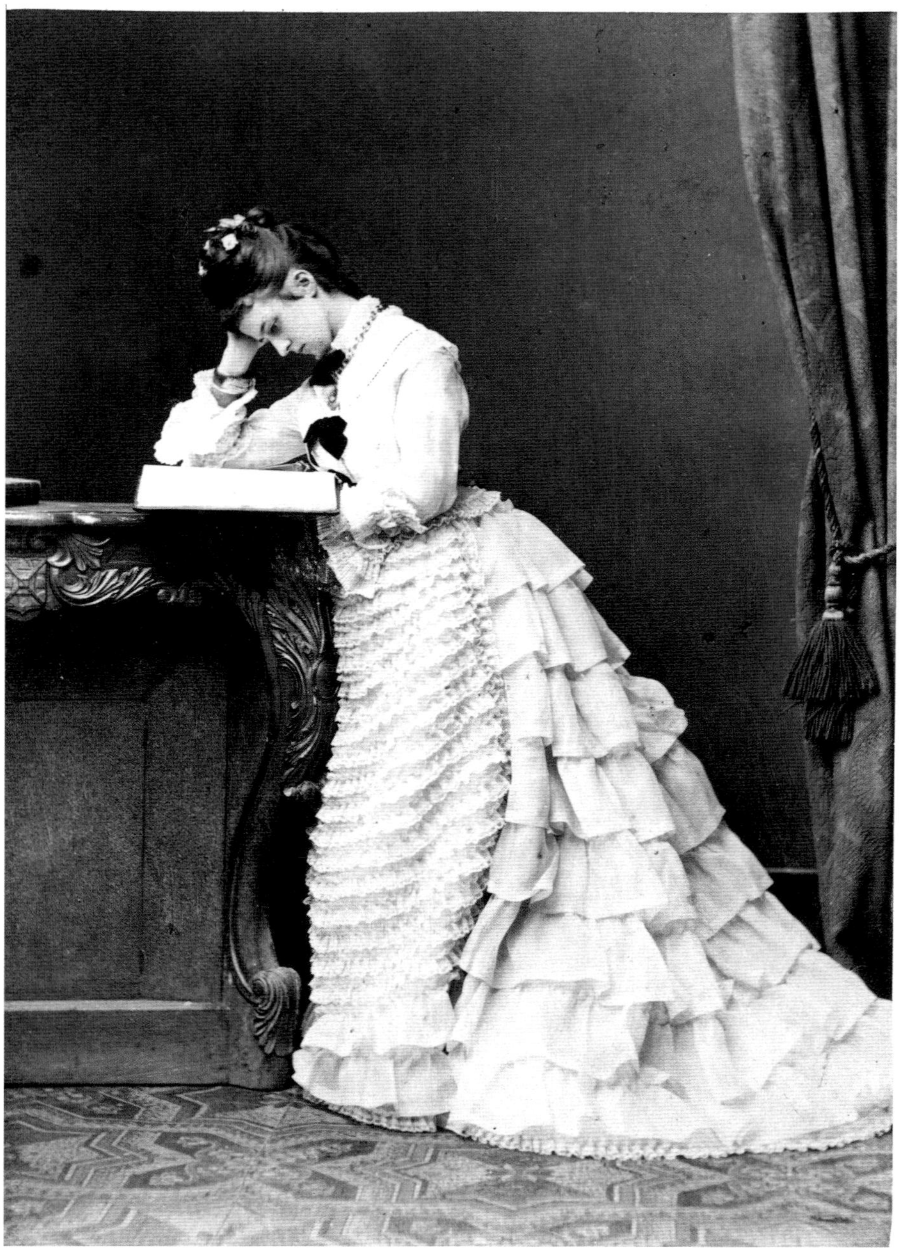

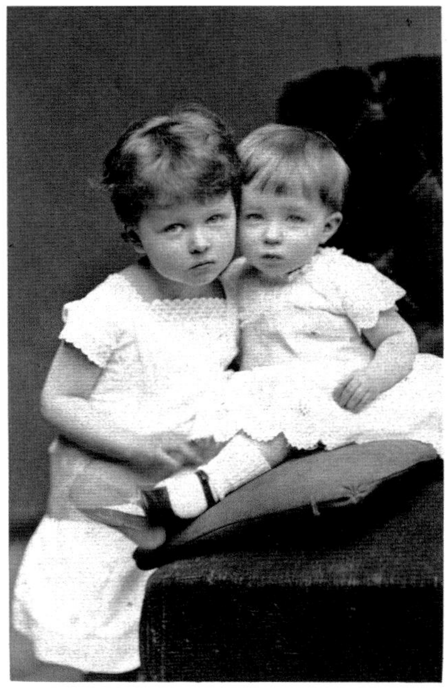

Maria Josepha, ursprünglich Marie José von Portugal (1857–1943), heiratete 1874 Herzog Carl Theodor in Bayern.
Joseph Albert, Albumin, um 1876
Portr.A. Maria Josepha, Herzogin in Bayern (5)

Sophie Adelheid (1875–1957) und Elisabeth Gabriele (1876–1965), die Töchter von Herzog Carl Theodor in Bayern.
Joseph Albert, Albumin, um 1878
Portr.A. Bayern, Elisabeth von (1)

Herzog Carl Theodor in Bayern (1839–1909) mit seiner Frau Marie José von Portugal (1857–1943) und den Kindern Sophie, Elisabeth und Marie.
Joseph Albert, Albumin, um 1878
Portr.A. Karl Theodor, Herzog in Bayern (3)

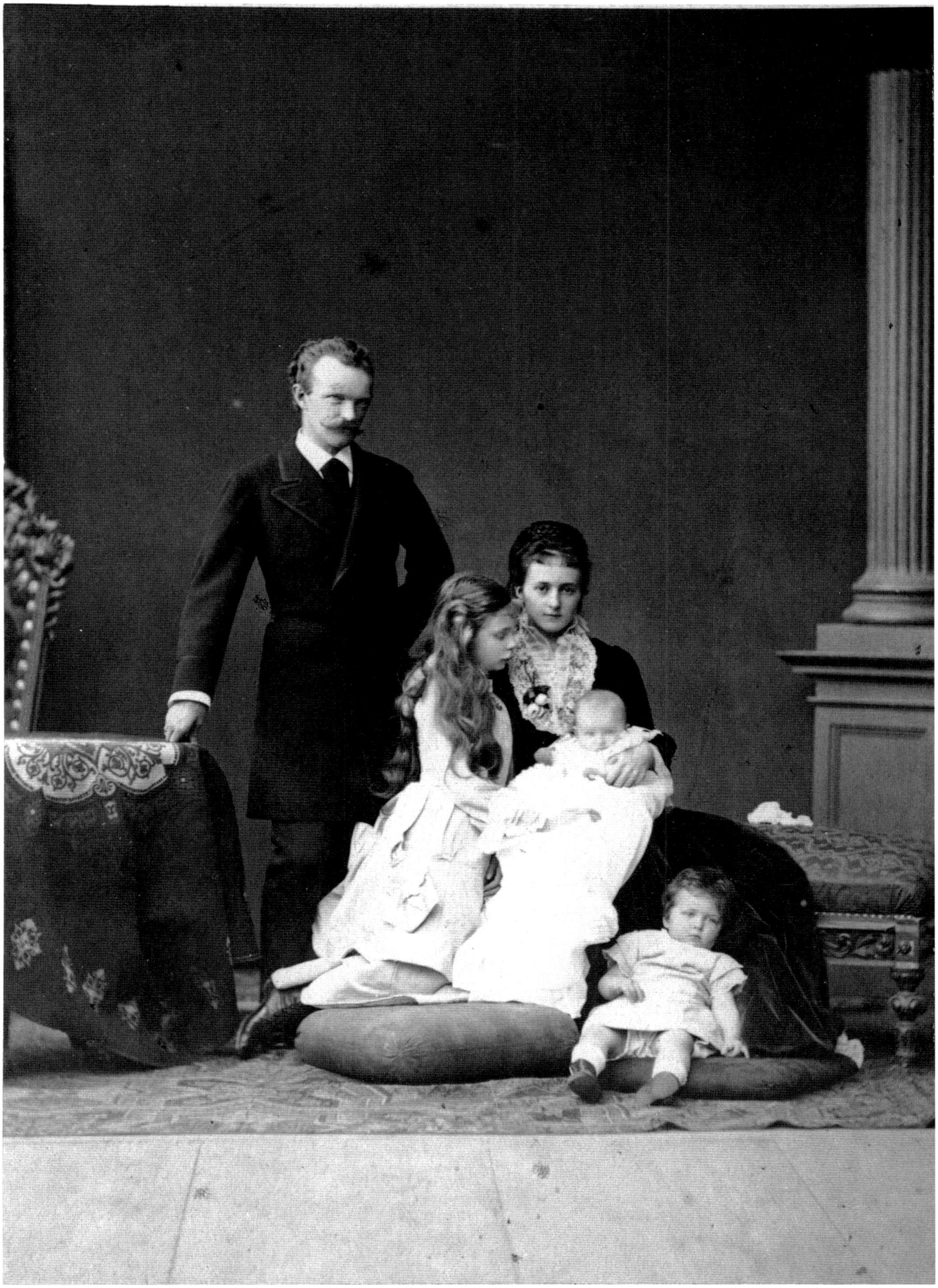

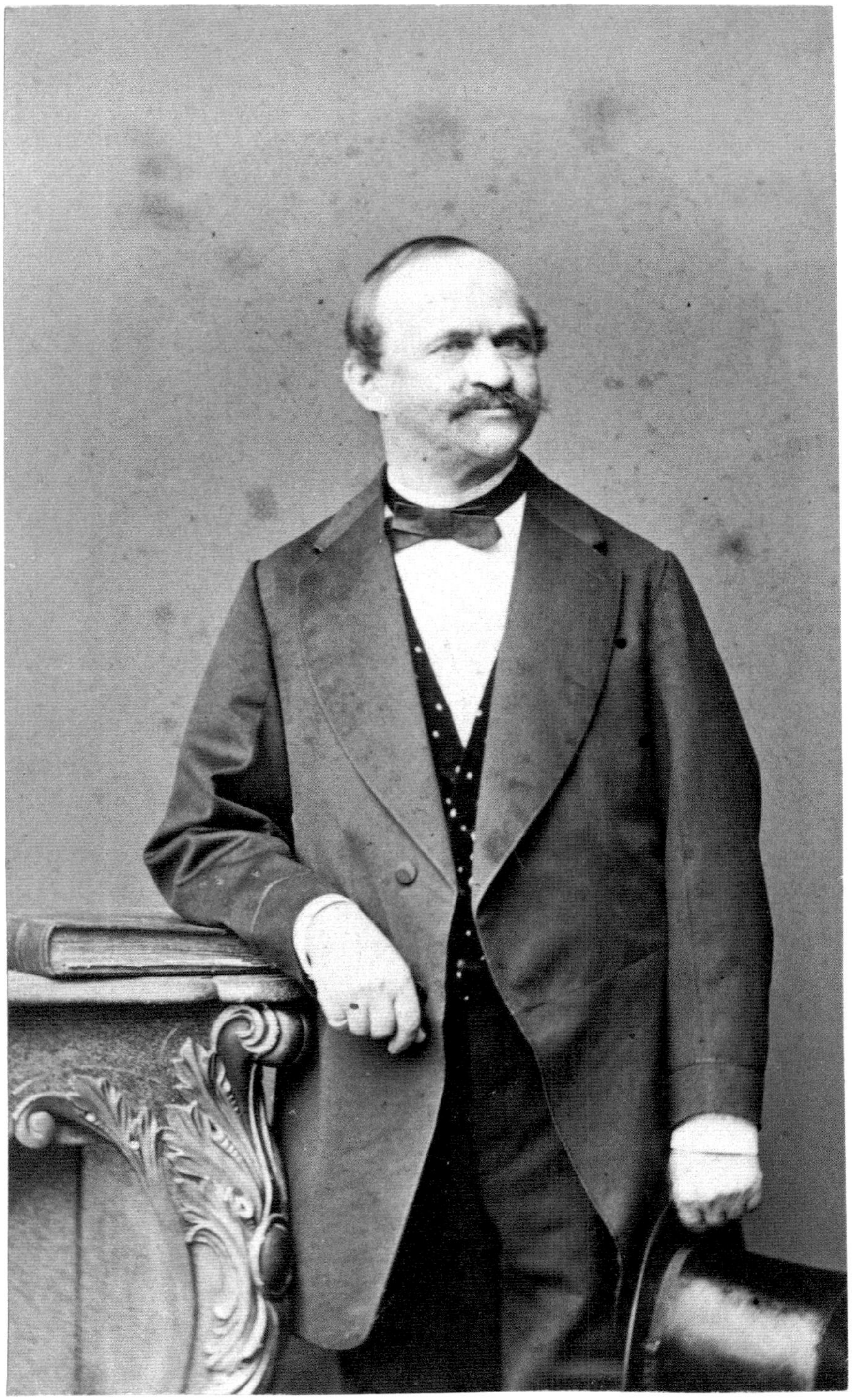

Otto Friedrich Ludwig von Wittelsbach (1815–1867) war von 1832 bis 1862 als Otto I. erster König von Griechenland. Er lebte anschließend bis zu seinem Tod in Bamberg.

Joseph Albert, Albumin, vor 1868
Portr.A. Otto, König von Griechenland (1)

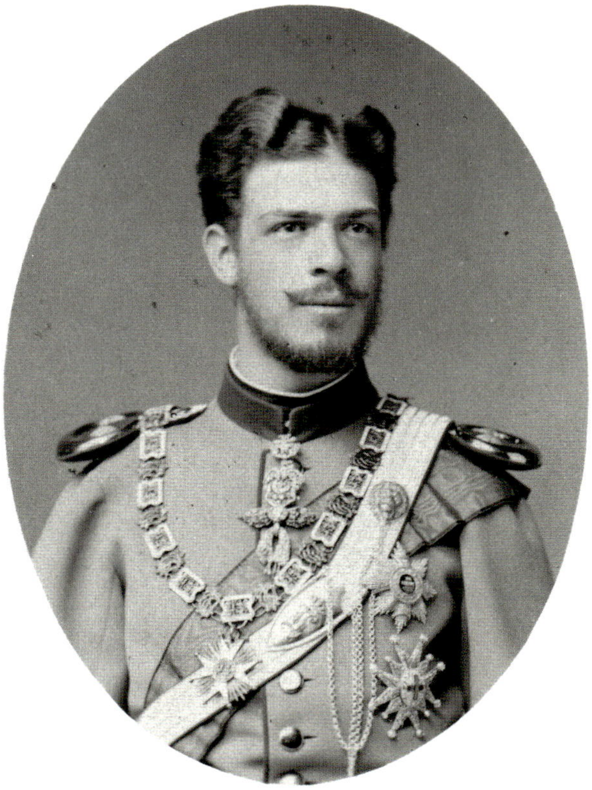

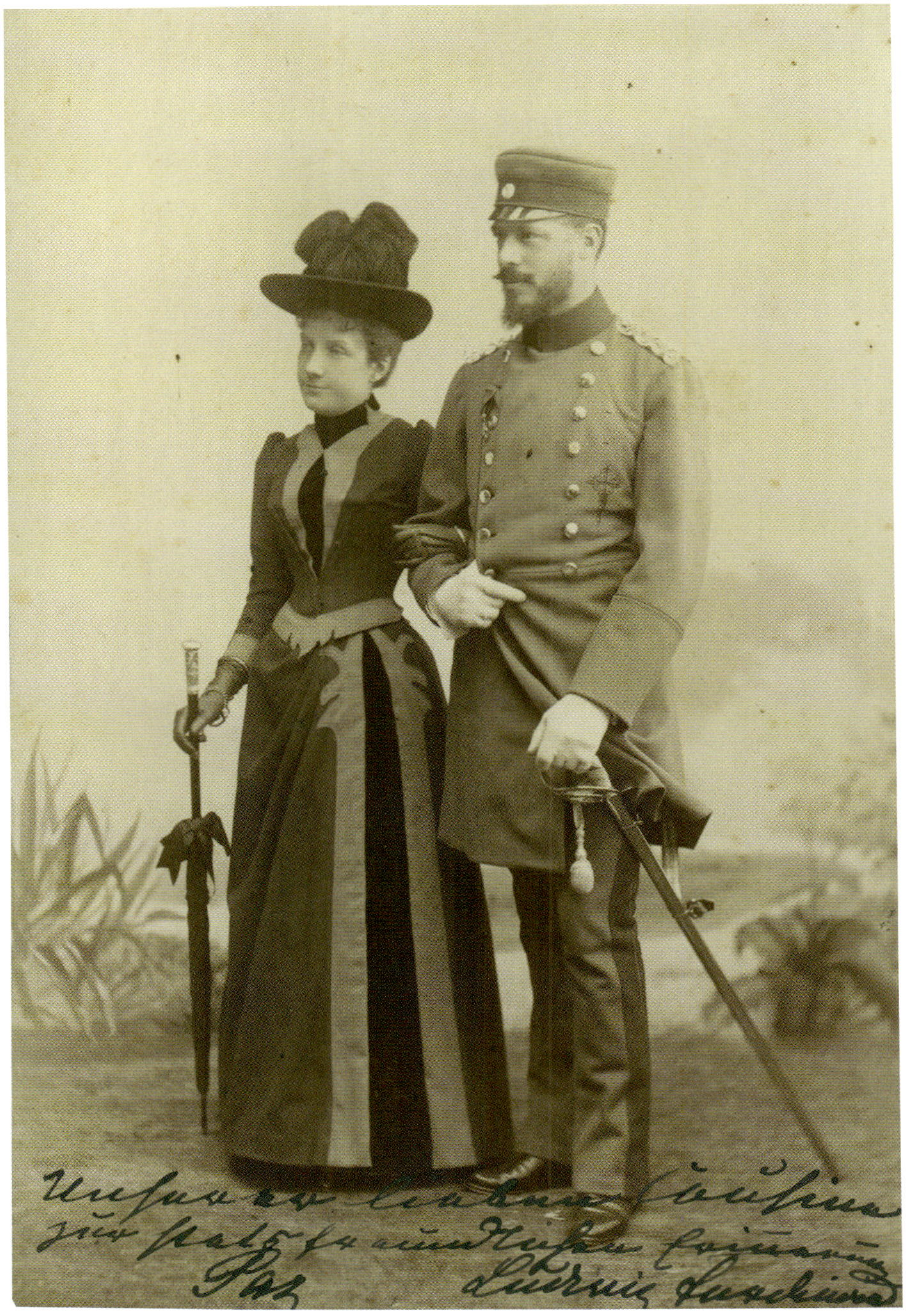

Prinz Ludwig Ferdinand von Bayern (1859–1949), hier in der Uniform seines Regiments, studierte Medizin und wirkte als Facharzt für Chirurgie und Gynäkologie.

Joseph Albert, Albumin, vor 1887
Portr.A. Bayern, Ludwig Ferdinand von (1)

Ludwig Ferdinand von Bayern heiratete 1883 seine Cousine, die spanische Königstochter Maria de la Paz (1862–1946).

Joseph Albert, Albumin, 1883/1886
Portr.A. Marie de la Paz, Prinzessin von Bayern (4)

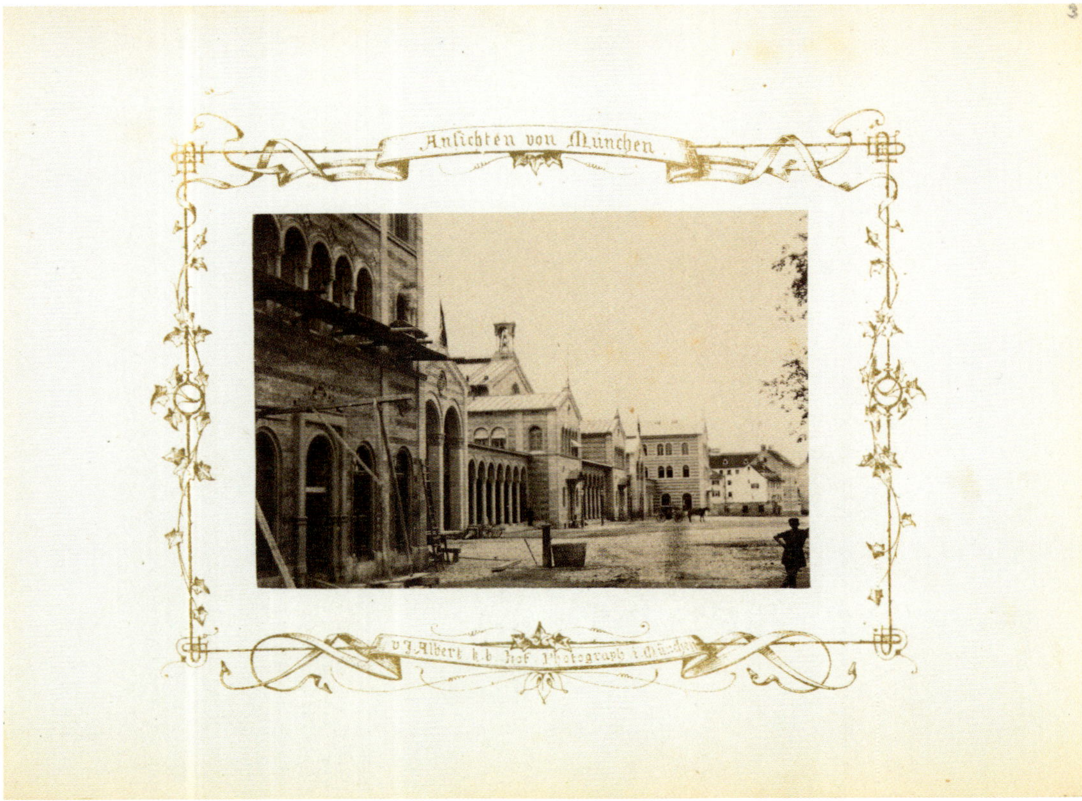

Der Münchner Hauptbahnhof war Ende des 19. Jahrhunderts der größte Bahnhof im Deutschen Reich. Der 1847–49 von Friedrich Bürklein (1813–1872) errichtete Bau wurde mehrfach erweitert. Er galt als Modell eines klassischen Großstadtbahnhofs und fand viele Nachahmer.
Joseph Albert, Fotografie aus: *Erinnerungen an München*, um 1880
BA/81.84779 Taf. 3

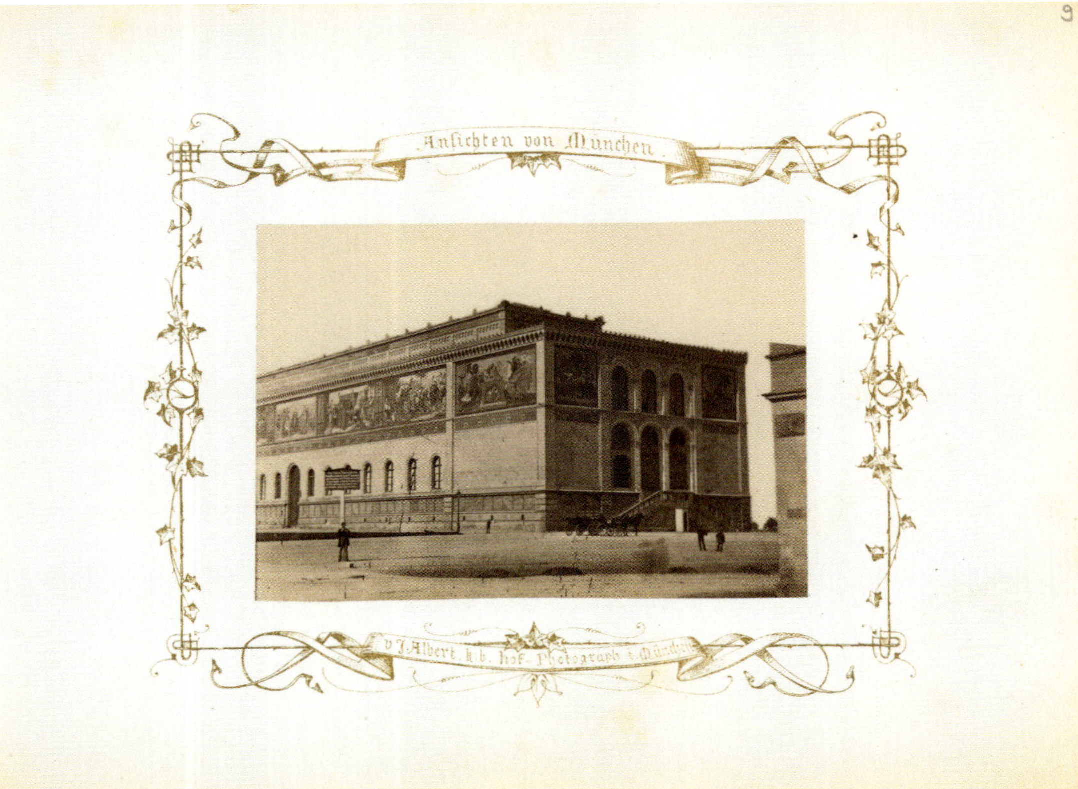

König Ludwig I. (1786–1868) beauftragte den Architekten Friedrich von Gärtner (1791–1847) mit der Errichtung der Neuen Pinakothek, die Werke des 19. Jahrhunderts beherbergen sollte. Bei einem Bombenangriff 1944 wurde das Gebäude schwer beschädigt, die Ruine 1949 abgetragen.
Joseph Albert, Fotografie aus: *Erinnerungen an München*, um 1880
BA/81.84779 Taf. 9

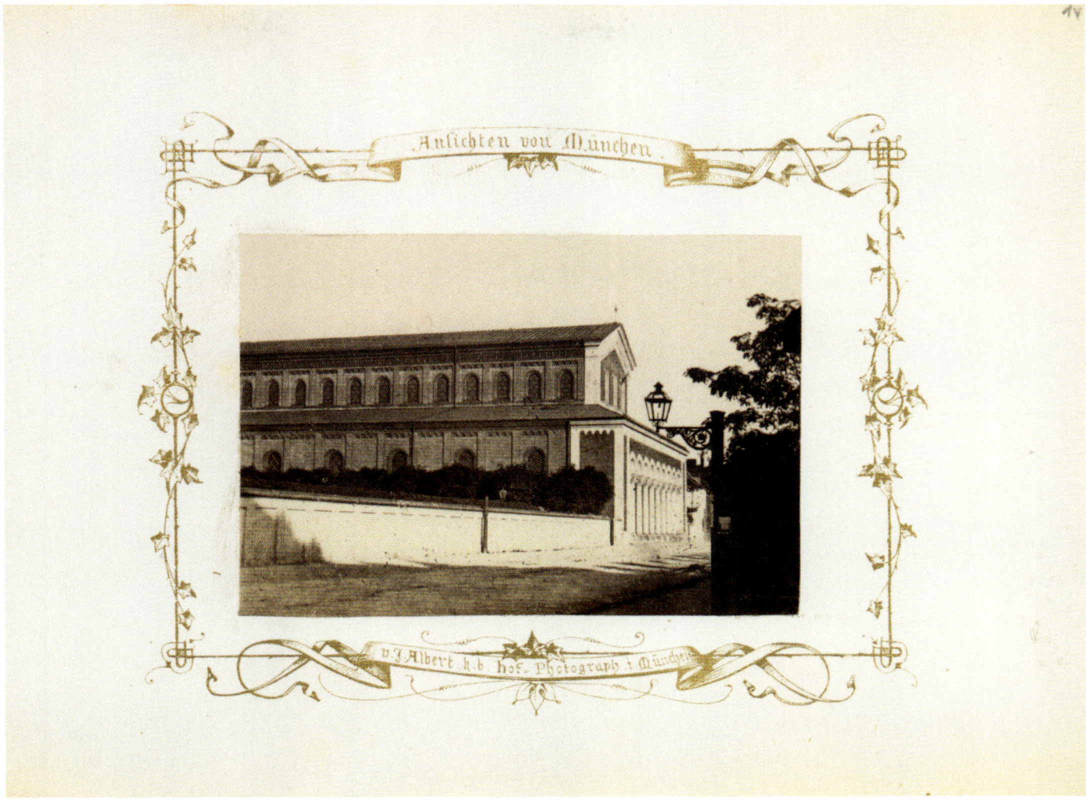

Die Kirche des Benediktinerklosters St. Bonifaz diente der neu angelegten Maxvorstadt als Pfarrkirche. Sie wurde 1835–48 nach Plänen von Georg Friedrich Ziebland errichtet.

Joseph Albert, Fotografie aus: ***Erinnerungen an München*****,** **um 1880**
BA/81.84779 Taf. 14

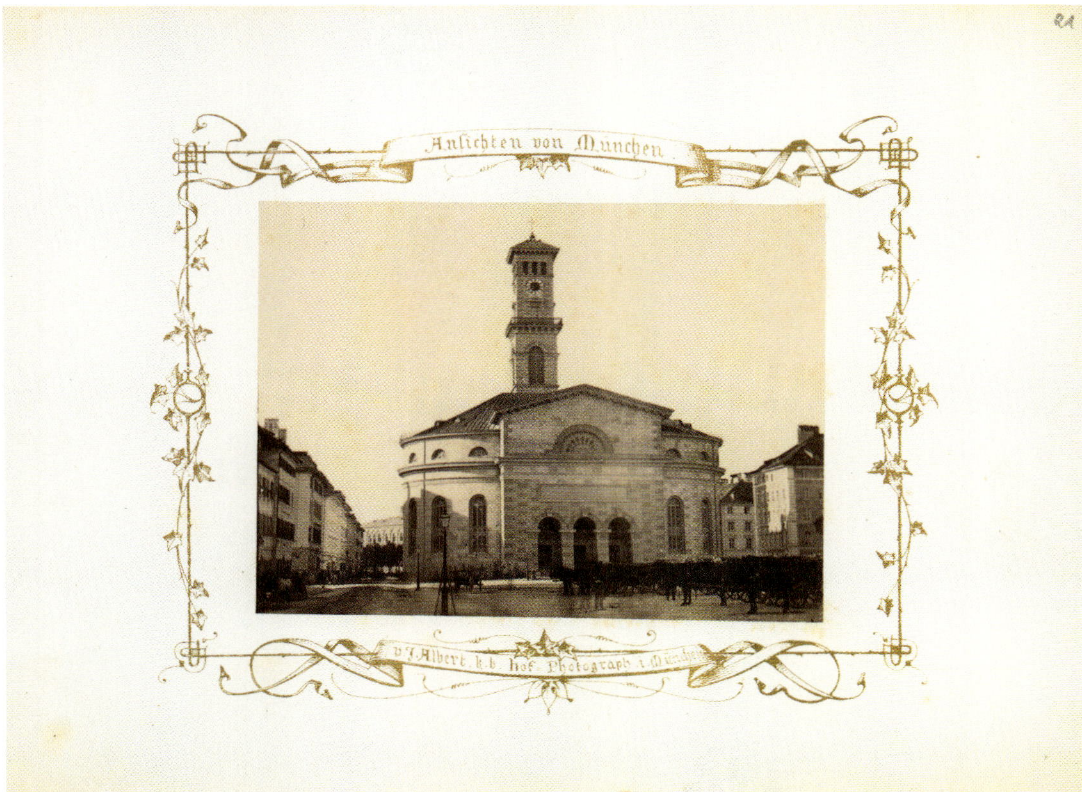

Die alte Matthäuskirche am Sendlinger-Tor-Platz wurde von 1827–33 als erste protestantische Kirche Münchens errichtet. Im Zuge der von den Nationalsozialisten geplanten Neugestaltung der „Hauptstadt der Bewegung" wurde sie 1938 abgerissen.

Joseph Albert, Fotografie aus: ***Erinnerungen an München*****,** **um 1880**
BA/81.84779 Taf. 21

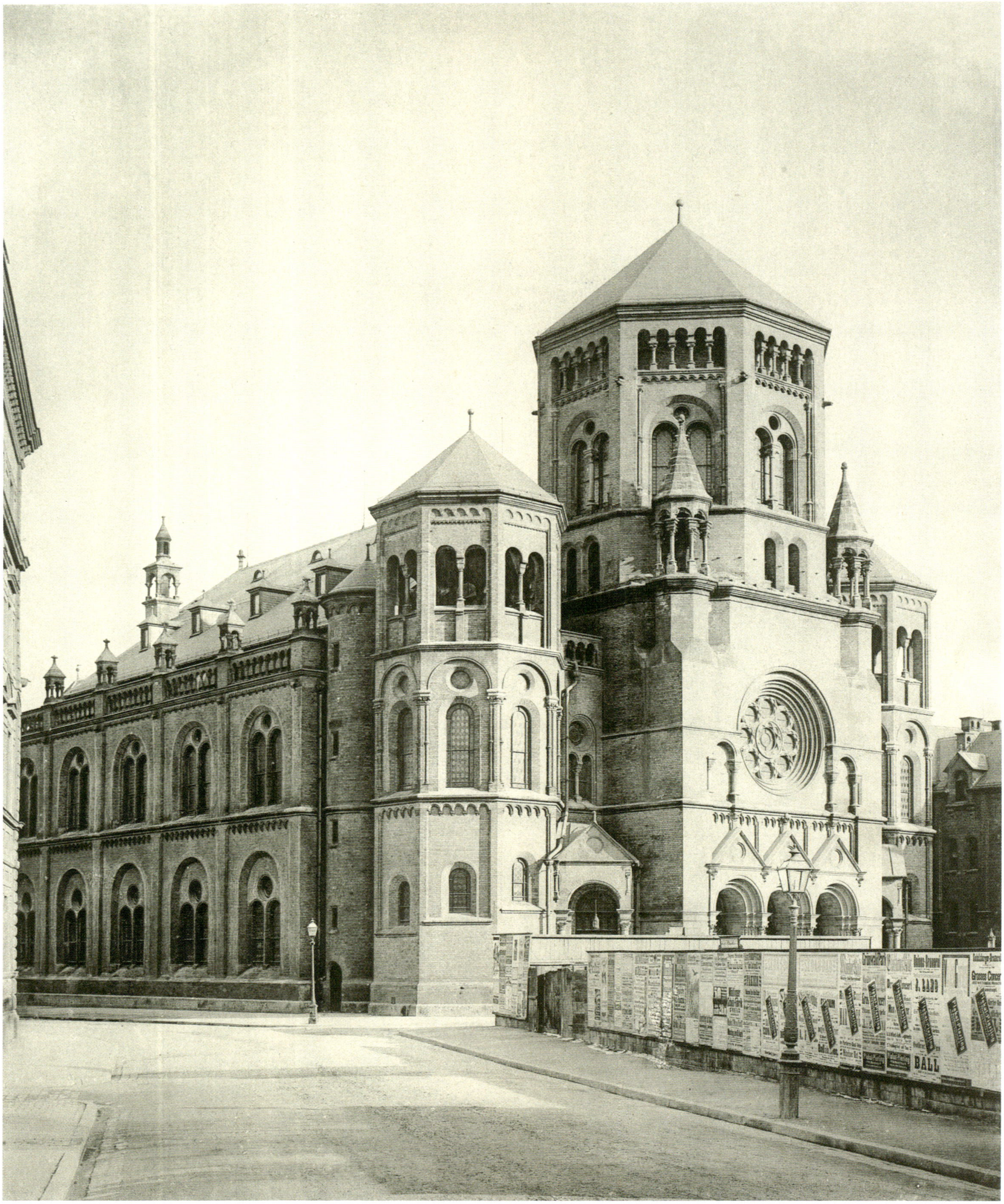
BALL

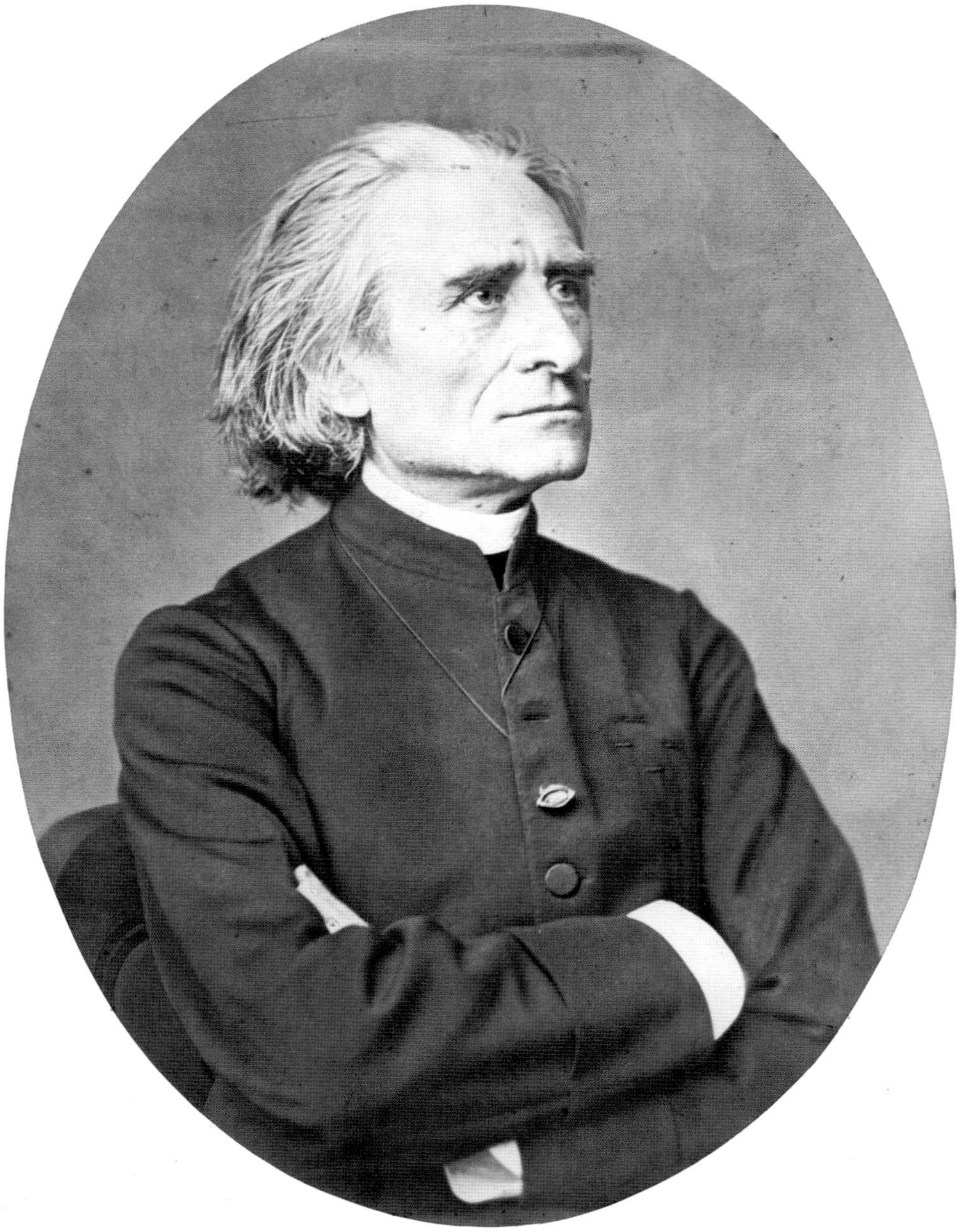

Die 1883–87 errichtete Alte Hauptsynagoge an der Herzog-Max-Straße nahe dem Lenbachplatz wurde 1938 als eine der ersten Synagogen in Deutschland von den Nationalsozialisten zerstört. Seit 1969 erinnert ein Gedenkstein an dieses alte Zentrum jüdischen Lebens in München.

Joseph Albert, Lichtdruck aus: *Münchener Neubauten. Sammlung der hervorragendsten modernen Architekturen*, München 1896
BA/2 Bavar. 622 b Taf. 1

Der Komponist Franz Liszt (1811–1886) war auch ein virtuoser Pianist, Dirigent und Theaterleiter.

Joseph Albert, Fotografie, um 1860
Port.E. Liszt, Franz (1)

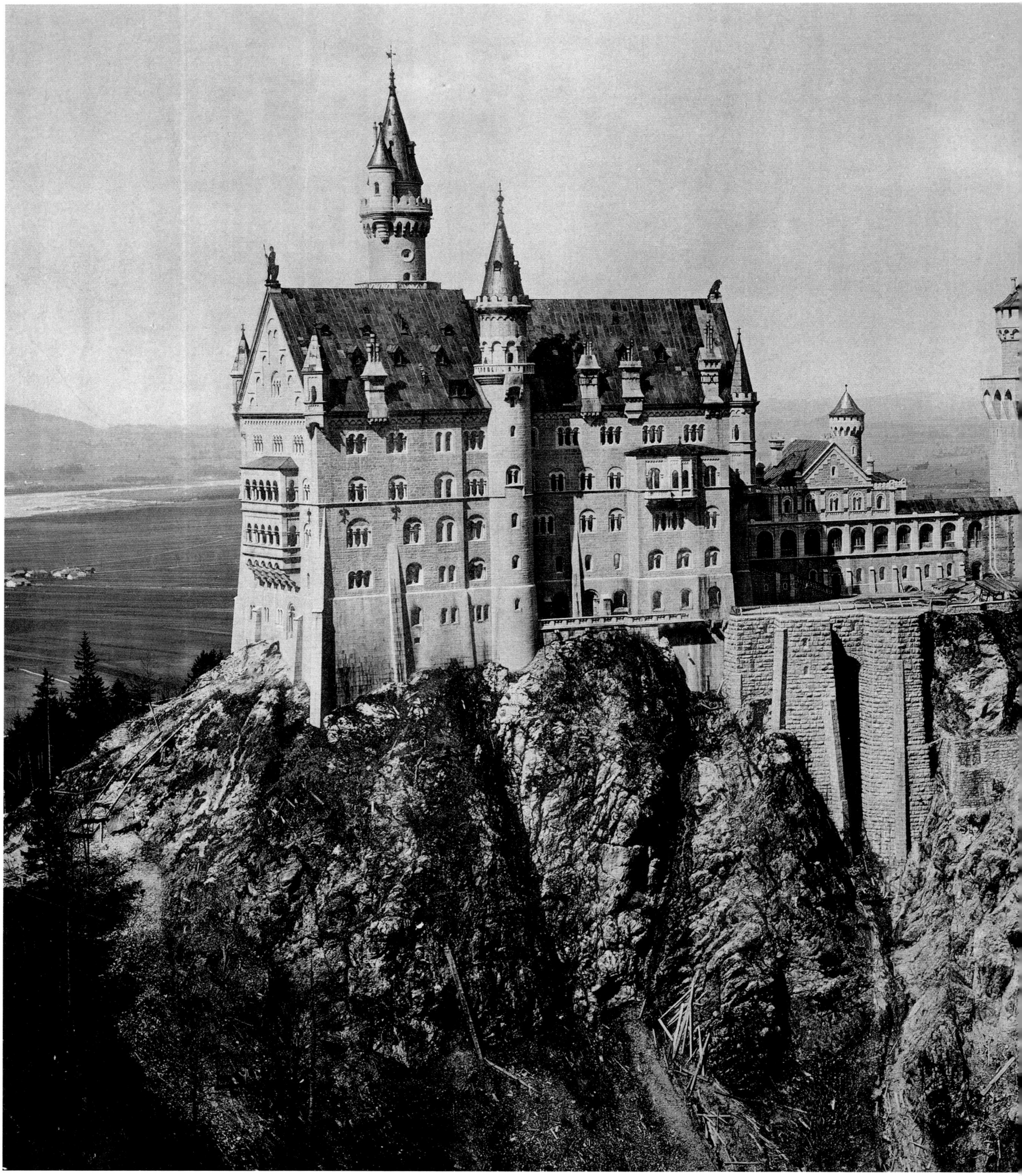

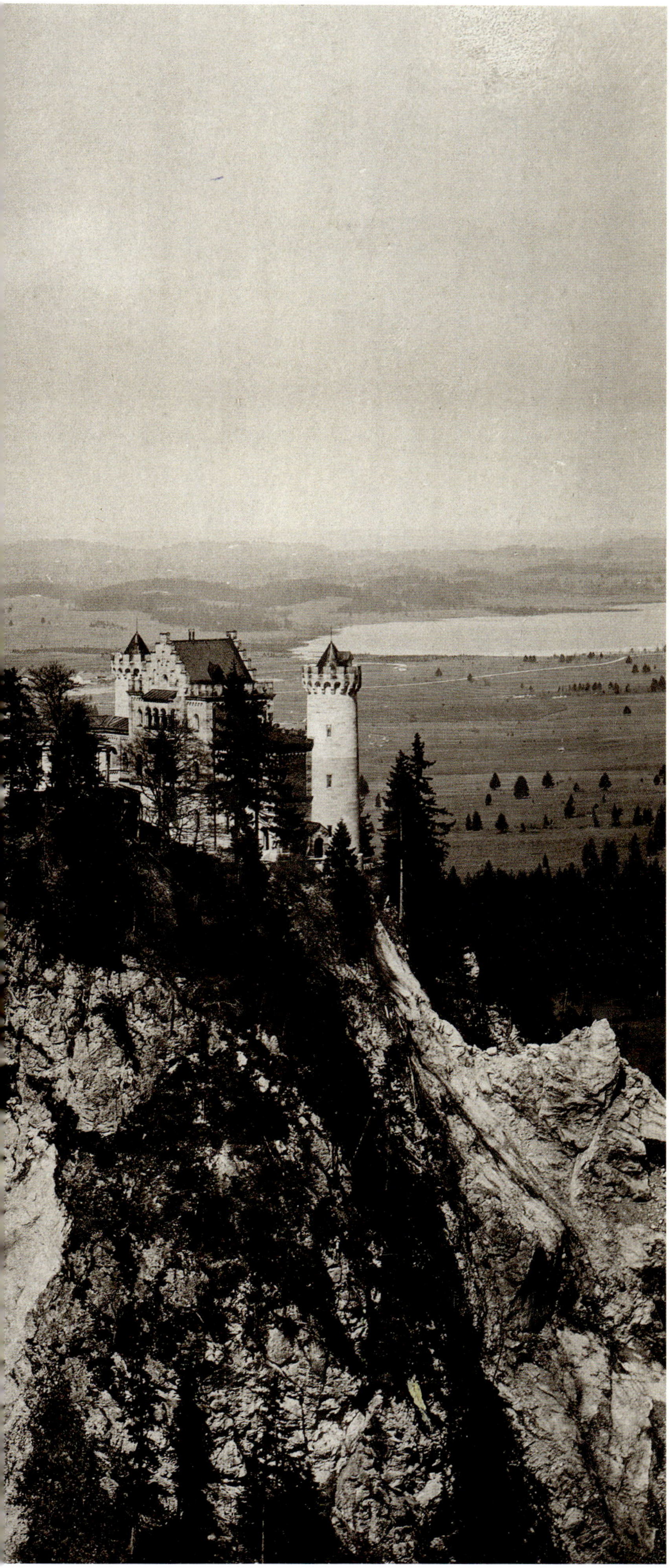

Diese Abbildung von Schloss Neuschwanstein dokumentiert den Bauzustand beim Tod König Ludwig II.

Joseph Albert, Lichtdruck, 1886
Portr.D. Neuschwanstein (1)

Teil 5: Hoffotograf Franz Seraph Hanfstaengl

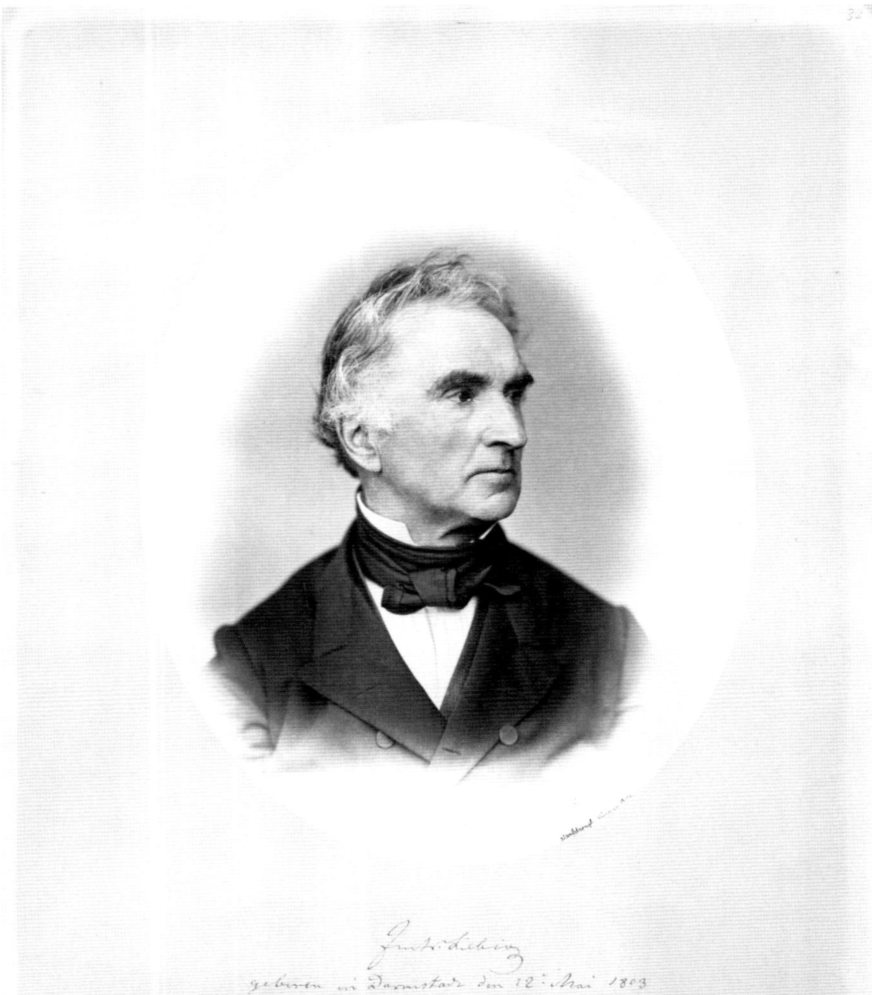

Ab 1852 lehrte der Chemiker Justus von Liebig (1803–1873) an der Ludwig-Maximilians-Universität in München.

Franz Seraph Hanfstaengl,
Gelatine-Auskopier-Papier, um 1871
Liebigiana V.A.39a

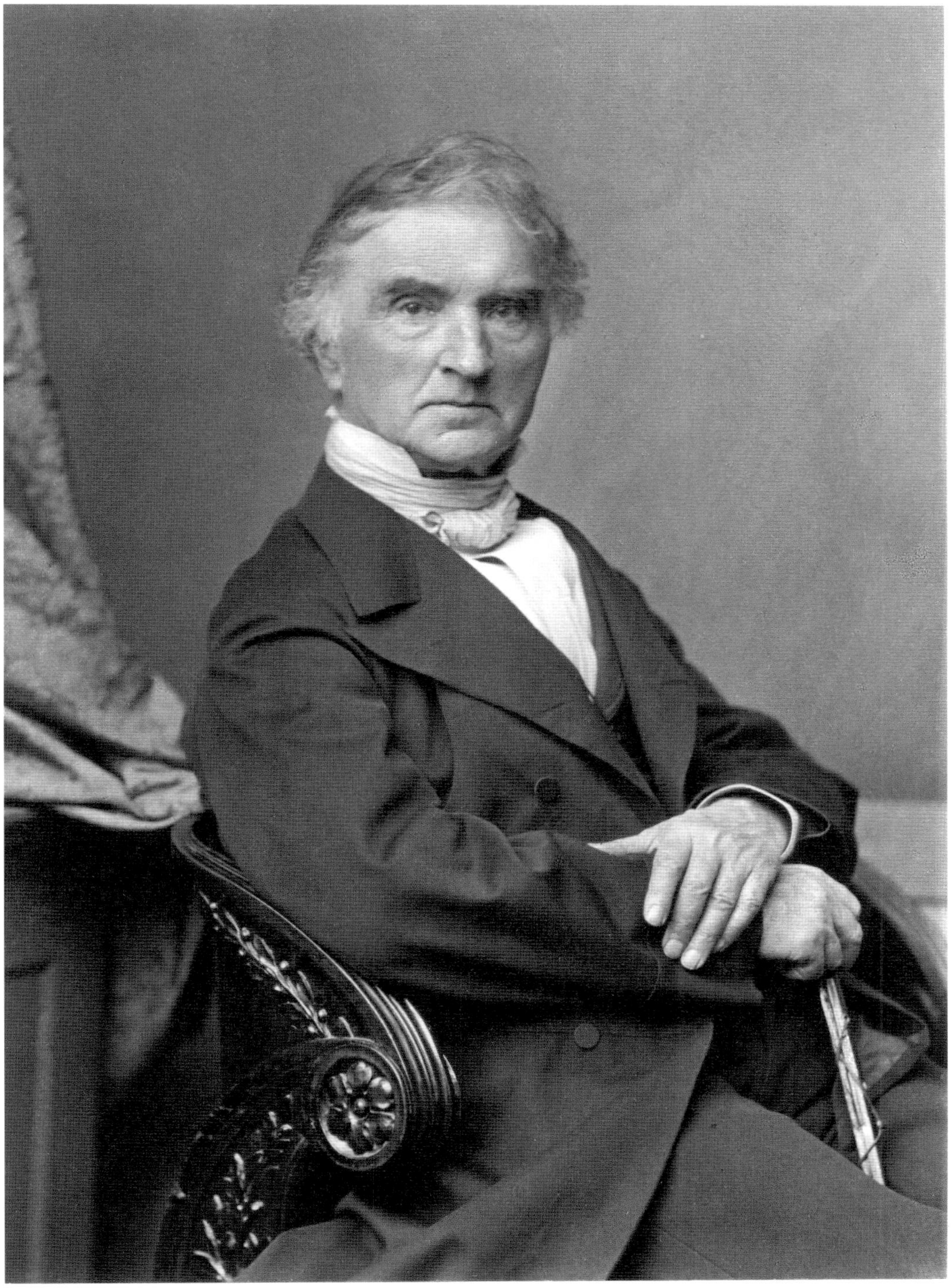

Justus von Liebig wurde 1859 zum Präsidenten der Bayerischen Akademie der Wissenschaften ernannt.

Franz Seraph Hanfstaengl, Albumin, um 1866
Liebigiana V.A.32

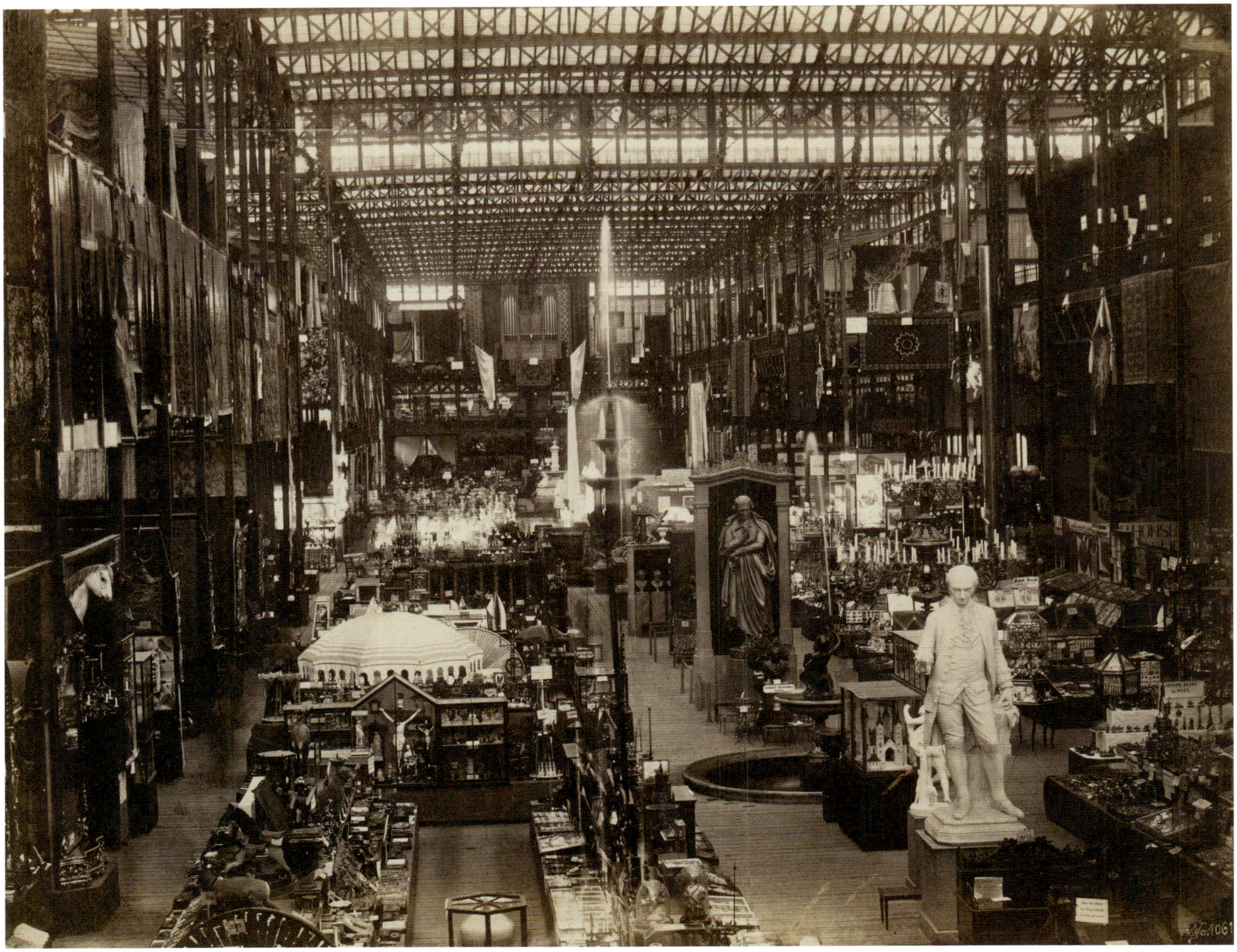

Das Tafelwerk „Zur Erinnerung an die allgemeine deutsche Industrie-Ausstellung in München 1854" bot mit Innenansichten der Ausstellung im Glaspalast einen Überblick über die Exponate.
Franz Seraph Hanfstaengl, Edeldruck, München 1854
BA/2 Bavar. 1601 x

Der Philologe und Philosoph Ernst von Lasaulx (1805–1861) war ab 1849 auch Abgeordneter im bayerischen Landtag.
Franz Seraph Hanfstaengl, Edeldruck, 1856
Portr.D. Lasaulx, Ernst von (1)

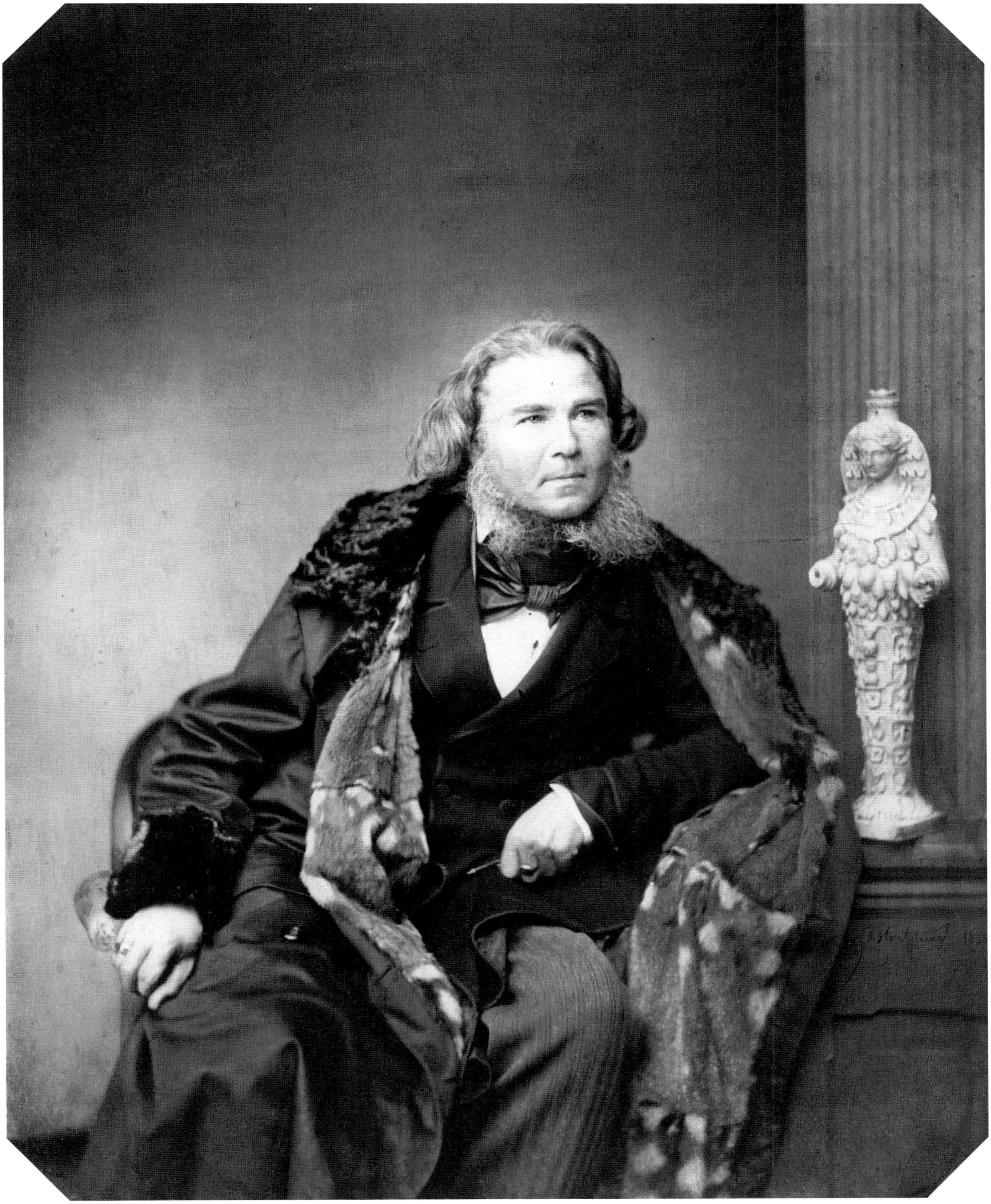

Teil 6: Album Bayerischer Landtag

In der Sitzungsperiode von 1859 bis 1861 umfasste der bayerische Landtag über 140 Abgeordnete. Sie wurden für ein eigenes Album fotografiert.

Fotografien von Abgeordneten des Landtages 1859-1861
Albumin, nach 1860
Portr.T. 1003

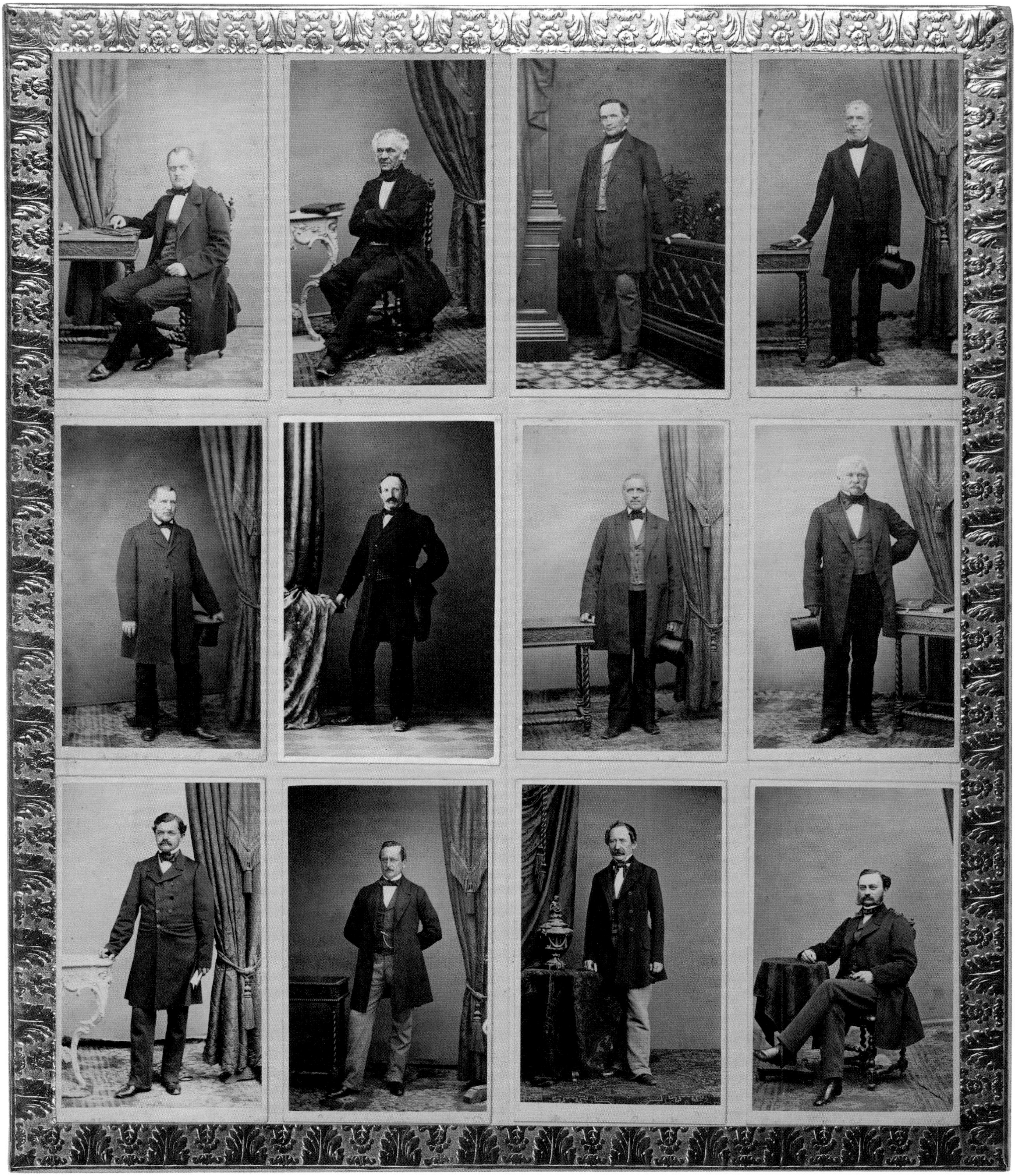

Teil 7: Münchner Fotoateliers

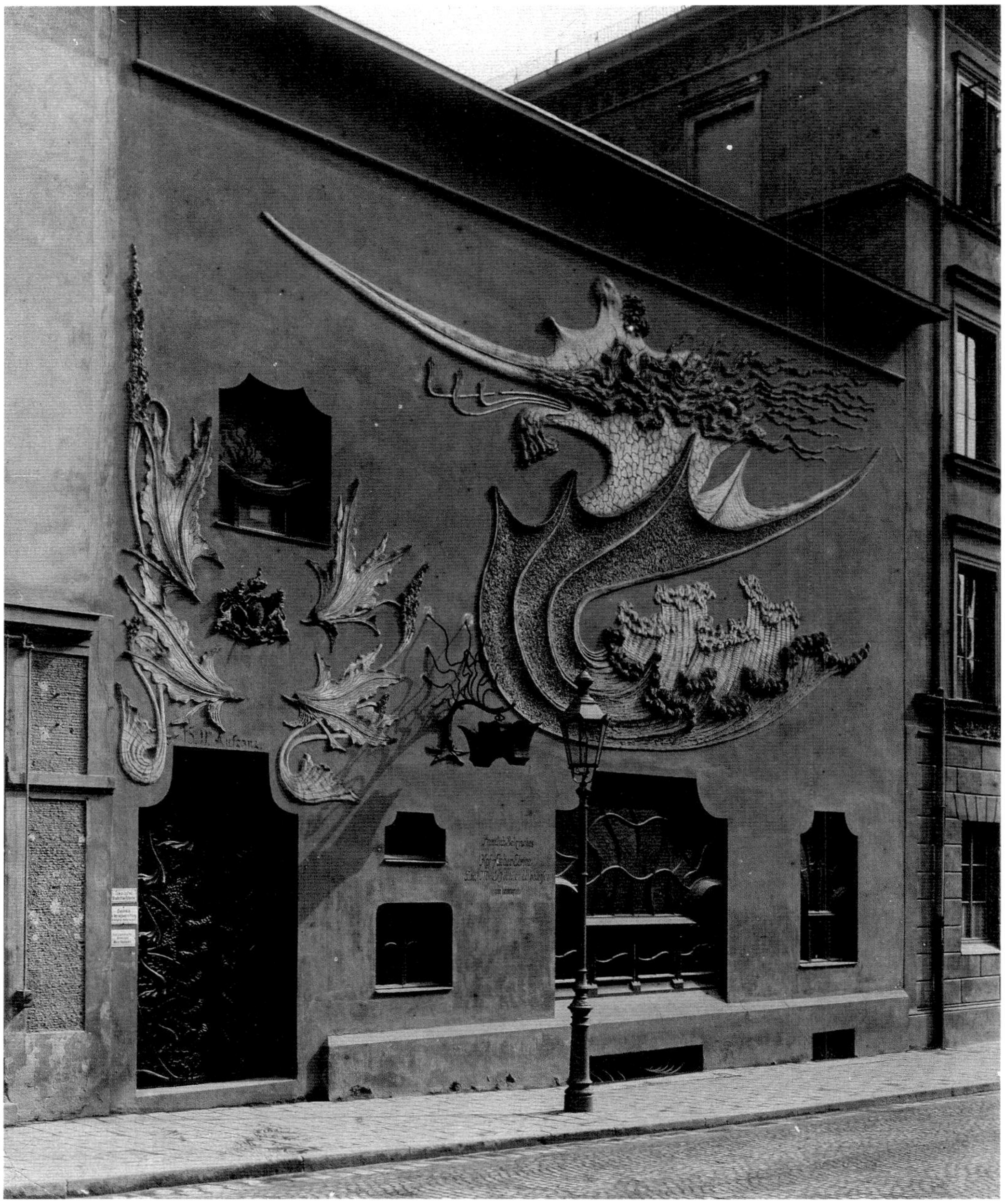

Die Fotografinnen und Frauenrechtlerinnen Anita Augspurg (1857–1943) und Sophia Goudstikker (1865–1924) eröffneten 1887 das Fotoatelier Elvira in der Von-der-Tann-Straße. Die Jugendstil-Fassade des 1897 von August Endell (1871–1925) errichteten Neubaus wurde spöttisch als „Drachenburg" oder „Chinesische Botschaft" bezeichnet.

Heinrich Hoffmann, Barytpapier, um 1913
Fotoarchiv Hoffmann A.2

Königin Marie Therese (1849–1919) und König Ludwig III. (1845–1921) ließen sich kurz nach ihrer Thronbesteigung 1913 porträtieren.

Hofatelier Elvira, Kollodium, glänzend, vor 1920
Portr.A. Ludwig III., Kg. von Bayern (9)

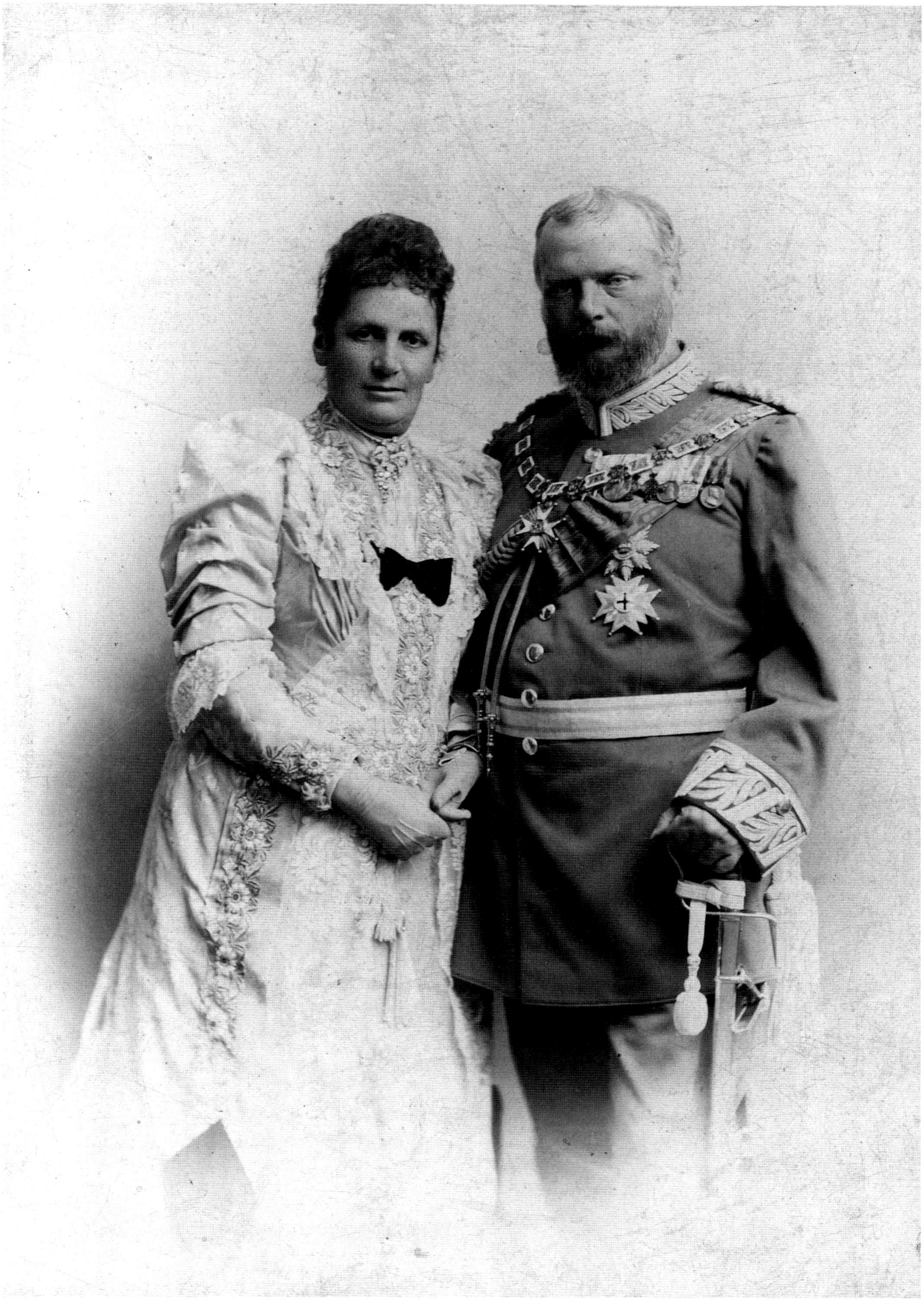

Herzog Carl Theodor in Bayern (1939–1909)
praktizierte als Arzt und gründete die Augenklinik
Carl Theodor in München.

Hofatelier Elvira, Kollodium, glänzend, vor 1910
Portr.A. Karl Theodor, Herzog in Bayern (4)

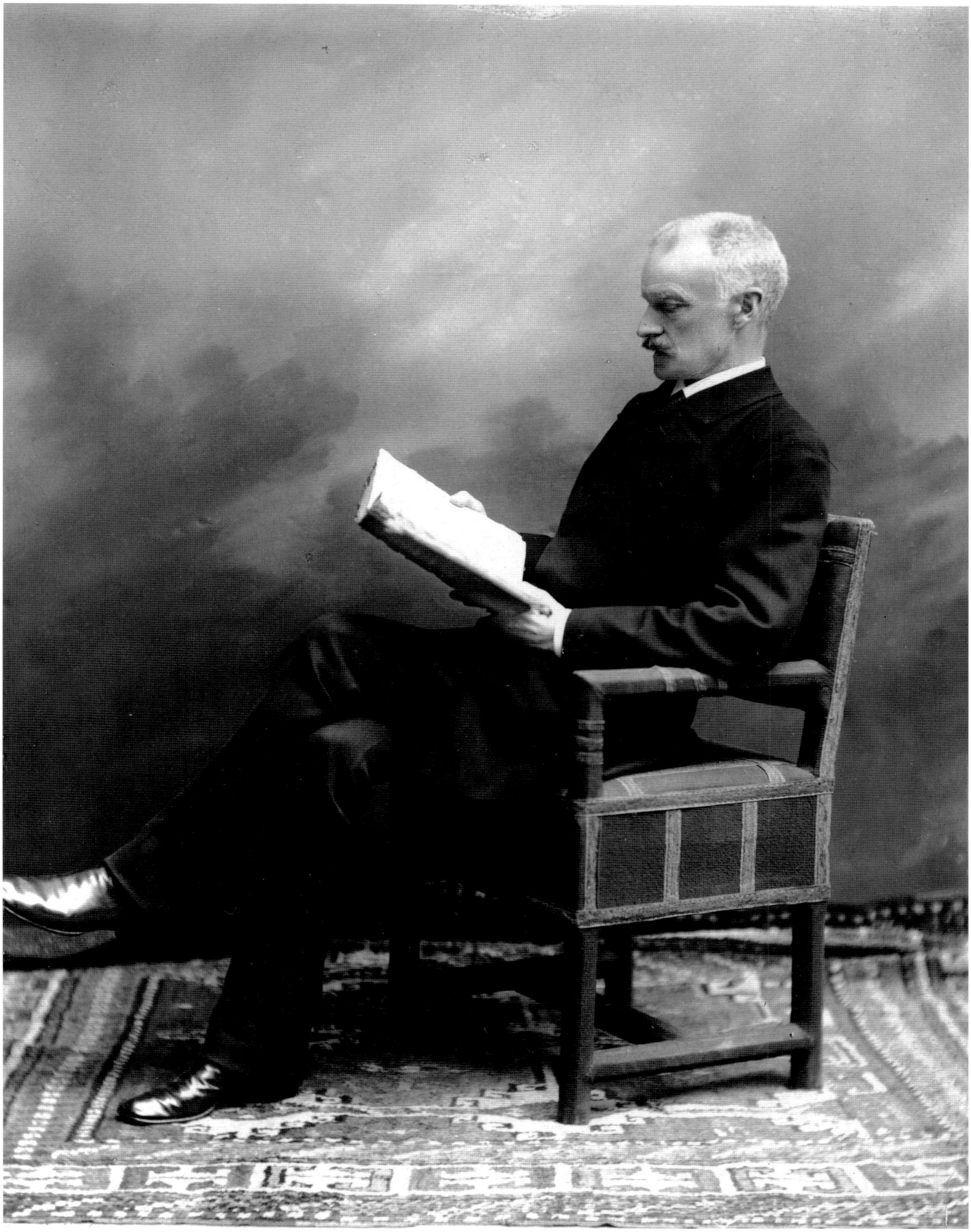

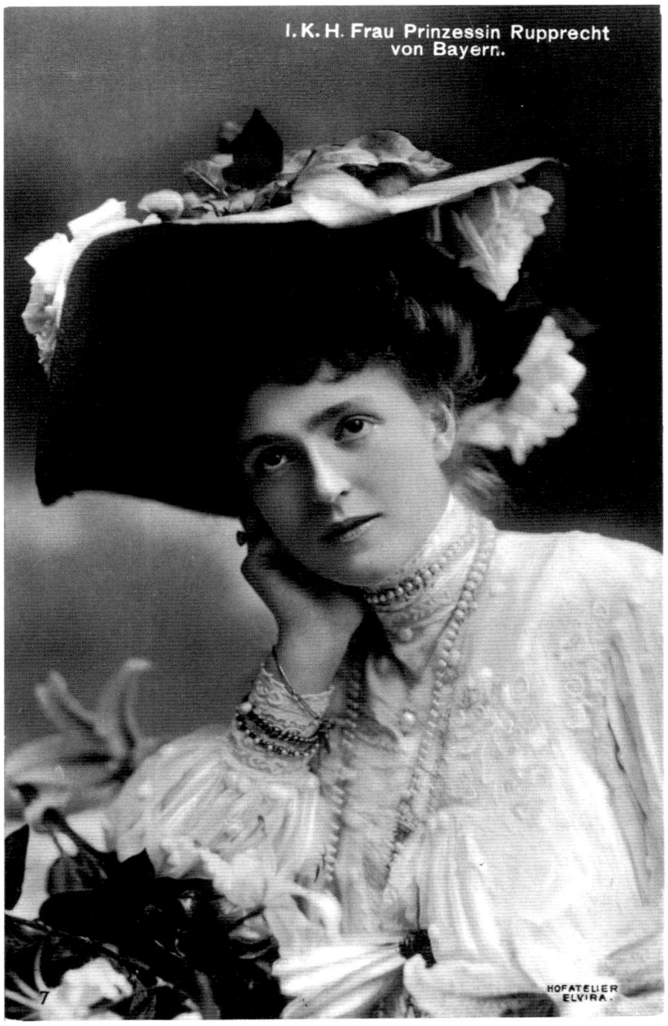

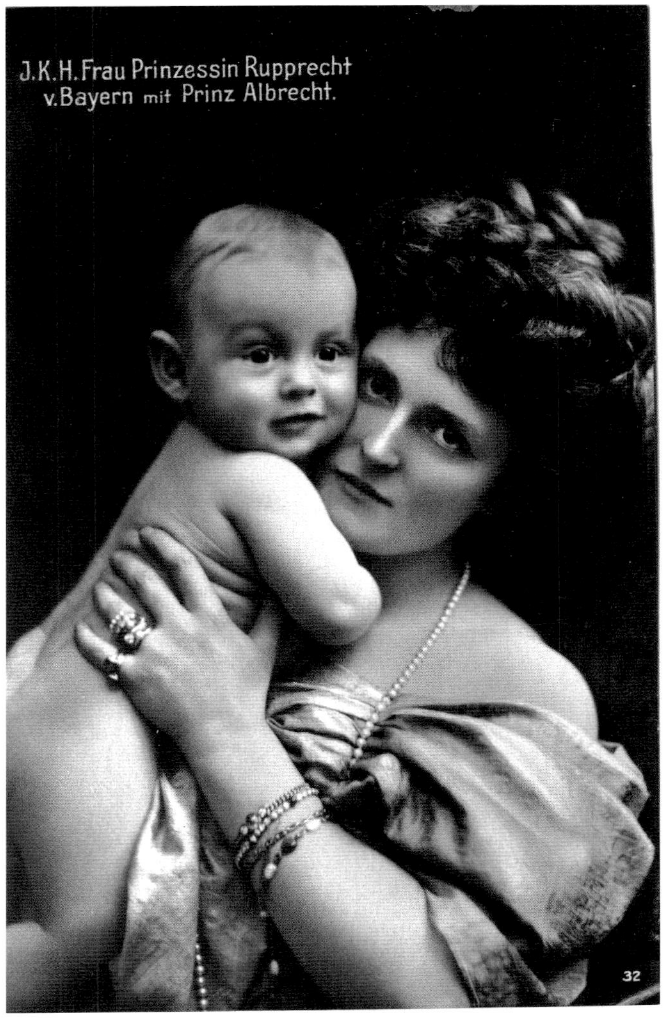

Marie Gabriele Prinzessin von Bayern war mit Kronprinz Rupprecht von Bayern (1869–1955) verheiratet.

Hofatelier Elvira, Silbergelatine, vor 1913
Portr.A. Marie Gabriele, Prinz. von Bayern (1)

Albrecht von Bayern (1905–1996) auf dem Arm seiner Mutter Marie Gabriele Prinzessin von Bayern (1878–1912).

Hofatelier Elvira, Silbergelatine, um 1905/1906
Portr.A. Albrecht, Prinz von Bayern (6)

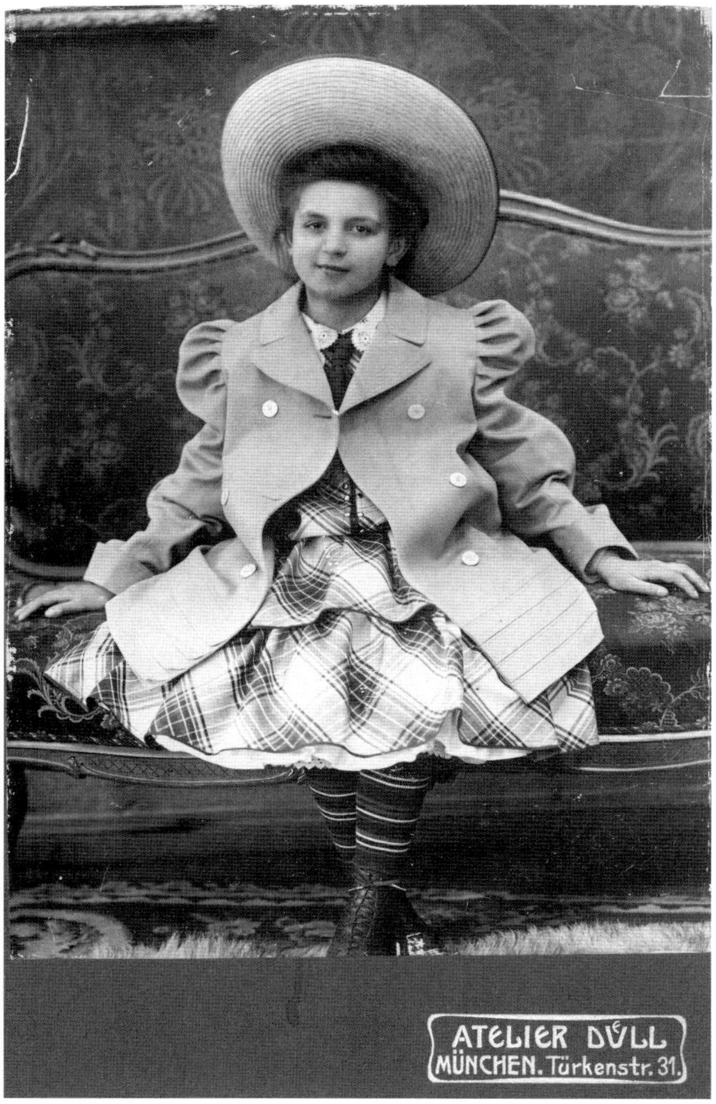

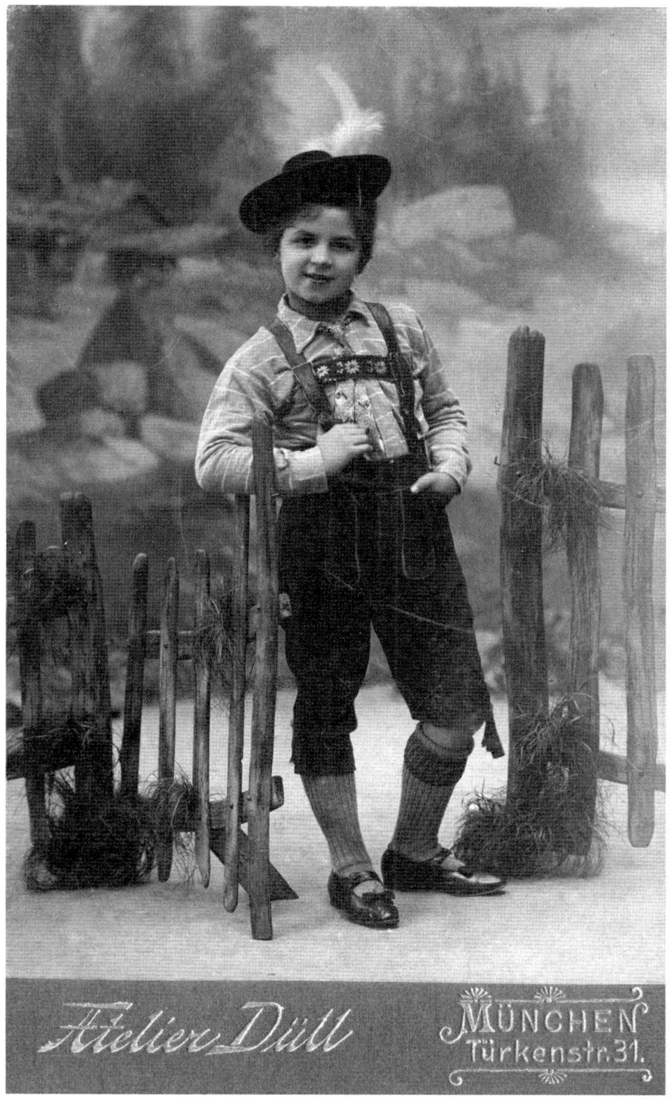

Kinderbilder waren aufgrund der langen Belichtungszeit eine besondere Herausforderung für den Fotografen. Hier sitzt ein Mädchen im Sommermantel auf einem Sofa.

Atelier Georg Düll, Kollodium, matt, um 1900/1920
Portr.A. Varia (8)

Mit Hintergrundmalerei und einem realen Zaun wurde das Mädchen in Lederhose in Szene gesetzt.

Atelier Georg Düll, Kollodium, matt, um 1900/1920
Portr.A. Varia (9)

Teil 8: Ansichten bayerischer Städte

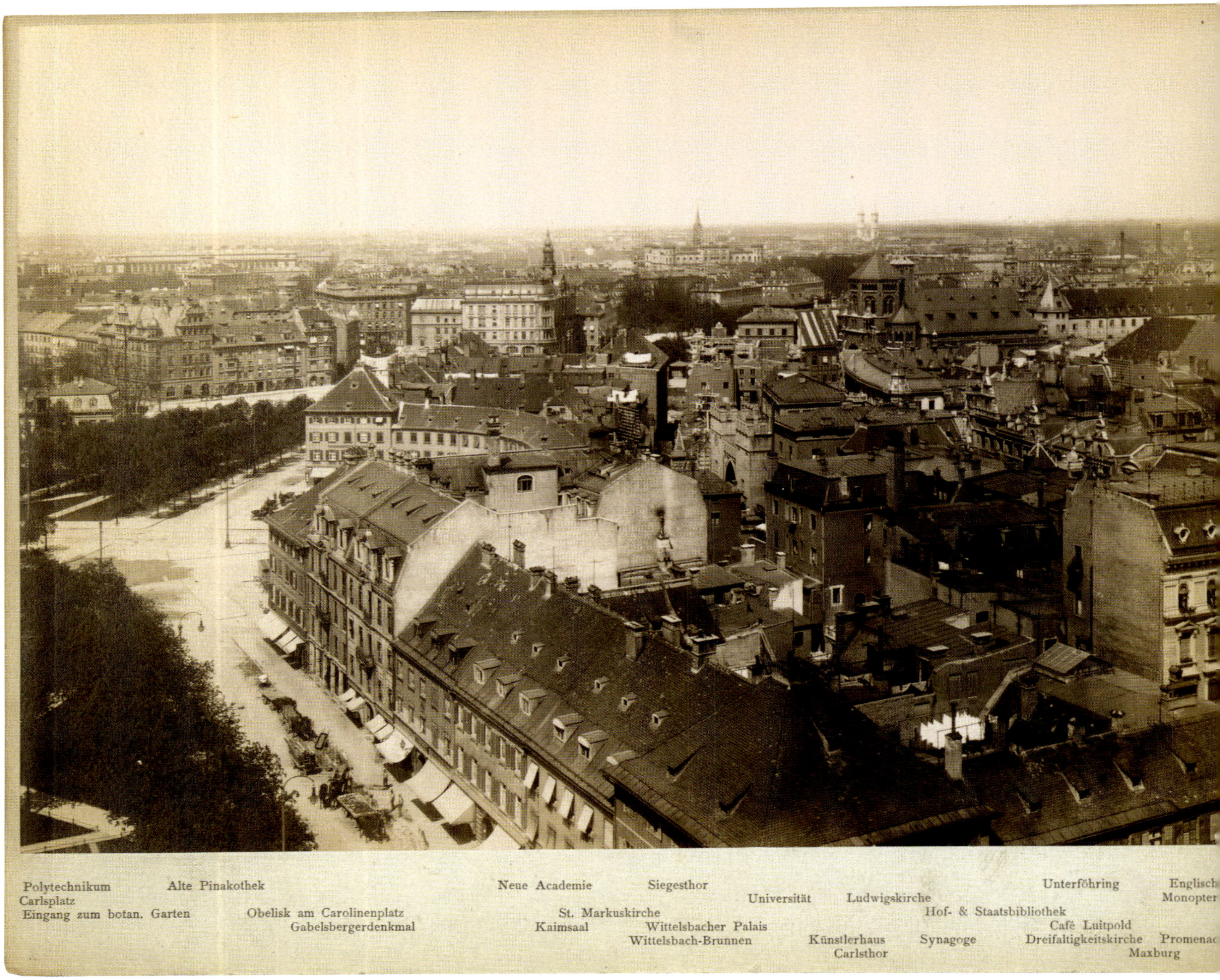

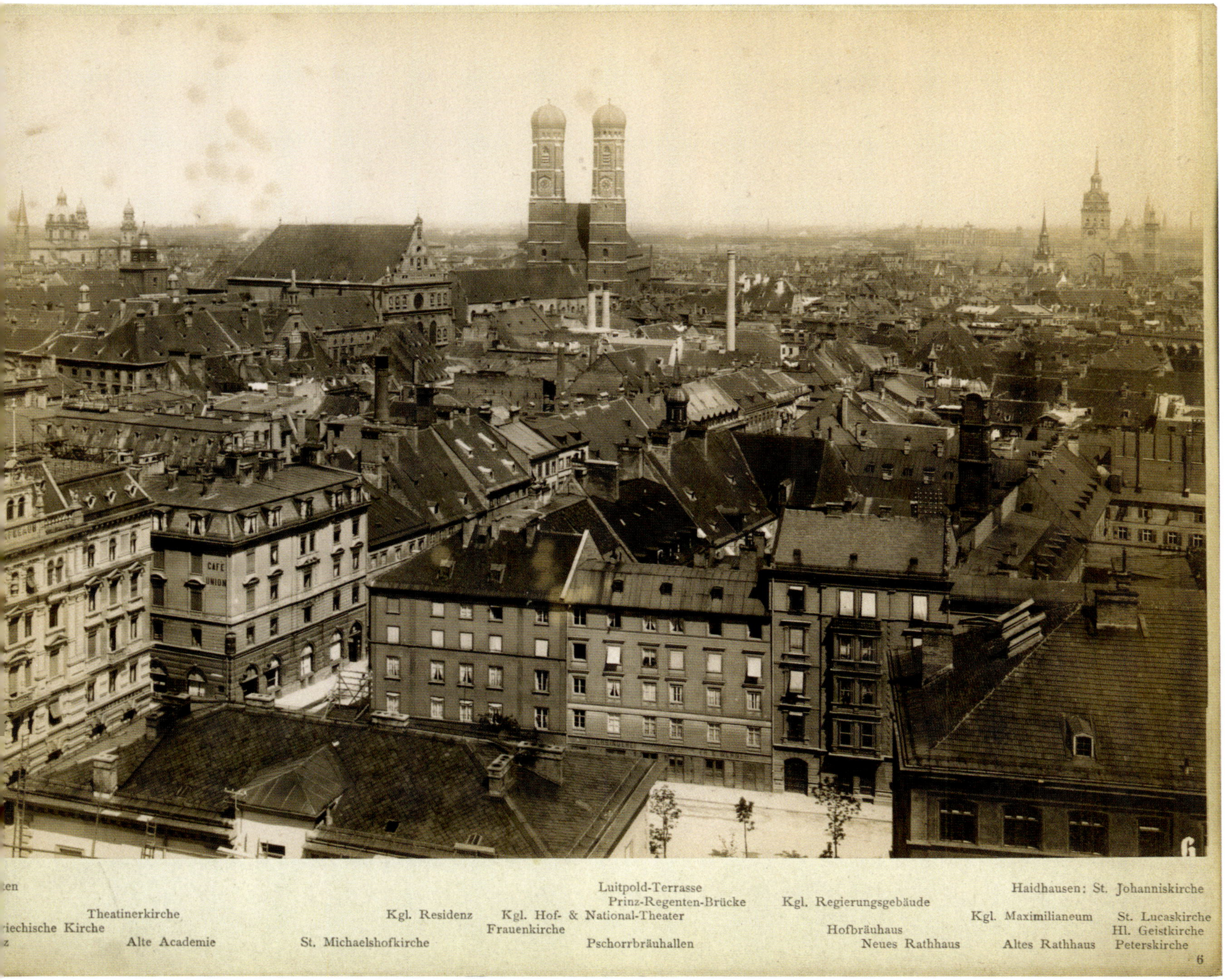

Das „Gesammt-Rundbild der Kgl. Haupt- und Residenzstadt München" wurde 1896 vom Turm der St. Matthäus-Kirche am Sendlinger Tor in acht Fotografien aufgenommen.

Kunstverlag Weihrauch,
Albumin/Leporello (Ausschnitt)
1896
BA/4 Bavar. 814 ml

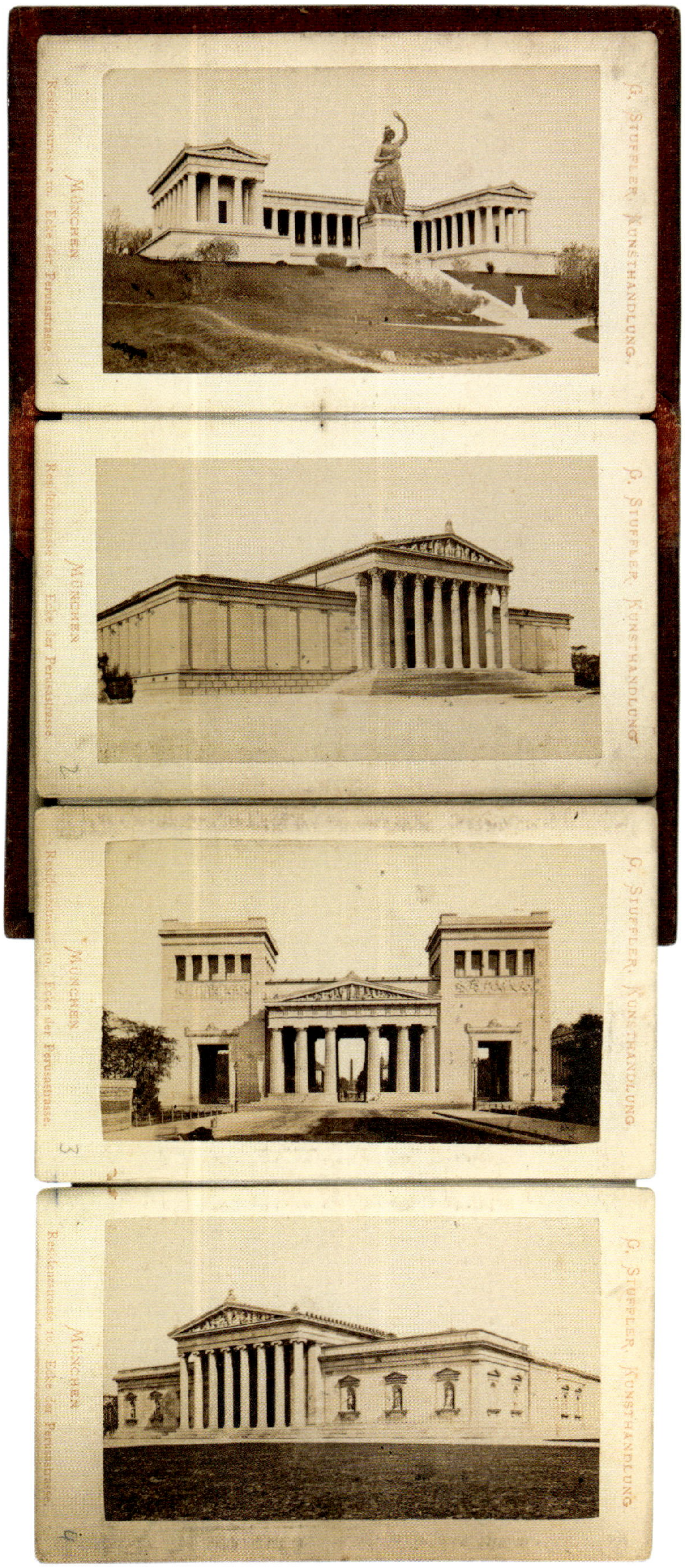

Der Fotograf und Kunsthändler Georg Stuffler veröffentlichte 1884 eine handliche Bilderserie von Münchner Bauwerken zur „Erinnerung an München".

Georg Stuffler,

Albumin/Leporello (Ausschnitt), 1884

Portr.T. 29

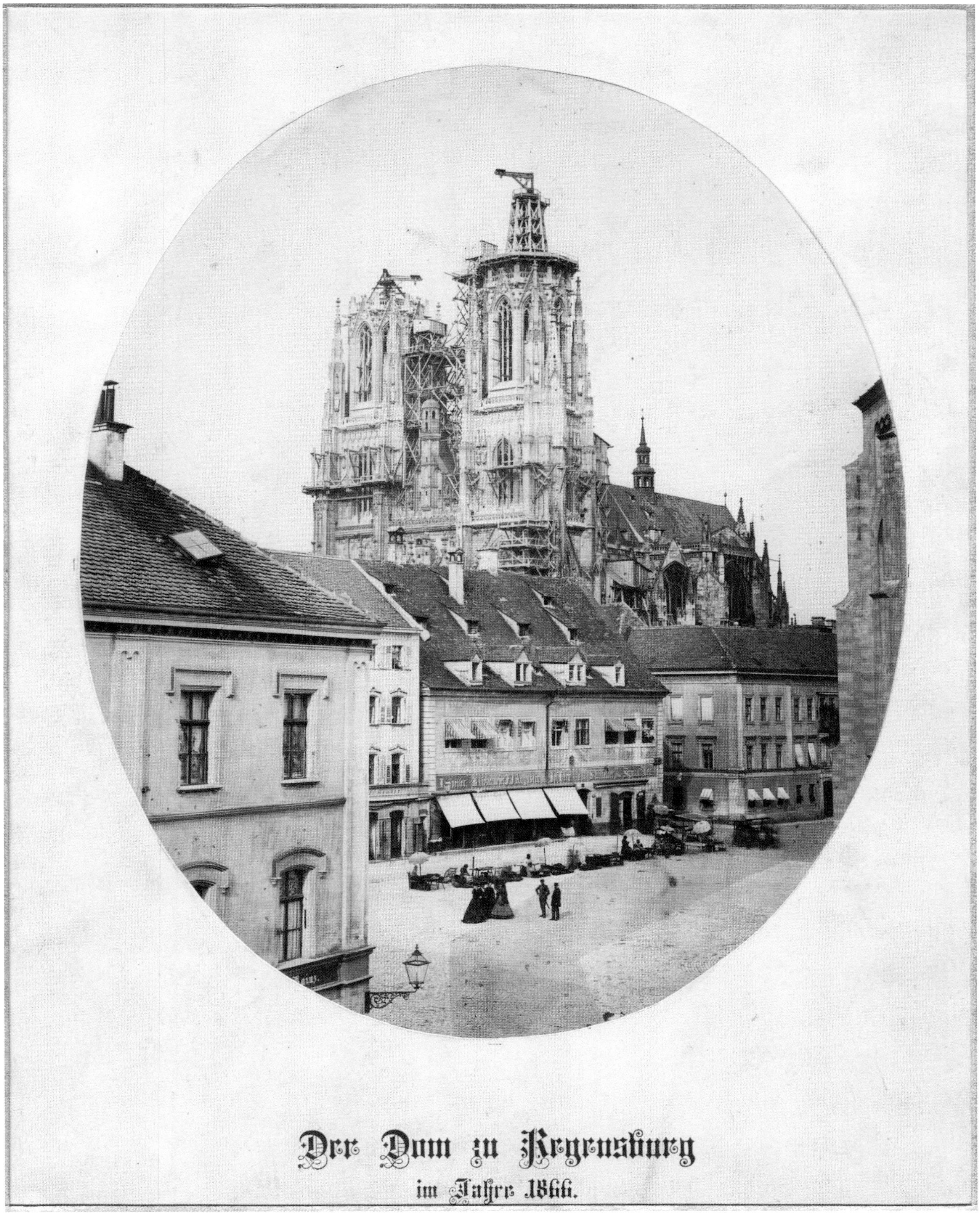

Die beiden Türme des Regensburger Doms
wurden erst zwischen 1859 und 1869 ausgebaut.

Unbekannter Fotograf, Albumin, 1866
Portr.C. Ansichten (635)

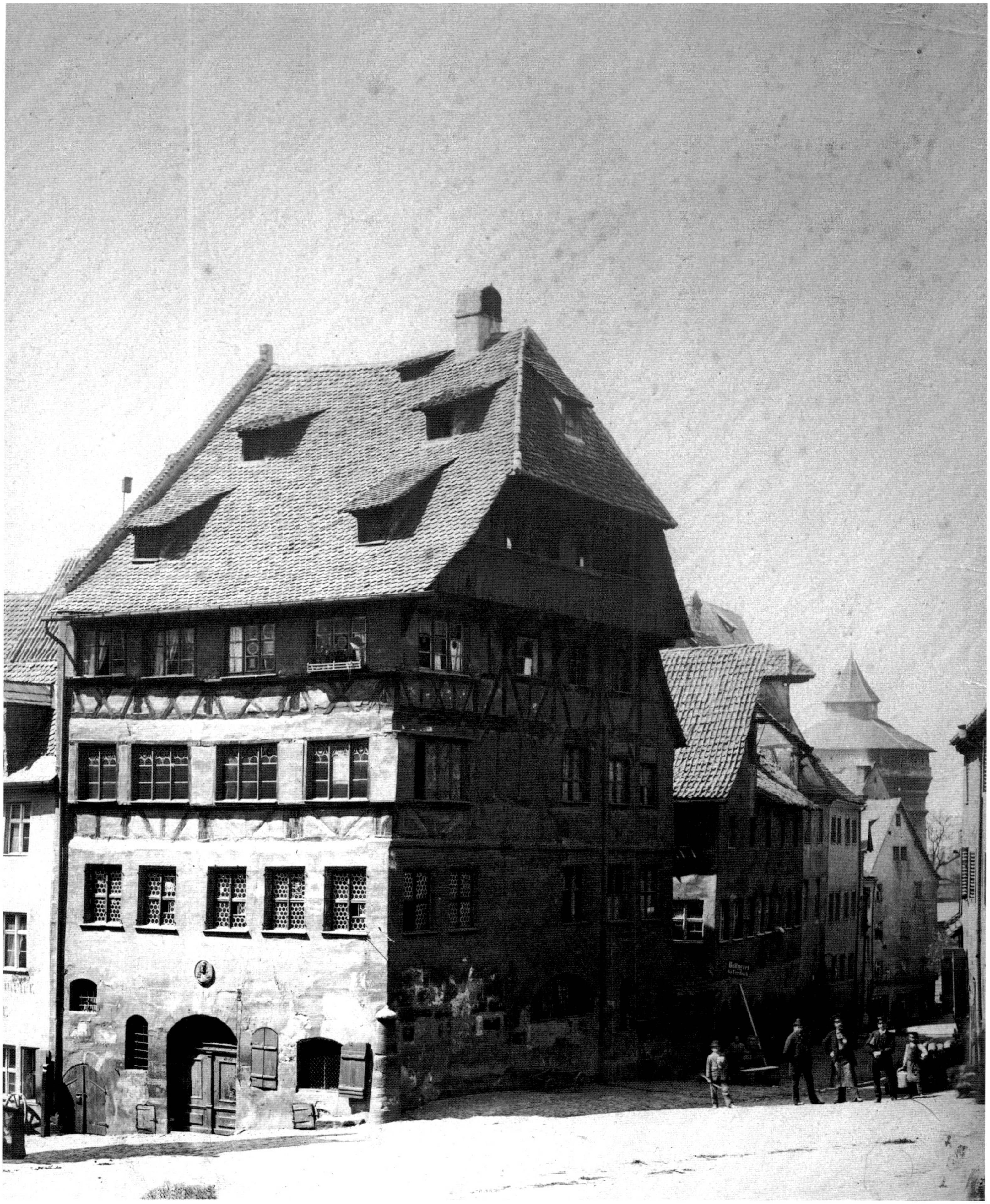

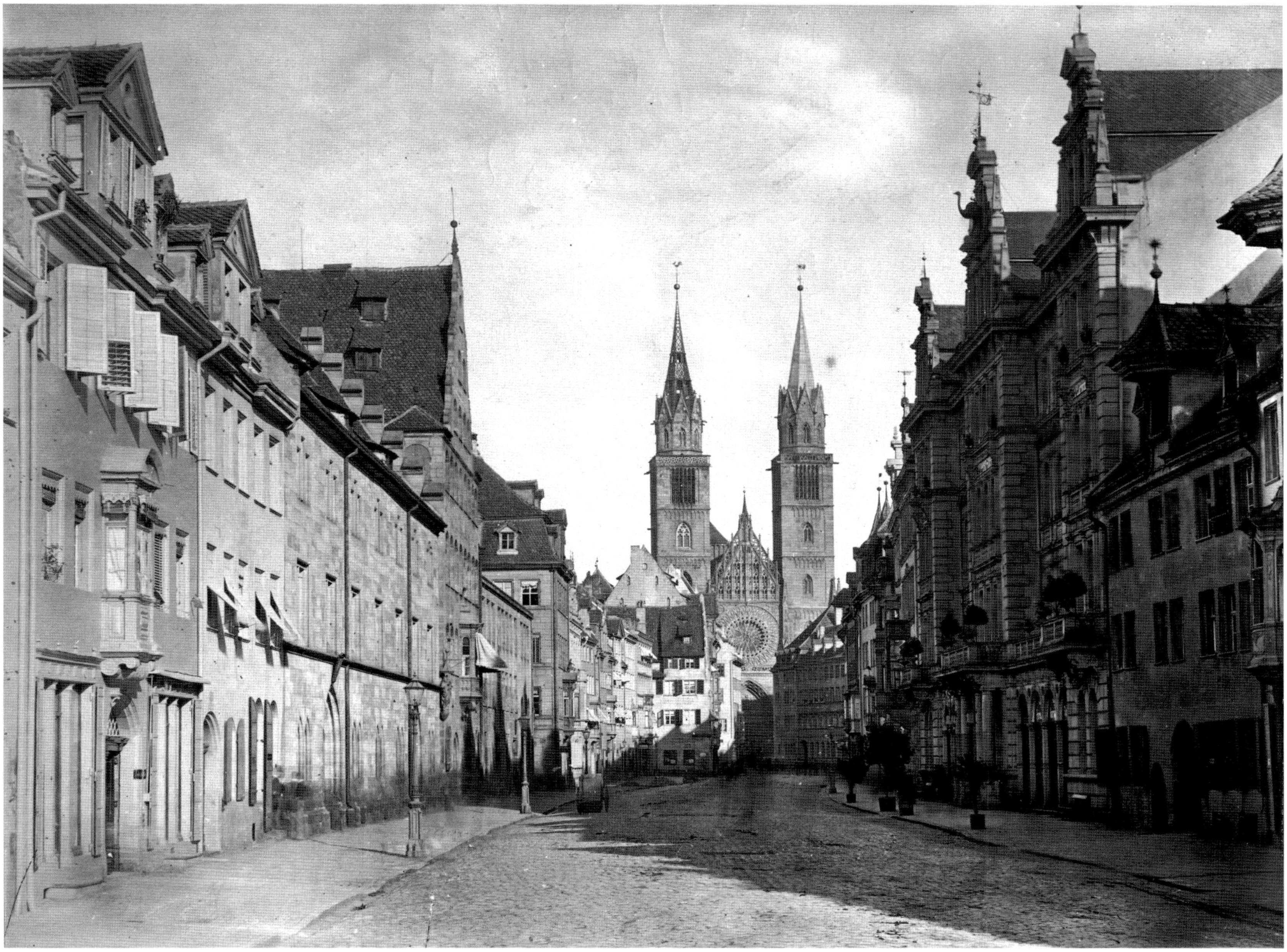

Das Albrecht-Dürer-Haus in Nürnberg wurde um 1420 errichtet und war bis zum Tod Dürers 1528 sein Wohnhaus und seine Arbeitsstätte.

Johann G. Hahn, Albumin, um 1875
Portr.C. Ansichten (469)

Ansicht der Nürnberger Karolinenstraße mit der Lorenzkirche im Hintergrund.

Johann G. Hahn, Albumin, um 1875
Portr.C. Ansichten (463)

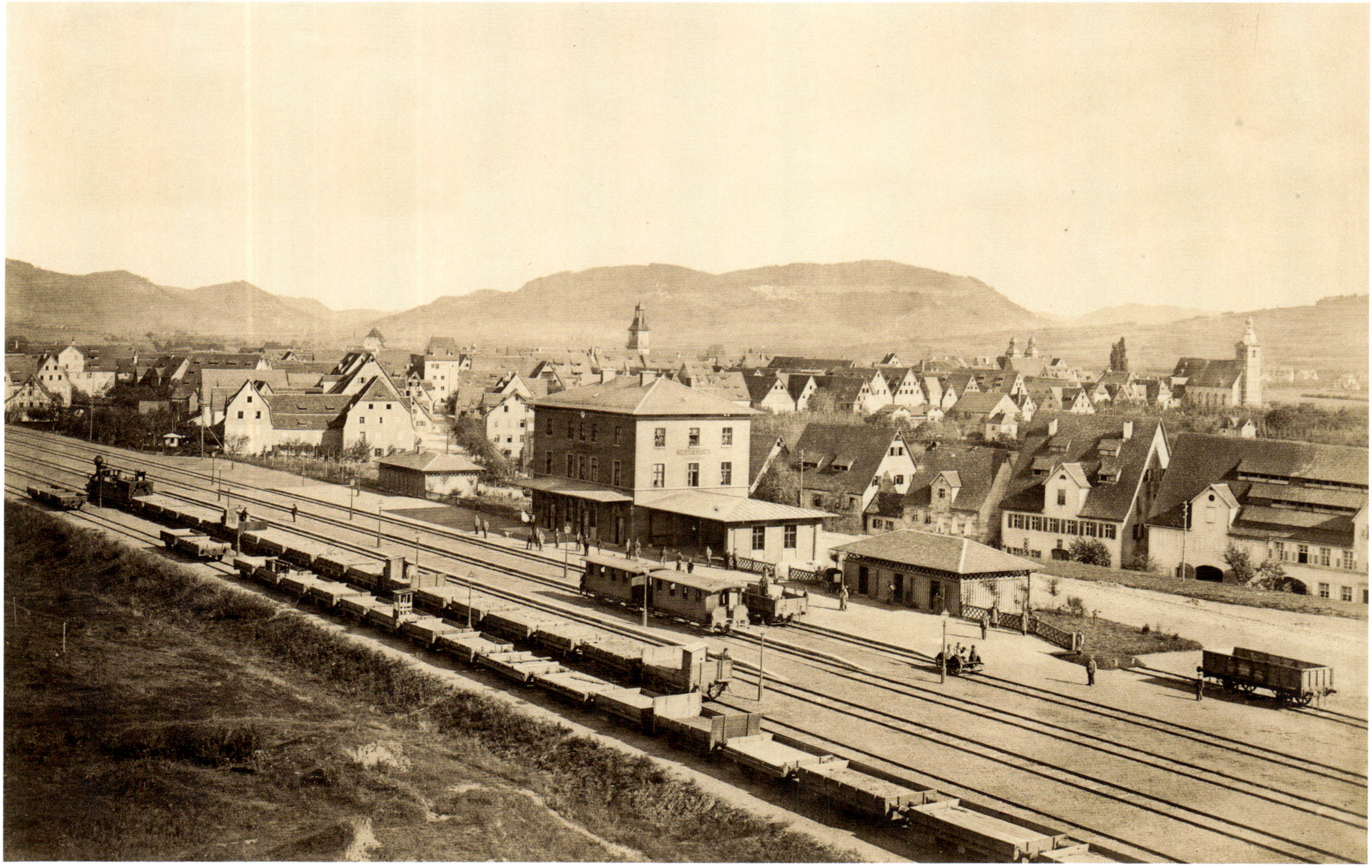

Der Bahnhof Hersbruck – rechts die Ortschaft Pegnitz – wurde im Juli 1877 eingeweiht.

Georg Böttger, Albumin, nach 1877

Portr.E. Ansichten (123)

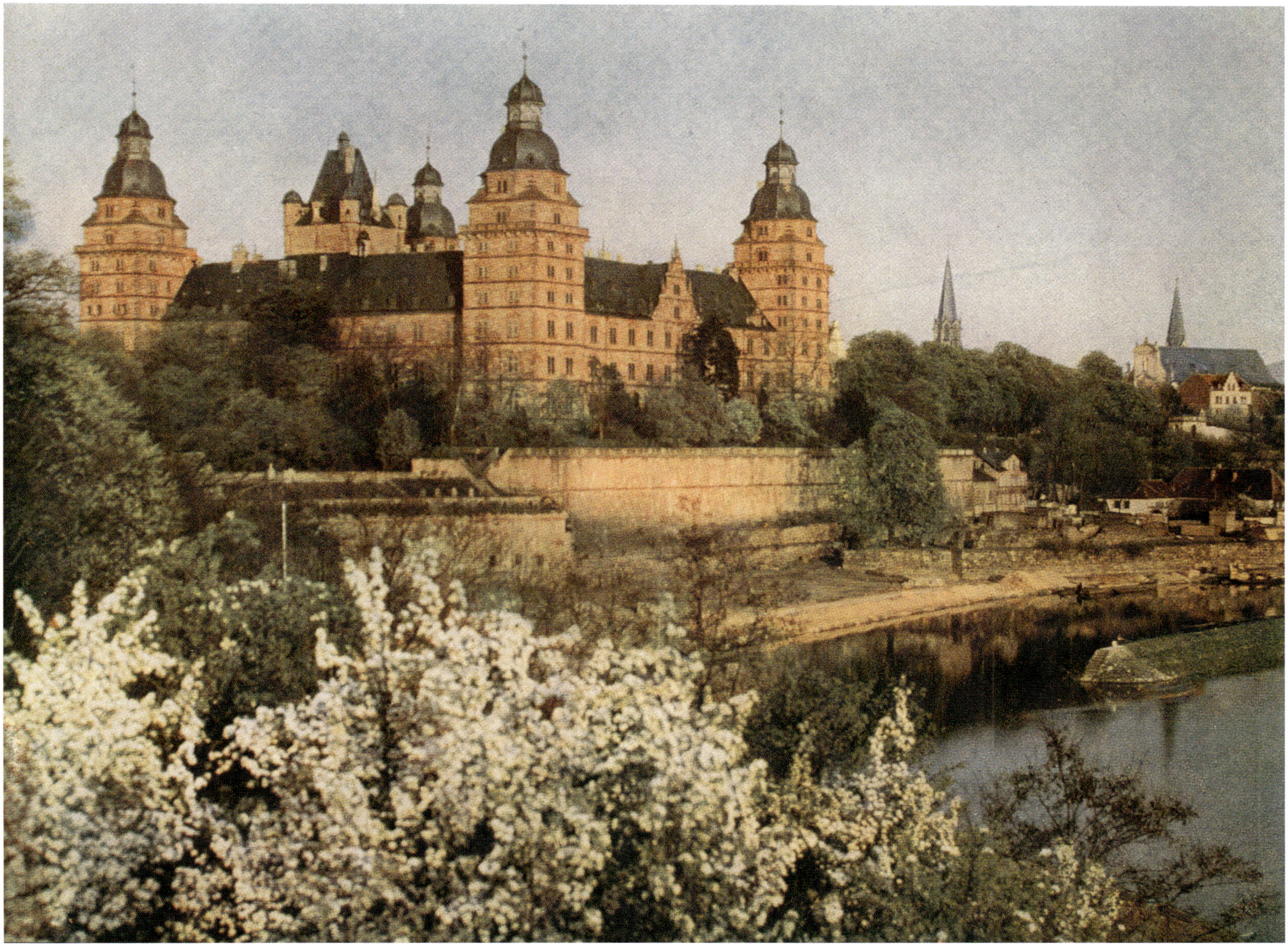

1918 und 1919 erschienen zwei großformatige Bände mit über achtzig Farbabbildungen von bayerischen Städten. Herausgeber war der Schriftsteller Ludwig Ganghofer (1855–1920). Das im 17. Jahrhundert errichtete Schloss Johannisburg in Aschaffenburg diente den Mainzer Kurfürsten bis 1803 als zweite Residenz.
Ludwig Ganghofer: *Das Land der Bayern in Farbenphotographie* / 1
Rasterdruck: Berlin, München 1918
Slg. Lorenz 4947 Taf. 13

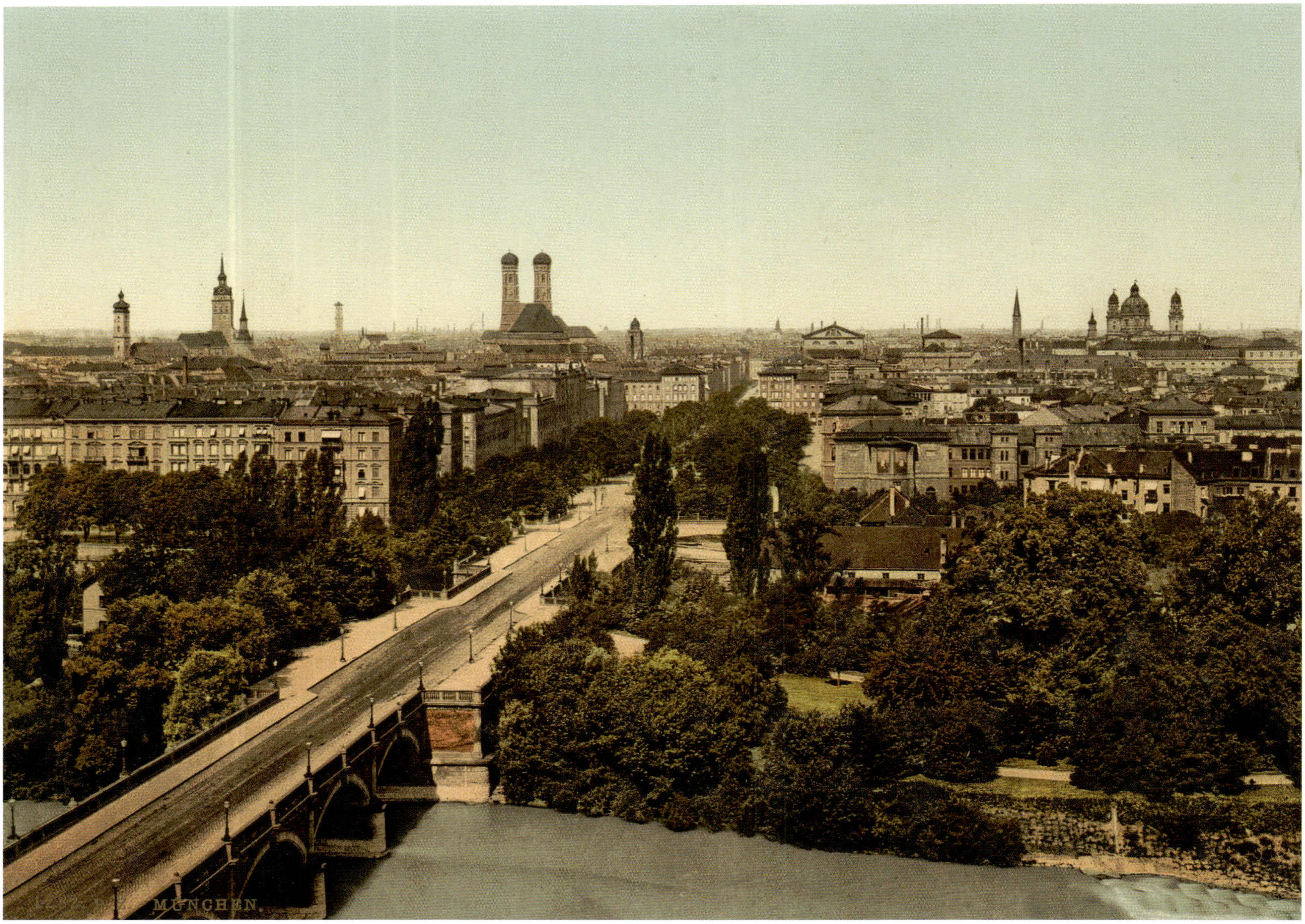

Die in den 1880er Jahren entwickelte Technik des Photochromdrucks – ein Flachdruckverfahren auf Grundlage einer Schwarzweiß-Fotografie – erlebte vor dem Ersten Weltkrieg ihren Höhepunkt.

Album P.Z.
Photochromdruck, Zürich 1889/1900
Slg. Lorenz 7151 Taf. 7

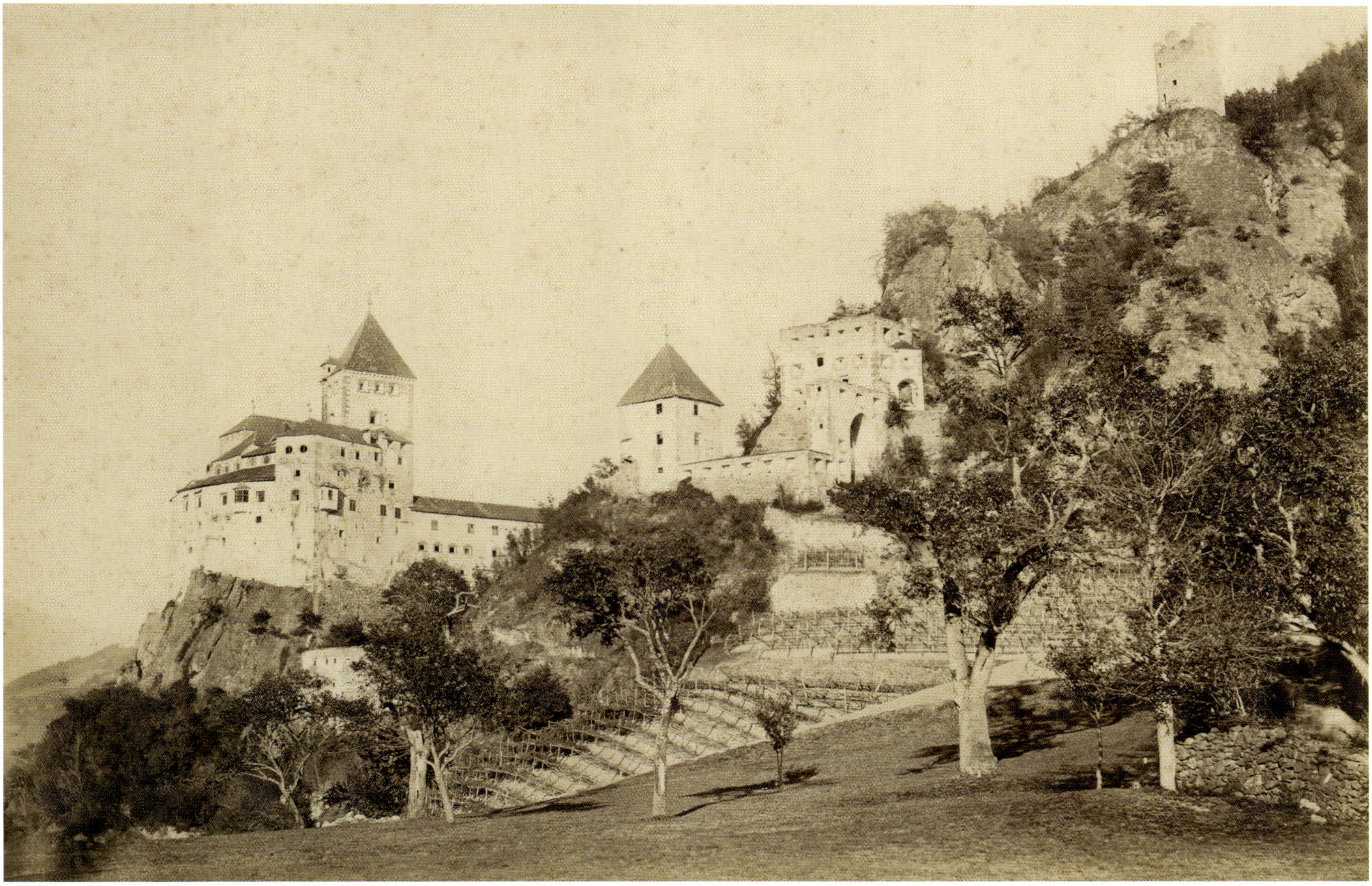

Bernhard Johannes (1846–1899) unterhielt außer in Partenkirchen auch in Meran ein Atelier. Zusammen mit dem Schriftsteller Heinrich Noë (1835–1896) veröffentlichte er um 1878 einen Bildband über die bedeutendsten Burgen Südtirols.
Die Trostburg am Eingang zum Grödnertal war im 15. Jahrhundert einer der Wohnsitze des Minnesängers Oswald von Wolkenstein.

Johannes Bernhard: *Die Burgen von Tyrol in Bild & Wort*
Partenkirchen, München, um 1878
Albumin
BA/2 81.224

VON MÜNCHEN IN DIE BERGE

Fotoarchiv Bernhard Johannes (1846–1899)

Der Fotograf Bernhard Johannes war seit 1869 in Partenkirchen (Obb.) tätig und damit der erste niedergelassene Fotograf im Werdenfelser Land. Neben zahlreichen Atelieraufnahmen sind in diesem Archiv vor allem Landschaftsaufnahmen dieser Region sowie von Tirol überliefert. Johannes, der seine Ausbildung bei dem Münchner Hoffotografen Joseph Albert erhalten hatte, war begeisterter Bergsteiger und aktives Mitglied im Deutschen Alpenverein. Seit 1883 führte er ein weiteres Atelier in Obermais bei Meran.

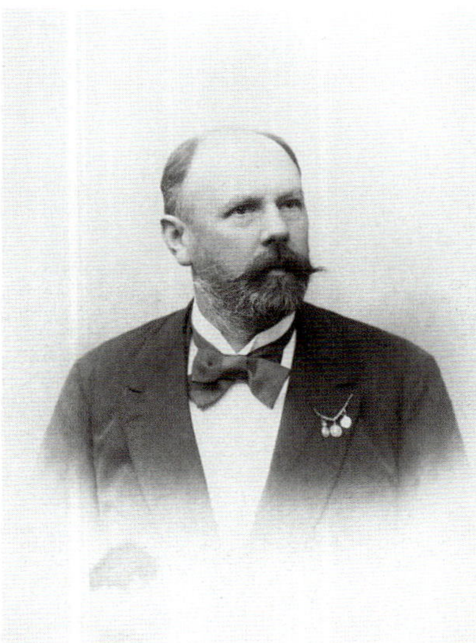

Bernhard Johannes
Bernhard Johannes (Firma), 1899

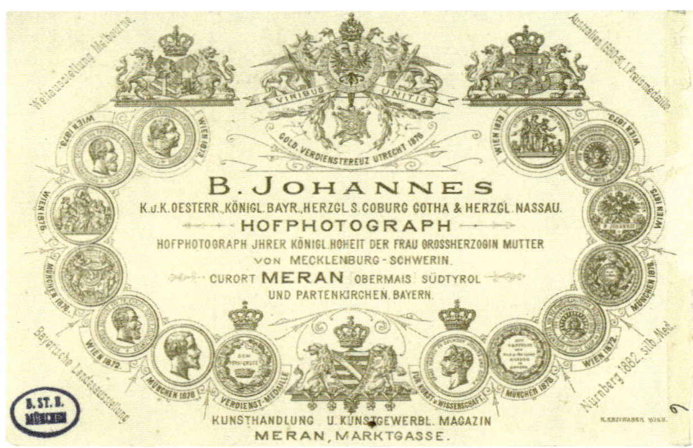

Rückseite einer Fotografie
von Bernhard Johannes
Fotoarchiv Johannes, 1894

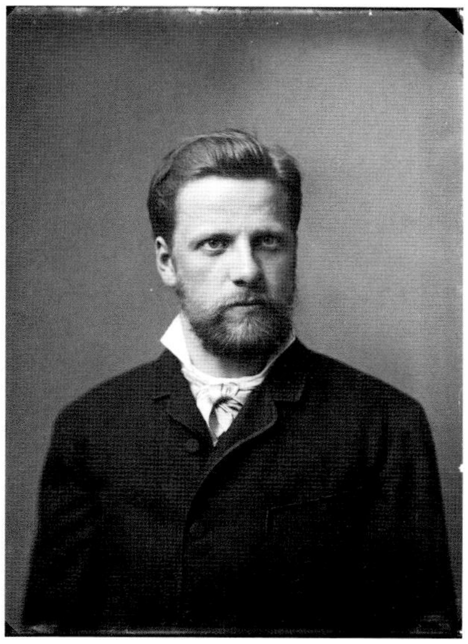

1888 übergab er das Partenkirchner Atelier an seinen Schwager Max Beckert (1860–1919). Nach dessen Tod führte sein Sohn August Beckert (1893–1961) die Firma fort. 2003 konnte die Bayerische Staatsbibliothek das Firmenarchiv mit 540.000 Aufnahmen aus Privatbesitz erwerben.

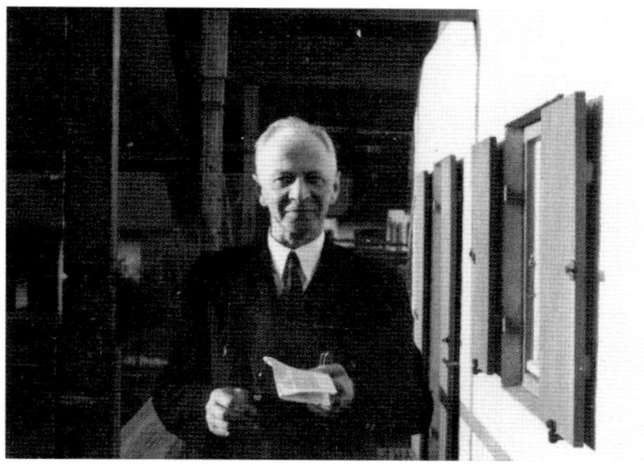

August Beckert
Bernhard Johannes (Firma), 1943

Max Beckert
Bernhard Johannes (Firma), 1880/1890

Fotoarchiv Josef Beierl (1905– verm. 1943)

Josef Beierl
Fotoarchiv Beierl, Aufnahme wohl mit Selbstauslöser, undatiert

Aufnahmen des Berchtesgadener Lands in den 1920er und 1930er Jahren finden sich im Archiv des Hobbyfotografen Josef Beierl. Der gelernte Schäffler und Elektriker war seinerseits ein begeisterter Bergsteiger und Skifahrer. Er erkundete seine Heimat schon früh mit dem Motorrad. Das 2017 aus Privatbesitz als Schenkung erworbene Archiv umfasst mehr als 300 Glasplatten-Negative und sechs Fotoalben mit rund 260 Aufnahmen.

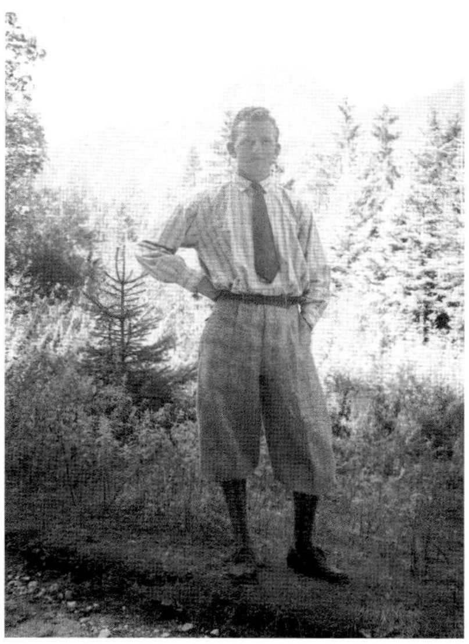

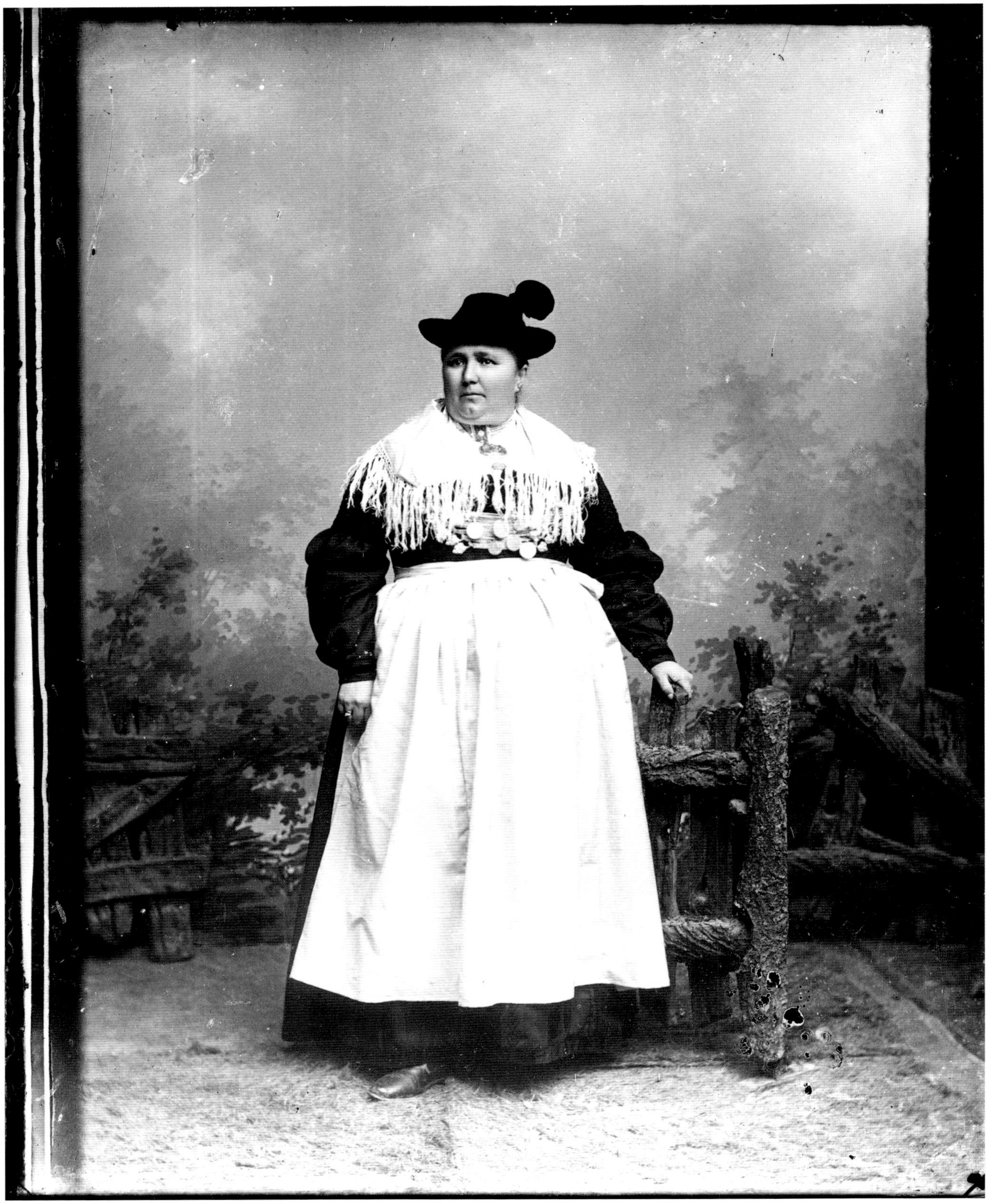

Frau in zeittypischer Tracht

Atelieraufnahmen waren bis zu Beginn des 20. Jahrhunderts das Hauptbetätigungsfeld der Fotografen. Die kräftige Frau, möglicherweise keine Einheimische, trägt eine für die Zeit typische Tracht mit Miedergewand und Geschnür. Ungewöhnlich sind die gebauschten Ärmel, die Taler und der Männerhut auf ihrem Kopf.

Bernhard Johannes (Firma), 1880

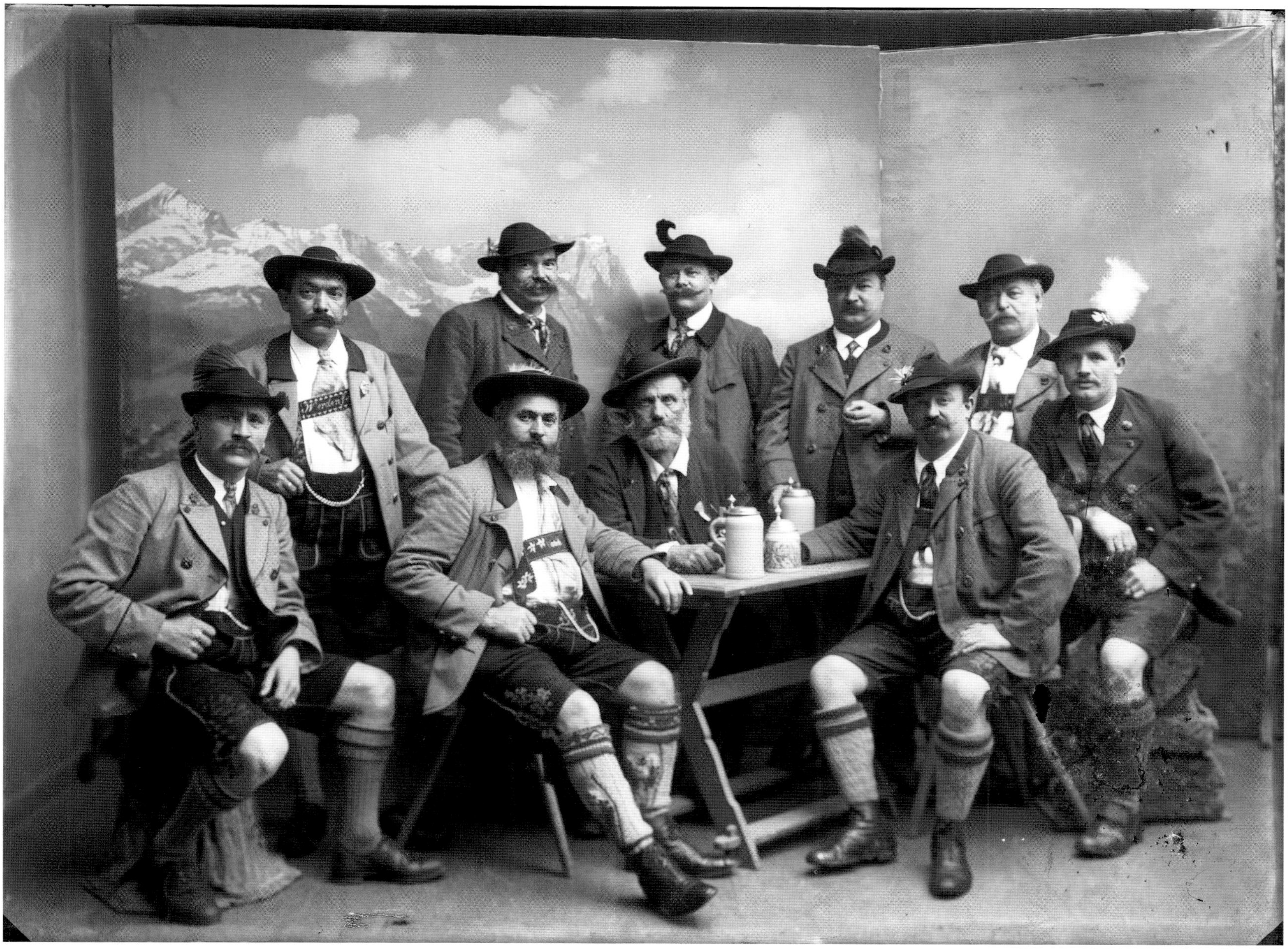

Männer in bayerischer Tracht

Die heterogene Gruppe besteht aus Honoratioren und Einheimischen. Möglicherweise handelt es sich um Mitglieder eines Vereins.

Bernhard Johannes (Firma), 1920/1925

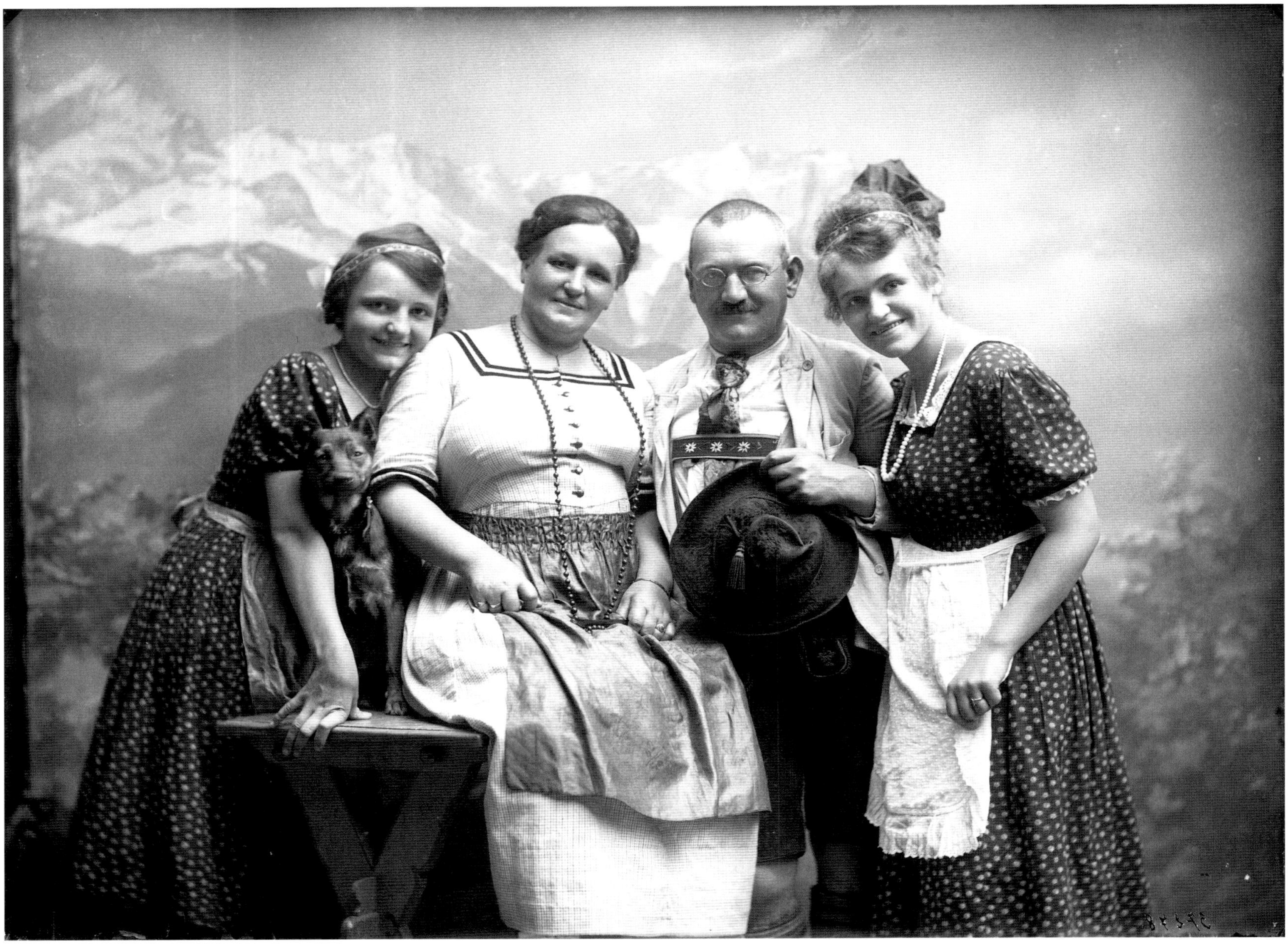

Nicht nur Einheimische, auch Touristen ließen sich im Atelier ablichten

Die schlecht sitzende Kleidung der Erwachsenen lässt vermuten, dass sich die Feriengäste die Kleidung für diese Aufnahme ausgeliehen haben. Der Hut stammt aus dem 19. Jahrhundert und gehörte wohl zum Inventar des Fotografen.

August Beckert, 1921/1922

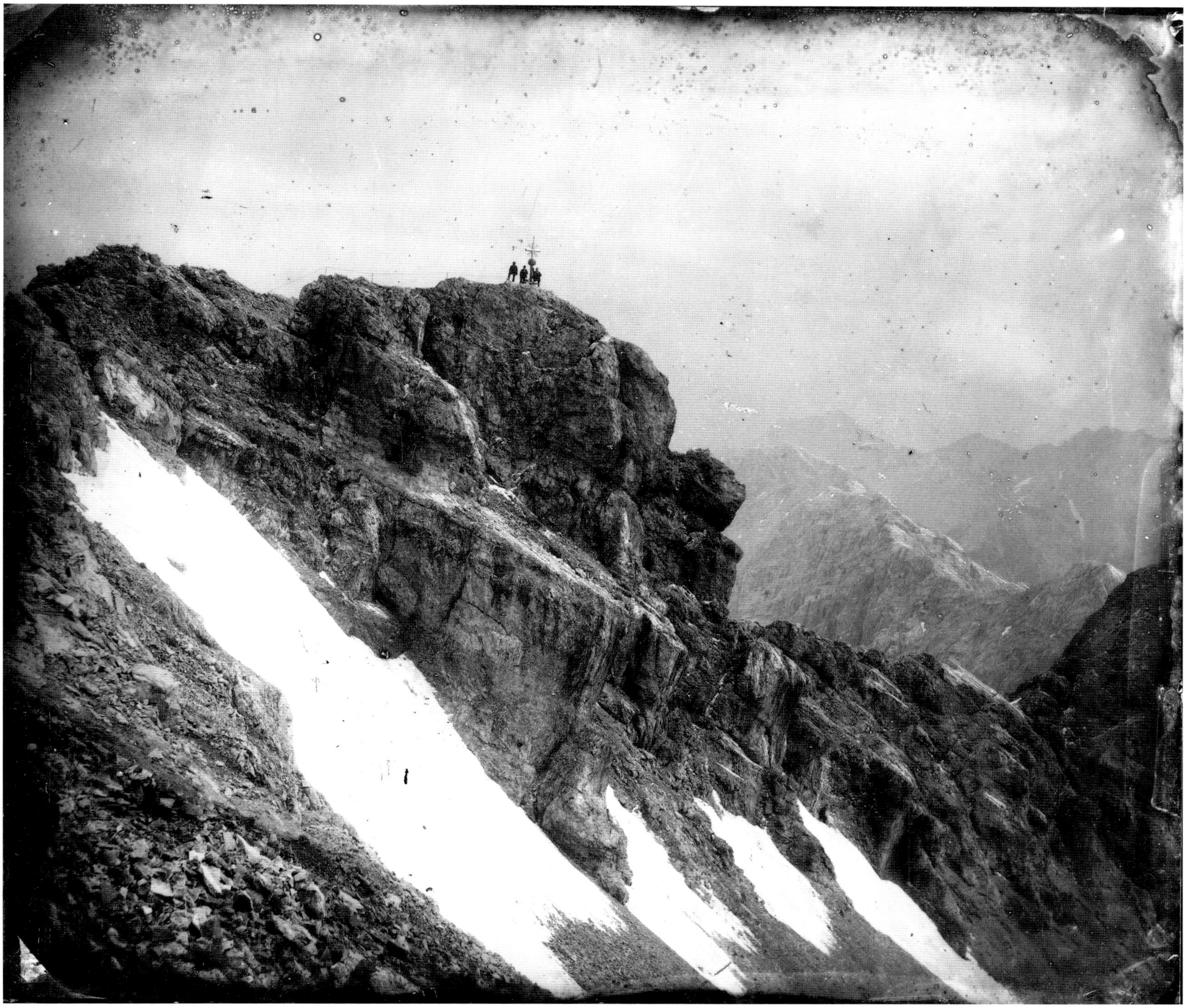

Frühe Aufnahme von der Besteigung der Zugspitze

Mit 2962 m Höhe ist die südwestlich von Garmisch-Partenkirchen im Wettersteingebirge gelegene Zugspitze der höchste Berg Deutschlands. Der Vermessungsingenieur Josef Naus, sein Gehilfe Maier und der Bergführer Johann Georg Tauschl waren die ersten namentlich bekannten Besteiger, die am 27. August 1820 den Gipfel erklommen.

Bernhard Johannes (Firma), 1880/1900

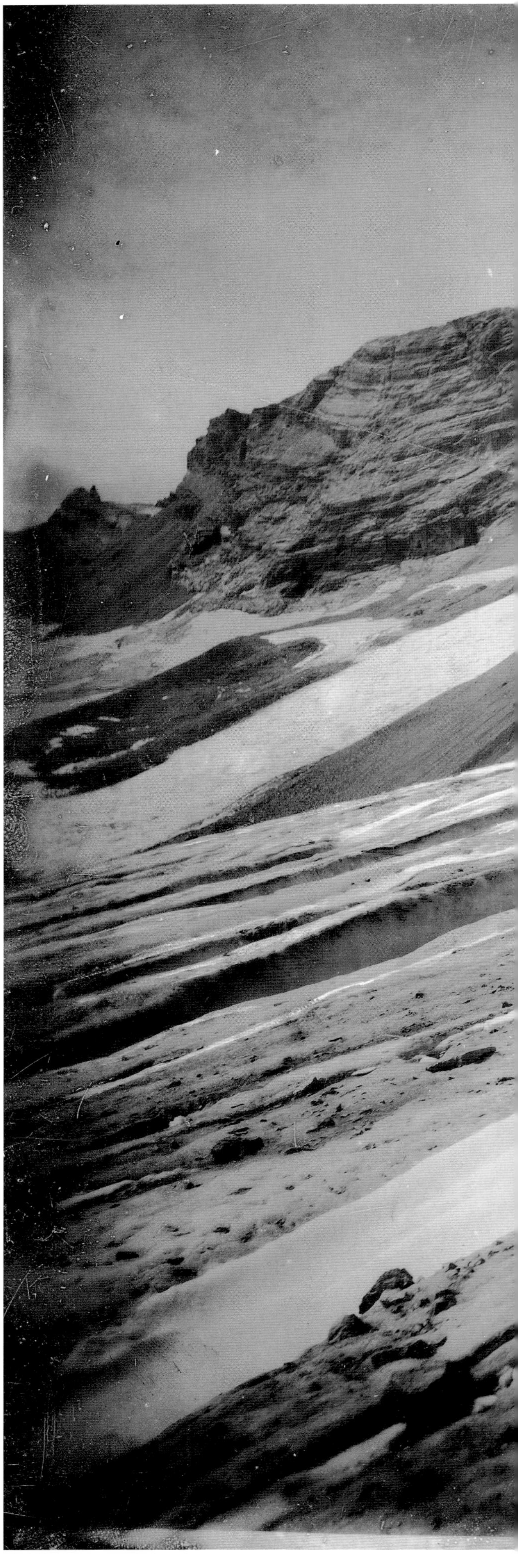

Bergsteiger und Jäger am Schneefernerkopf

Der Fotograf Bernhard Johannes war begeisterter Bergsteiger und Hochgebirgsjäger. Als aktives Mitglied im Deutschen Alpenverein gehörte er zu den Mitbegründern der ersten Sektion des DAV im Werdenfelser Land.

Bernhard Johannes, 1870/1885

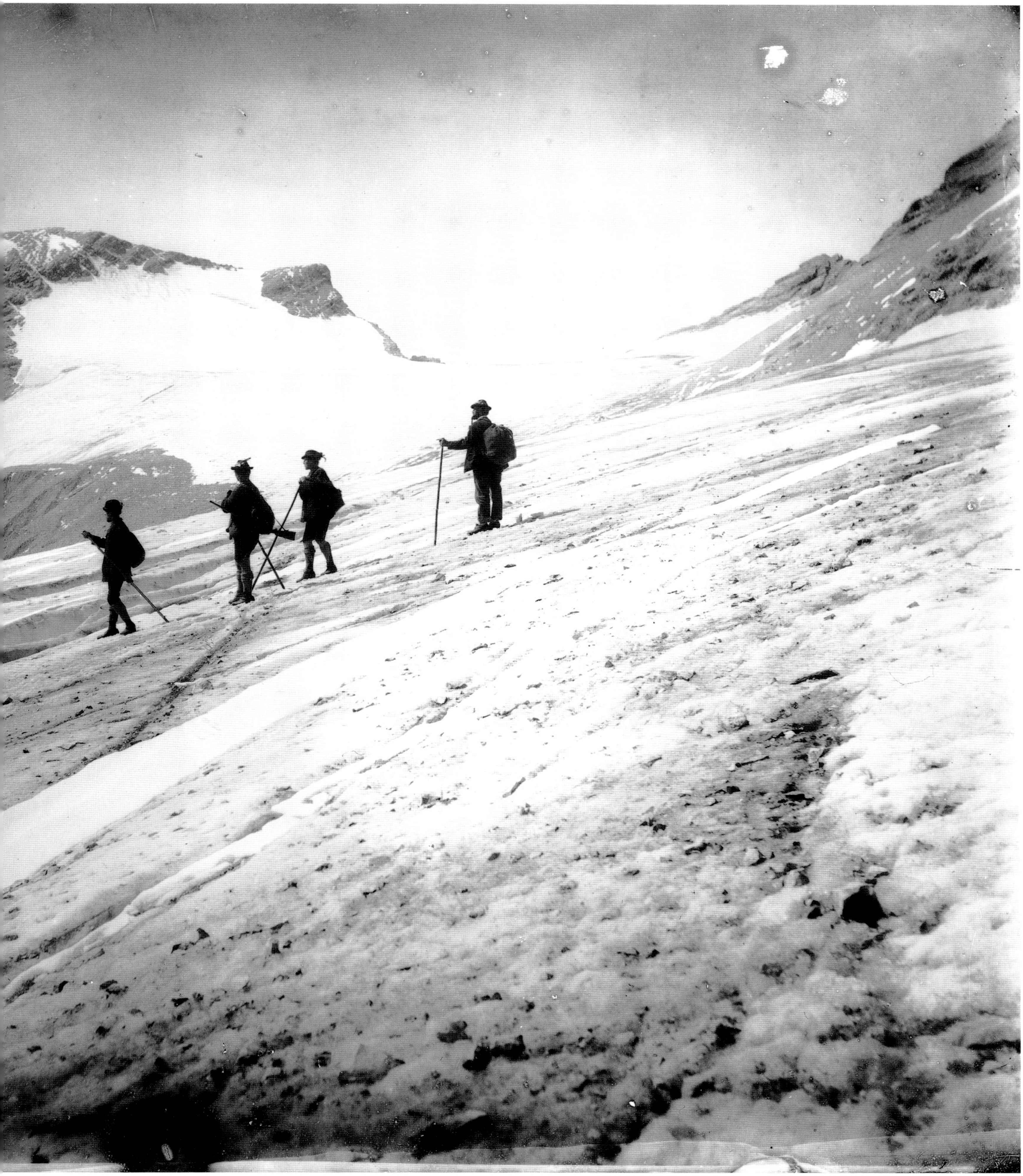

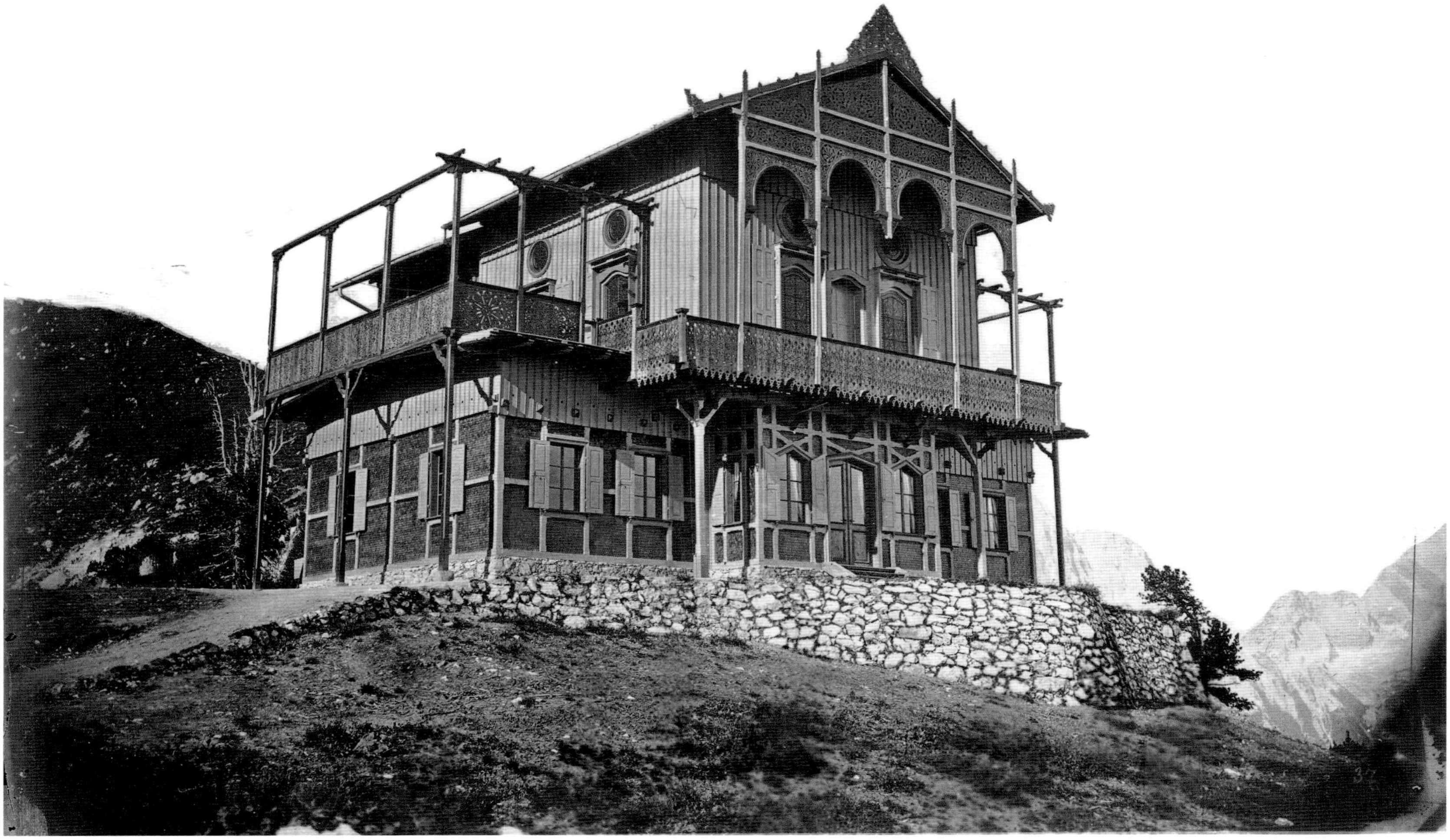

Königshaus am Schachen bei Garmisch-Partenkirchen

König Ludwig II. (1845–1886) ließ von 1869 bis 1872 das „Königshaus" am Schachen in 1866 m Höhe errichten, wo er mehrfach seinen Geburtstag am 25. August verbrachte. Der König zählte zu den Kunden des Fotografen Bernhard Johannes.

Bernhard Johannes (Firma), 1880/1900

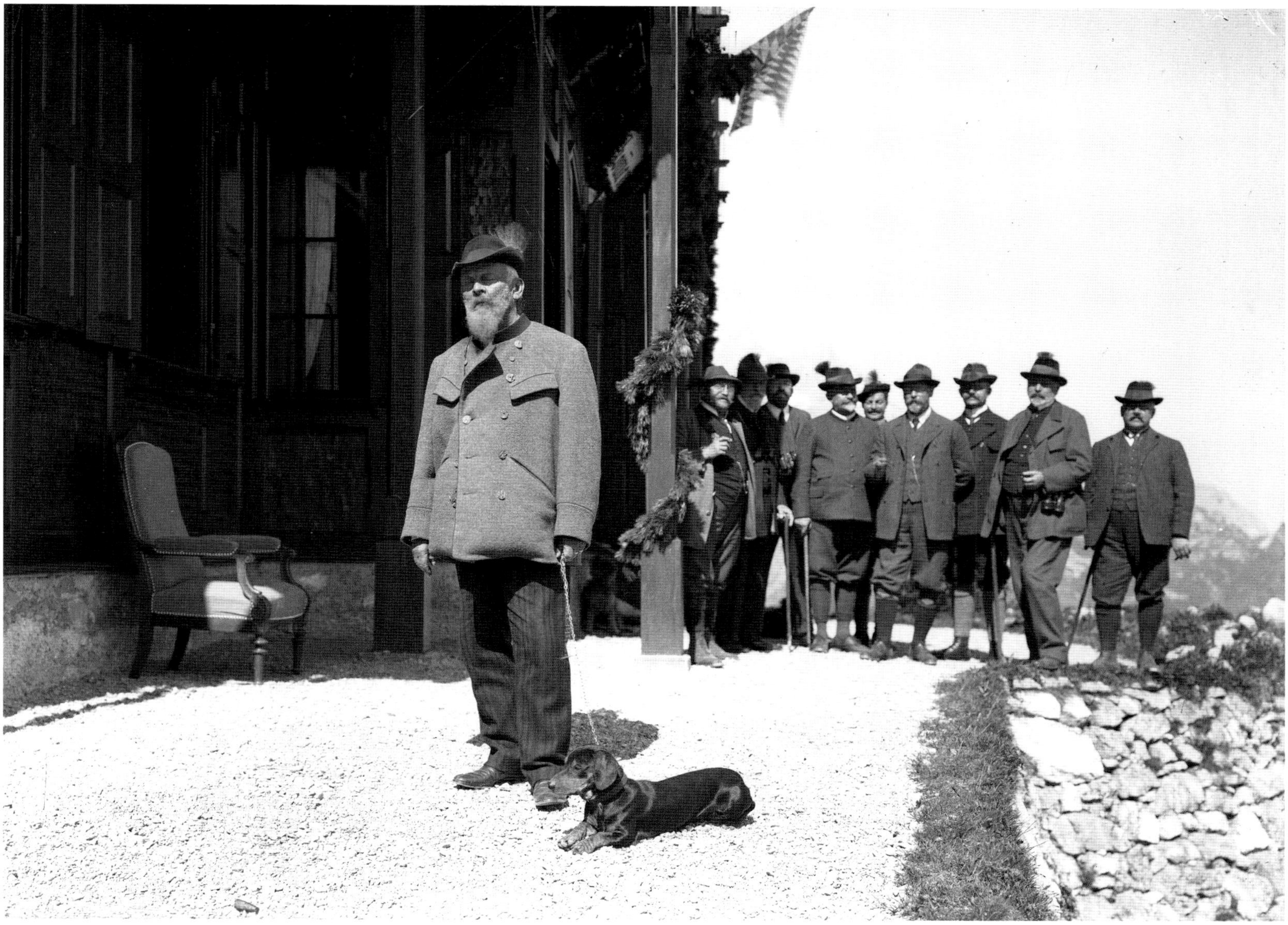

Prinzregent Luitpold bei einem Jagdausflug vor dem Königshaus am Schachen

Prinzregent Luitpold (1821–1912), der Nachfolger Ludwigs II., war ein begeisterter Bergsteiger und Jäger. Als oberster Jagdherr unterstanden ihm 130.000 Hektar Wald. Während der Jagdsaison nahm er an Jagden in ganz Bayern teil.

Max Beckert, 1890/1900

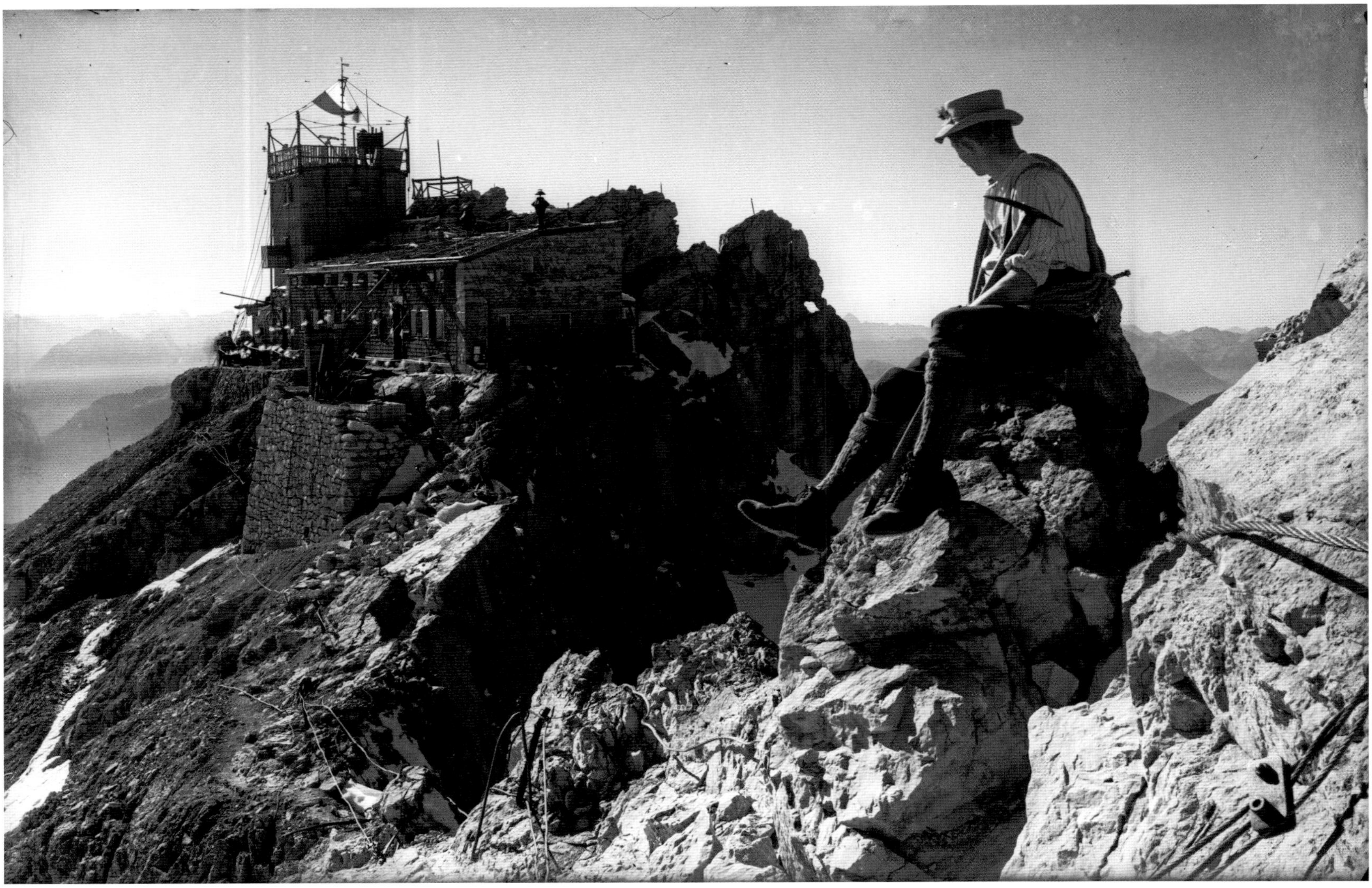

Blick auf den Westgipfel der Zugspitze mit Münchner Haus und Wetterstation

Auf Wunsch der Alpenvereinssektion München wurde die seit 1883 bestehende Unterkunft unter dem Westgipfel 1896/97 neu errichtet. Von 1911 bis 1914 erhielt das Münchner Haus, das auf 2959 m Höhe liegt, sein heutiges Aussehen.

August Beckert, um 1920/30

Feier des 25-jährigen Jubiläums des Observatoriums auf der Zugspitze

Seit 1900 existiert am Münchner Haus ein meteorologisches Observatorium, das seither fast ohne Unterbrechung täglich und rund um die Uhr Wettermeldungen erstellt. Die Aufnahme entstand anlässlich der Feier des 25-jährigen Jubiläums 1925.

August Beckert, 5. Oktober 1925

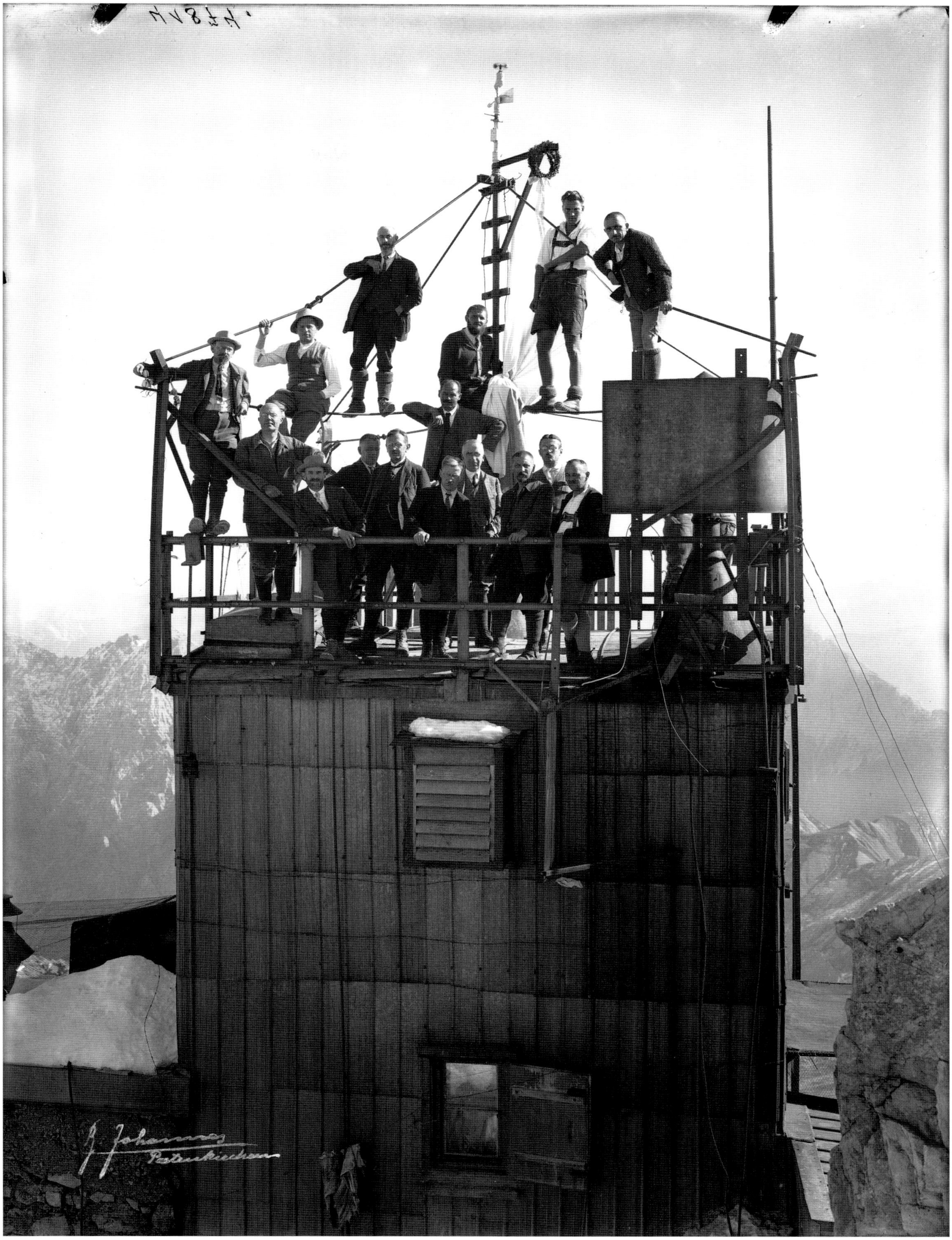

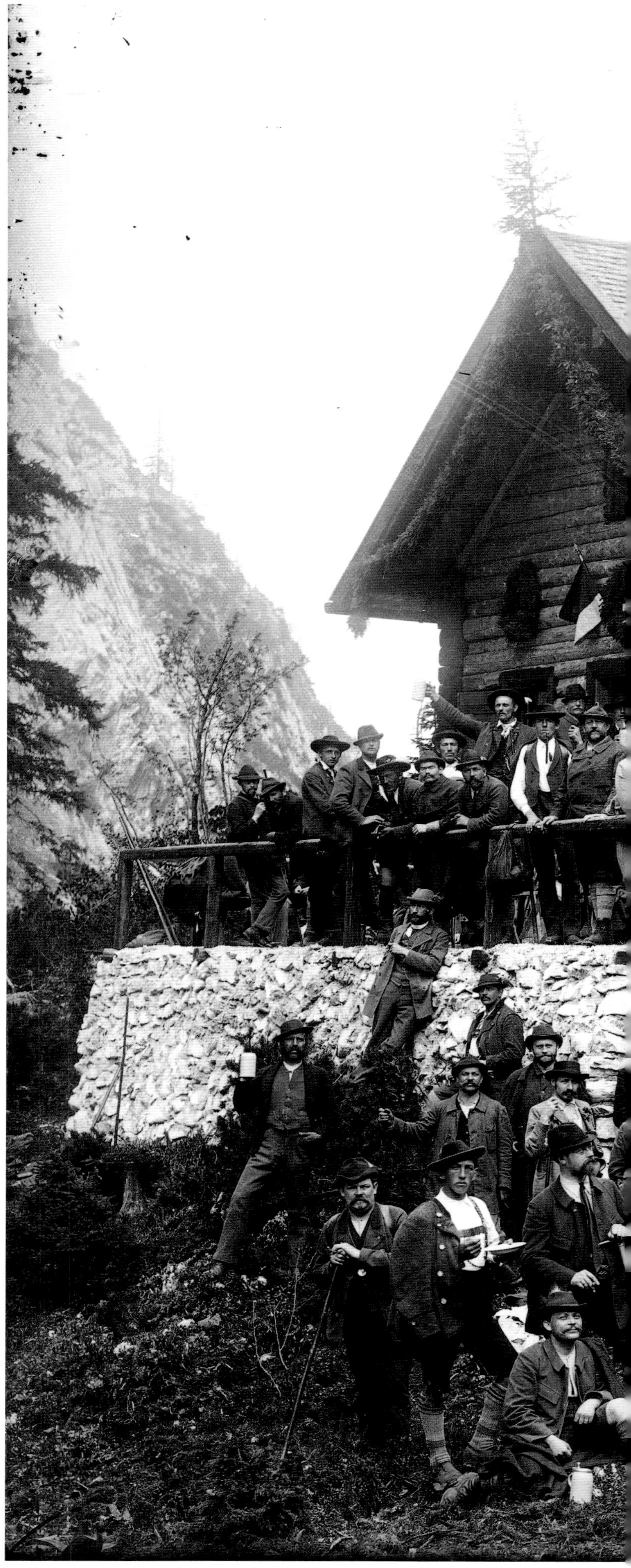

Fest vor der Höllentalangerhütte auf 1387 m Höhe

Ab den 1880er Jahren bauten Mitglieder der Sektion München des Deutschen Alpenvereins die Wege durch das Höllental auf die Zugspitze nach und nach aus. 1893/94 errichtete man eine erste Hütte mit sechs Matratzen und 16 Heulagern, die 1925 erweitert wurde. 2014/15 erfolgte ein Neubau, da die Blockhütte heutigen Sicherheitsstandards nicht mehr entsprach.

August Beckert, 18. Oktober 1930

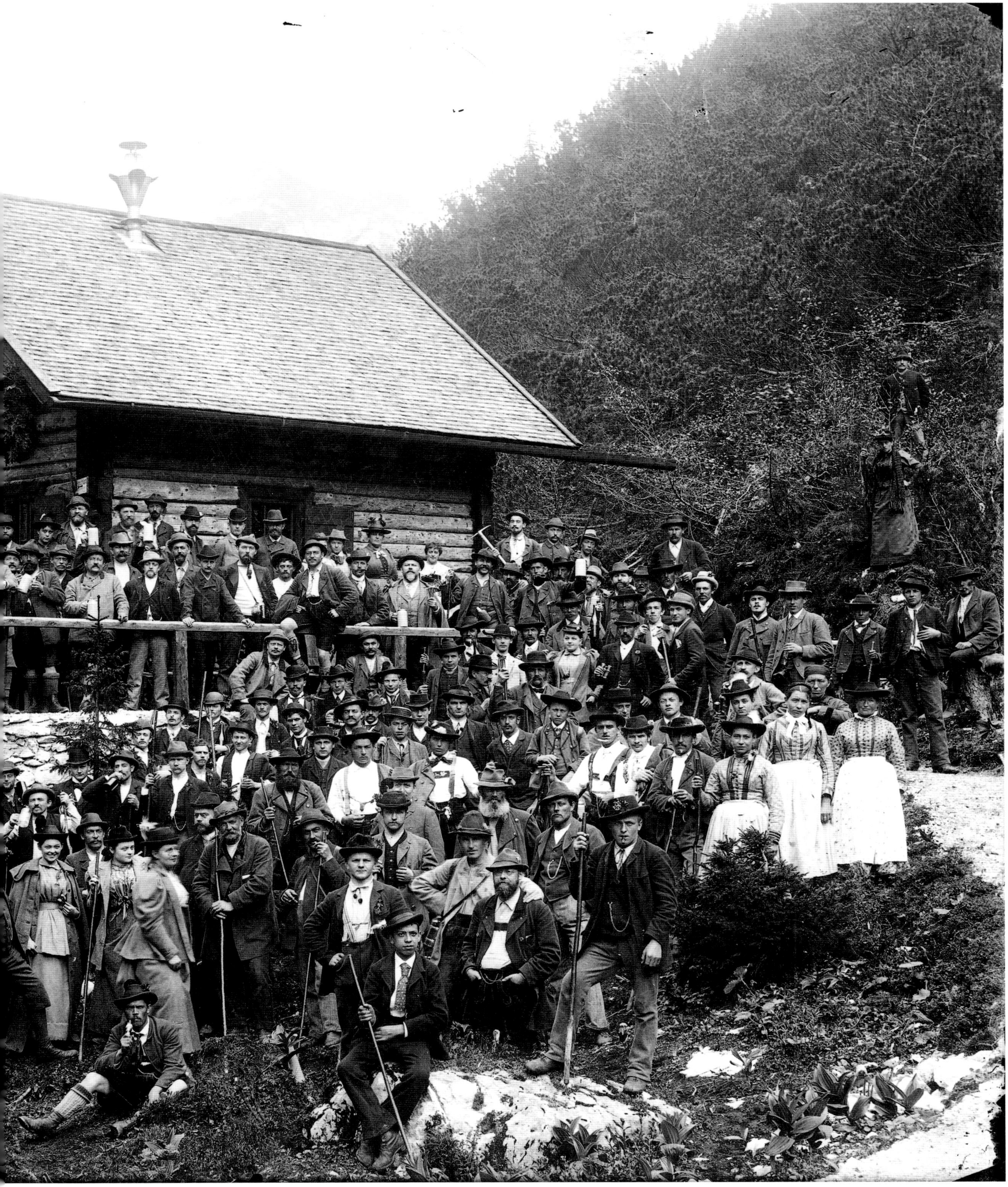

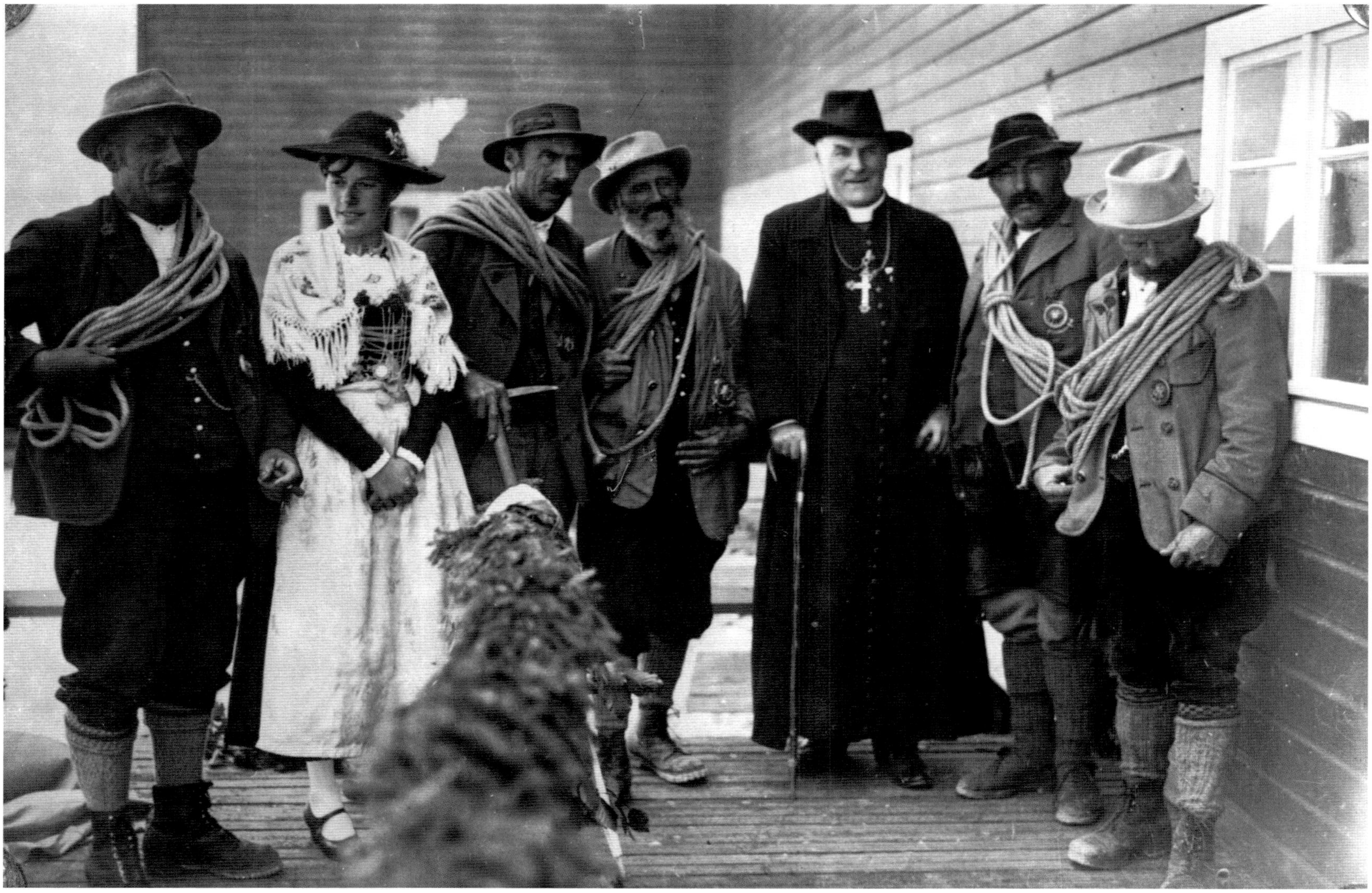

Der Erzbischof von München und Freising, Kardinal Michael von Faulhaber (1869–1952), mit Bergführern bei der Eröffnung der Bayerischen Zugspitzbahn

In nur zwei Jahren Bauzeit wurde in drei Bauabschnitten die Bayerische Zugspitzbahn errichtet. Sie ist eine von vier noch betriebenen Zahnradbahnen in Deutschland. Die Wegstrecke beträgt gut 18 km und führt von Garmisch auf die Zugspitze.

August Beckert, 8. Juli 1930

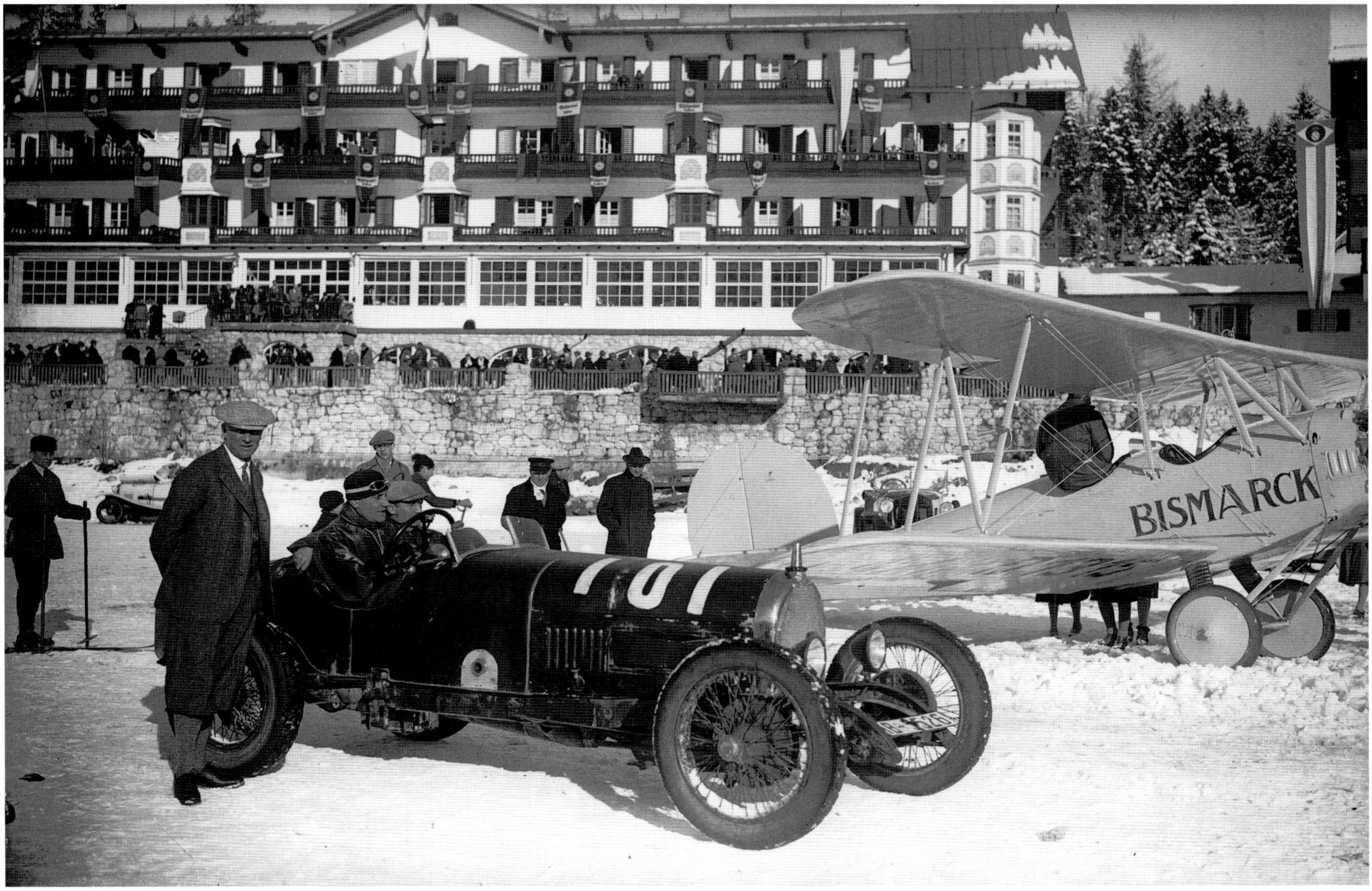

Eine besondere Attraktion waren Wettrennen zwischen Automobil und Flugzeug

In seinem Austro-Daimler ADM-R galt der Rennfahrer Hans Stuck (1900–1978) Ende der 1920er Jahre als nahezu unbesiegbar. Der 1899 gegründete Bayerische Automobilclub veranstaltete regelmäßig Berg- und Winterrennen, wie hier am Eibsee bei Garmisch. Er war der erste heute noch existierende Automobilclub in Deutschland.

August Beckert, 3.–5. Februar 1928

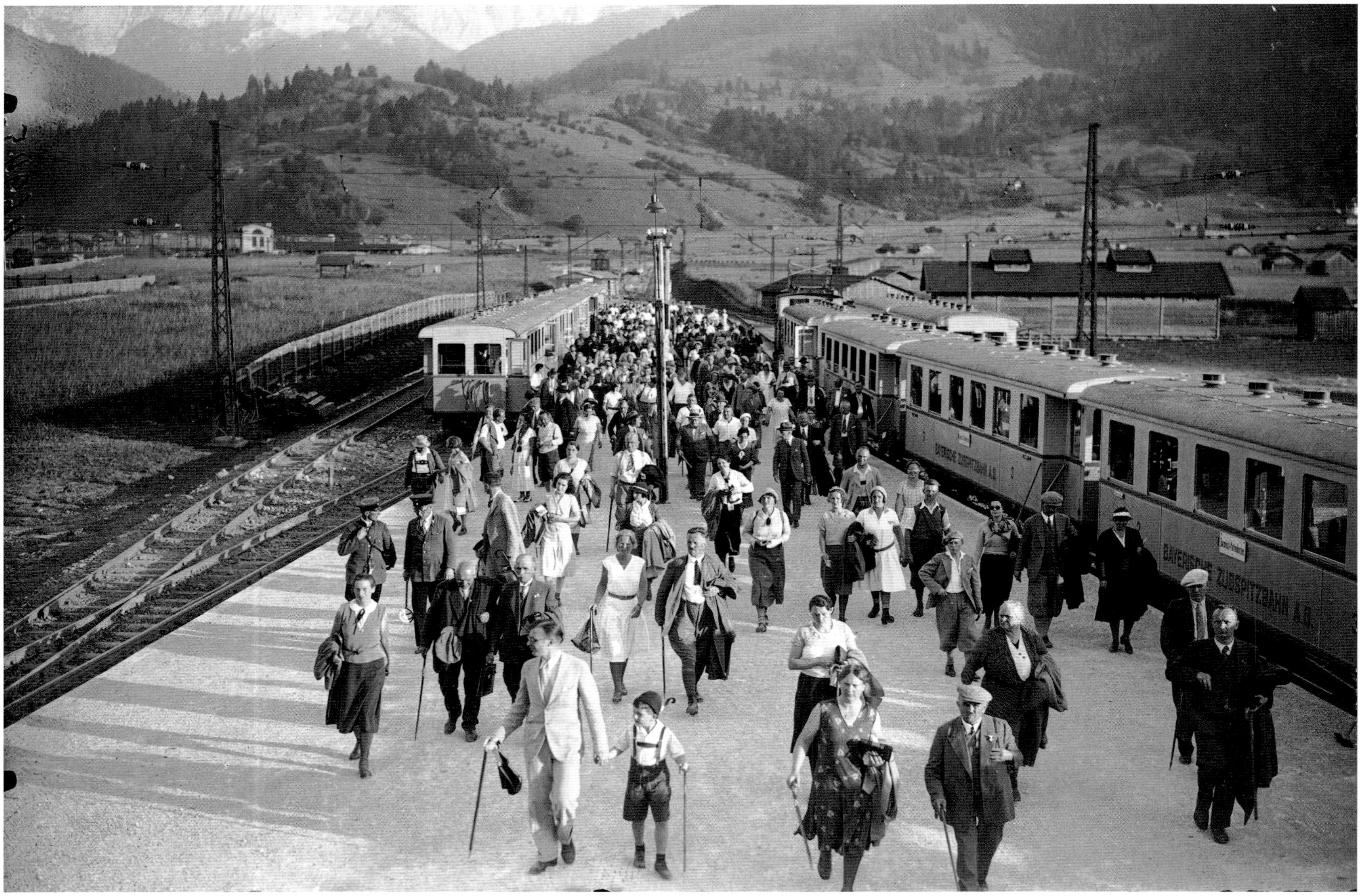

Bahnhof Zugspitzbahn in Garmisch-Partenkirchen

Seit der Eröffnung der Zugspitzbahn 1930 nahm der Tourismus auf Bayerns höchsten Berg ständig zu.
Heute gelangen mit den verschiedenen Bahnen rund 500.000 Menschen jährlich auf Deutschlands höchsten Berg.

August Beckert, 18. August 1932

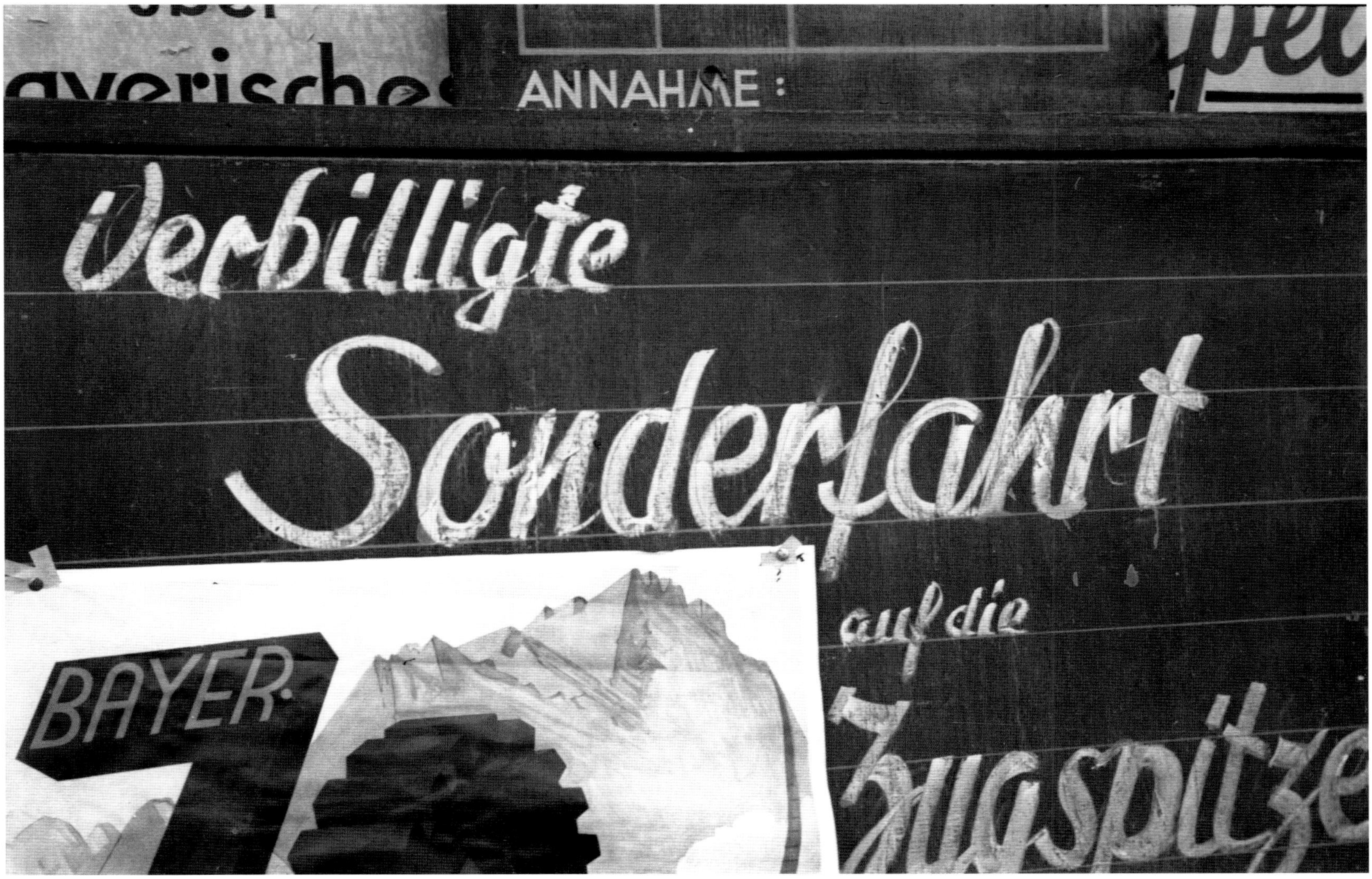

Der Massentourismus in die Berge beginnt

Bereits in den 1920er Jahren war der Tourismus in Bayern ein wichtiger Wirtschaftszweig. Die Zugspitze war seit der Eröffnung der Bahn 1930 ein besonders beliebtes Ziel. Nach der Währungsreform 1948 und der Stabilisierung der wirtschaftlichen Verhältnisse nahm der Massentourismus an Bedeutung weiter zu.

Georg Fruhstorfer, Juni 1948

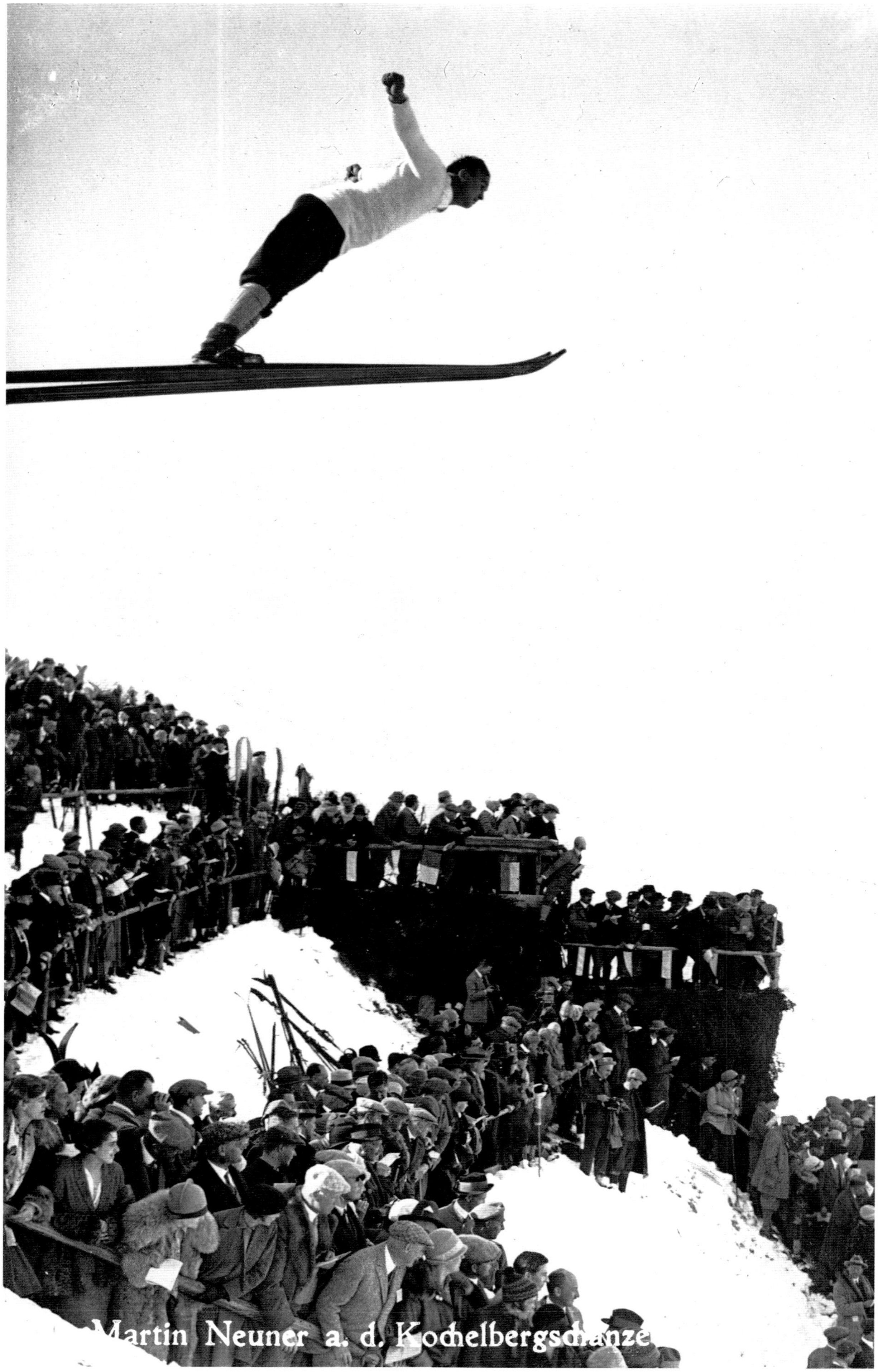
Martin Neuner a. d. Kochelbergschanze

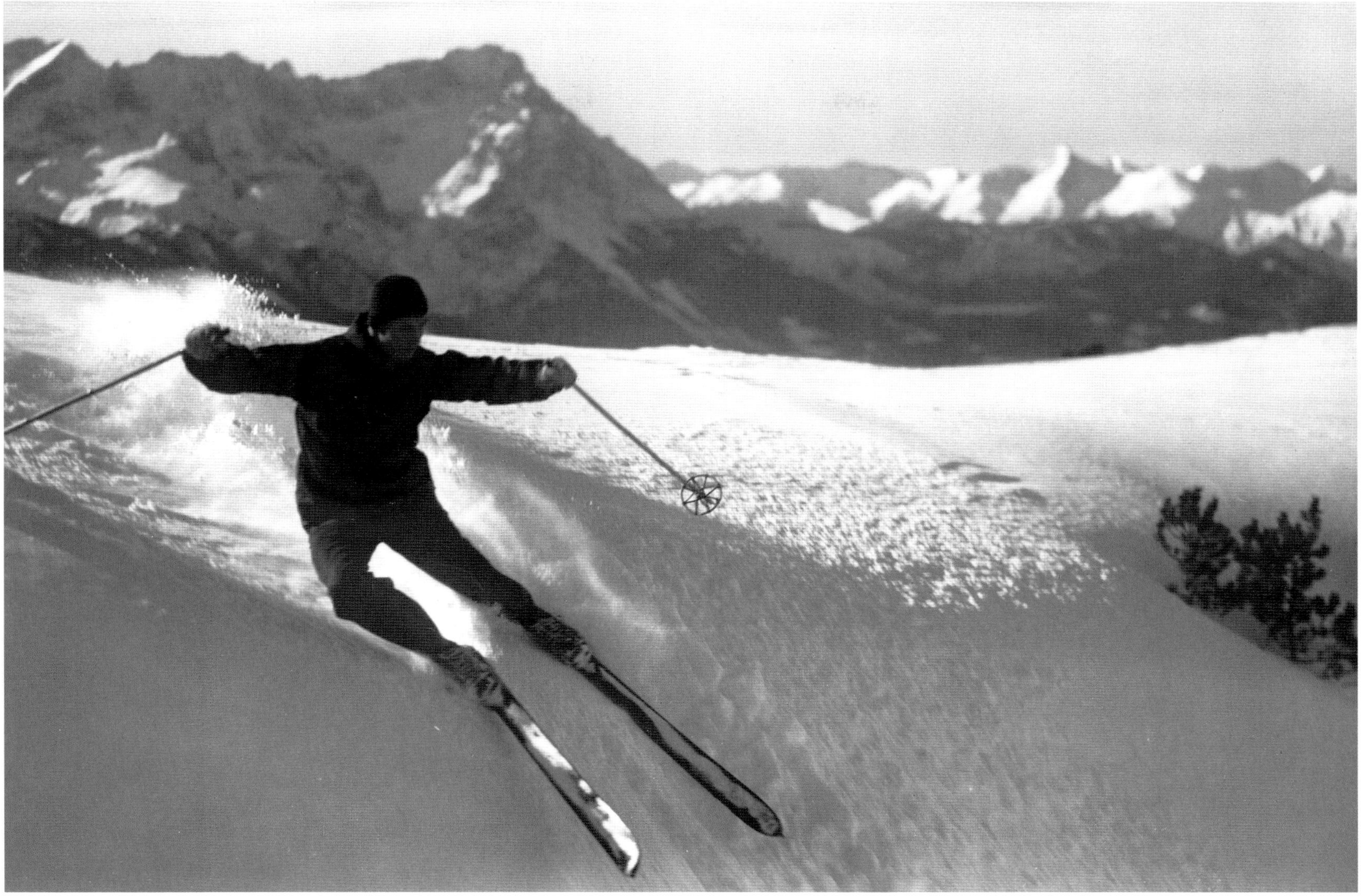

Ab 1902 gab es Skisprung-Wettbewerbe auf der Kochelbergschanze in Garmisch-Partenkirchen

Der Skispringer Martin Neuner (1900–1944) gewann in den 1920er Jahren fünf Mal in Folge das Neujahrsspringen. Die Aufnahme ist eine Montage, die aus zwei Negativen zusammengestellt wurde.

August Beckert, um 1920/30

Skiläufer am Wank

Der 1780 m hohe Wank liegt im Südwesten des Estergebirges bei Garmisch-Partenkirchen. Von seinem Gipfel hat man eine herrliche Aussicht auf die umliegenden Berge. Im Hintergrund sind die Alpspitze, Höllentalspitzen, Höllentalferner, Zugspitze und Kleiner und Großer Waxenstein zu erkennen.

August Beckert, 1936/1940

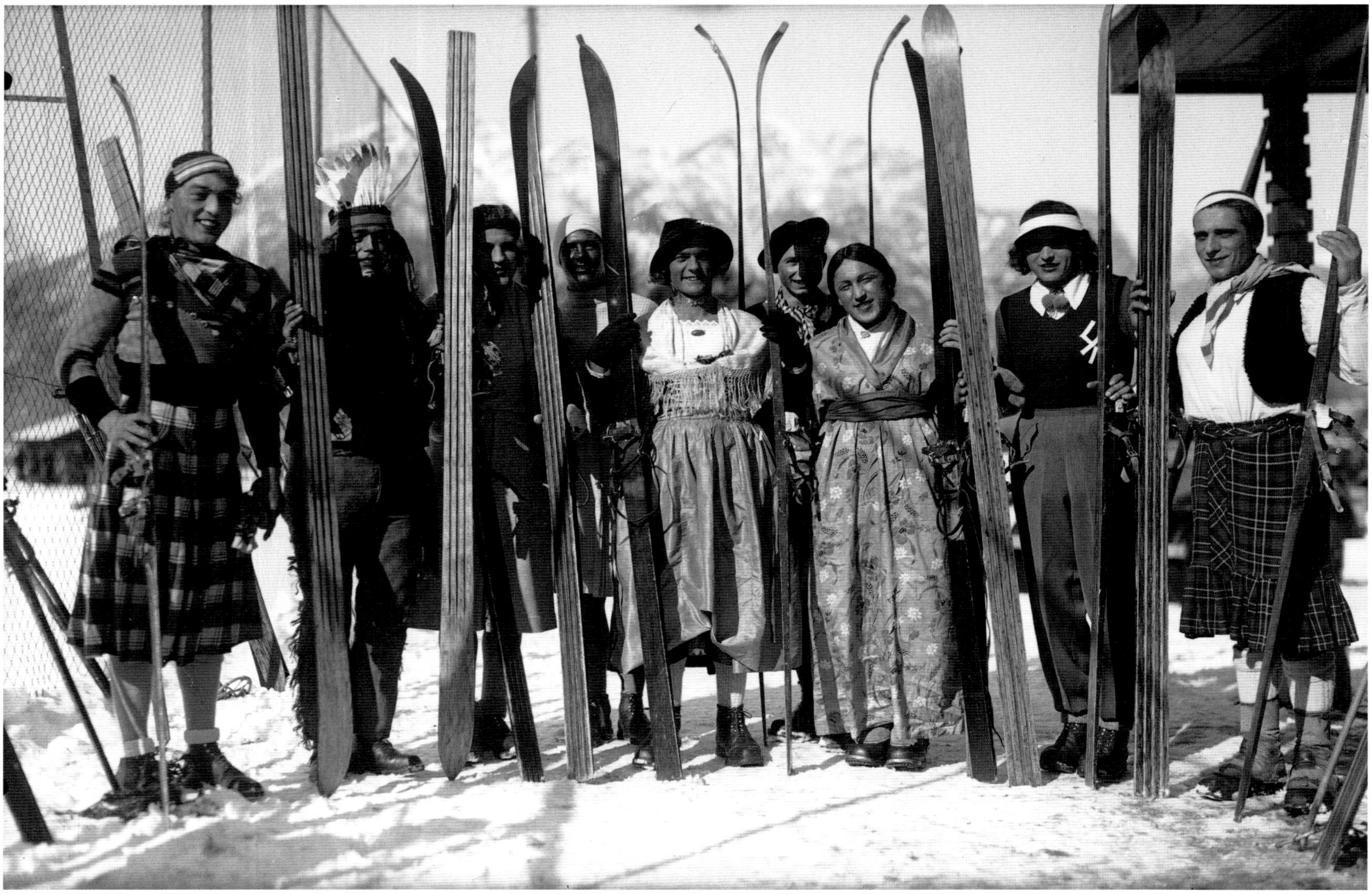

Skispringen im Fasching

Auf der Olympiaschanze am Gudiberg in Partenkirchen fand im Fasching das sogenannte Damenspringen statt. Neben der großen Olympiaschanze liegt eine Skipiste, auf der jedes Jahr Weltcuprennen im Slalom ausgetragen werden.

August Beckert, 26. Februar 1933

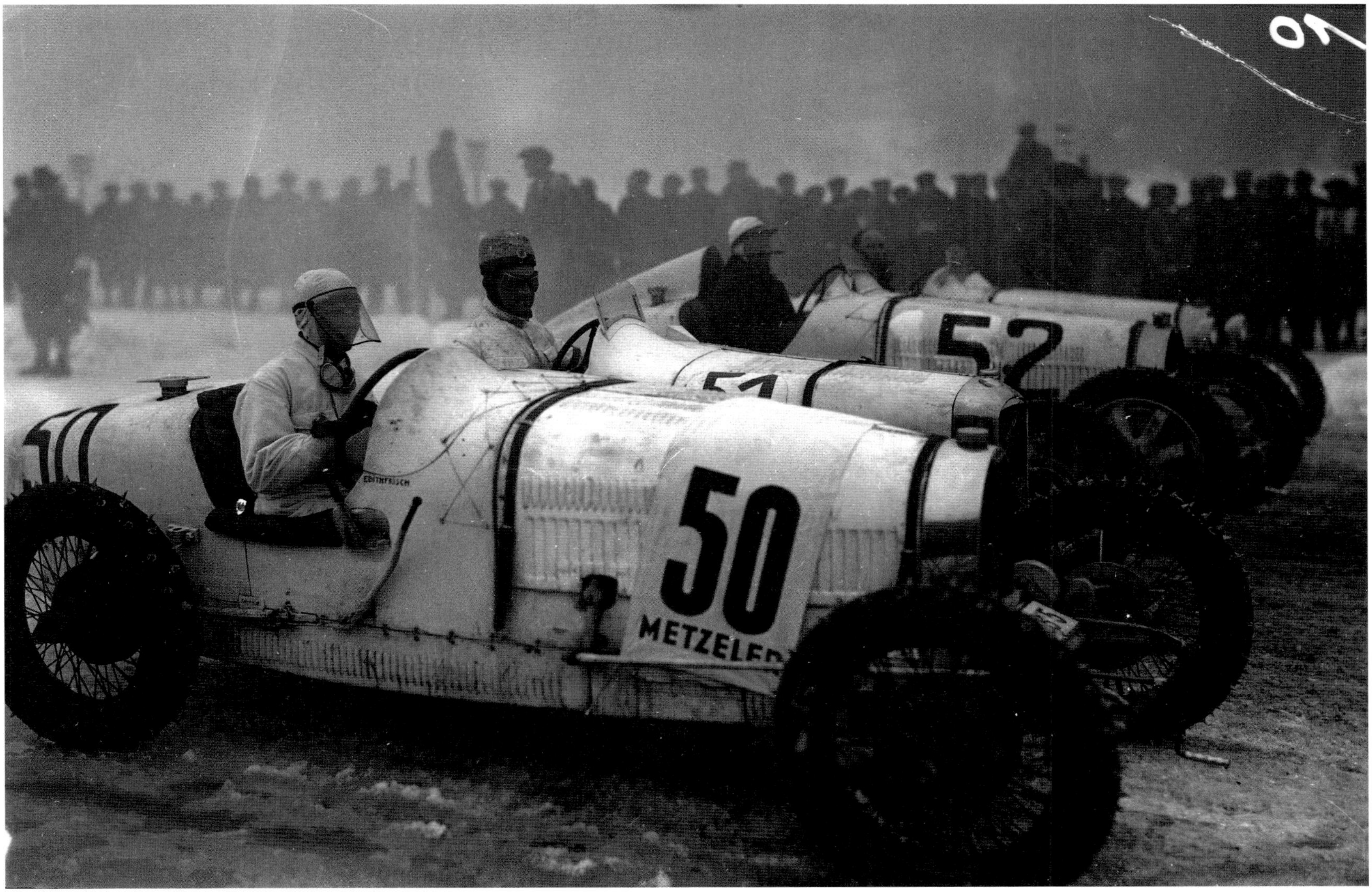

Eisrennen des Nationalsozialistischen Kraftfahrtkorps auf dem Eibsee

Das Nationalsozialistische Kraftfahrtkorps war neben SA und SS die dritte „Kampfgliederung" der NSDAP.
Die Organisation mit ihren mehr als 500.000 Mitgliedern unterstand Adolf Hitler direkt. Viele erfolgreiche Rennfahrer gehörten dem NSKK an, so die hier abgebildeten Edith Frisch (gest. 1934), Willi Briem und Ernst-Günther Burgaller.

August Beckert, Februar 1934

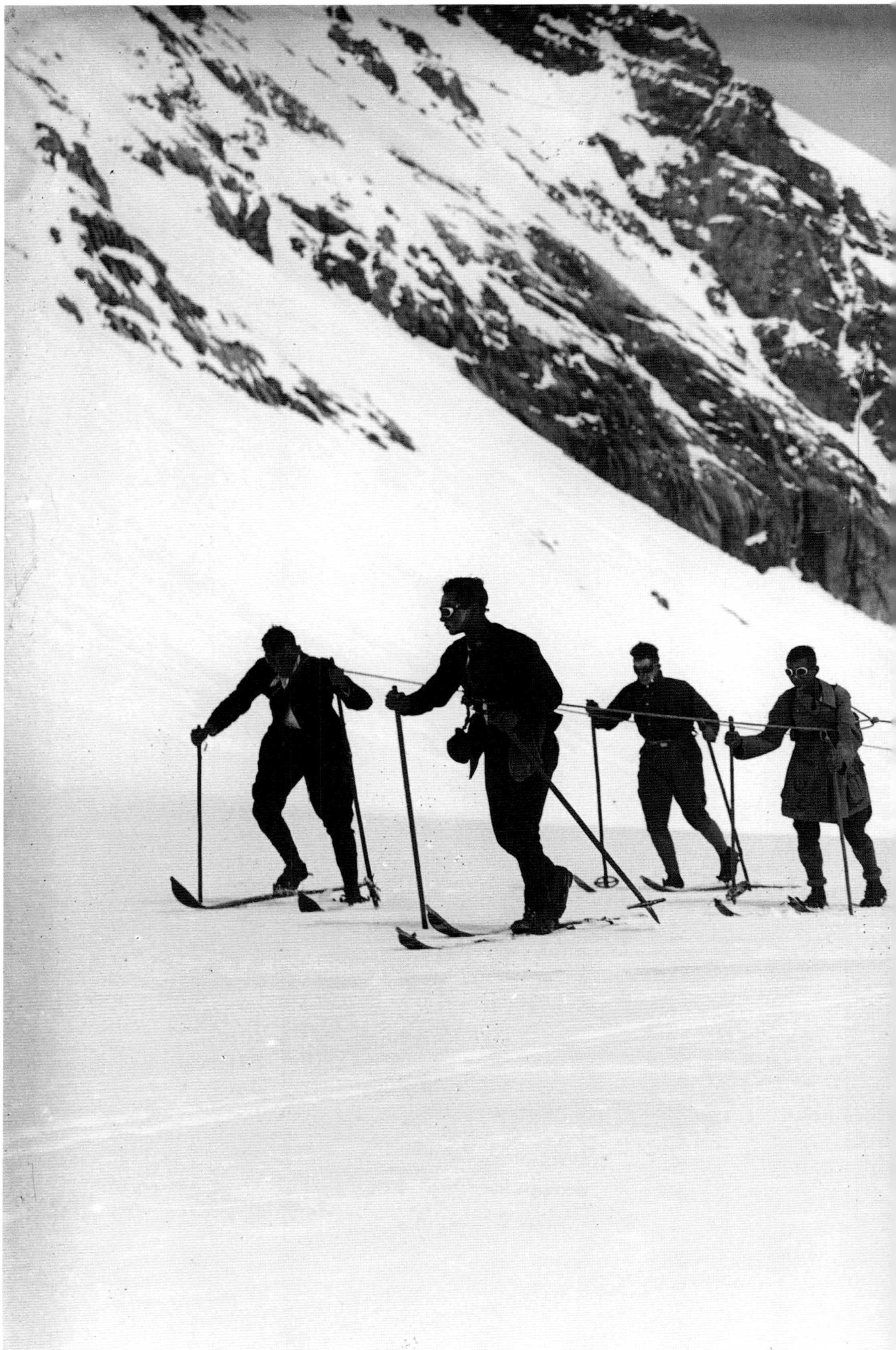

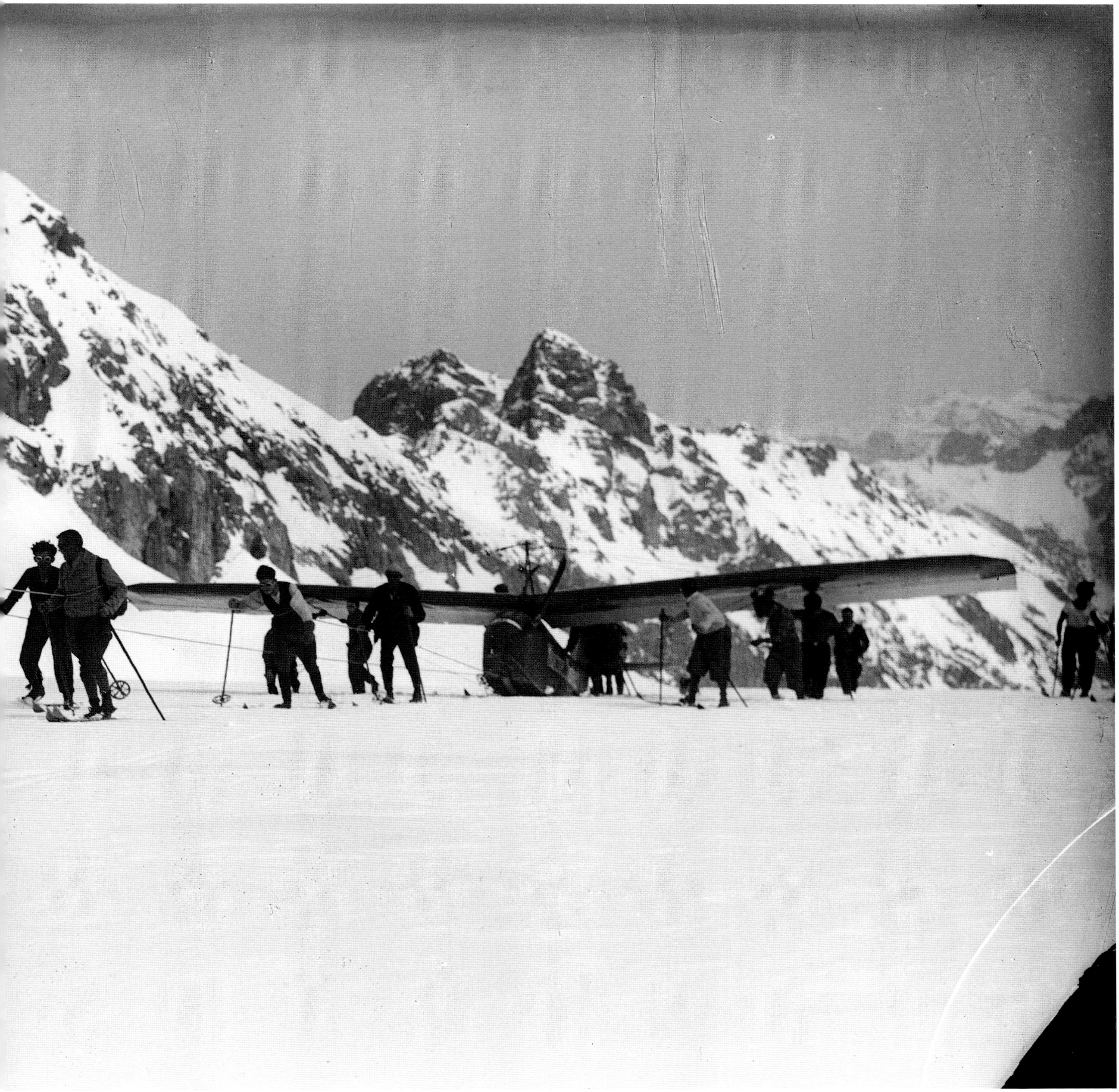

Skifahrer ziehen Ernst Udets Segelflugzeug auf die Zugspitze

Am 29. April 1927 startete der Kunstflieger Ernst Udet (1896–1941) mit einem Segelflugzeug auf dem Schneeferner-gletscher und erreichte nach 25-minütigem Flug Lermoos. Das Flugzeug war in Einzelteile zerlegt mit einer Seilbahn auf die Zugspitze gebracht und oben wieder zusammengesetzt worden. Udet war nach 1933 eine der bekanntesten Propagandafiguren des NS-Regimes und als Generalluftzeugmeister für die Ausrüstung der Luftwaffe zuständig.

August Beckert, April 1927

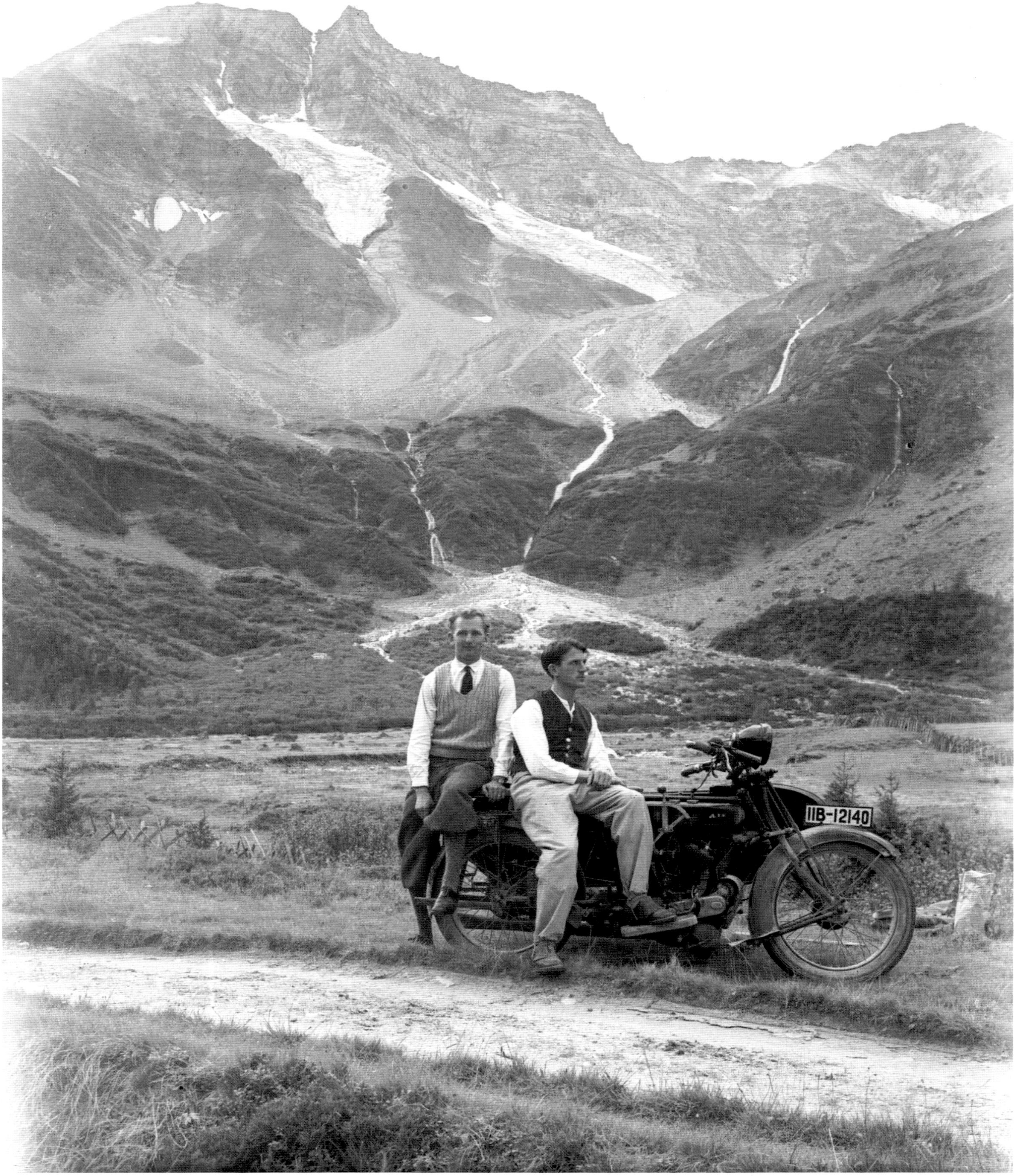
IIB-12140

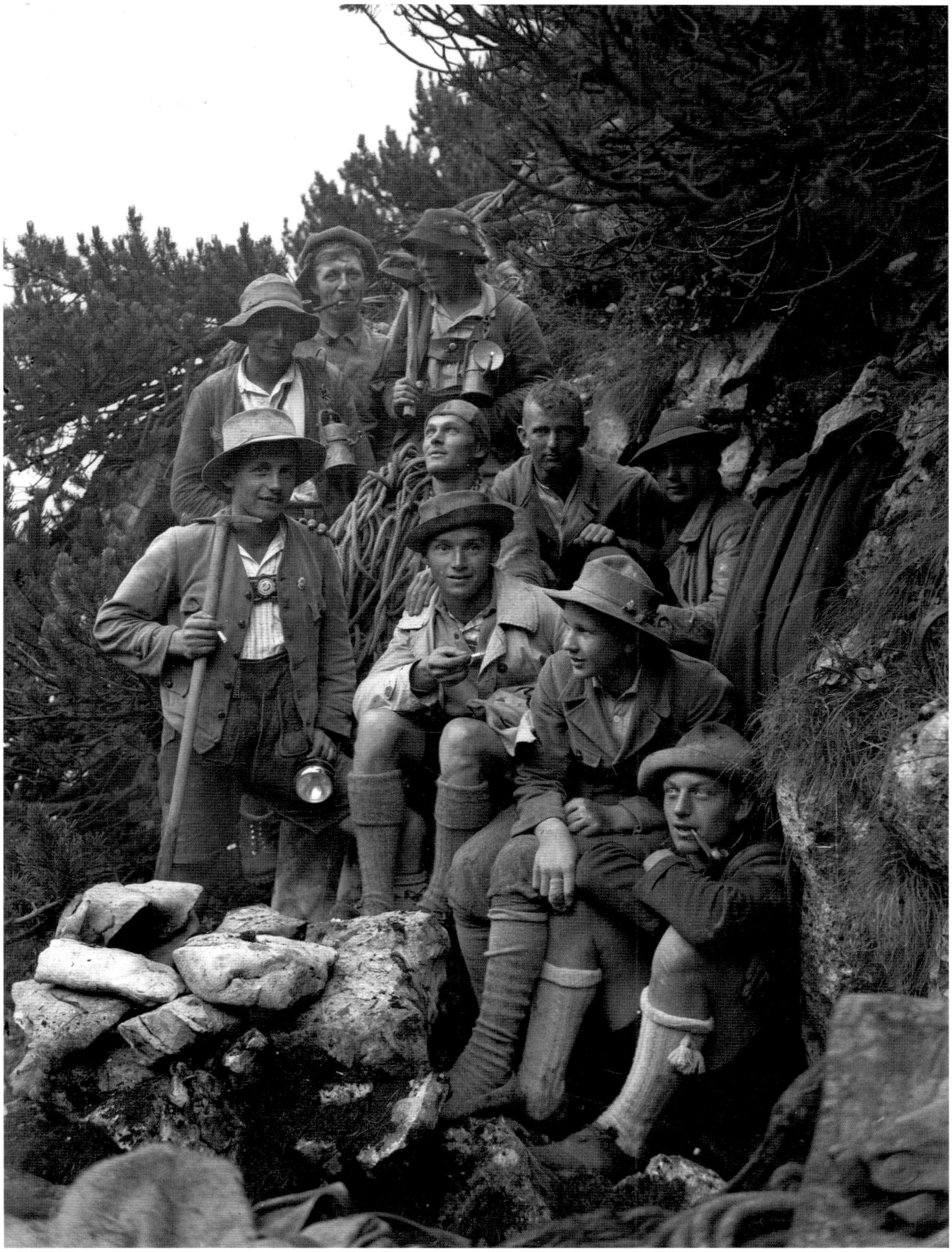

Josef Beierl und Michael Weber mit dem Motorrad in Rauris unterwegs

Das im Pinzgau im Salzburger Land gelegene Rauris mit der Sonnblickgruppe im Hintergrund war Ziel eines Ausflugs in den Nationalpark Hohe Tauern. Der Handwerker und Fotograf Josef Beierl (1905–1943) – hier links im Bild – machte diese Aufnahme wohl mit einem Selbstauslöser.

Josef Beierl, undatiert

Josef Beierl mit Einheimischen im Gebirge

Josef Beierl, Aufnahme wohl mit Selbstauslöser, undatiert

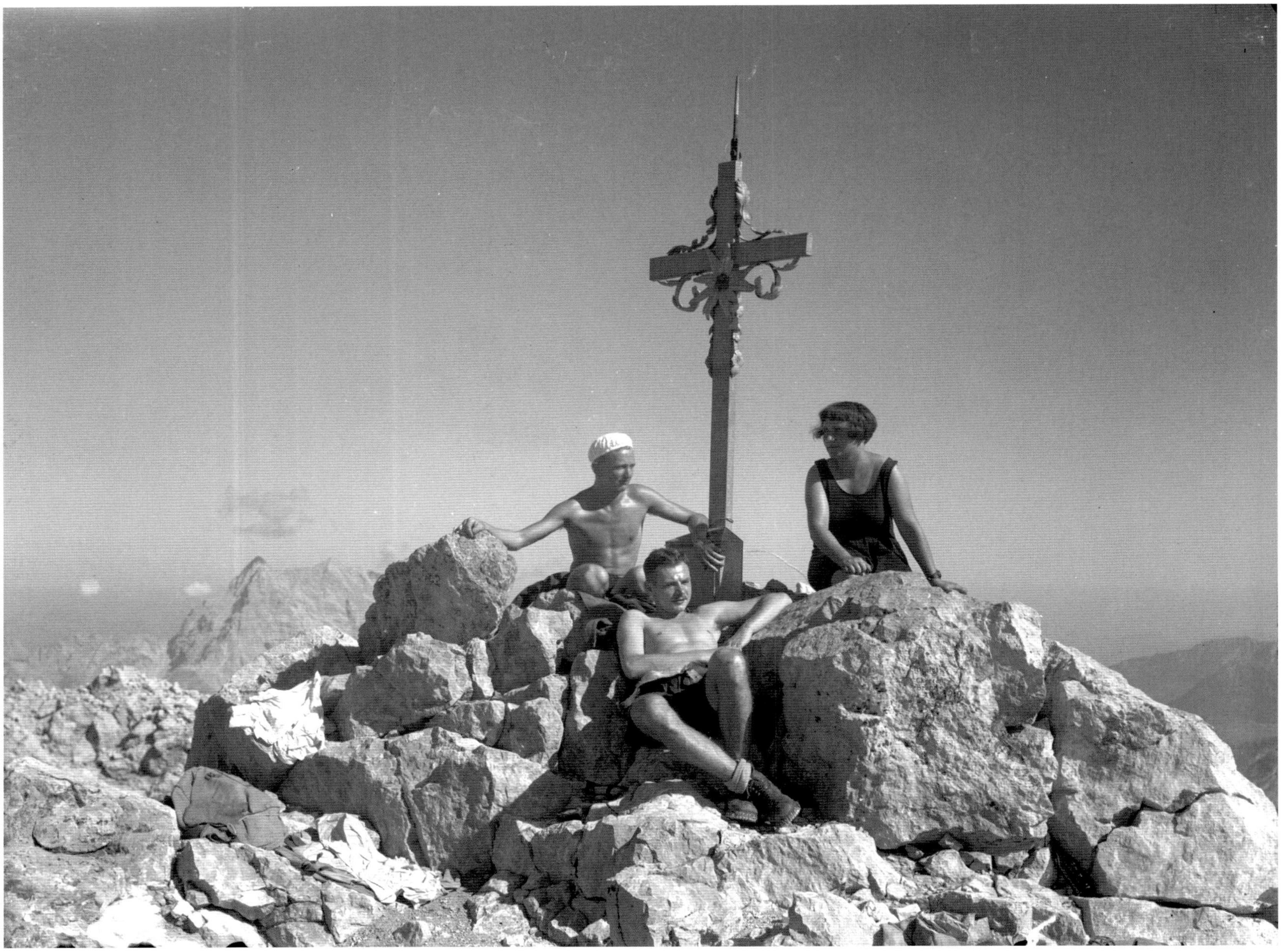

Josef Beierl mit Freunden auf der Schönfeldspitze

Mit 2653 m Höhe ist die Schönfeldspitze nach dem Selbhorn der zweithöchste Berg des Steinernen Meeres in den Berchtesgadener Alpen. Sie kann von der bayerischen und von österreichischer Seite aus bestiegen werden.

Josef Beierl, Aufnahme wohl mit Selbstauslöser, undatiert

Josef Beierl mit Gästen in der Almbachklamm

Durch die Almbachklamm zwischen Ettenberg und Maria Gern in den Berchtesgadener Alpen führt ein 3 km langer Wanderweg. 1894 legten Soldaten innerhalb nur eines Monats diesen Weg mit einem Tunnel, 29 Brücken und 320 Stufen an, um den Höhenunterschied von 200 m zu überwinden. Das Bayerische Landesamt für Umwelt hat die Klamm als wertvolles Geotop und Naturdenkmal ausgewiesen.

Josef Beierl, Aufnahme wohl mit Selbstauslöser, undatiert

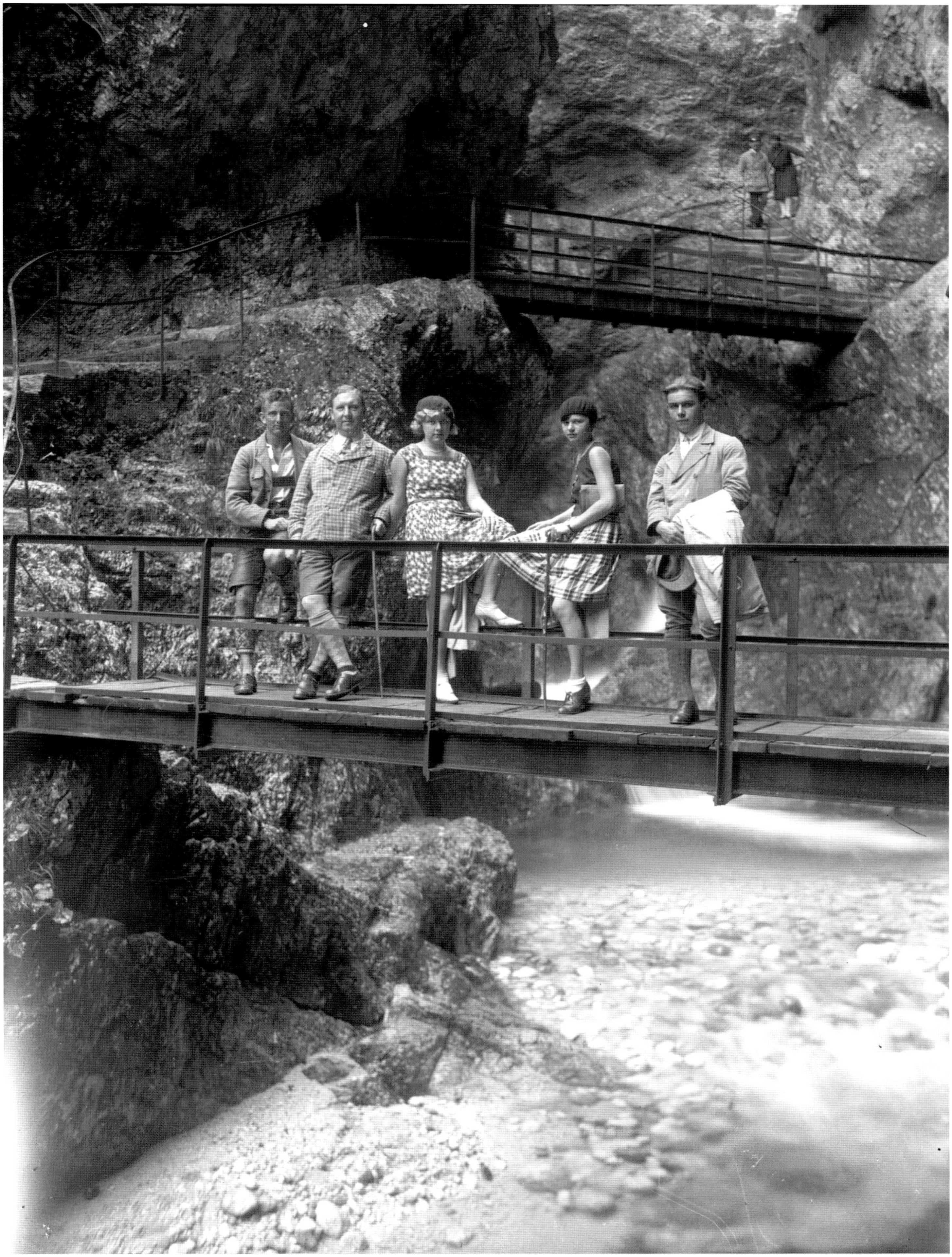

Josef Beierl auf der Steinernen Agnes im Lattengebirge

Die bizarre Felsformation mit dem 15 m hohen Felszacken liegt am Dreisesselberg im Lattengebirge in den Berchtesgadener Alpen. Sie wurde 1929 erstmals erklettert. Der Name lässt sich ätiologisch nicht eindeutig klären. Er geht der Sage nach entweder auf eine keusche Sennerin zurück, die versteinert wurde, um sie vor dem Teufel zu schützen, oder auf eine Dienstmagd, die ihr uneheliches Kind tötete und dafür versteinert wurde.

Unbekannter Fotograf, undatiert

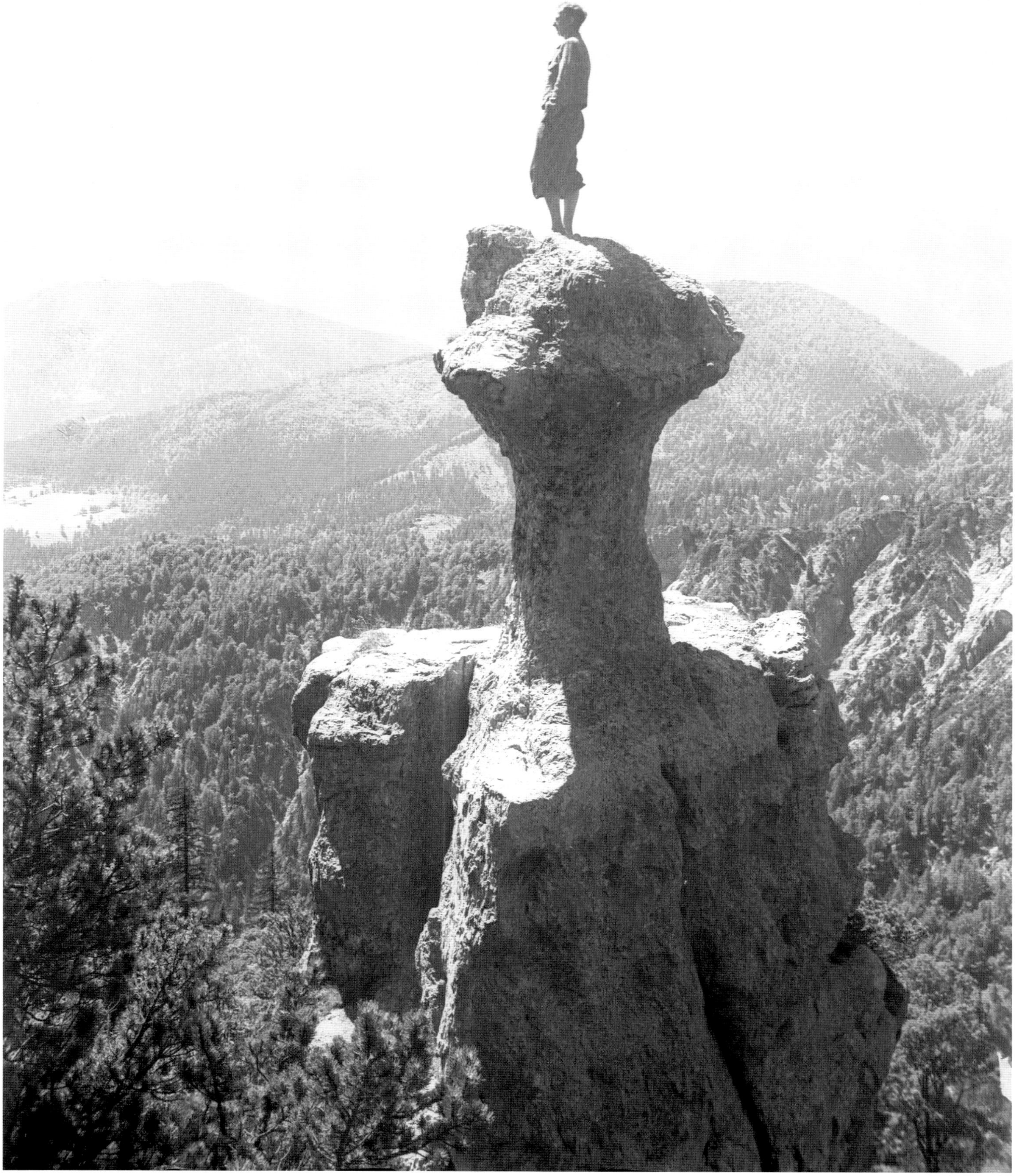

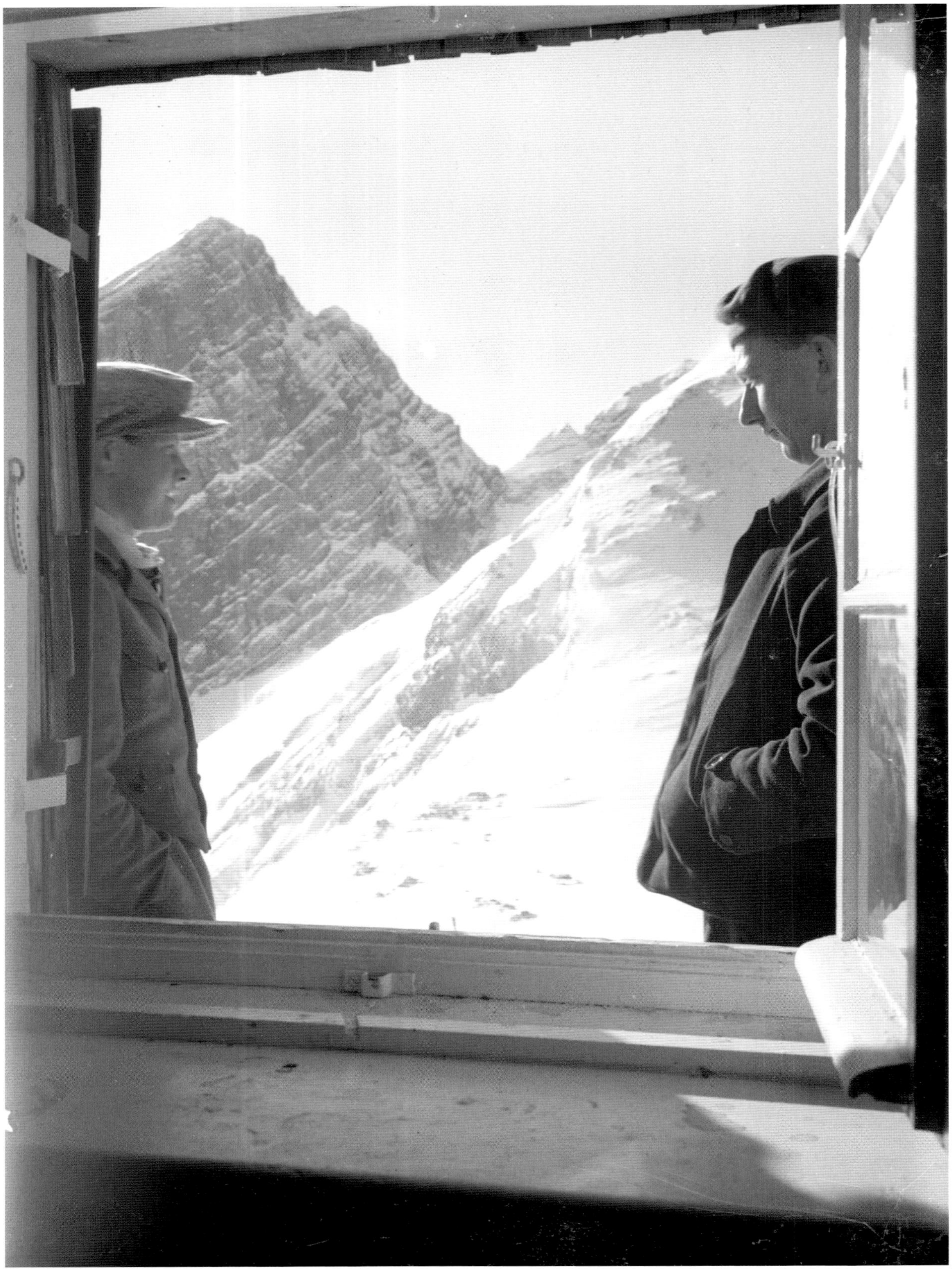

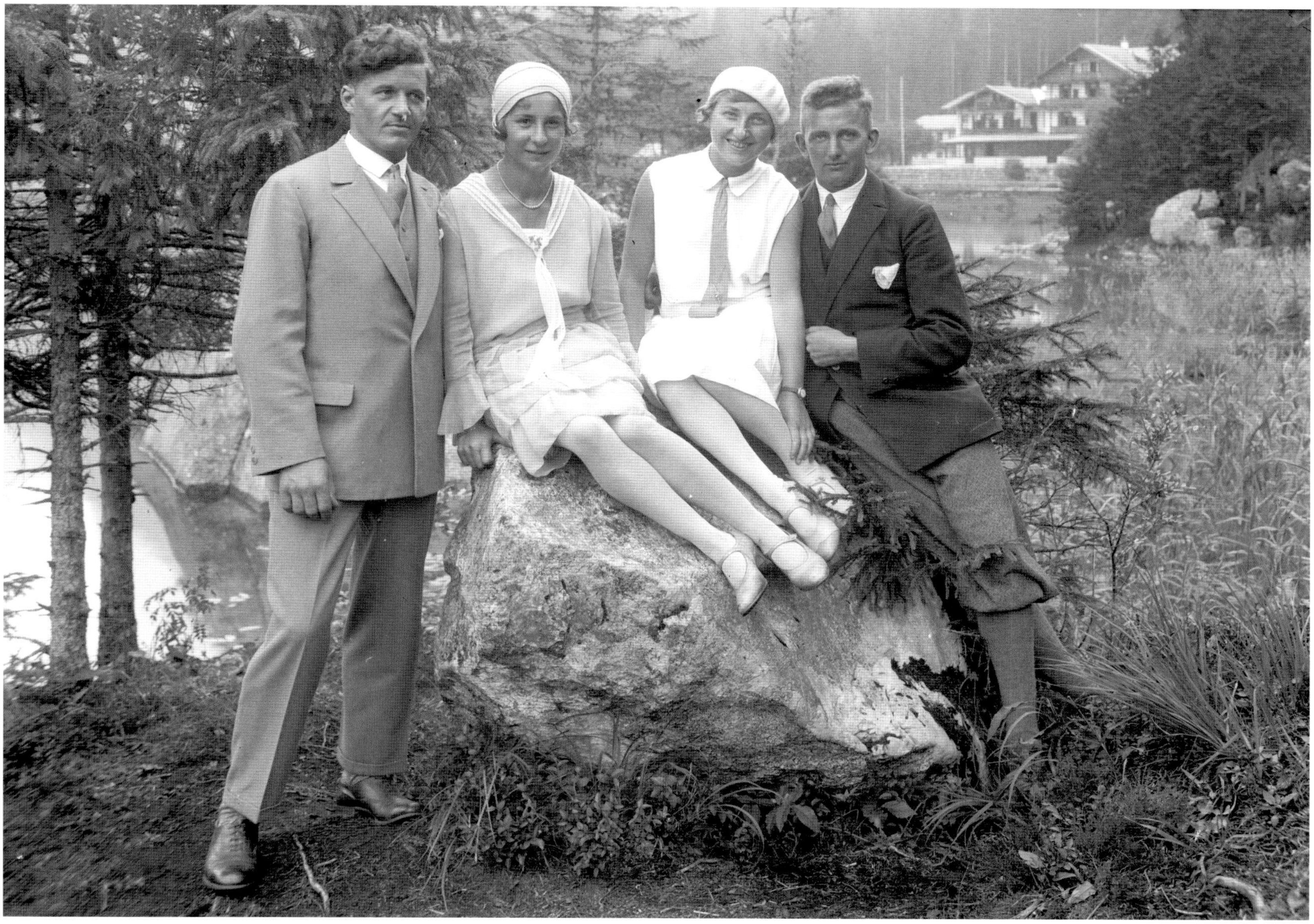

Josef Beierl vor dem Watzmannhaus

Mit 2713 m Höhe an seiner Mittelspitze ist der Watzmann das wichtigste Gebirgsmassiv der Berchtesgadener Alpen. Es besteht aus drei Hauptgipfeln. Vom Watzmannhaus hat man einen Blick auf den Kleinen Watzmann, der hier im Hintergrund zu erkennen ist. Der Fotograf Josef Beierl steht auf der rechten Seite.

Josef Beierl, Aufnahme wohl mit Selbstauslöser, Februar 1931

Ausflug zum Hintersee

Der Hintersee in der Ramsau bei Berchtesgaden war auch für Josef Beierl (re.) und seine Freunde ein beliebtes Ausflugsziel. Das Dorf war seit 1907 mit einem Postbus von Berchtesgaden aus erreichbar.

Josef Beierl, Aufnahme wohl mit Selbstauslöser, undatiert

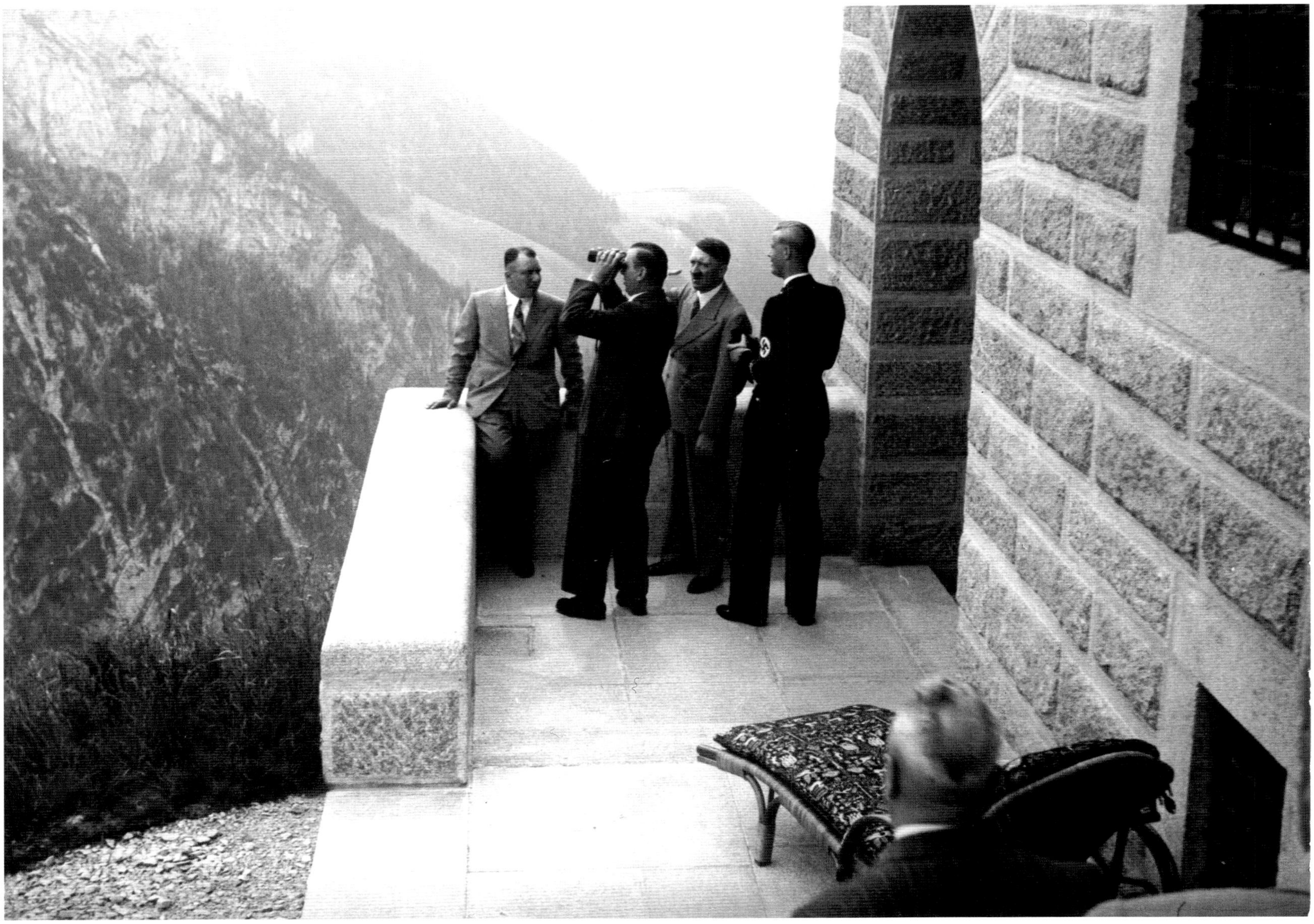

Vor dem Kehlsteinhaus auf dem Obersalzberg

Das 1937 bis 1938 auf Anregung Hitlers und unter der Ägide von Martin Bormann errichtete Kehlsteinhaus, ein nationalsozialistisches Repräsentationsgebäude unterhalb des Kehlsteins in 1834 m Höhe, war eines der aufwändigsten Bauprojekte innerhalb des sogenannten Führersperrgebiets am Obersalzberg in Berchtesgaden. Die Aufnahme entstand anlässlich des Besuchs des Reichsleiters Robert Ley (1890–1945), rechts unten. Zu erkennen sind – von links – Martin Bormann (1900–1945), Julius Schaub (1898–1967), Adolf Hitler (1889–1945) und Hans Hermann Junge (1914–1944).

Heinrich Hoffmann, 19. Juni 1939

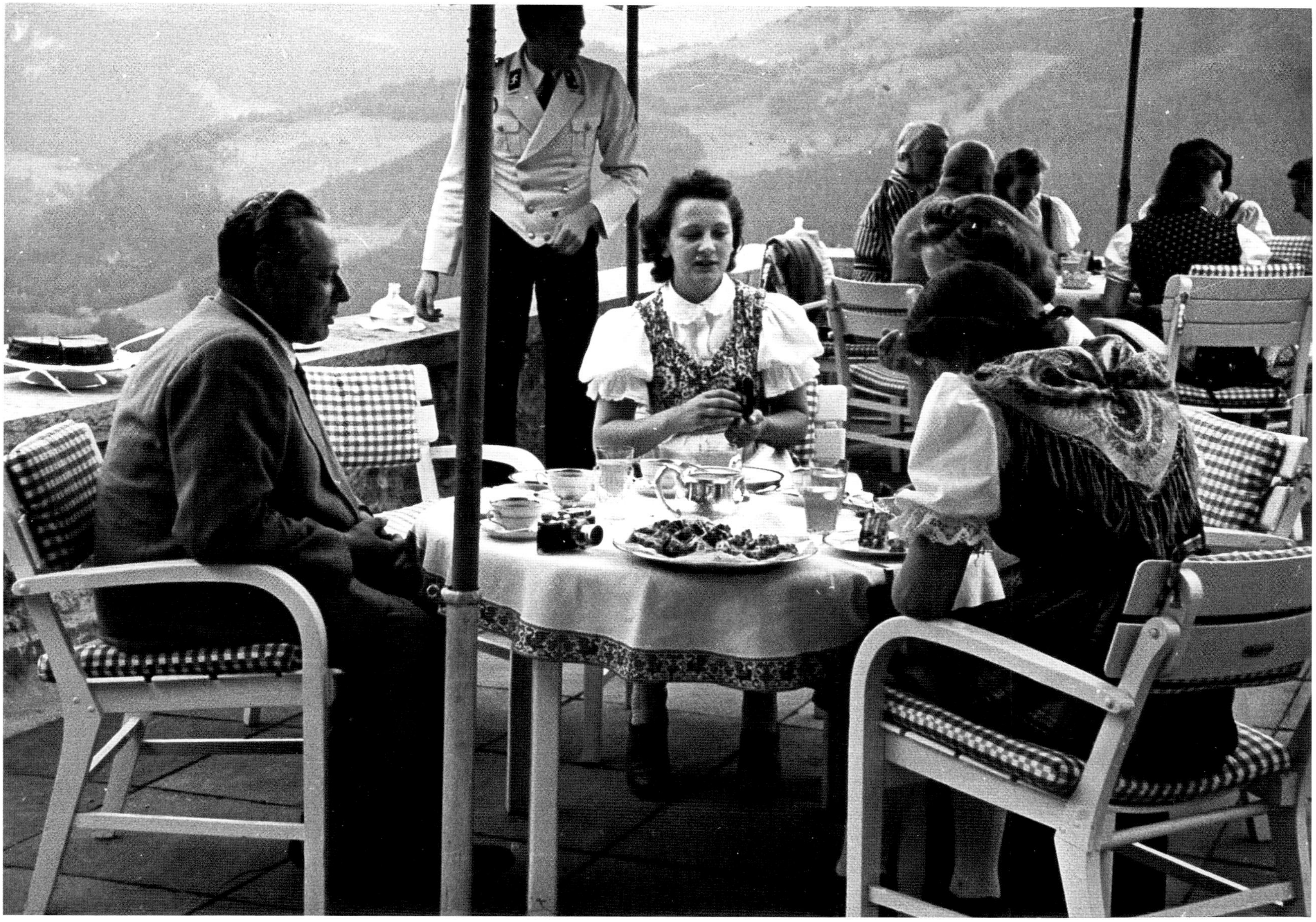

Heinrich Hoffmann auf der Terrasse des Berghofs am Obersalzberg

Seit Ende des 19. Jahrhunderts war der Obersalzberg, ein Ortsteil von Berchtesgaden, ein beliebtes Touristenziel. 1923 verbrachte Hitler dort erstmals seine Ferien. 1933 erwarb er den sogenannten Berghof (ursprünglich Haus Wachenfeld) und baute ihn zur Zweitresidenz aus, wo er auch Gäste empfing. Im Zuge der Machtergreifung erfuhr der Ort eine tiefgreifende Umgestaltung. Er wurde inklusive des Kehlsteins zum Führersperrgebiet erklärt. Die Aufnahme entstand anlässlich eines Besuchs von Schülerinnen der Haushaltsschule Gut Hohenfried aus dem nahe gelegenen Bayrisch Gmain, den der persönliche Fotograf Hitlers, Heinrich Hoffmann (links), dokumentieren ließ.

Heinrich Hoffmann (Firma), 20. Juli 1939

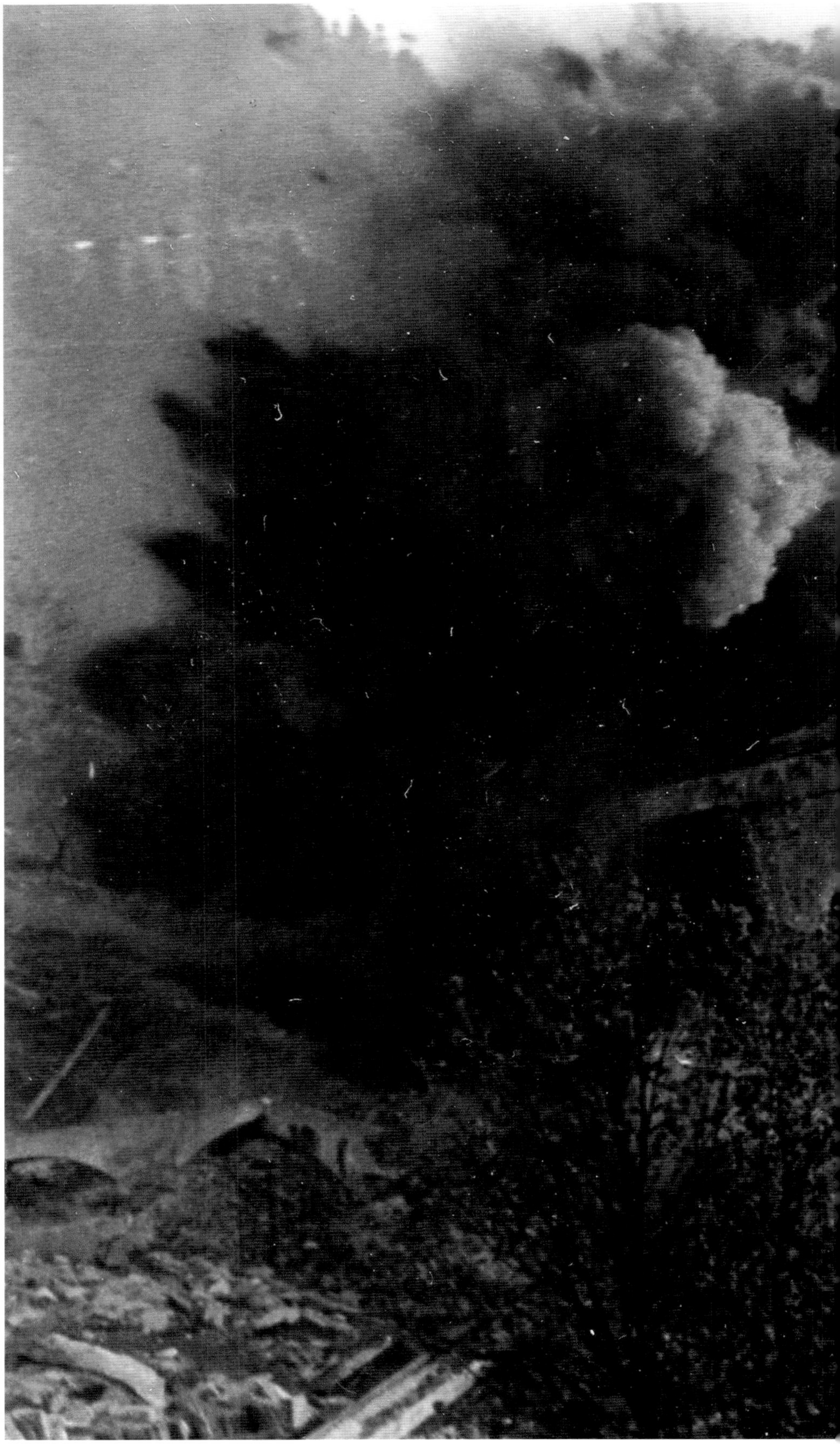

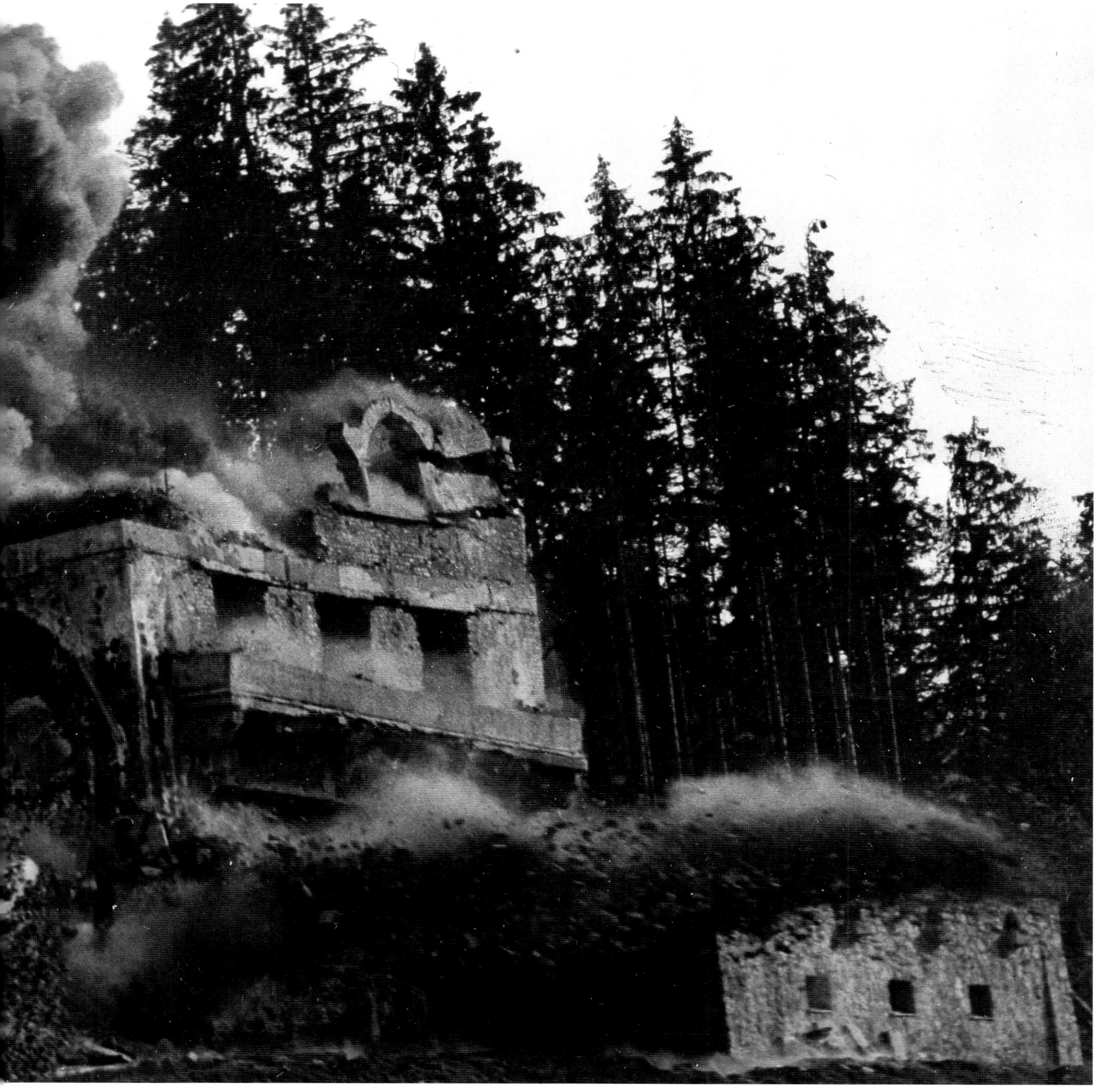

Der Berghof wurde 1952 gesprengt

Ende April 1945 bombardierten amerikanische Flugzeuge den Obersalzberg. Der beschädigte Berghof wurde von abrückenden SS-Truppen in Brand gesetzt und danach von der Bevölkerung geplündert. Die Rückgabe von Teilen des Obersalzbergs durch die Amerikaner an den Freistaat Bayern erfolgte 1951. Zur Vermeidung von Kult und Missbrauch wurde der Großteil der Gebäude 1952 gesprengt oder abgetragen.

Unbekannter Fotograf, 30. April 1952

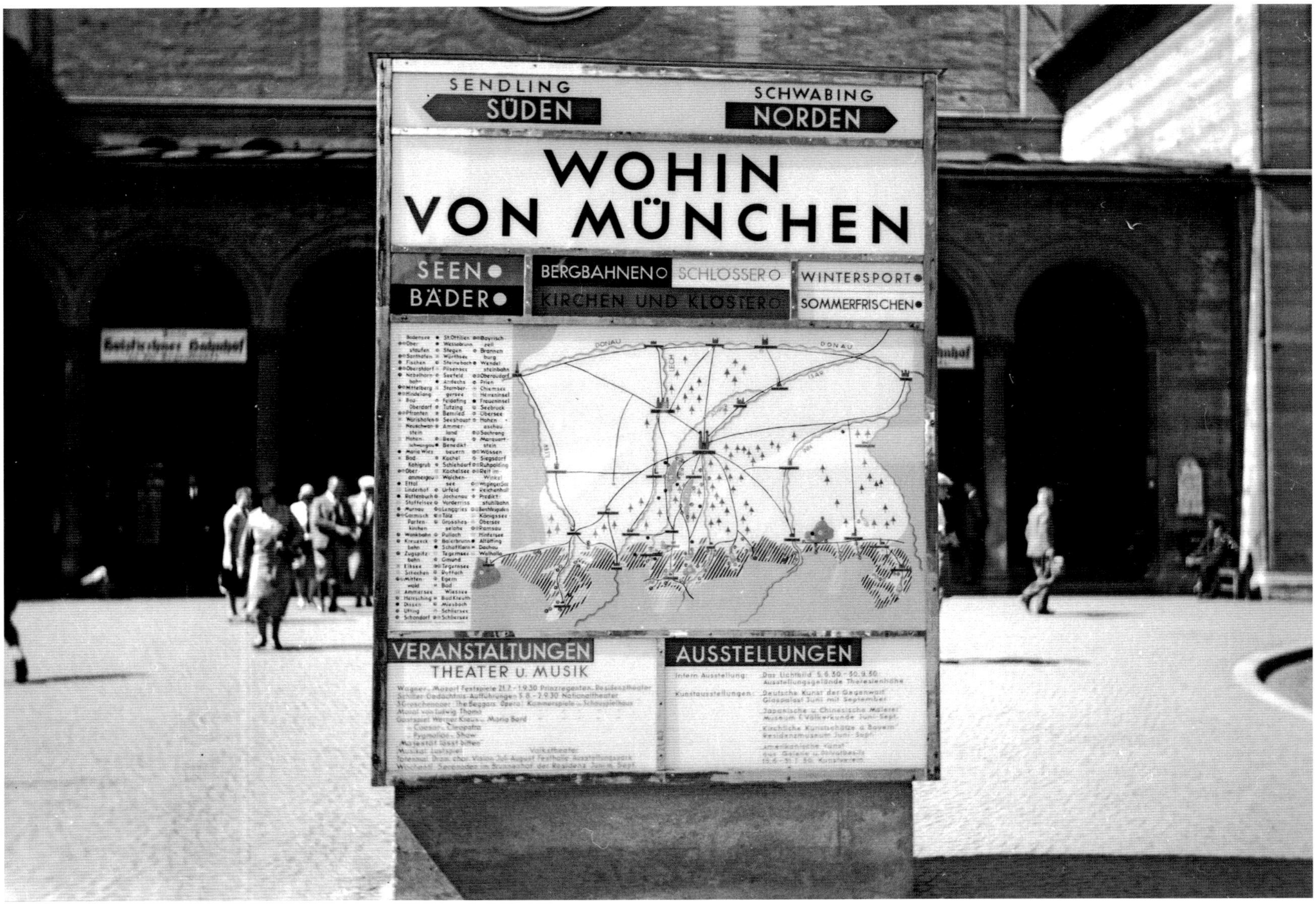

Infotafel am Münchner Hauptbahnhof

Allan Arthur Gulliland, 1930

Die Sängerin Gabriele auf einem Opel Rekord in der Nähe von Kochel am See

Aus Kochel am See in Oberbayern stammt die Ende der 1950er Jahre bekannte Sängerin Gabriele Clonisch (geb. 1947). Ihr Rock'n'Roll-Titel „Schokoladeneis" wurde mehr als 250.000 Mal verkauft. ´959 ging die damals 12-Jährige das ganze Jahr auf Tournee, sie sang mit Louis Armstrong und musizierte mit Max Greger.

Georg Fruhstorfer, um 1959

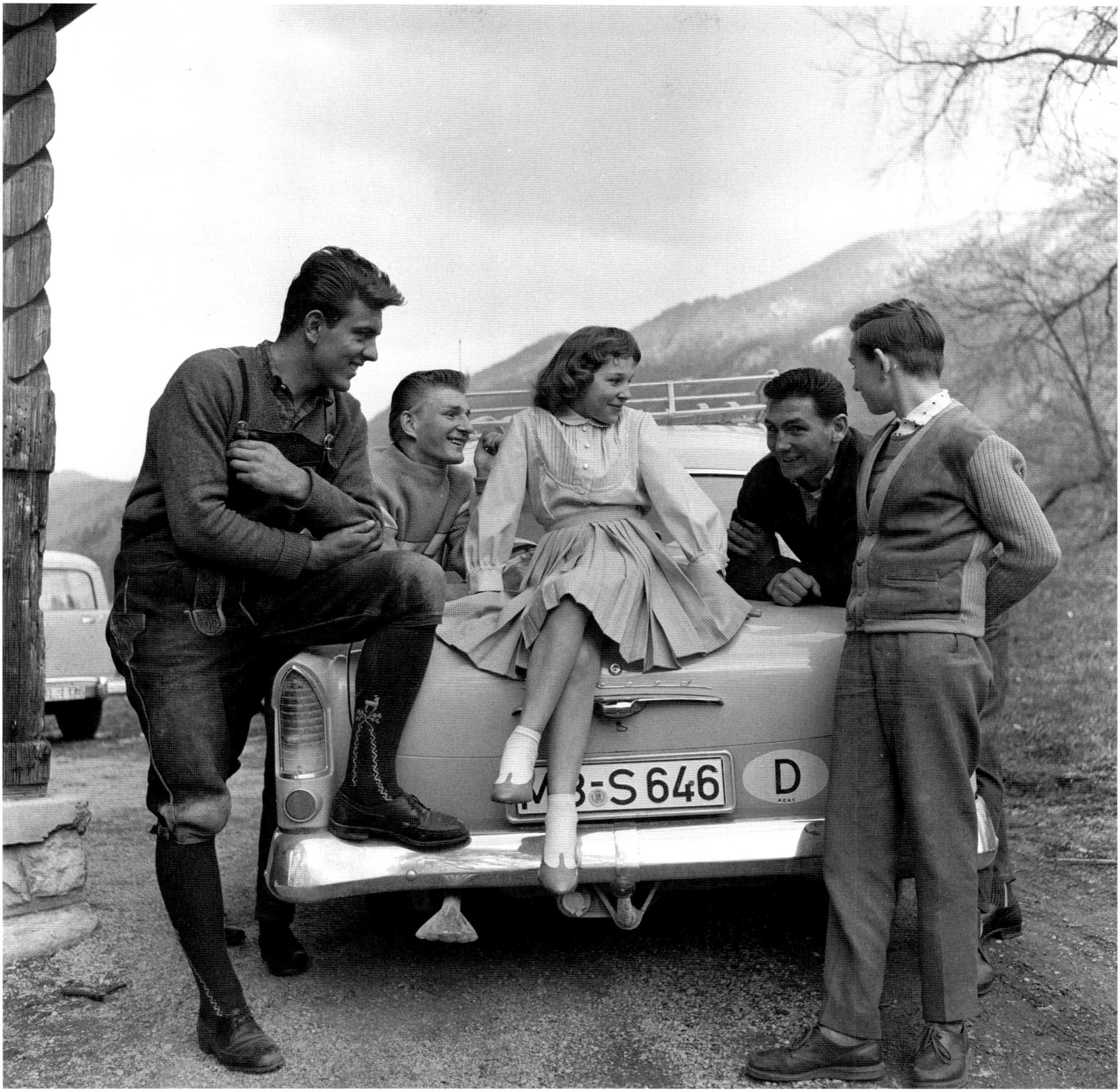
MB-S 646
D

Heinrich Hoffmann und
Adolf Hitler auf dem Berghof
am Obersalzberg in
Berchtesgaden.
Heinrich Hoffmann (Firma), 1939

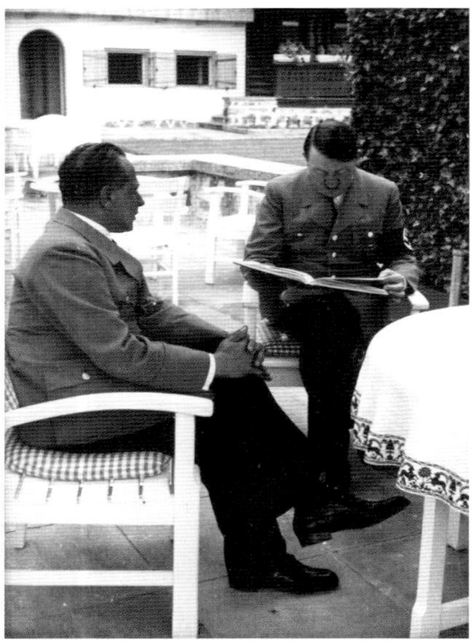

In seinem Atelier in der
Amalienstraße porträtierte
Heinrich Hoffmann 1930 seine
Angestellte, die spätere
Geliebte Adolf Hitlers,
Eva Braun (1912–1945).
Heinrich Hoffmann, 1930

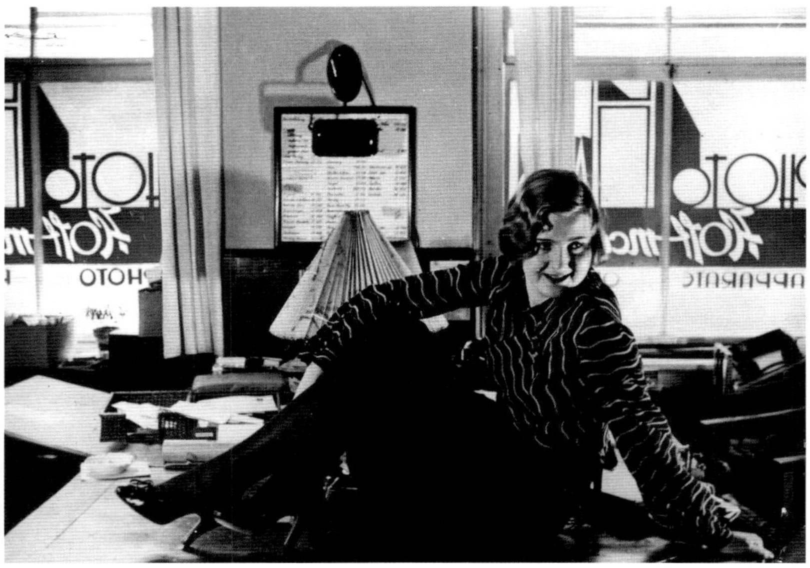

MÜNCHEN 1914 BIS 1945

Die Zeit vom Ausbruch des Ersten bis zum Ende des Zweiten Weltkriegs dokumentierte der Fotograf Heinrich Hoffmann (1885–1957). Ab 1909 in München ansässig, widmete er sich vor allem der Pressefotografie. Hoffmann trat 1920 der NSDAP bei, deren Mitglieder und Ereignisse er von Beginn an im Bild festhielt. Er avancierte zum Reichsbildberichterstatter und zum persönlichen Fotografen Adolf Hitlers, in dessen engstem Umfeld er sich ab 1933 bewegen durfte. Er nahm damit eine einzigartige Sonderstellung ein. Ab Ende der 1920er Jahre baute Hoffmann eine Firma mit zehn Filialen in europäischen Städten auf, für die mehr als 300 Angestellte tätig waren. Am Ende des Kriegs wurde beinahe das gesamte Archiv von der US-amerikanischen Militärregierung beschlagnahmt. Ein Großteil davon befindet sich in den National Archives in Washington DC.

Im Januar 1947 wurde Heinrich Hoffmann beim Entnazifizierungsverfahren in München als Hauptschuldiger eingestuft und verurteilt. Sein Sohn, Heinrich Hoffmann jun. (1916–1988) führte mit den Bildern, die in Deutschland verblieben waren (ca. 66.000 Aufnahmen), die Firma als historisches Fotoarchiv weiter. Dieses Archiv konnte die Bayerische Staatsbibliothek 1993 mit Unterstützung der Deutschen Forschungsgemeinschaft erwerben.

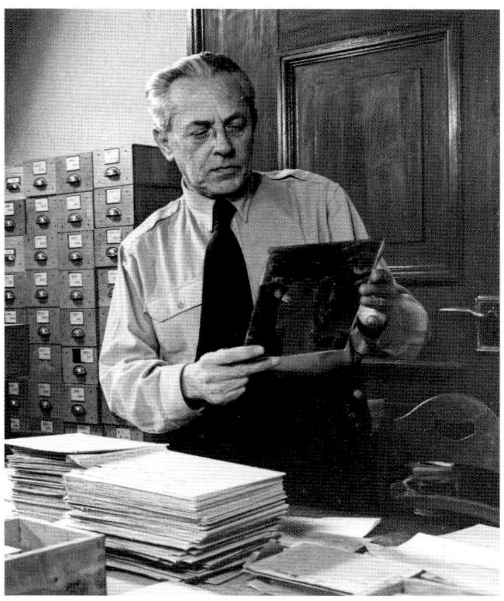

Heinrich Hoffmann bei der Arbeit mit seinem Fotoarchiv während des Hauptkriegsverbrecherprozesses in Nürnberg 1945/46.
Heinrich Hoffmann jun., 1945/46

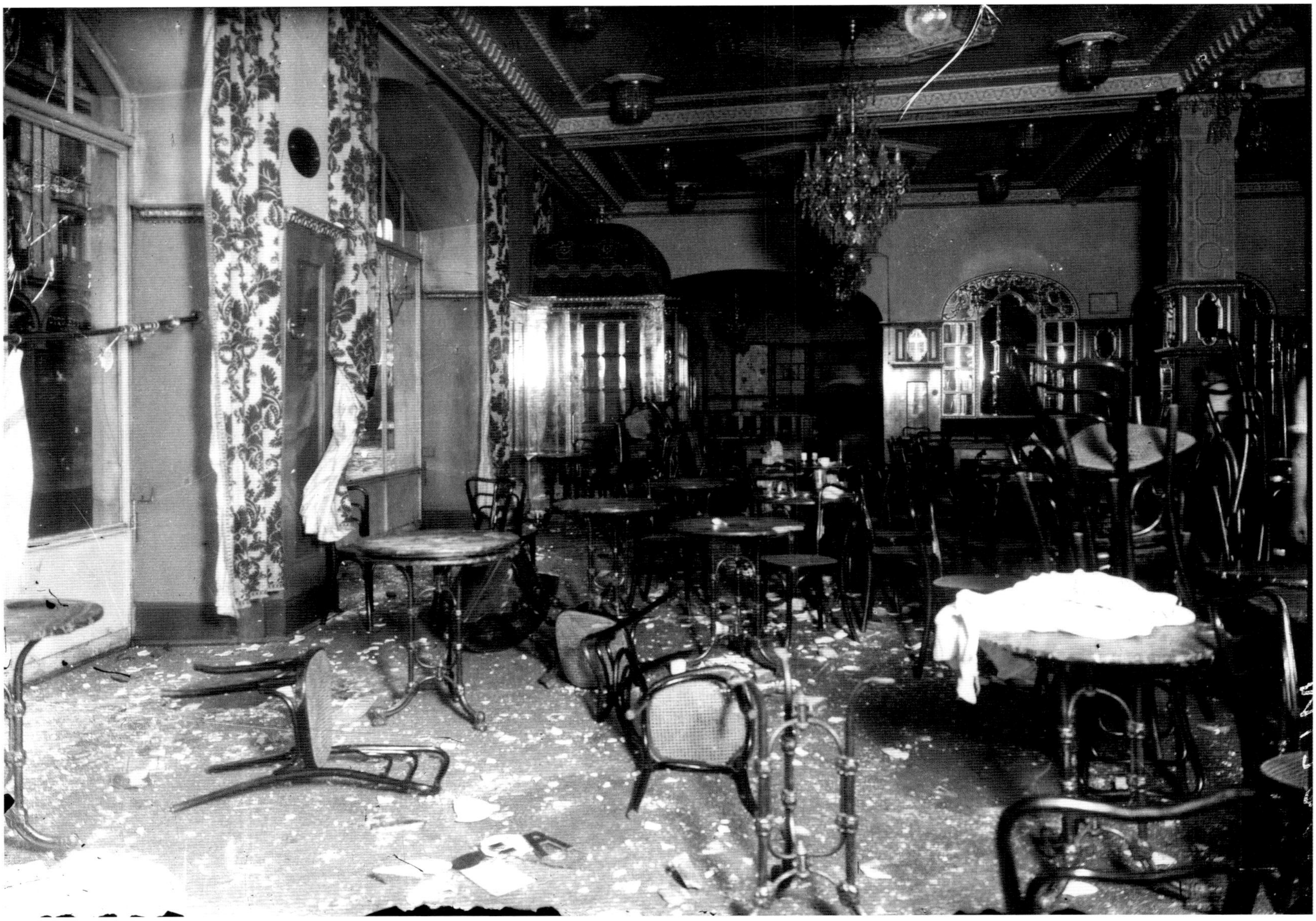

Die zerstörte Einrichtung des Café Fahrig

Am 25. Juli 1914 hatte Österreich-Ungarn die diplomatischen Beziehungen zu Serbien abgebrochen. In der darauffolgenden Nacht kam es im Café Fahrig in der Neuhauser Straße nahe dem Karlstor, einem Treffpunkt serbischer Studenten, zu einem wüsten Tumult unter den Caféhausbesuchern, bei dem die Einrichtung des Cafés zerstört wurde.

Heinrich Hoffmann, Ende Juli 1914

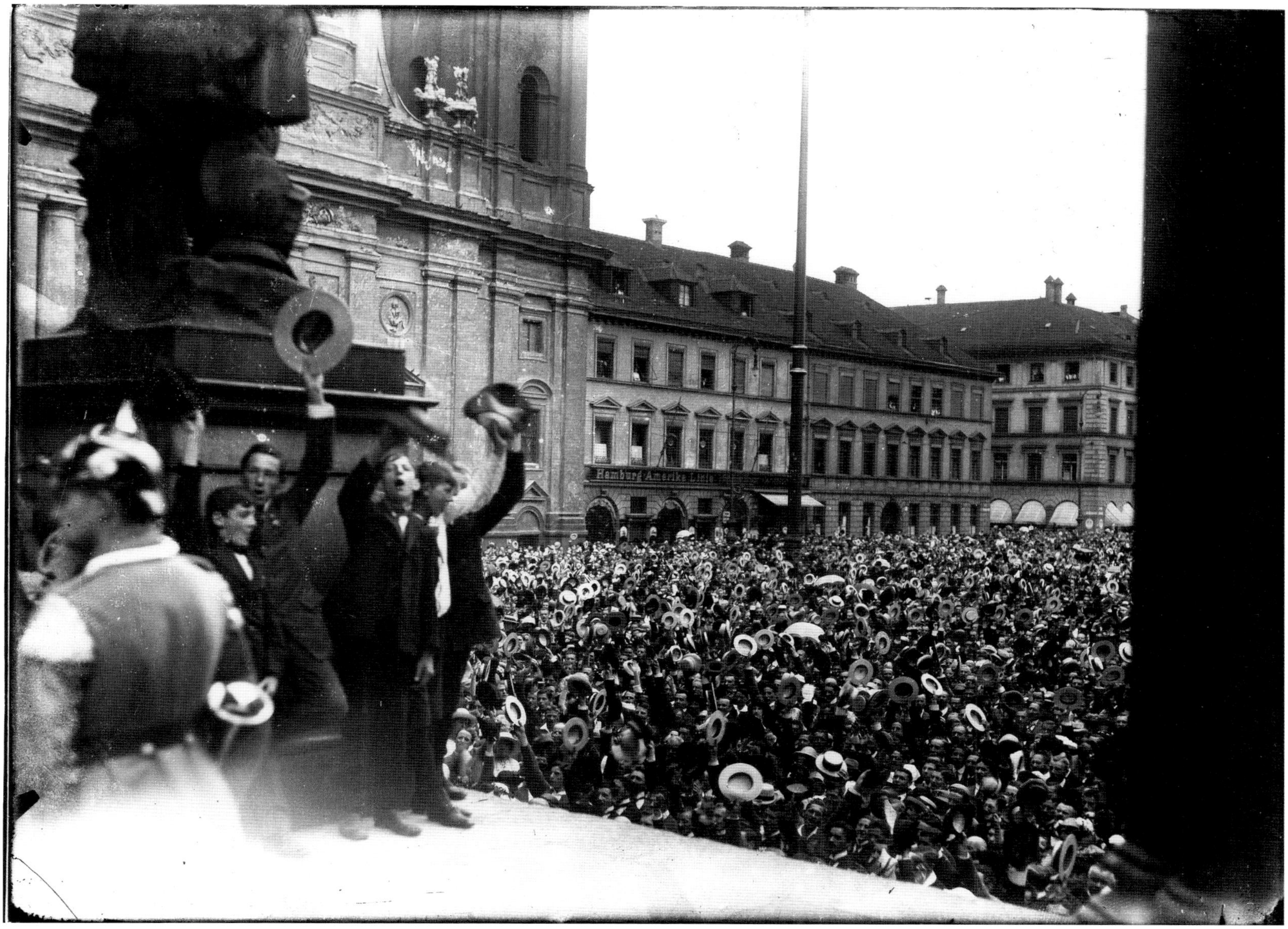

Kundgebung anlässlich der Mobilmachung am Odeonsplatz

Am 31. Juli 1914 verhängte König Ludwig III. den Kriegszustand. Als erster Mobilmachungstag wurde der 2. August, ein Sonntag, festgelegt. In diesen Tagen kam es immer wieder zu spontanen Versammlungen, wie hier vor der Feldherrnhalle auf dem Odeonsplatz. In der durch Militärmusik und Ansprachen aufgeheizten Stimmung erwarteten die Teilnehmer ein schnelles siegreiches Kriegsende.

Heinrich Hoffmann, 2. August 1914

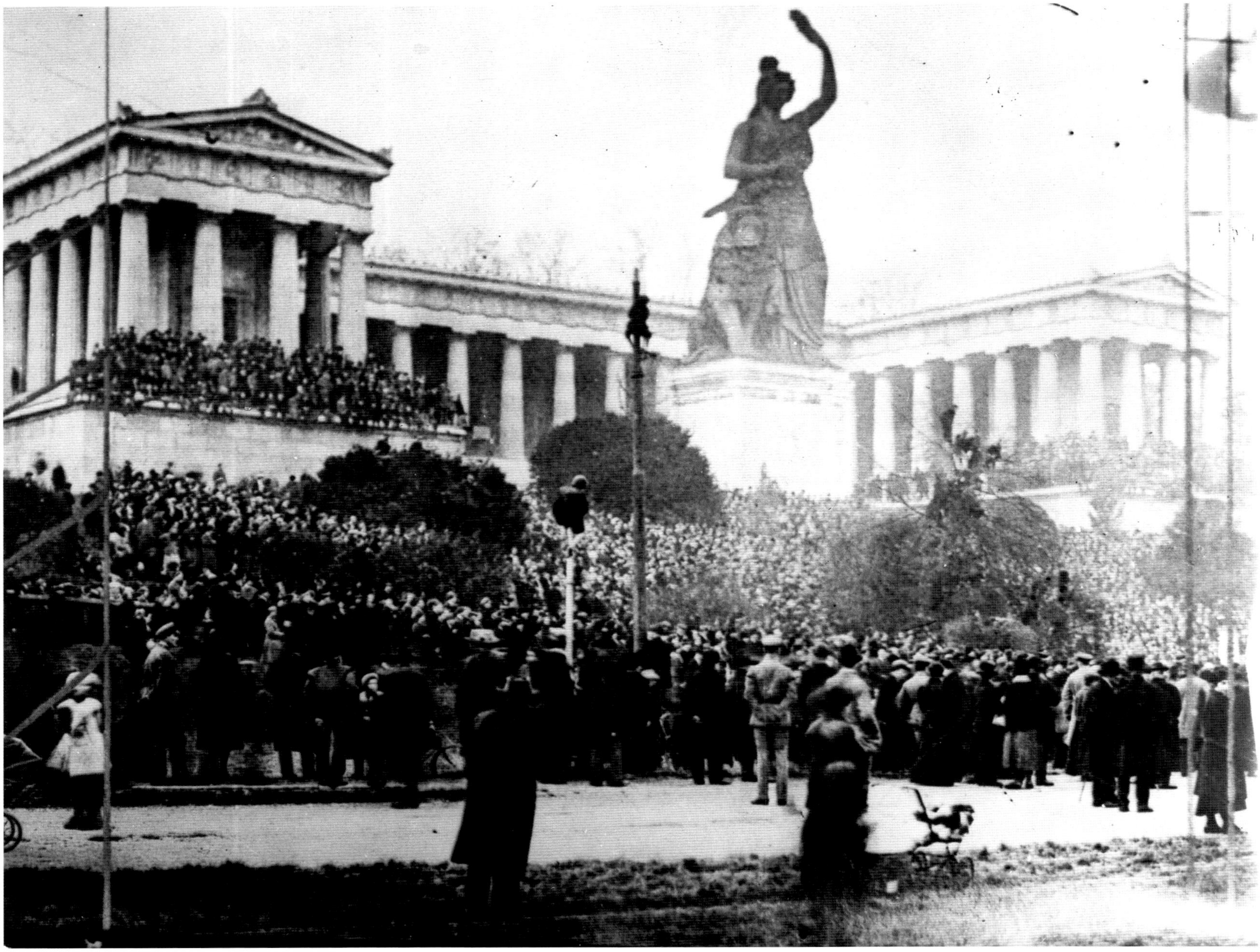

Friedenskundgebung der Soldaten und Arbeiter auf der Theresienwiese

Am Nachmittag des 7. November versammelten sich mehrere tausend Demonstranten auf der Theresienwiese und forderten die Abdankung des Kaisers, die Annahme der alliierten Friedensbedingungen und sofortige soziale Reformen. Eine kleine Gruppe unter der Führung von Kurt Eisner (1867–1919) bildete im Anschluss einen Arbeiter- und Soldatenrat und besetzte das Landtagsgebäude, wo Eisner die Republik ausrief. König Ludwig III. verließ noch in derselben Nacht München.

Heinrich Hoffmann, 7. November 1918

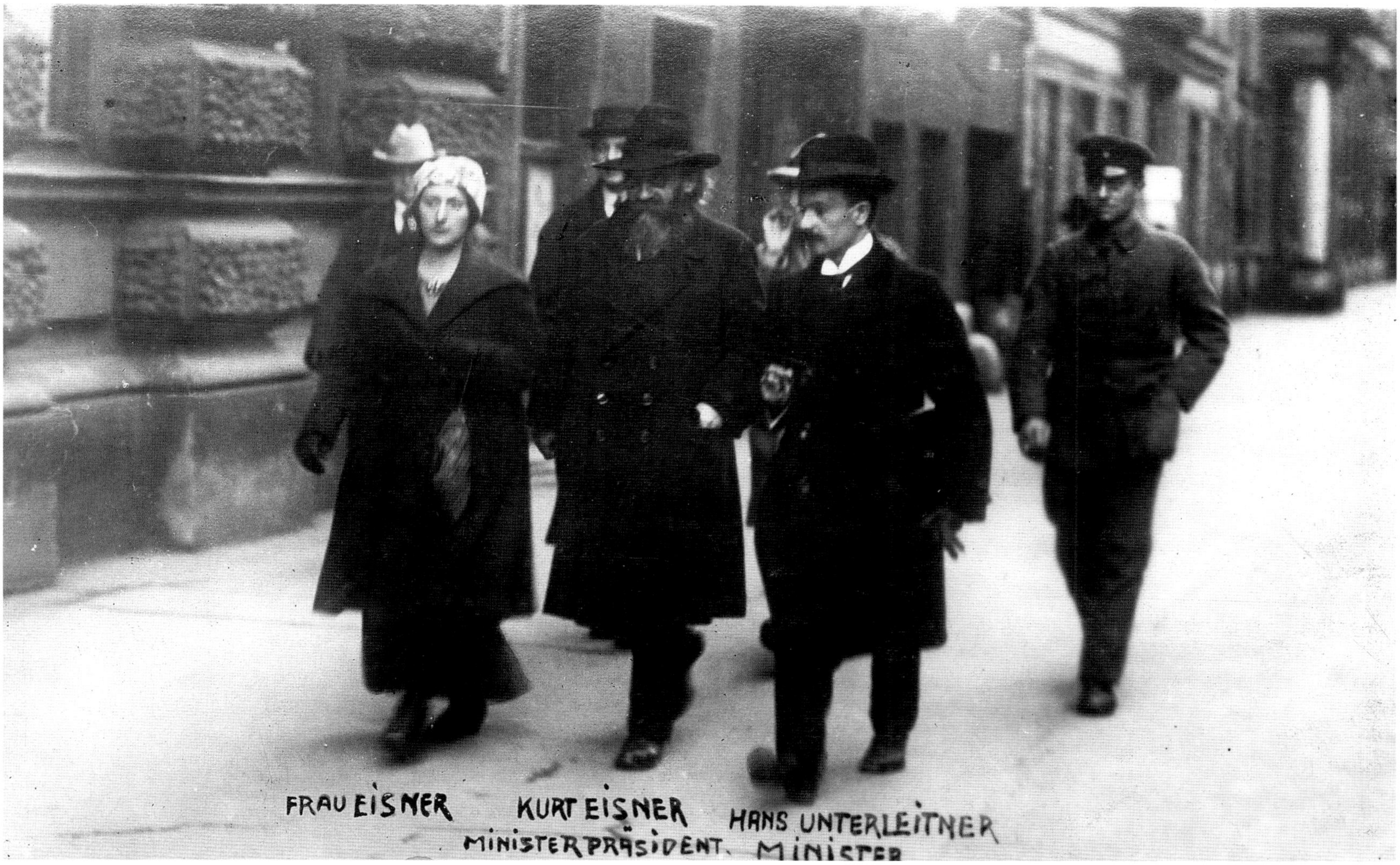

Kurt Eisner auf dem Weg zum Landtag

Nach seiner deutlichen Niederlage bei den Landtagswahlen Anfang 1919 machte sich Kurt Eisner am 21. Februar in Begleitung seiner Frau und einer militärischen Eskorte auf den Weg in den Landtag, um seinen Rücktritt bekannt zu geben. Kurz vor Erreichen des Landtagsgebäudes wurde Kurt Eisner in der Prannerstraße von dem Offizier Anton Graf Arco auf Valley (1897–1945) erschossen.

Heinrich Hoffmann, Anfang 1919

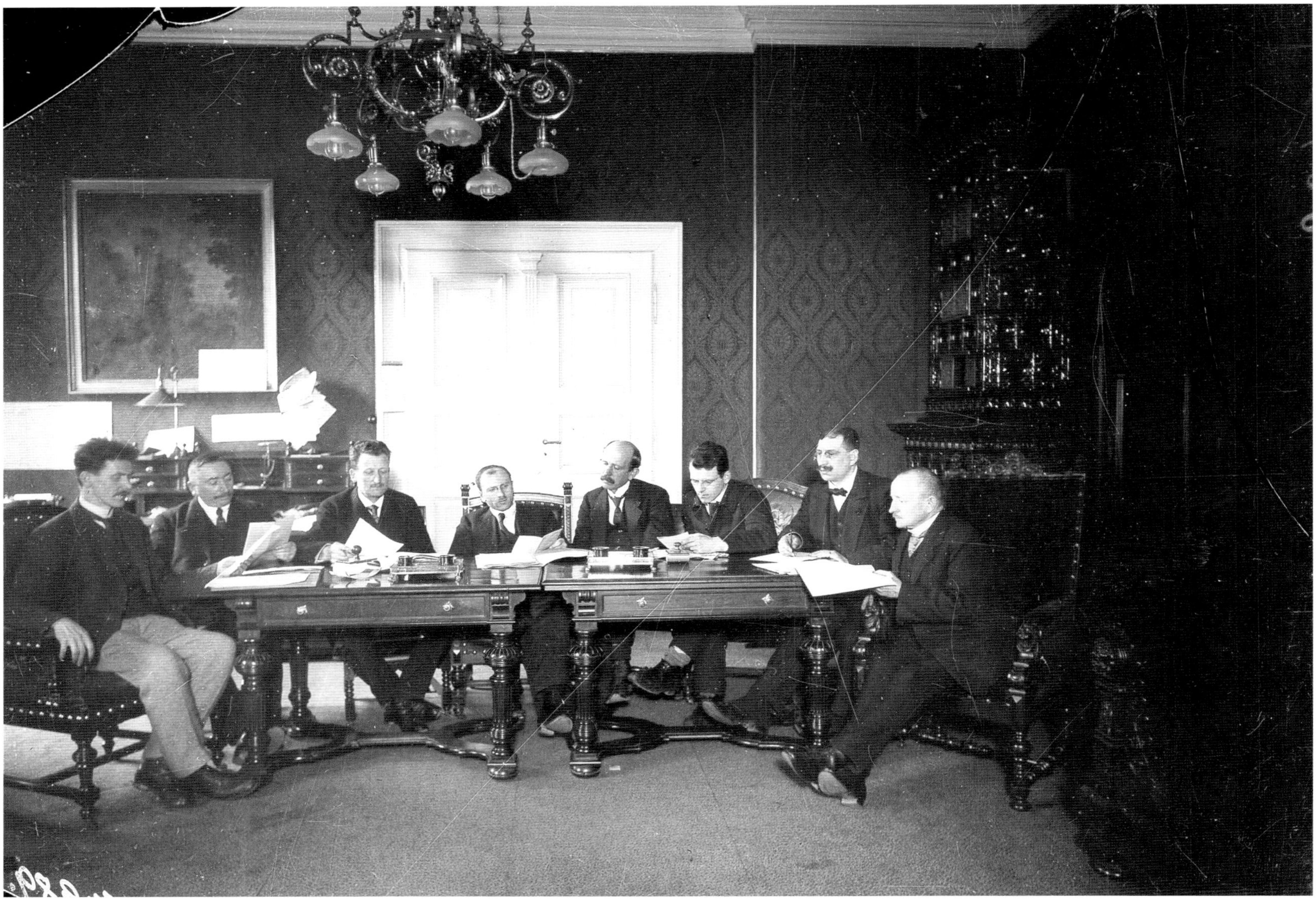

Der Vollzugsausschuss der Arbeiter- und Soldatenräte

Die Arbeiter- und Soldatenräte bestanden schon seit der Novemberrevolution. Unter den Ministerpräsidenten Eisner und Hoffmann hatten sie wechselnde Kompetenzen, erst mit der Ausrufung der Räterepublik am 7. April 1919 übernahmen sie vorübergehend die gesamte Staatsmacht.

Heinrich Hoffmann, Anfang 1919

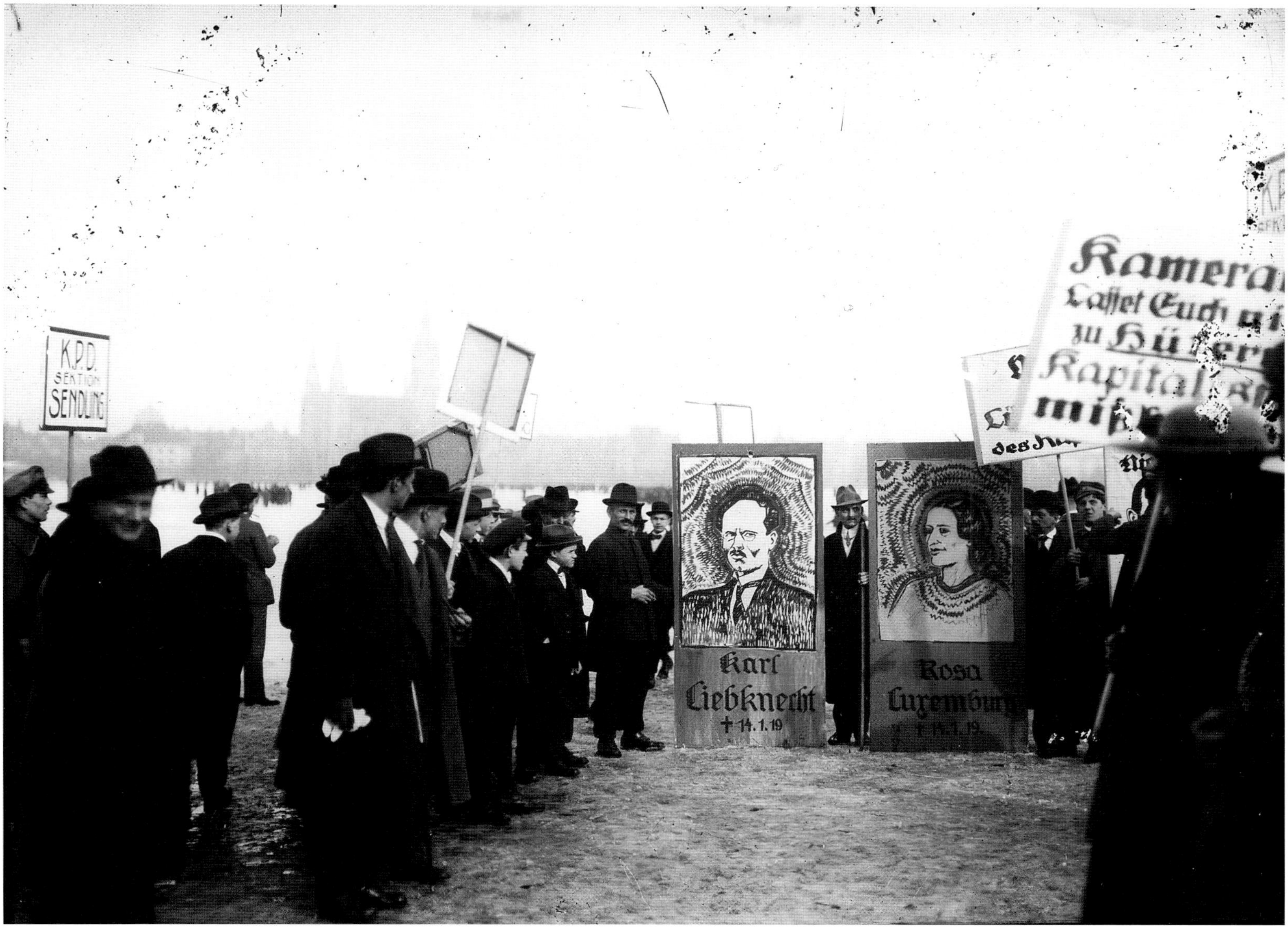

Eine Demonstration auf der Theresienwiese

Nach der Ermordung von Ministerpräsident Eisner am 21. Februar verhängte der Zentralrat in München den Belagerungszustand. Aufrufe zum Generalstreik führten zu Massenversammlungen, auf denen Rache für die Ermordung Eisners gefordert wurde.

Heinrich Hoffmann, Februar 1919

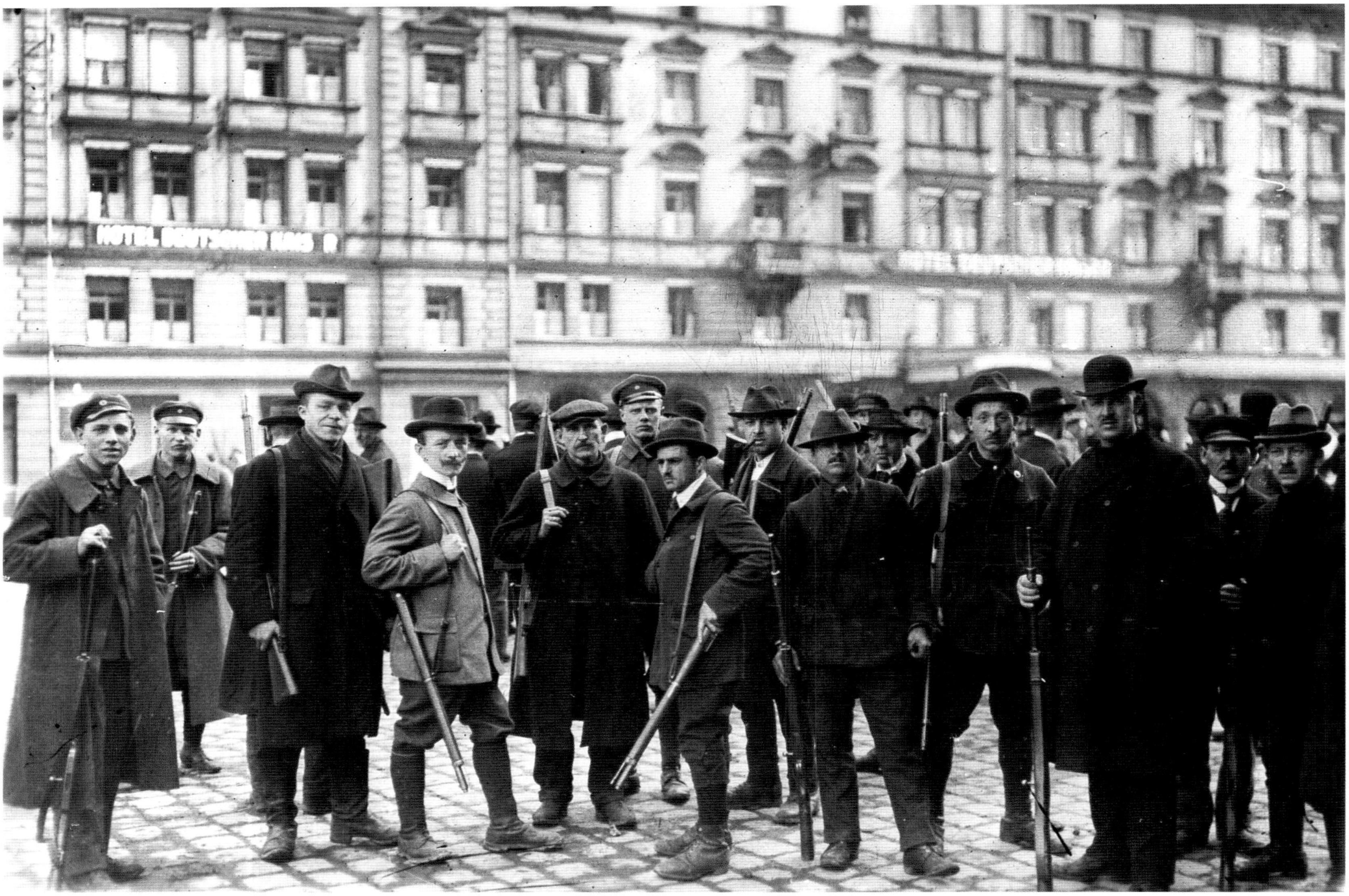

Bewaffnete Arbeiter am Hauptbahnhof

Nach der Ausrufung der kommunistischen Räterepublik am 13. April 1919 erfolgte nach russischem Vorbild der Aufbau einer „Roten Armee". Soldaten und Arbeiterwehren sollten die Räterepublik militärisch verteidigen. Der Hauptbahnhof war dabei von strategischer Bedeutung.

Heinrich Hoffmann, Ende April 1919

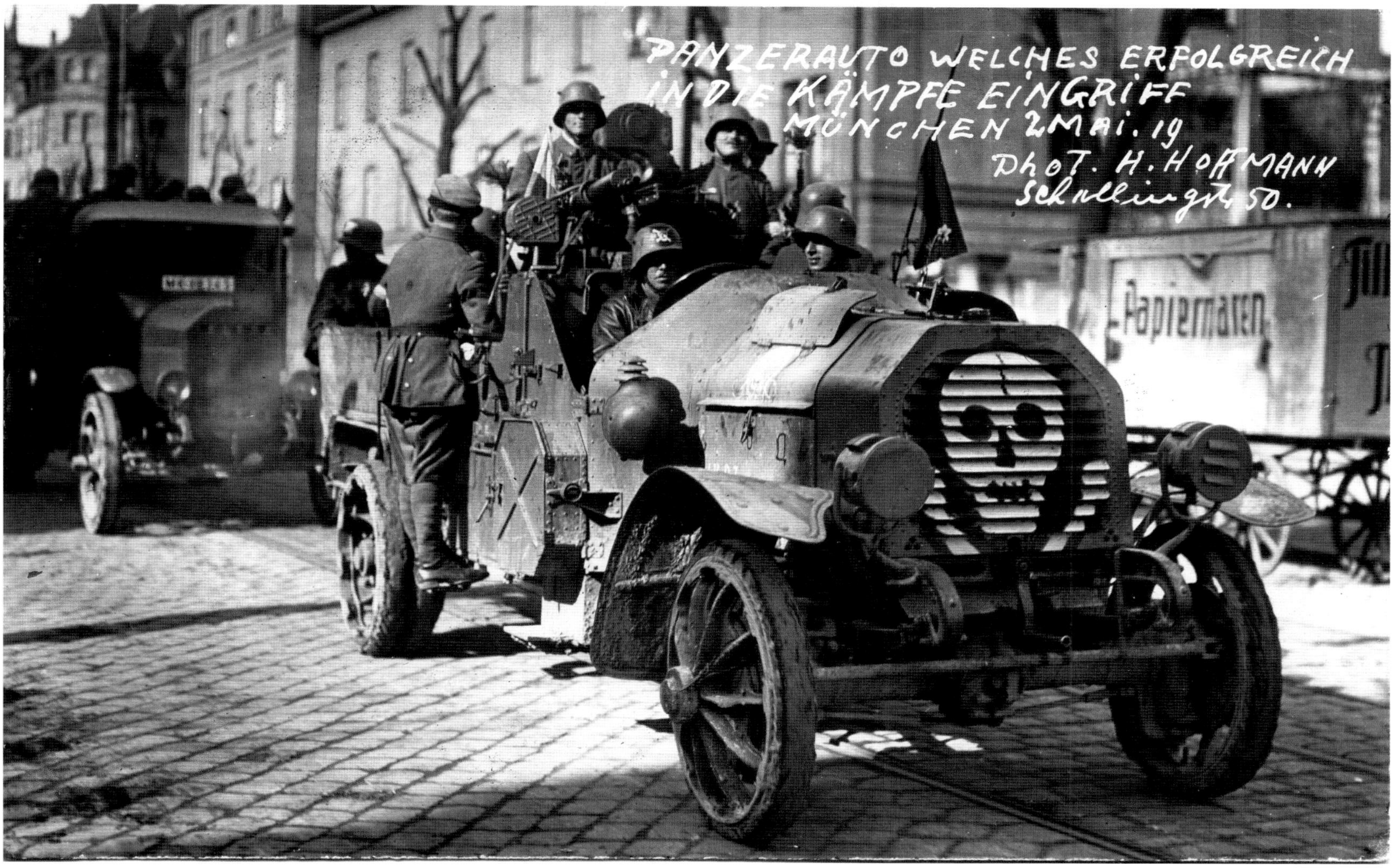

Soldaten des Freikorps Görlitz auf einem Geschützwagen

Die blutige Niederschlagung der Räterepublik in München Anfang Mai 1919 erfolgte durch Truppen der Reichswehr, die von verschiedenen Freikorps unterstützt wurden. Das Freikorps Görlitz, meist ehemalige Soldaten, wurde bereits in Dresden und Magdeburg eingesetzt, um Aufstände zu unterdrücken.

Heinrich Hoffmann, Anfang Mai 1919

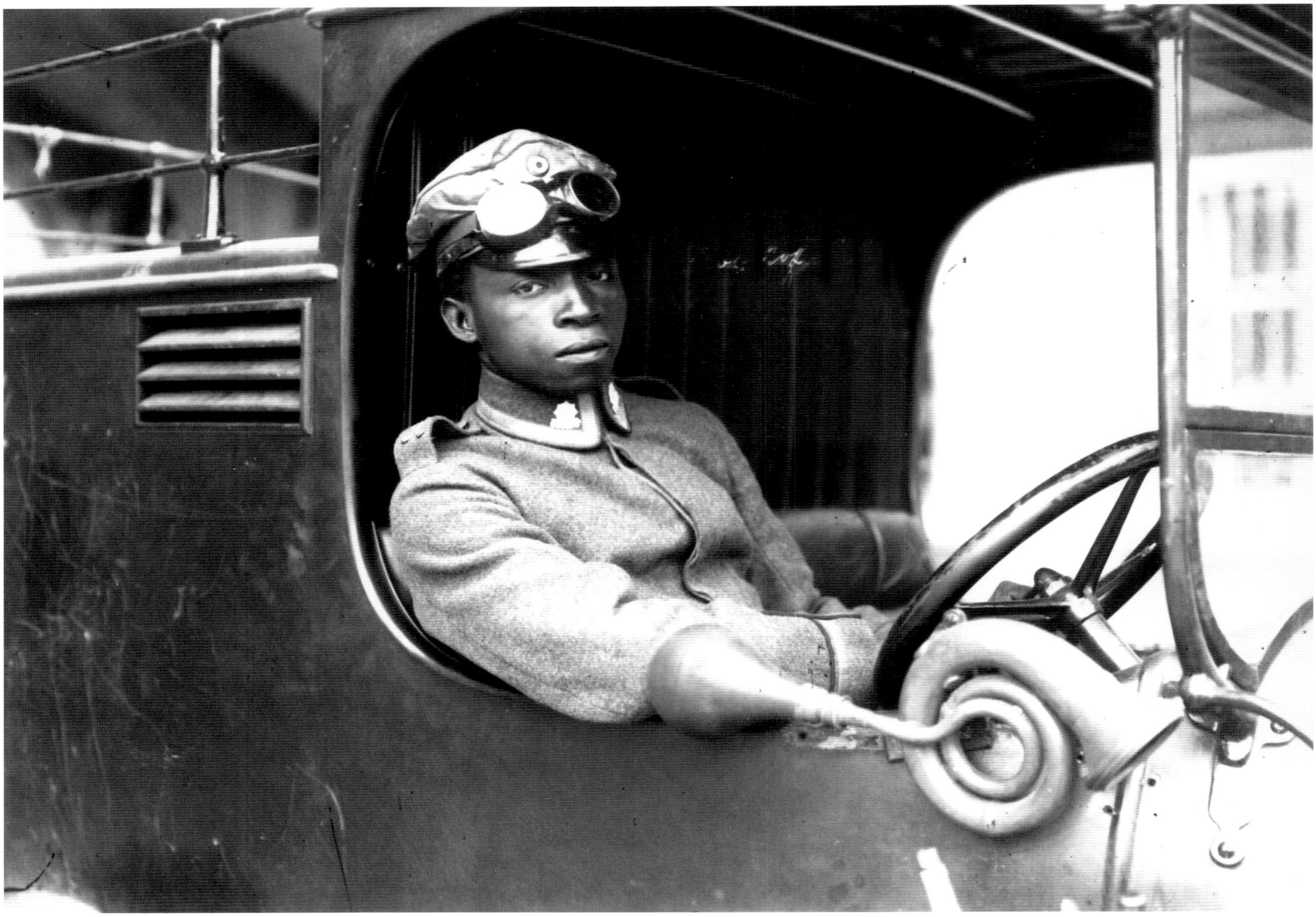

Ein Soldat des Freikorps Lettow-Vorbeck

Als Kommandeur der Schutztruppe für Deutsch-Ostafrika befehligte Paul von Lettow-Vorbeck im Ersten Weltkrieg vor allem einheimische Soldaten. Auch dieser afrikanische Soldat wird ihm nach Kriegsende gefolgt sein und nimmt hier zusammen mit deutschen nationalistischen Milizen an der Niederschlagung der Münchner Revolution teil.

Heinrich Hoffmann, Mitte Mai 1919

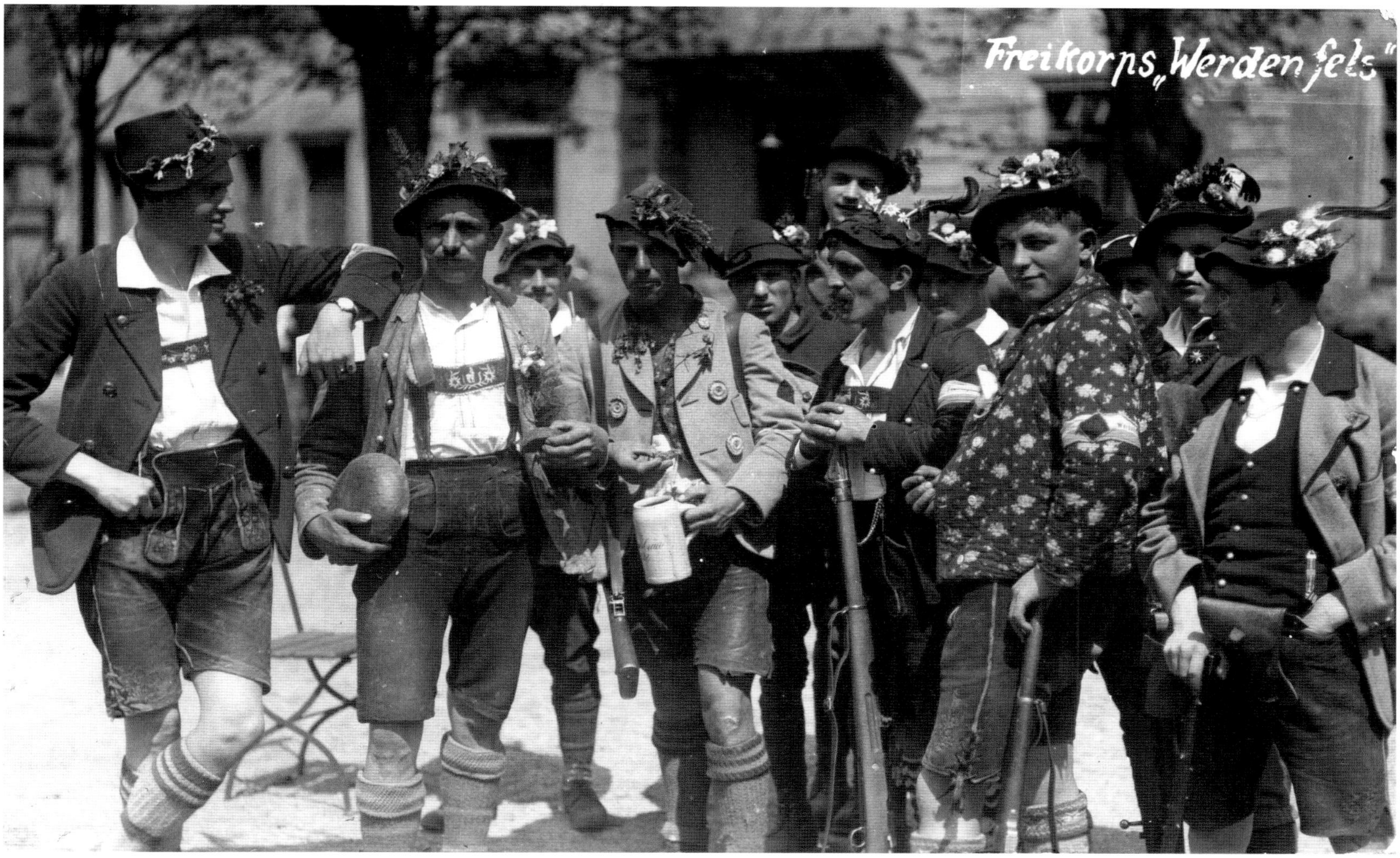

Mitglieder des Freikorps Werdenfels posieren für Heinrich Hoffmann

Militärisch spielte das Freikorps bei der Befreiung Münchens keine große Rolle. Heinrich Hoffmann erkannte aber die Propagandawirksamkeit der als bodenständig wahrgenommenen Bürgerwehr in Tracht und verbreitete die Bilder mit großem Erfolg als Postkarten.

Heinrich Hoffmann, Mitte Mai 1919

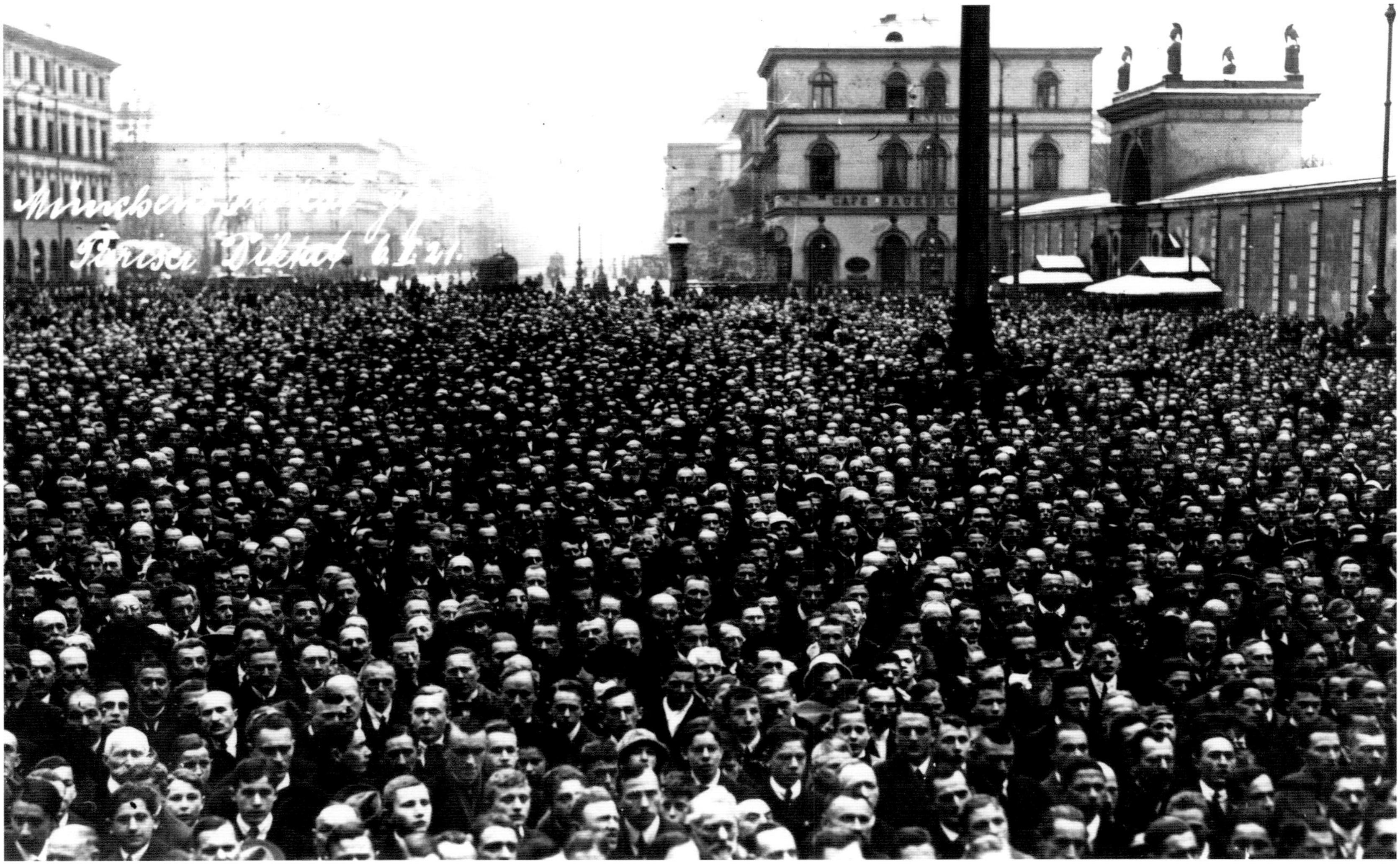

Kundgebung gegen den Vertrag von Versailles am Odeonsplatz

Mit der Unterzeichnung des Friedensvertrags von Versailles am 28. Juni 1919 endete der Erste Weltkrieg offiziell. Deutschland und seine Verbündeten hatten die alleinige Kriegsschuld zu tragen und waren deshalb zu weitreichenden Geld- und Sachleistungen verpflichtet. Eine erste Rate in Höhe von 20 Milliarden Goldmark war bis April 1921 zu zahlen. Hinzu kamen bedeutende Gebietsabtretungen, wie z. B. Elsass-Lothringen an Frankreich. Der vielfach als „Diktatfrieden" bezeichnete Vertrag wurde als Demütigung empfunden und führte zu anhaltenden Protesten.

Unbekannter Fotograf, 6. Januar 1921

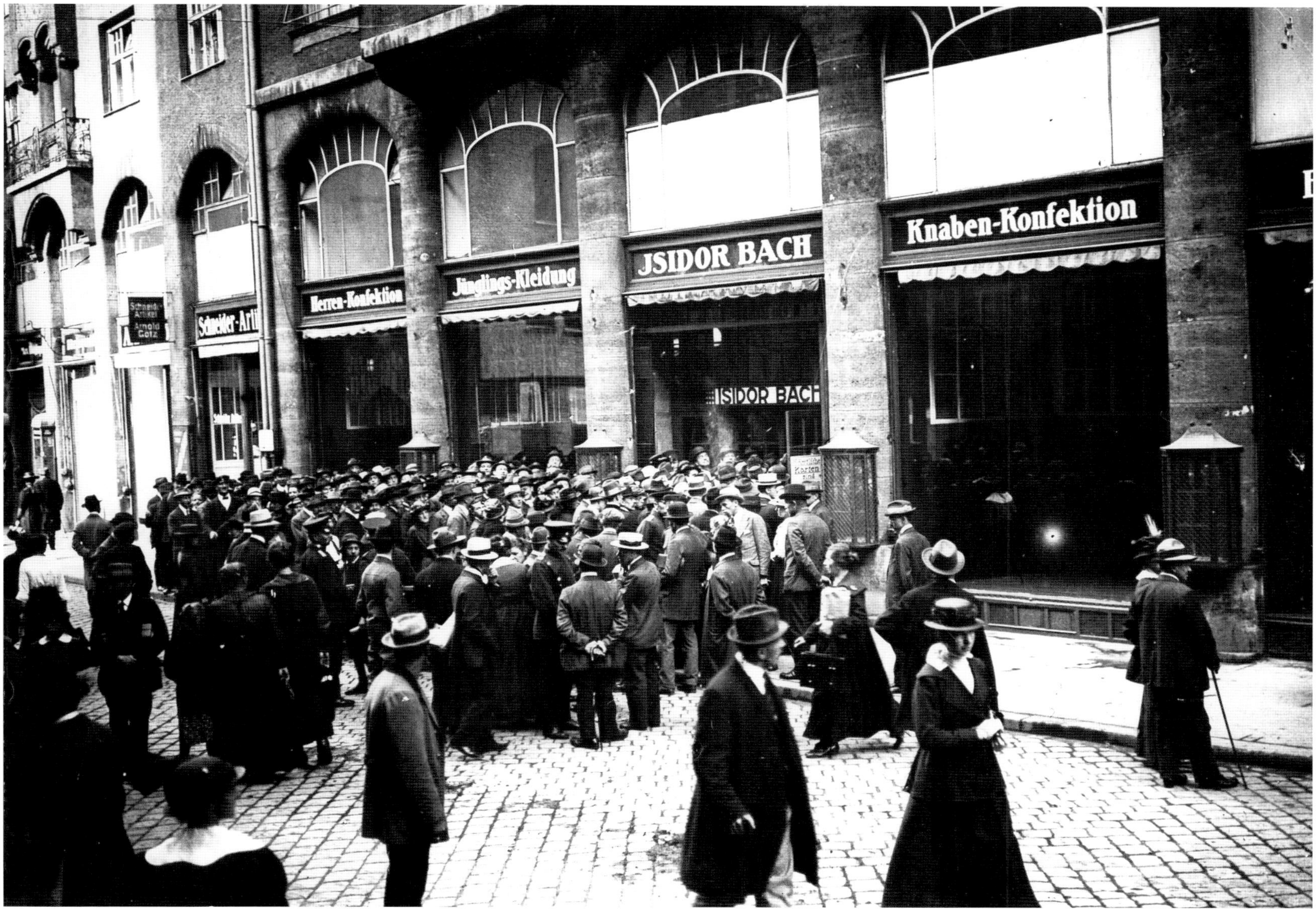

Antijüdische Demonstration vor dem Kaufhaus Isidor Bach in der Sendlinger Straße

Der Kaufmann Isidor Bach (1849–1946) betrieb ein Geschäft für Knaben- und Herrenbekleidung in der Sendlinger Straße. Sein Betrieb wurde wie andere erfolgreiche jüdische Kaufhäuser gerade von Kleingewerbetreibenden schon in den frühen 20er Jahren als übermächtige Konkurrenz betrachtet. Ein Jahr nach dieser Aufnahme gehörte Isidor Bach zu den Geiseln, die während des Hitler-Putsches vom Freikorps Oberland in den Bürgerbräukeller verschleppt wurden. Bach ging 1936 ins Exil.

Heinrich Hoffmann, 1922

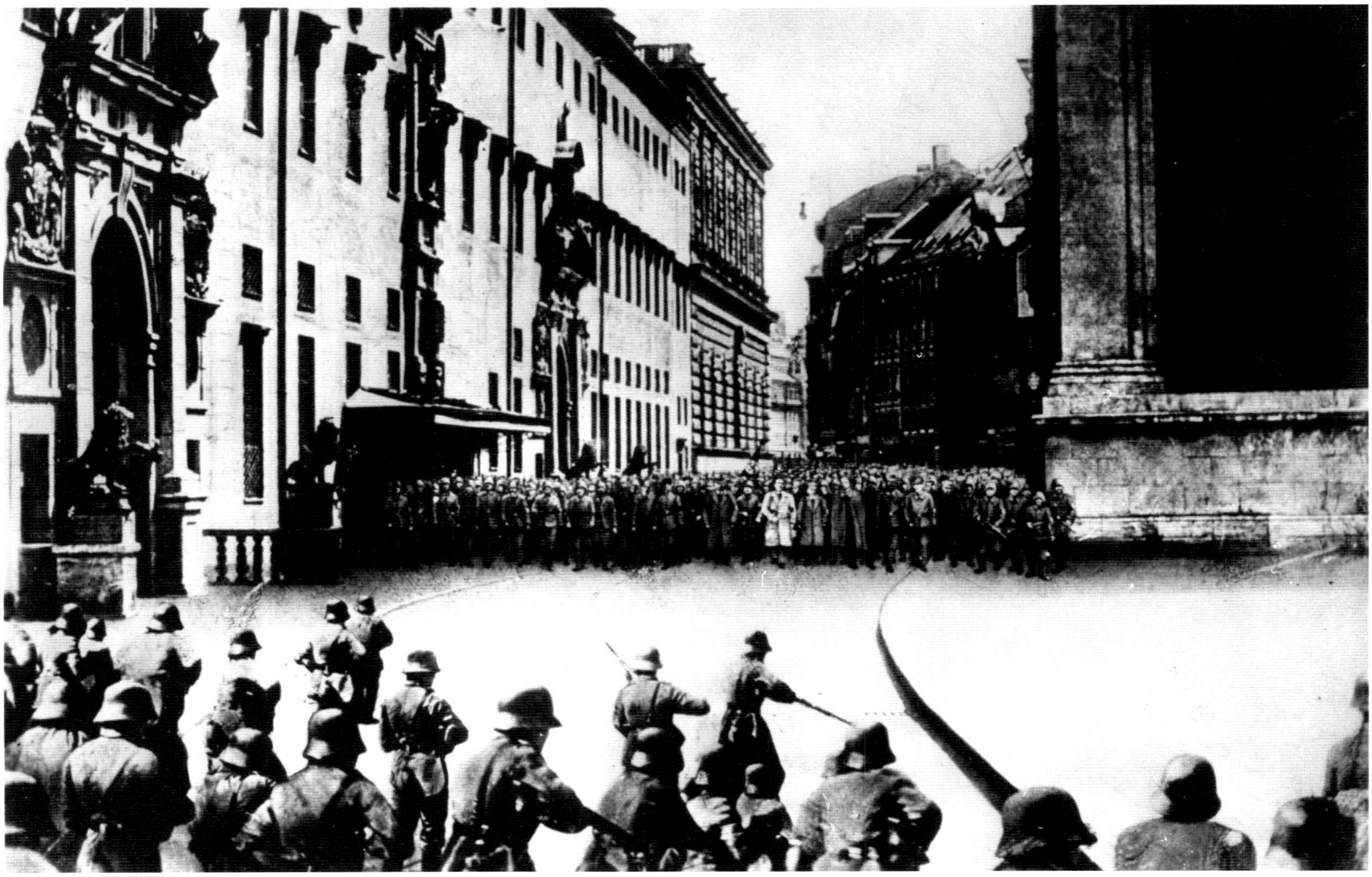

Der Hitler-Putsch – eine retuschierte Fotomontage

Als Fälschung erweist sich dieses stark retuschierte Bild der Konfrontation zwischen den Hitler-treuen Putschisten und der Bayerischen Landespolizei am 9. November 1923. Der mit einem hellen Mantel deutlich sichtbar gemachte Hitler wurde in das Bild hineinretuschiert und so zum Helden stilisiert. Die Retusche wurde nach der Machtübernahme im Januar 1933 vorgenommen.

Unbekannter Fotograf (Retusche Heinrich Hoffmann), undatiert

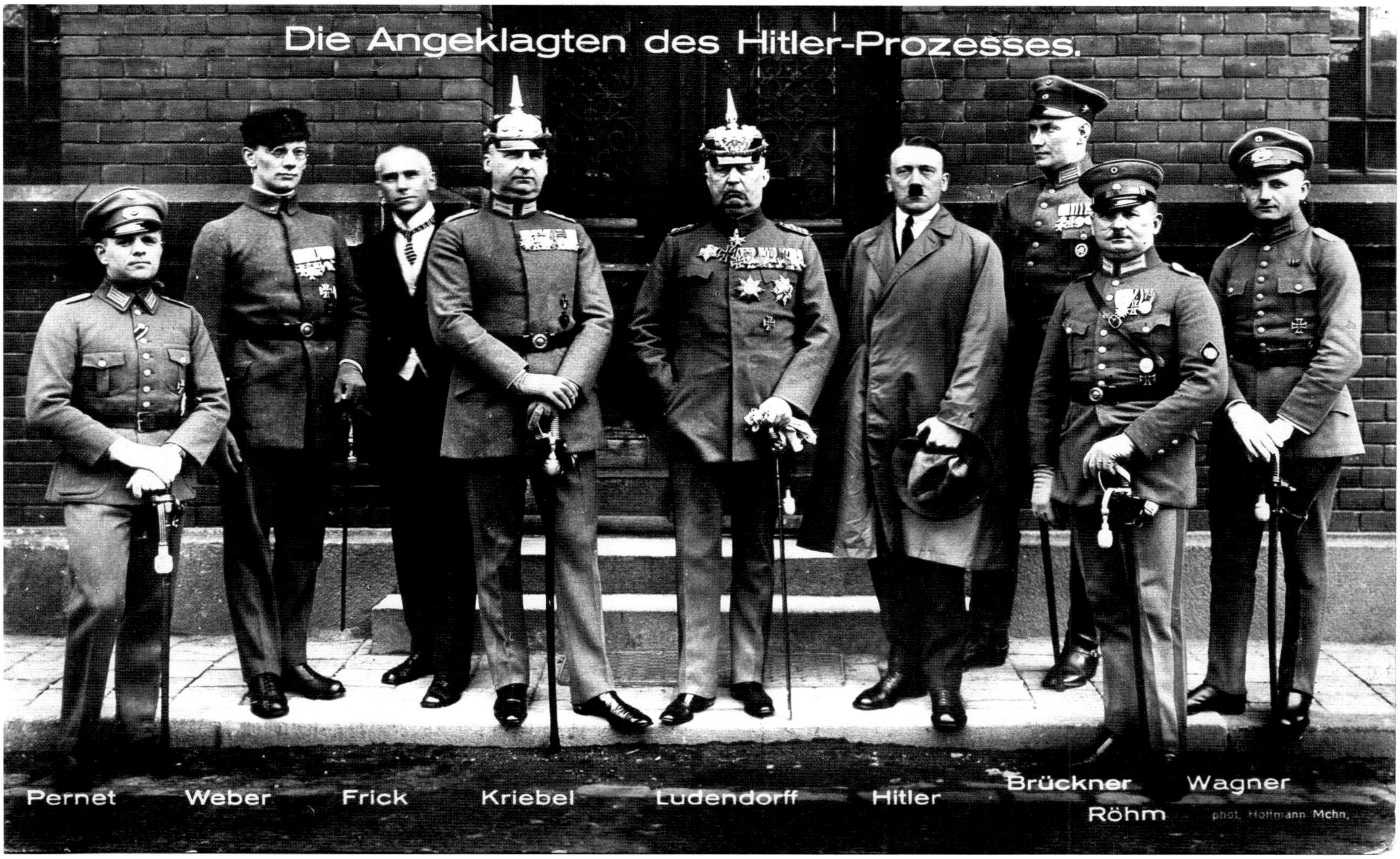

Gruppenbild der Angeklagten des Hitler-Putsches

Den Prozess nutzte Hitler als Bühne zur Selbstdarstellung. Auch dieses Foto zeigt das zur Schau getragene Selbstbewusstsein der Angeklagten. Die Aufnahme entstand am Tag der Urteilsverkündung.

Heinrich Hoffmann, 1. April 1924

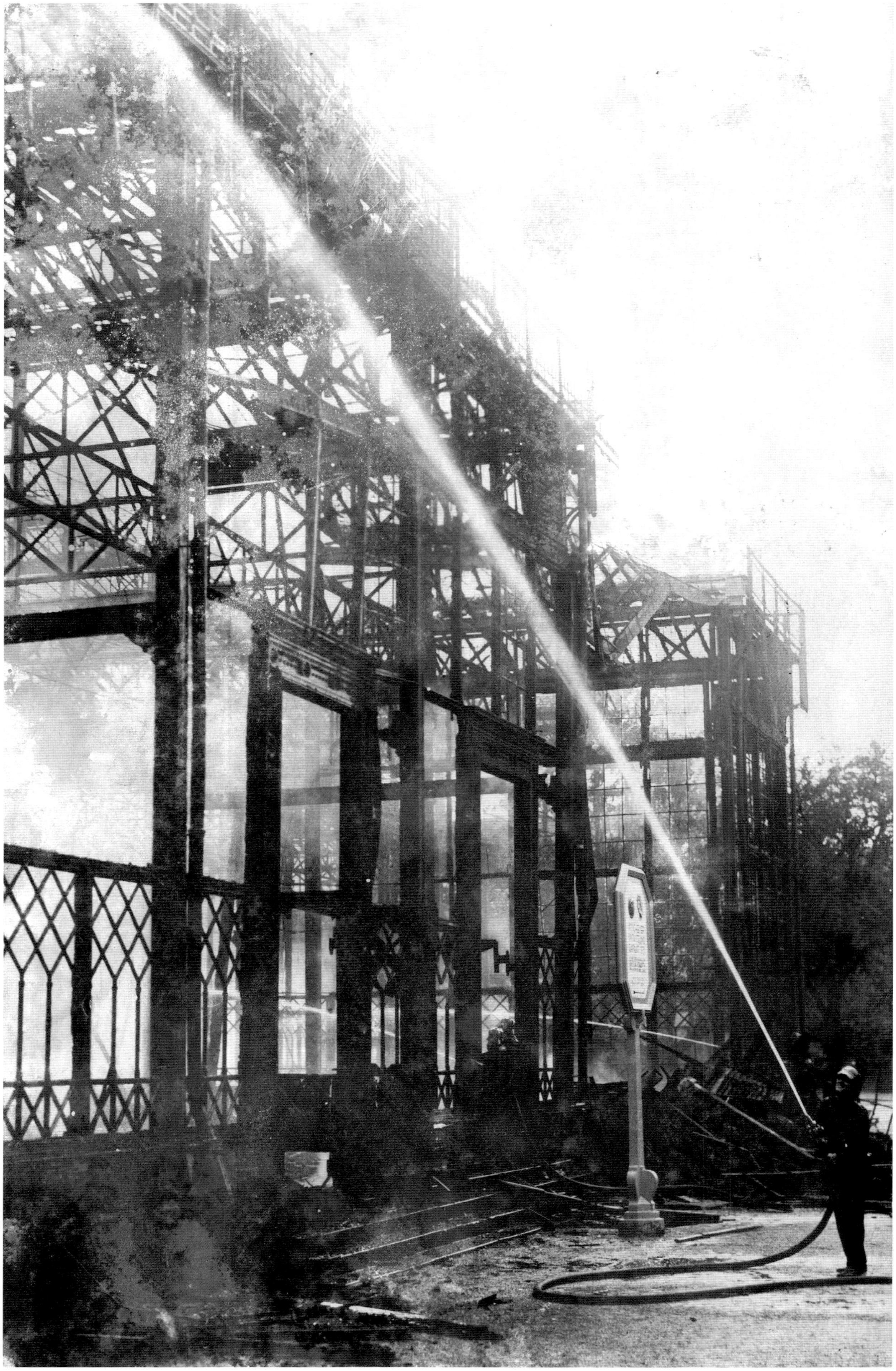

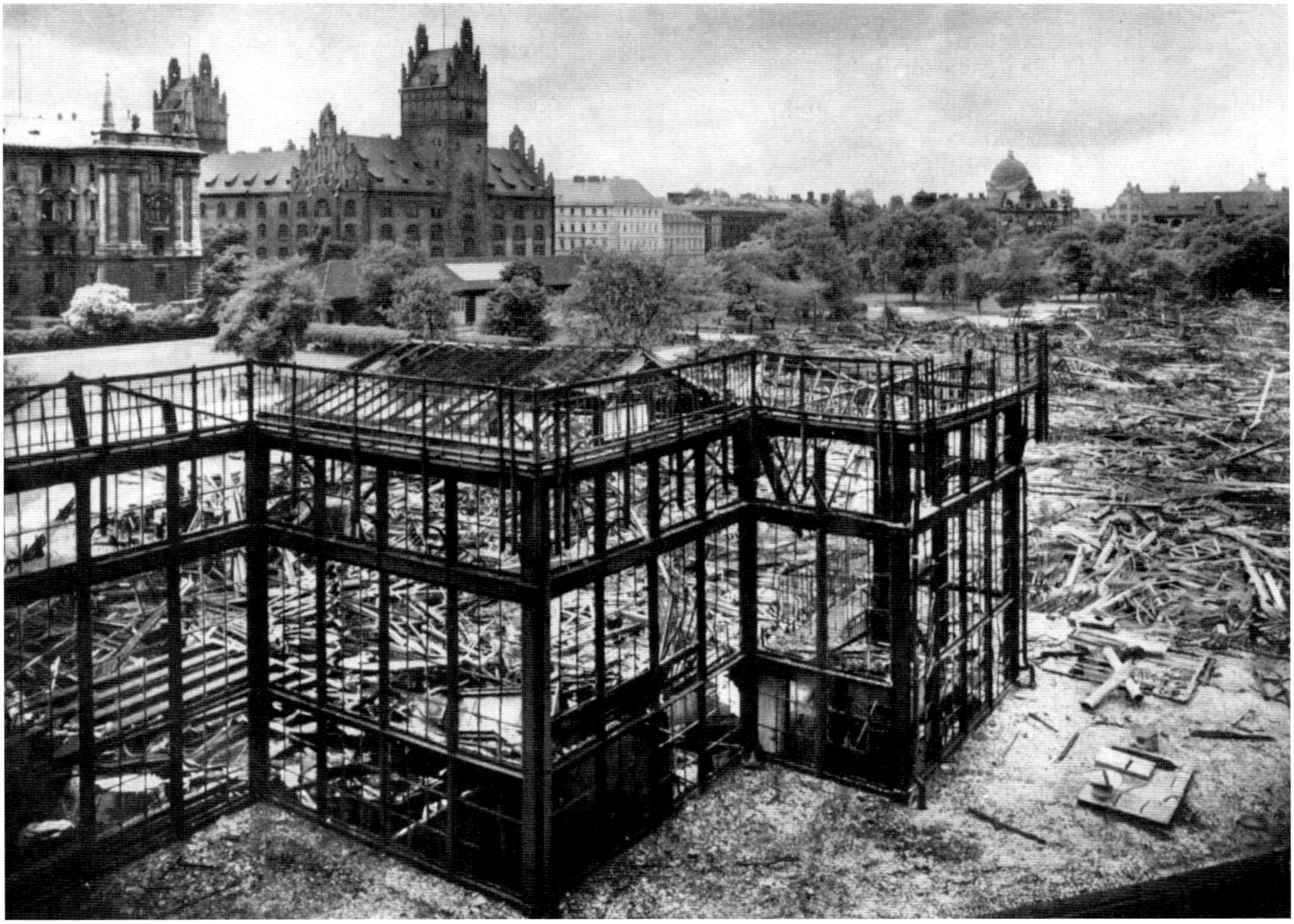

Der brennende Glaspalast

Der Glaspalast auf dem Gelände des Alten Botanischen Gartens diente seit seiner Fertigstellung 1854 als Veranstaltungsort für Großausstellungen. 3000 Kunstwerke, darunter viele Gemälde bedeutender deutscher Romantiker wie Caspar David Friedrich, verbrannten im großen Feuer.

Unbekannter Fotograf, 6. Juni 1931

Der ausgebrannte Glaspalast

Nach zeitgenössischen Berichten wurde der durch den Verlust der Kunstwerke entstandene Schaden auf 25 bis 30 Millionen Mark geschätzt. Die Brandursache, Selbstentzündung von Putzmaterial oder Brandstiftung, konnte nicht geklärt werden.

Franz Kaufmann, 6. Juni 1931

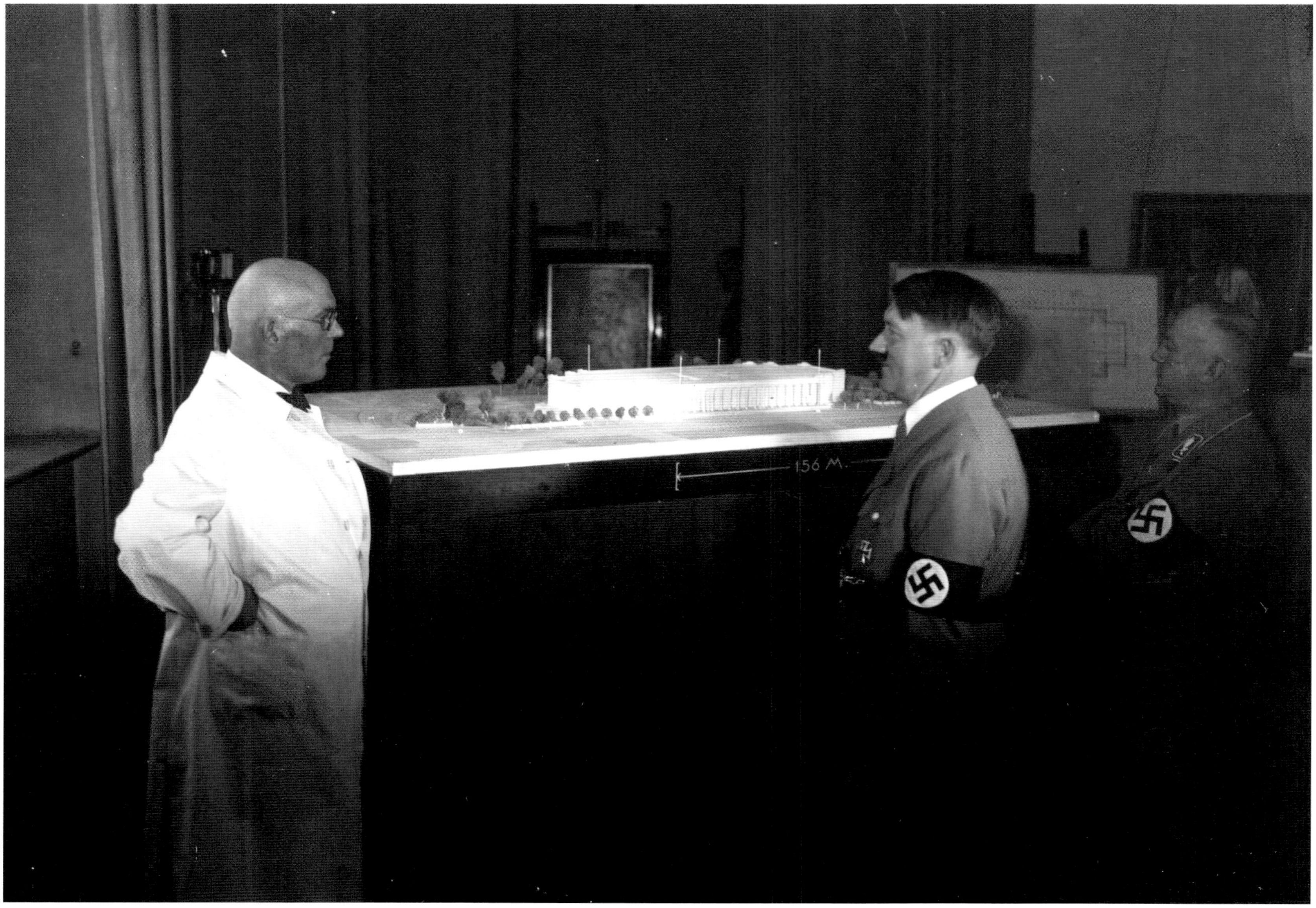

Besuch Hitlers im Atelier des Architekten Paul Ludwig Troost

Im Frühjahr 1933 sollte ein neues Ausstellungsgebäude den Glaspalast an gleicher Stelle ersetzen. Kurz vor Baubeginn verhinderte Hitler das Projekt und beauftragte den Architekten Paul Ludwig Troost (1878–1934) mit der Planung einer monumentaleren Lösung an der Prinzregentenstraße.
Von links: Architekt Paul Ludwig Troost, Adolf Hitler, Gauleiter Adolf Wagner

Heinrich Hoffmann, Anfang August 1933

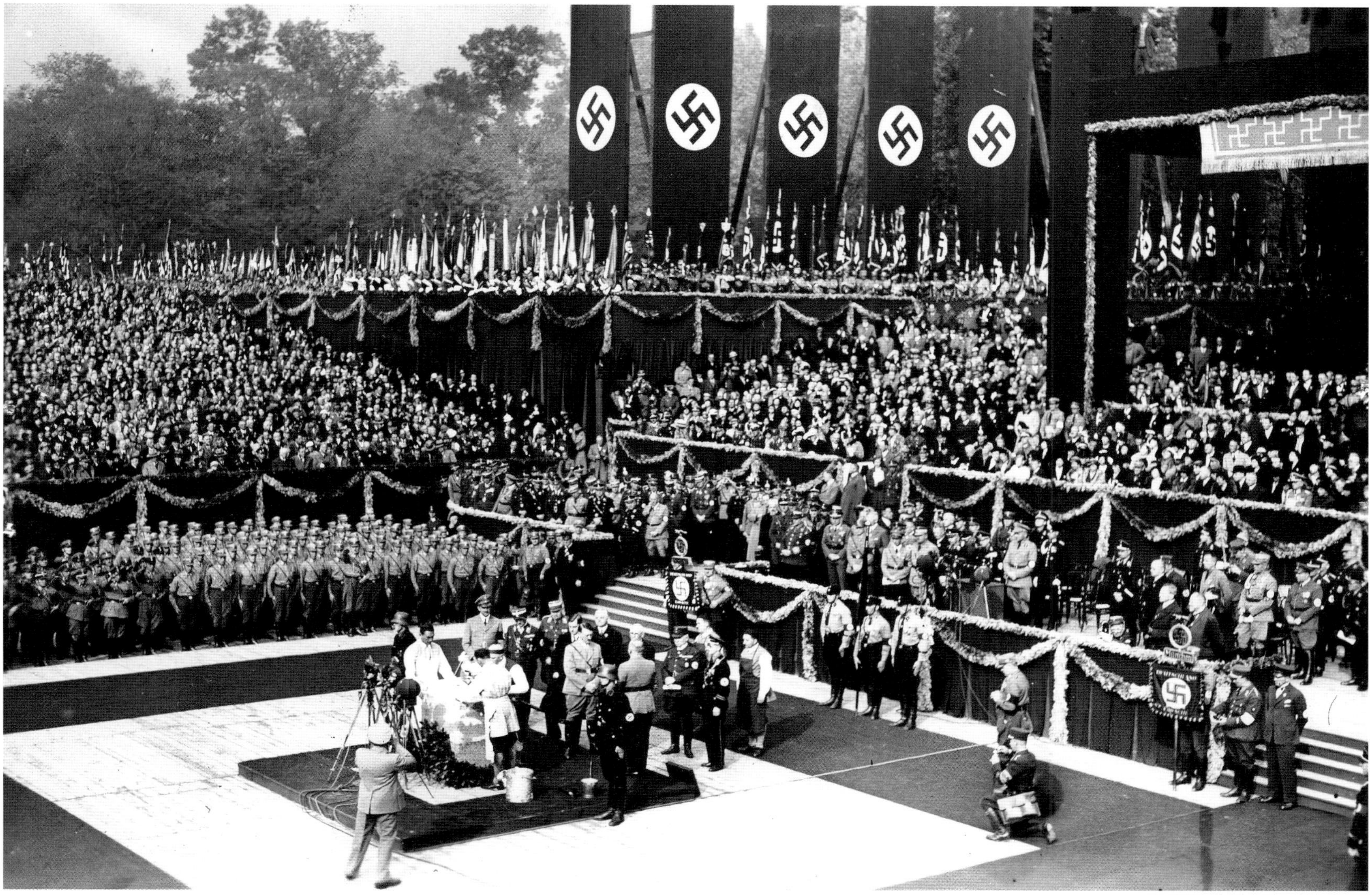

Grundsteinlegung zum Haus der Kunst

Auf Initiative von Adolf Wagner (1890–1944), Gauleiter von München-Oberbayern und bayerischer Innenminister, wurde ein großer Teil der Baukosten des „Hauses der Deutschen Kunst" durch Spenden namhafter bayerischer und deutscher Industrieller aufgebracht.

Heinrich Hoffmann, 15. Oktober 1933

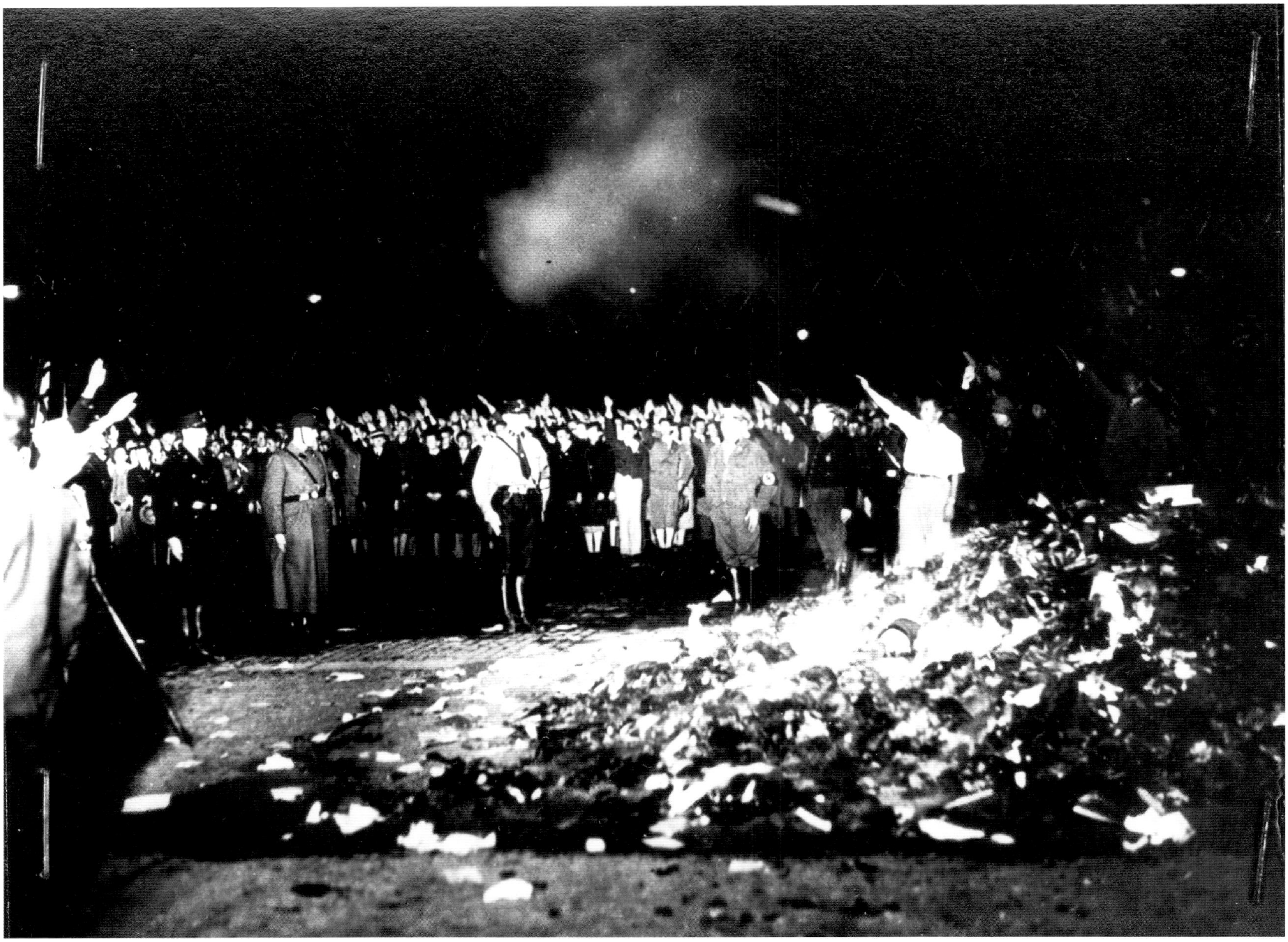

Bücherverbrennung

Im Frühjahr 1933 loderten Scheiterhaufen in Berlin und in vielen weiteren Universitätsstädten, darunter in München, Nürnberg, Würzburg und Erlangen. Angehörige des Nationalsozialistischen Deutschen Studentenbundes verbrannten die Werke bedeutender Dichter, Schriftsteller und Wissenschaftler, z. B. von Bertolt Brecht, Lion Feuchtwanger, Erich Kästner und Sigmund Freud.

Heinrich Hoffmann, 10. Mai 1933

Bücherverbrennung auf dem Königsplatz

In München zog nach einer Feierstunde im Lichthof der Ludwig-Maximilians-Universität ein Fackelzug zum Königsplatz. Hier warfen uniformierte Studenten die Bücher auf einen riesigen Scheiterhaufen.

Heinrich Hoffmann, 10. Mai 1933

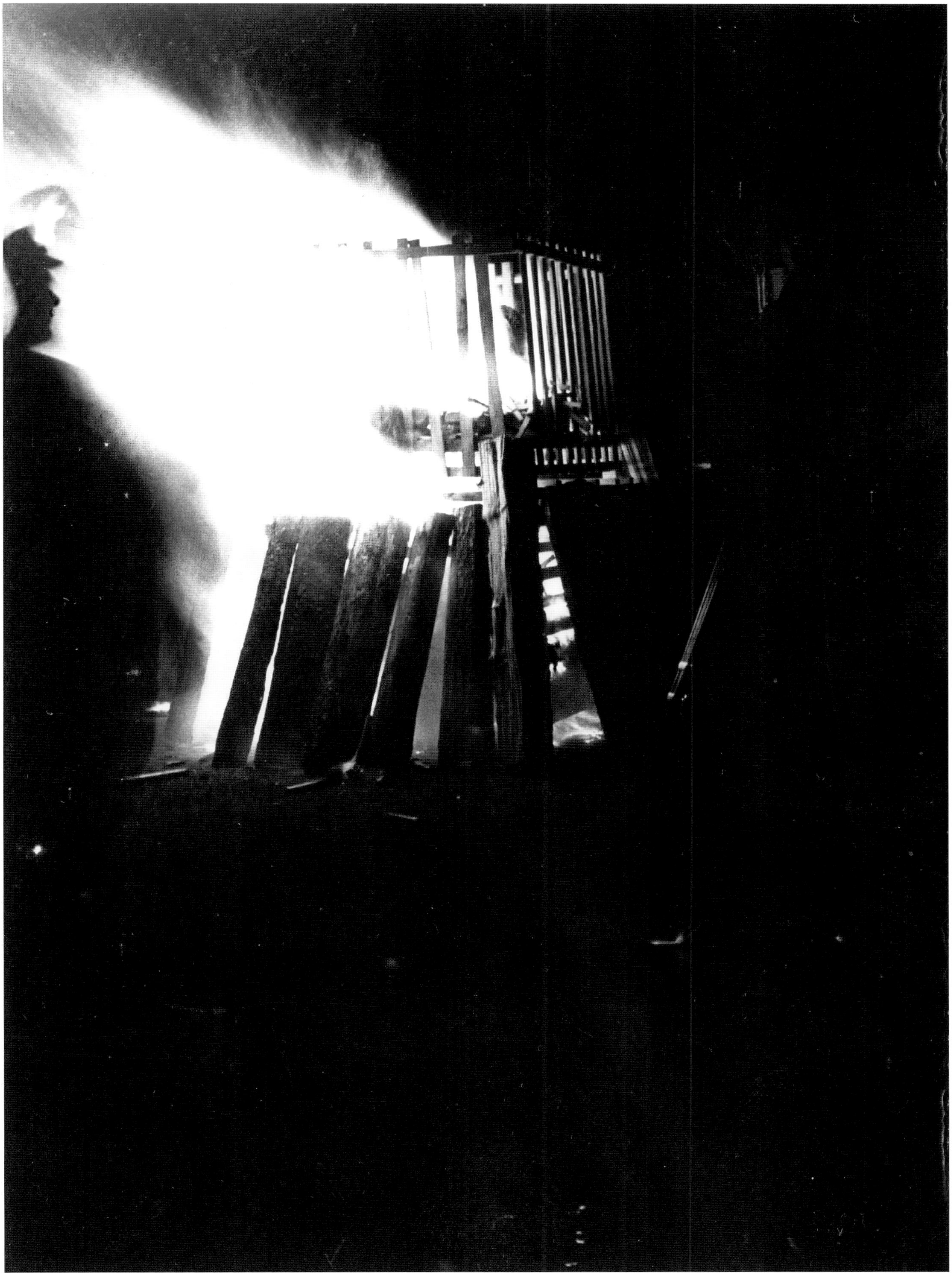

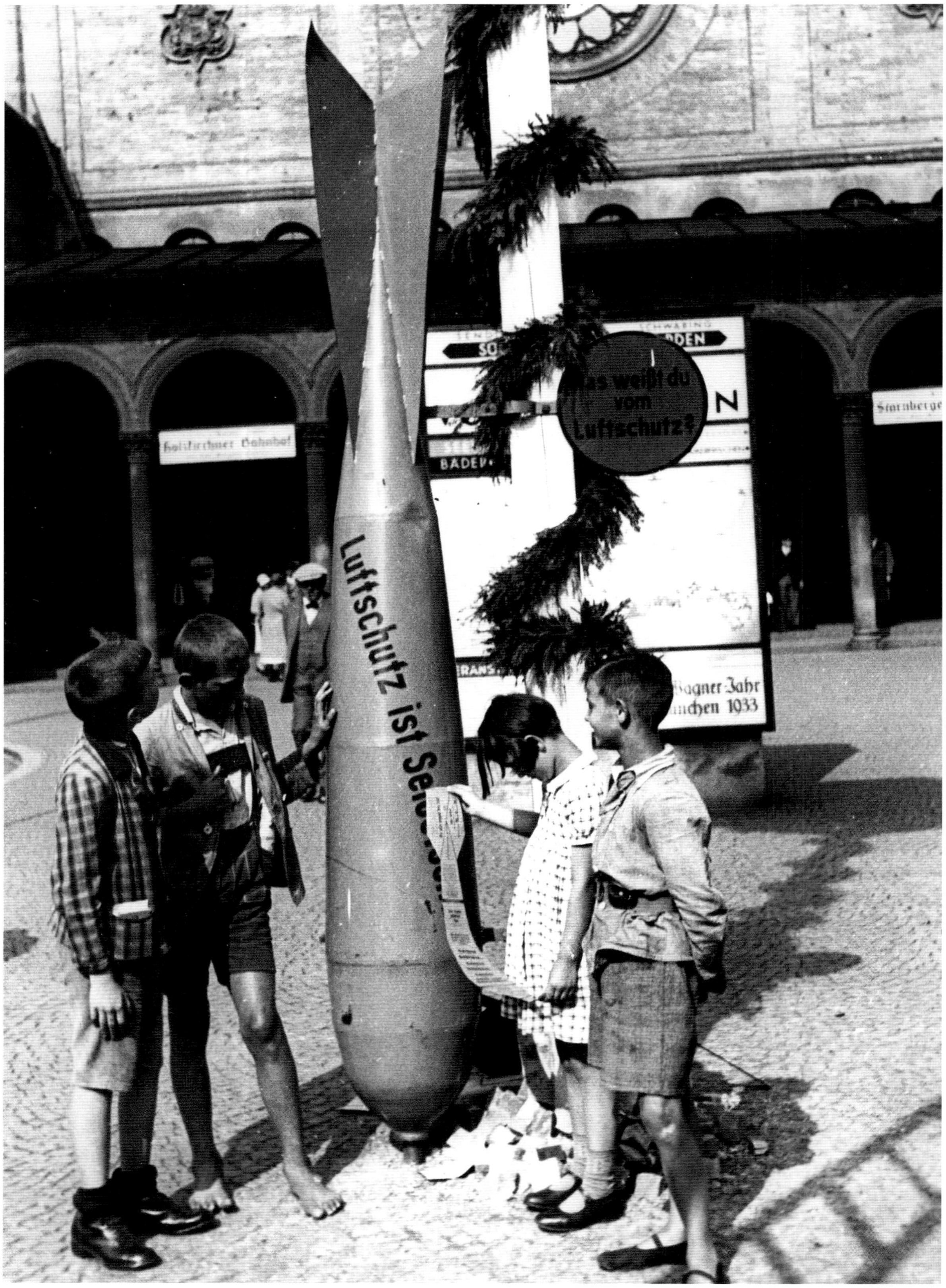

Luftschutztag am Holzkirchner Bahnhof

Bereits im April 1933 wurde der Reichsluftschutzbund gegründet. Man begann mit der Vorbereitung der Bevölkerung auf einen möglichen Krieg. In einer großangelegten Luftschutzübung wurden an verschiedenen Stellen in München, hier am Holzkirchner Bahnhof, Bombenattrappen aufgestellt. In einem simulierten Angriff warfen „feindliche Flugzeuge" fast 8000 Papierbomben ab, wie die Münchner Stadtchronik berichtet.

Heinrich Hoffmann, 5. August 1933

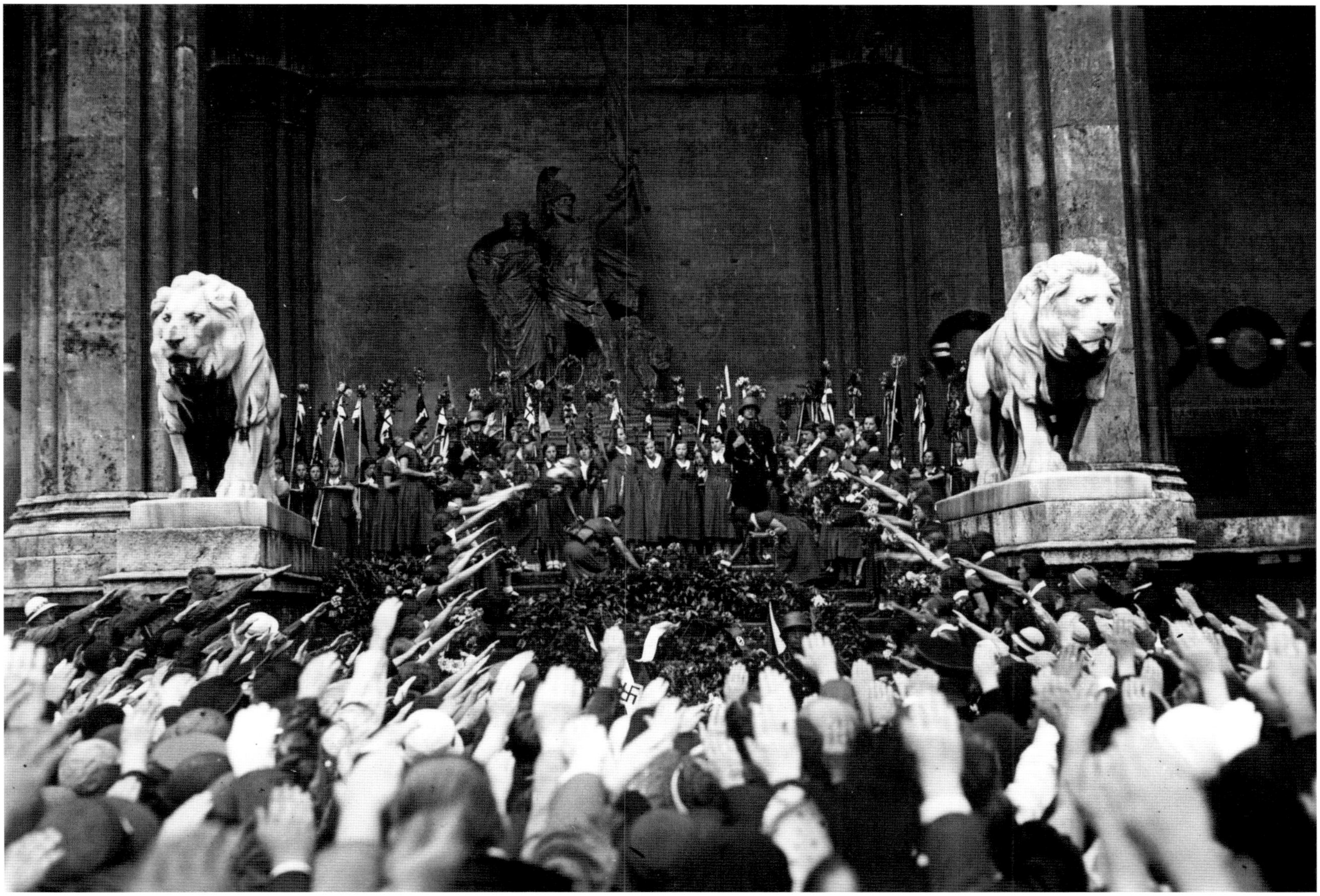

Gebietstreffen der Hitlerjugend mit Kranzniederlegung vor der Feldherrnhalle

Zum Gedenken an den Hitler-Putsch wurde der Odeonsplatz im Dritten Reich zu einem quasi sakralen Ort stilisiert. Gerade die Jugend sollte von Anfang an zum Träger dieses säkularen Staatskults erzogen werden.

Heinrich Hoffmann (Firma), 19.–21. August 1933

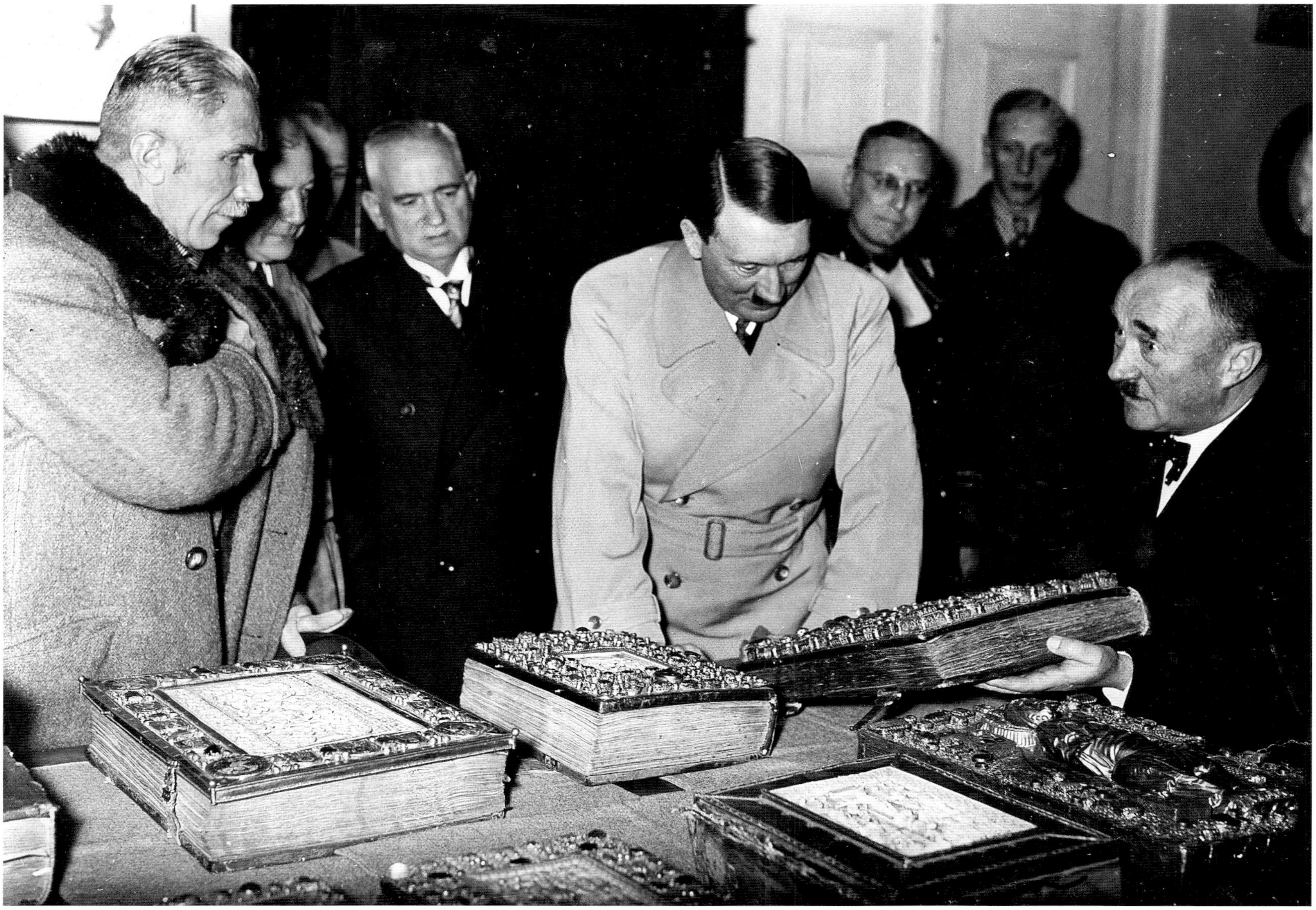

Adolf Hitler bei der Besichtigung von Handschriften in der Bayer schen Staatsbibliothek

Der Besuch Hitlers und seiner hochrangigen Delegation fand anlässlich des Ankaufs der gereimten Weltchronik Heinrichs von München (Cgm 7377) statt. Der Besuch war nicht von langer Hand geplant, fand aber aufgrund eines Berichts im *Illustrierten Beobachter* vom 16. Januar 1936 ein überregionales Echo. Der Leiter der Handschriftenabteilung, Georg Leidinger (1870–1945), präsentierte Spitzenstücke der Sammlung.
Von links: Gesandter Franz von Papen, Gauleiter Adolf Wagner, Ministerpräsident Ludwig Siebert, Adolf Hitler, Staatsrat Ernst Boepple, Obersturmführer Otto Meyer, Direktor Georg Leidinger.

Heinrich Hoffmann, 7. Januar 1936

Adolf Hitler und seine Delegation im Treppenhaus der Bayerischen Staatsbibliothek

Nach dem rund eineinhalbstündigen Besuch verließ Hitler mit seiner Delegation das Bibliotheksgebäude in der Ludwigstraße. Links hinter Hitler ist Rudolf Buttmann (1885–1947) zu erkennen, der im Jahr zuvor zum Leiter der Bayerischen Staatsbibliothek ernannt worden war, um seinen politisch verdächtigen Vorgänger zu ersetzen. Buttmann war NSDAP-Mitglied der ersten Stunde und von 1933 bis 1945 Reichstagsabgeordneter.

Heinrich Hoffmann, 7. Januar 1936

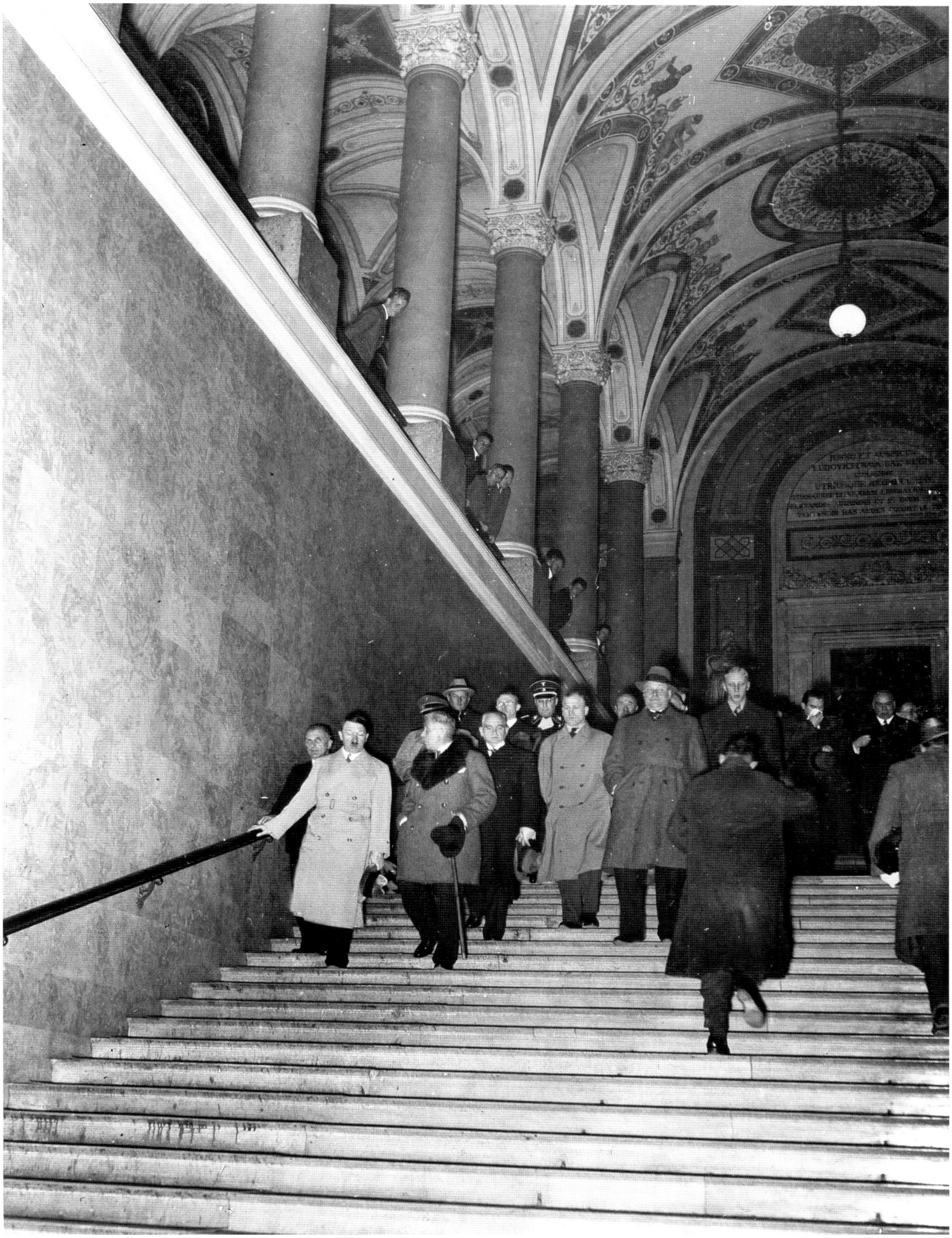

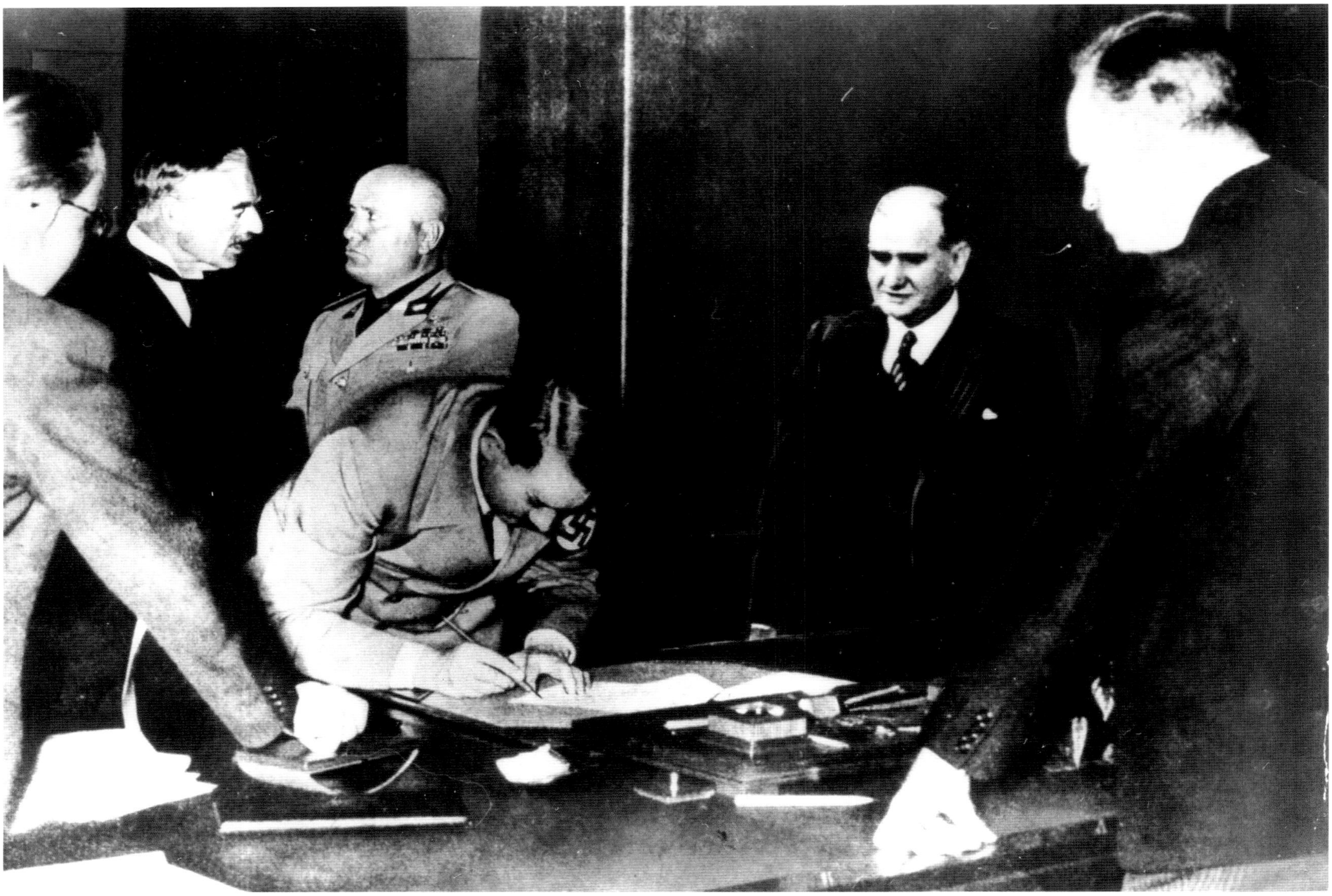

Hitler bei der Unterzeichnung des Münchner Abkommens

Mit dem Münchner Abkommen sicherte sich Hitler die Unterstützung Frankreichs, Englands und Italiens für die Annexion des Sudetenlands. Es gilt als Höhepunkt der sogenannten Appeasement-Politik. Im Hintergrund zu sehen sind (von links) Arthur Neville Chamberlain (1869–1940), Benito Mussolini (1883–1945) und der ins Bild montierte Edouard Daladier (1884–1970), vorne rechts Joachim von Ribbentrop (1893–1946). Die Unterzeichnung fand im sogenannten Führerbau am Königsplatz statt.

Heinrich Hoffmann, 29. September 1938

Die ausgebrannte Synagoge Ohel Jakob

Im Zuge der Novemberpogrome fiel die Münchner Synagoge Ohel Jakob in der Herzog-Rudolf-Straße während der sogenannten Reichskristallnacht einem Brandanschlag zum Opfer.

Heinrich Hoffmann, 10. November 1938

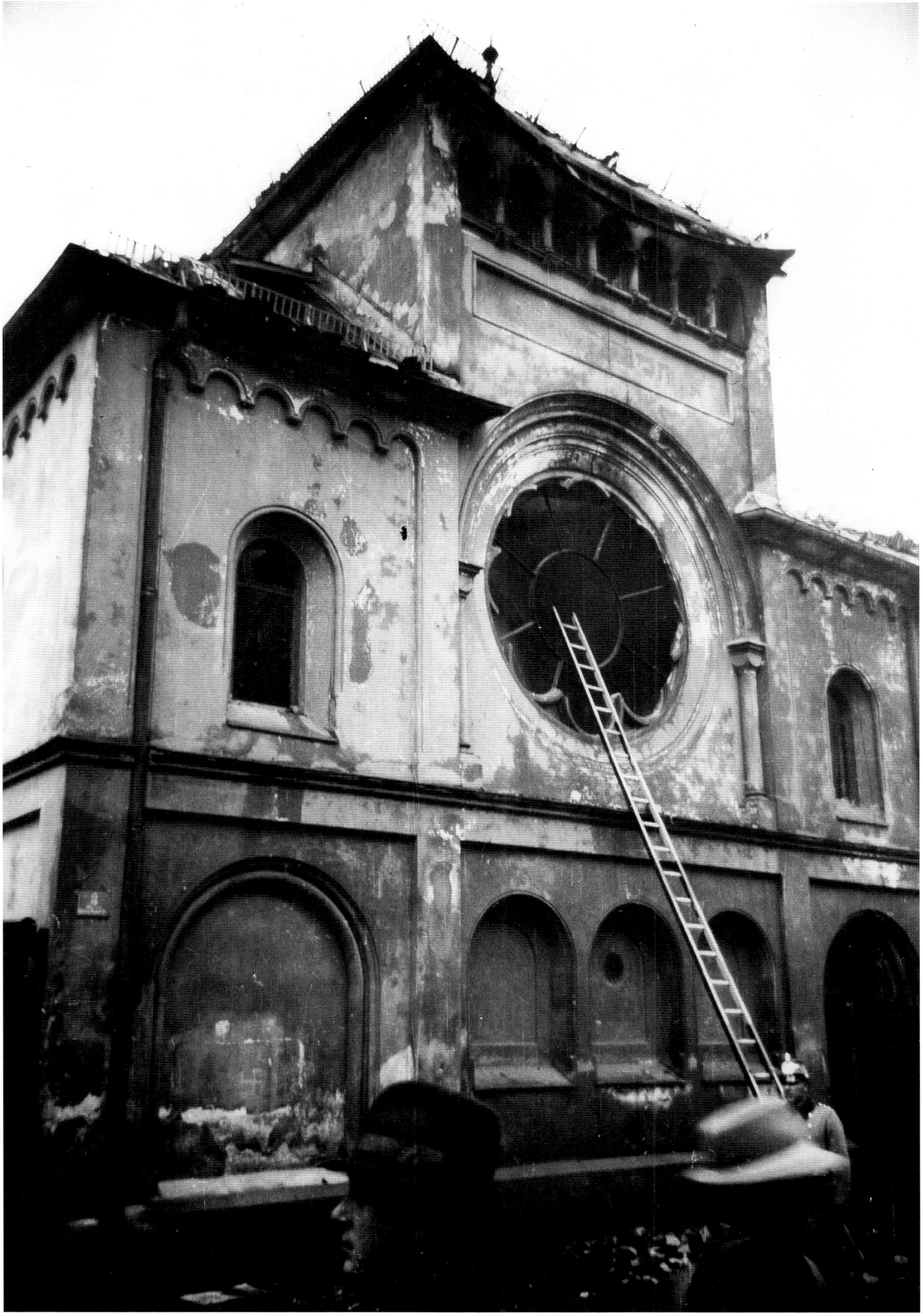

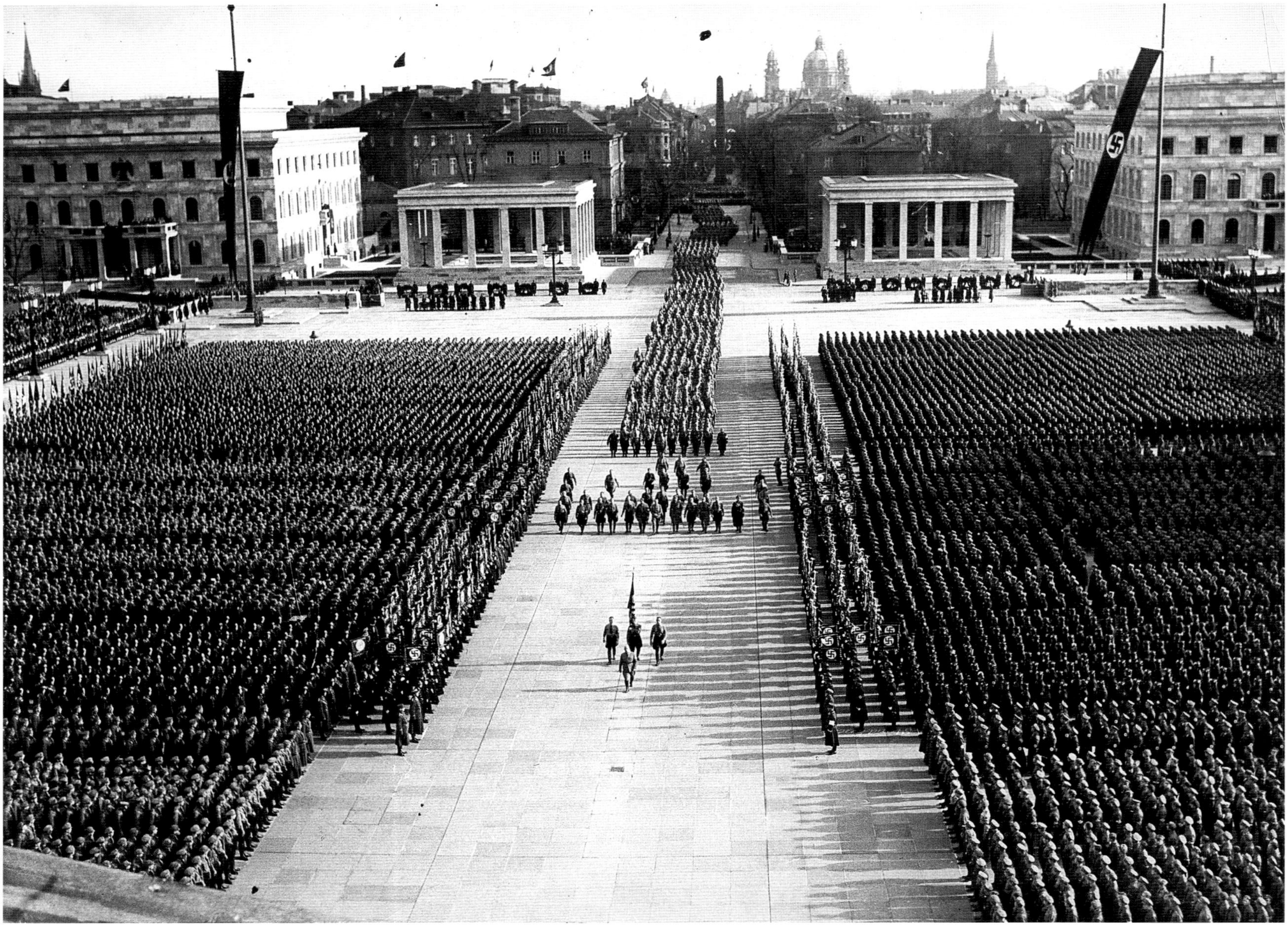

Der NS-Totenkult – die Gedenkfeier am 9. November 1936

Zur Erinnerung an den Hitler-Putsch 1923 inszenierten die Nationalsozialisten jedes Jahr einen pompösen Aufmarsch und den Einmarsch der wichtigsten Parteifunktionäre um Hitler auf dem Königsplatz. In der Bildmitte die beiden 1935 errichteten sogenannten Ehrentempel, die Grabstätte der 1923 getöteten Nationalsozialisten.

Unbekannter Fotograf, 9. November 1936

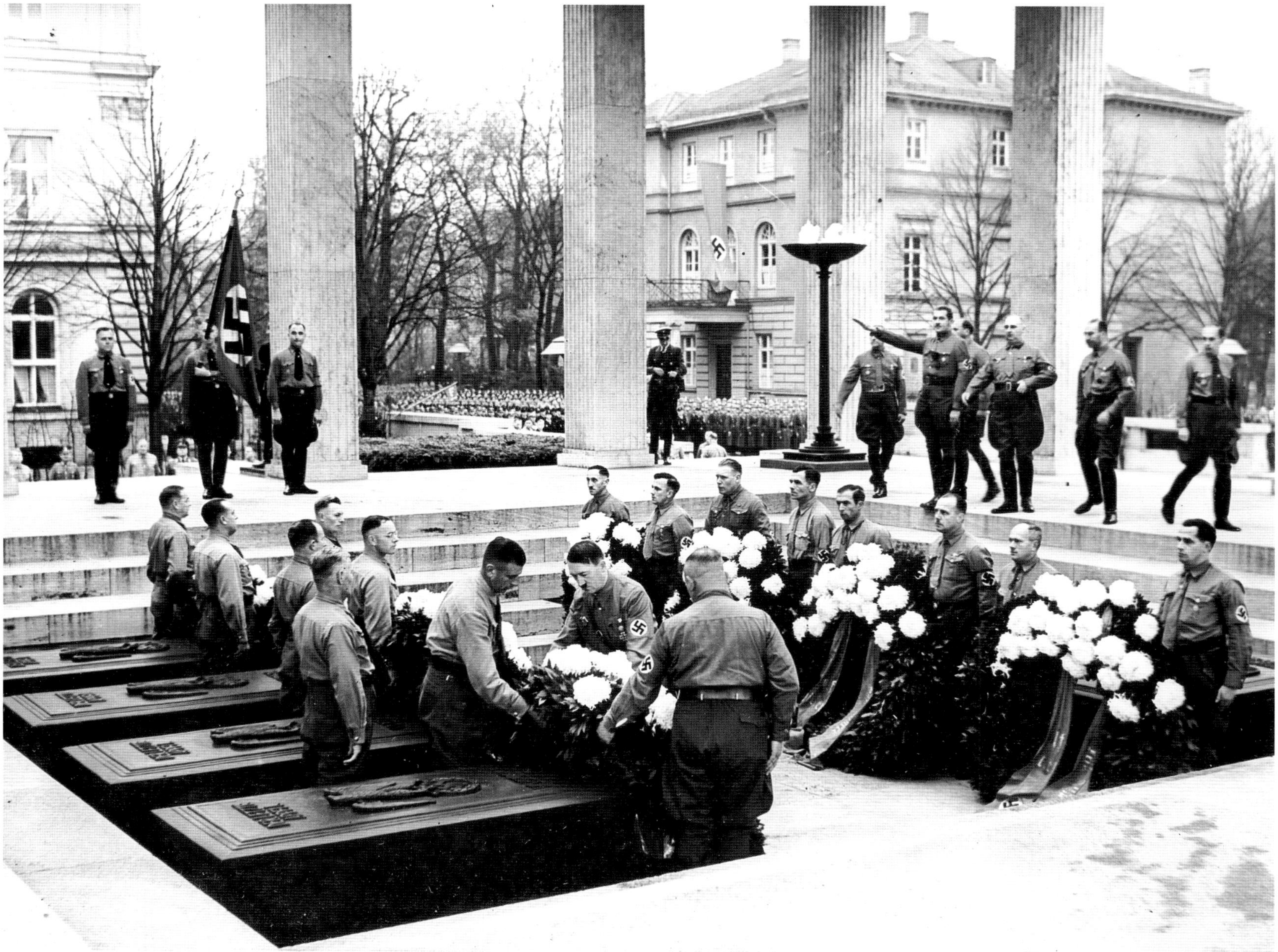

Adolf Hitler bei der Kranzniederlegung in einem der „Ehrentempel" auf dem Königsplatz

Die Parteifunktionäre schmückten die Sarkophage in den „Ehrentempeln" bei den jährlichen Gedenkfeiern im November mit Kränzen. Die Alliierten sprengten die Bauwerke 1947.

Unbekannter Fotograf, 9. November 1938

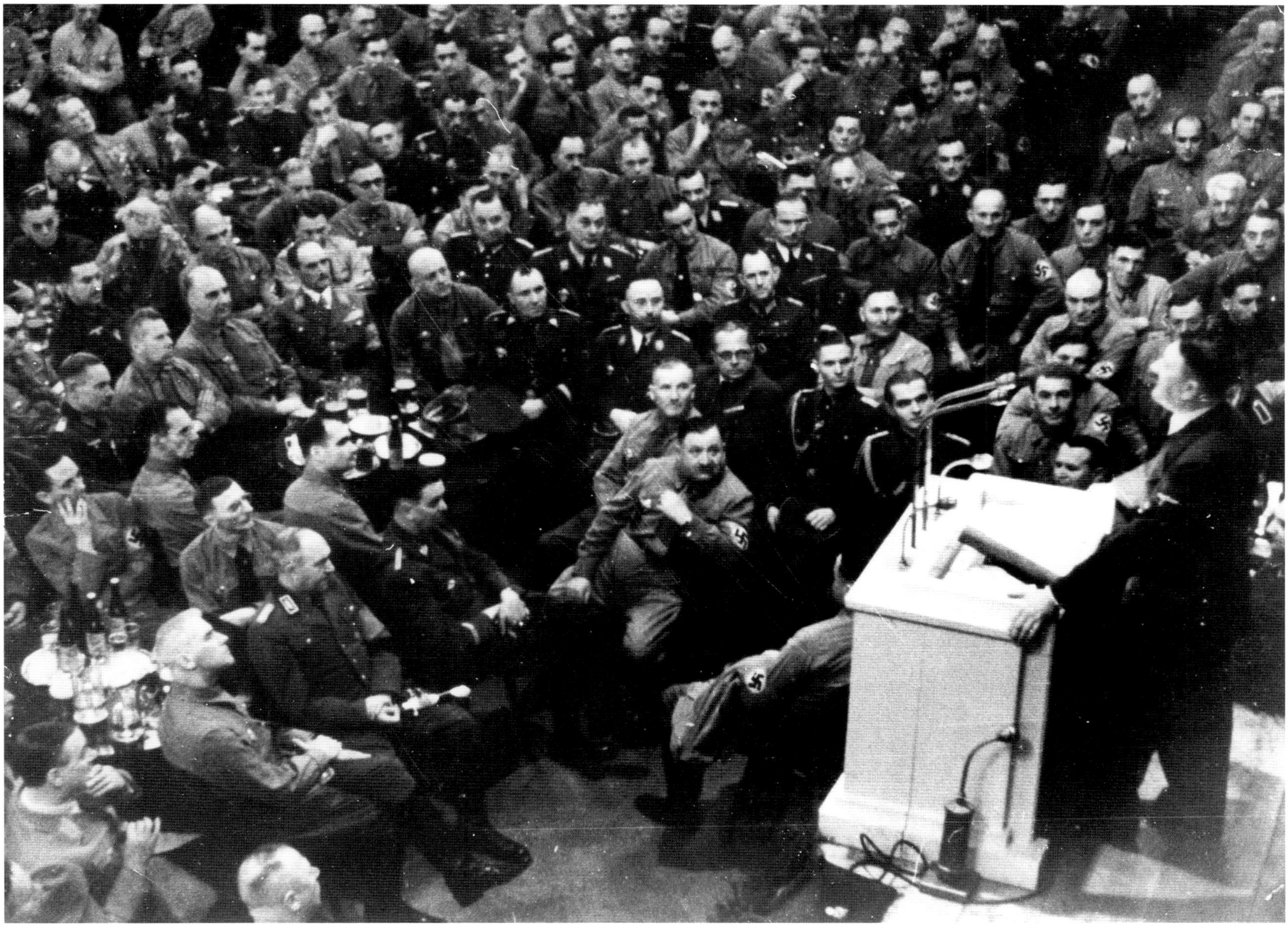

Hitlers Rede im Bürgerbräukeller kurz vor Georg Elsers Attentat

Der Tischler Johann Georg Elser (1903–1945) plante im Herbst 1938 ein Sprengstoffattentat, um die NS-Führung zu beseitigen. Während einer Rede Hitlers im Münchner Bürgerbräukeller am 8. November 1939 sollte ein Zeitzünder die Bombe sprengen.

Heinrich Hoffmann, 8. November 1939

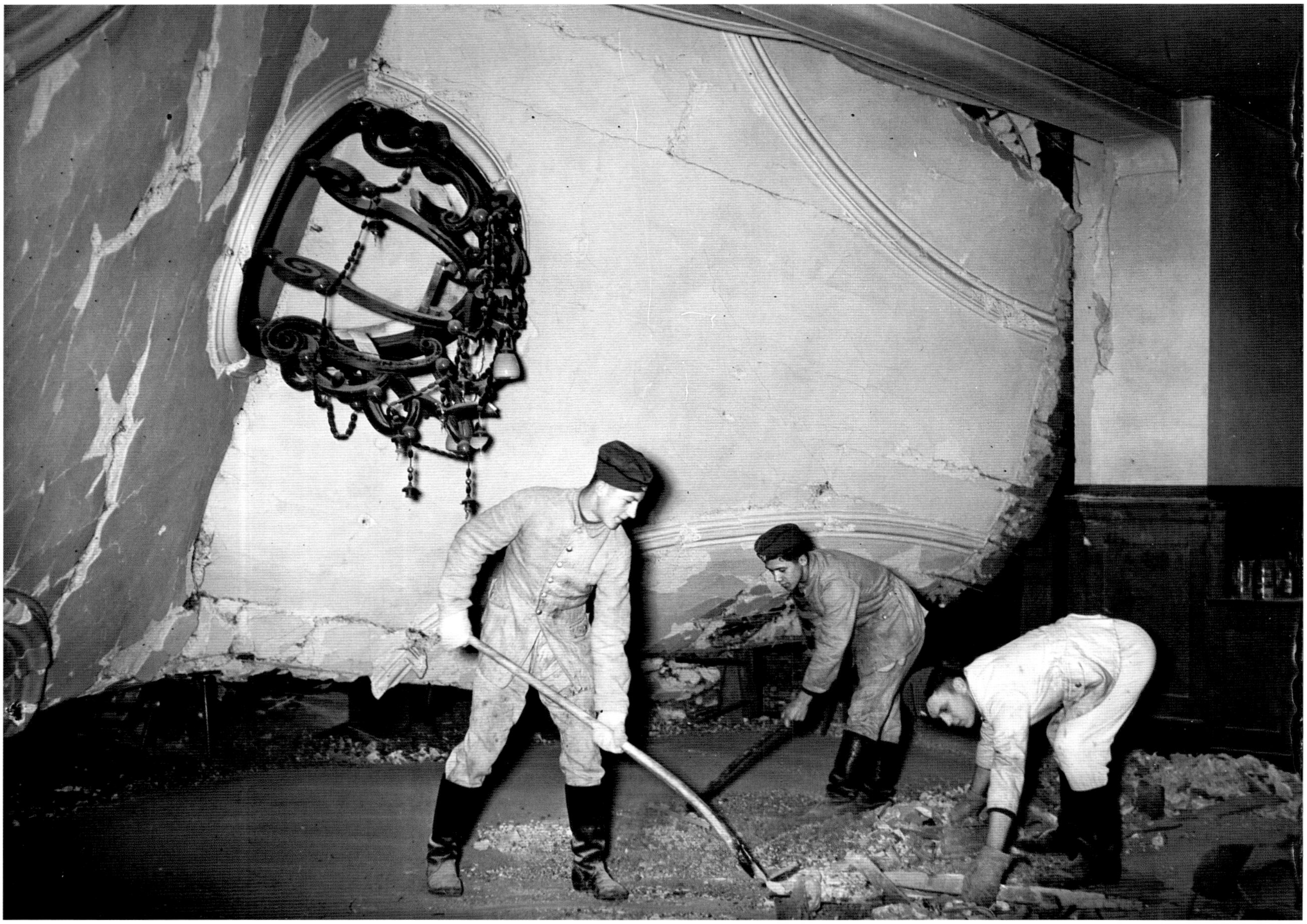

Ermittlungsarbeiten im Bürgerbräukeller nach dem Attentat

Die Bombe zündete wenige Minuten nach Hitlers vorzeitigem Aufbruch. Die einstürzende Saaldecke tötete sieben Menschen, 60 wurden verletzt. Das Attentat wurde zunächst dem englischen Geheimdienst zugeschrieben.

Heinrich Hoffmann, 9. November 1939

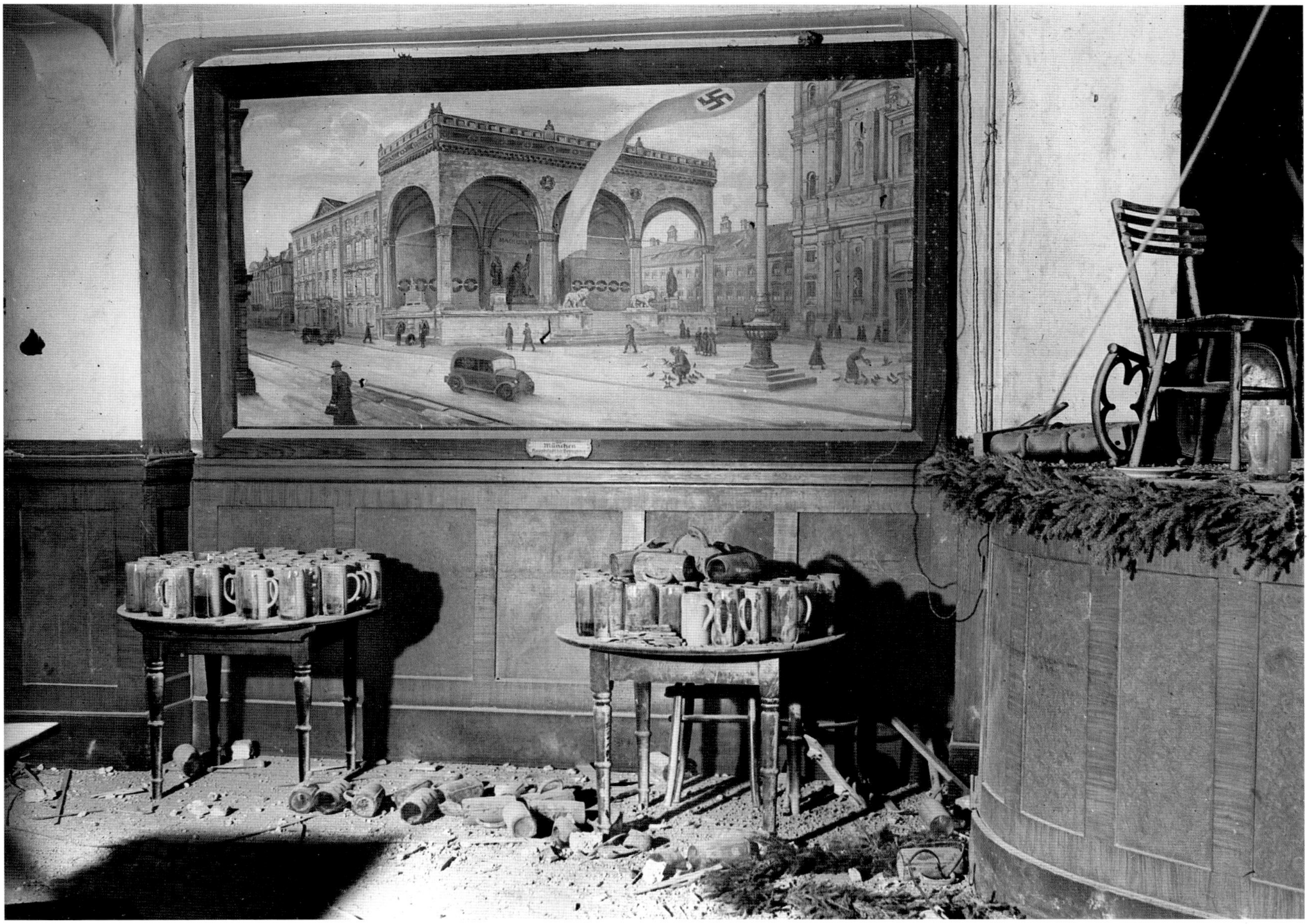

Der Bürgerbräukeller nach dem Attentat

Zur Vorbereitung des Bombenanschlags hatte Elser sich zwischen August und November an vielen Abenden im Bürgerbräukeller unbemerkt einschließen lassen und so in 30 Nächten die Säule über Hitlers Rednerpult mit Sprengstoff präpariert. Das zeitgenössische Gemälde mit dem Schild „München – Hauptstadt der Bewegung", das die Feldherrnhalle auf dem Odeonsplatz zeigt, blieb bei der Explosion unversehrt.

Heinrich Hoffmann, November 1939

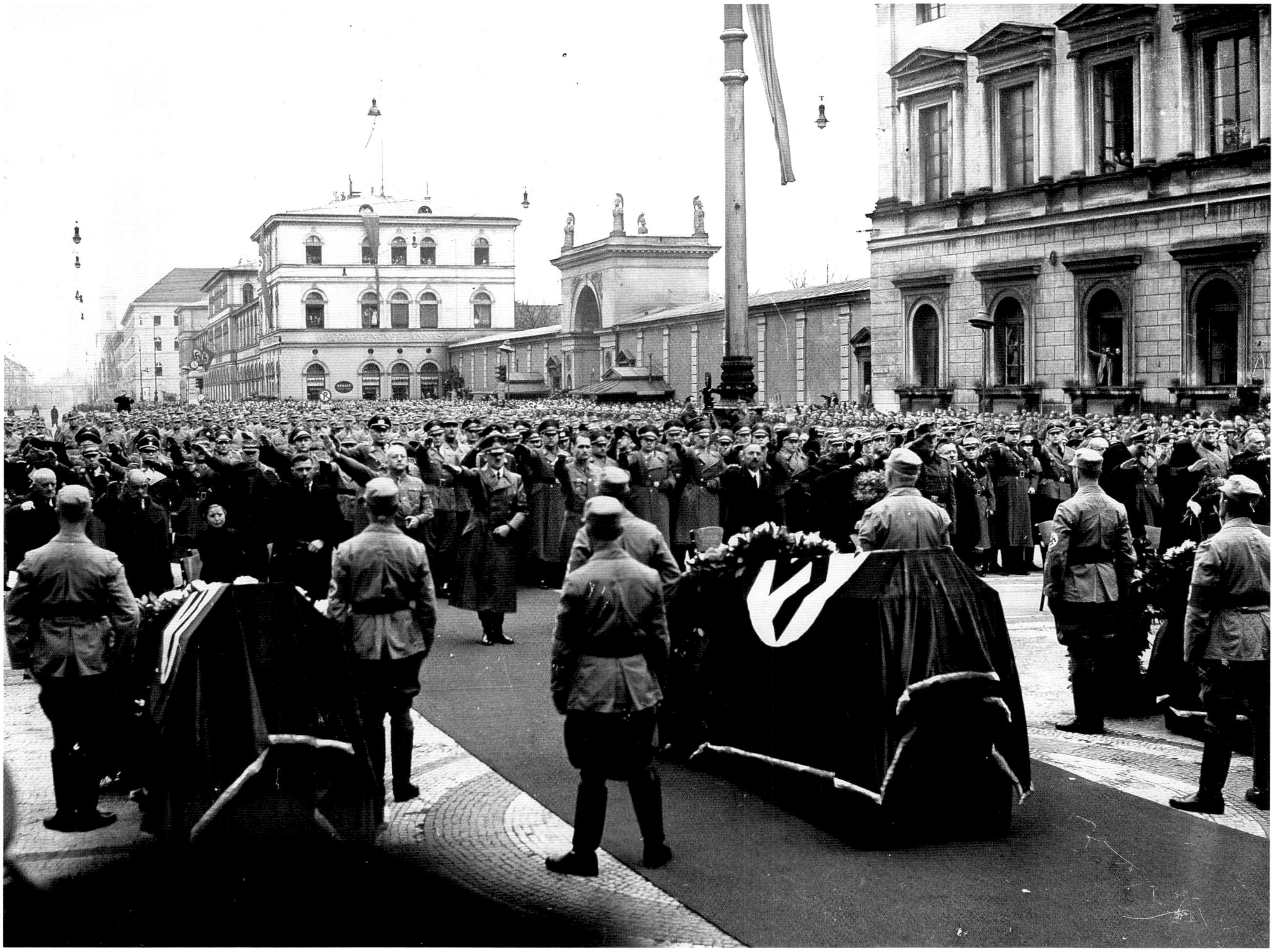

Staatsakt für die Opfer des Georg-Elser-Attentats am Odeonsplatz

Der Staatsakt für die Opfer wurde auf dem Odeonsplatz vor der Feldherrnhalle inszeniert. So versuchte die Propaganda, eine Verbindung mit den Toten des Hitler-Putsches von 1923 herzustellen.

Heinrich Hoffmann, 11. November 1939

Verhör Johann Georg Elsers im Reichssicherheitshauptamt Berlin

Die Ermittler der NSDAP glaubten zunächst nicht an die Einzeltäterschaft Elsers. In zahlreichen Verhören ließen sie ihn den Tathergang und die Bombe rekonstruieren, um die zunächst angenommene und propagandistisch ausgeschlachtete Beteiligung des britischen Geheimdiensts intern auszuschließen. Elser wurde ohne Prozess zunächst im Konzentrationslager Sachsenhausen, dann in Dachau inhaftiert und am 9. April 1945 dort hingerichtet.

Heinrich Hoffmann, 19.–23. November 1939

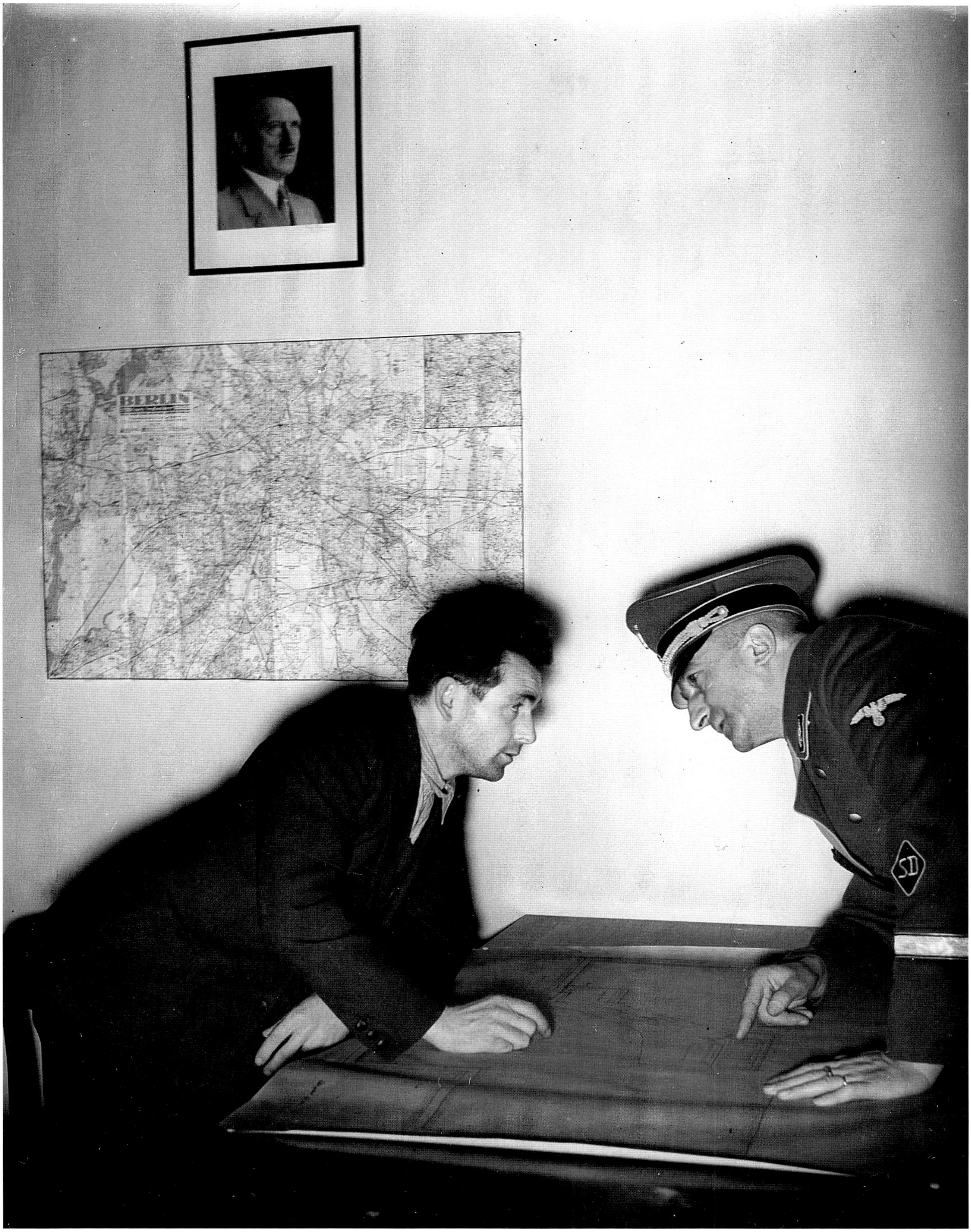
BERLIN
SD

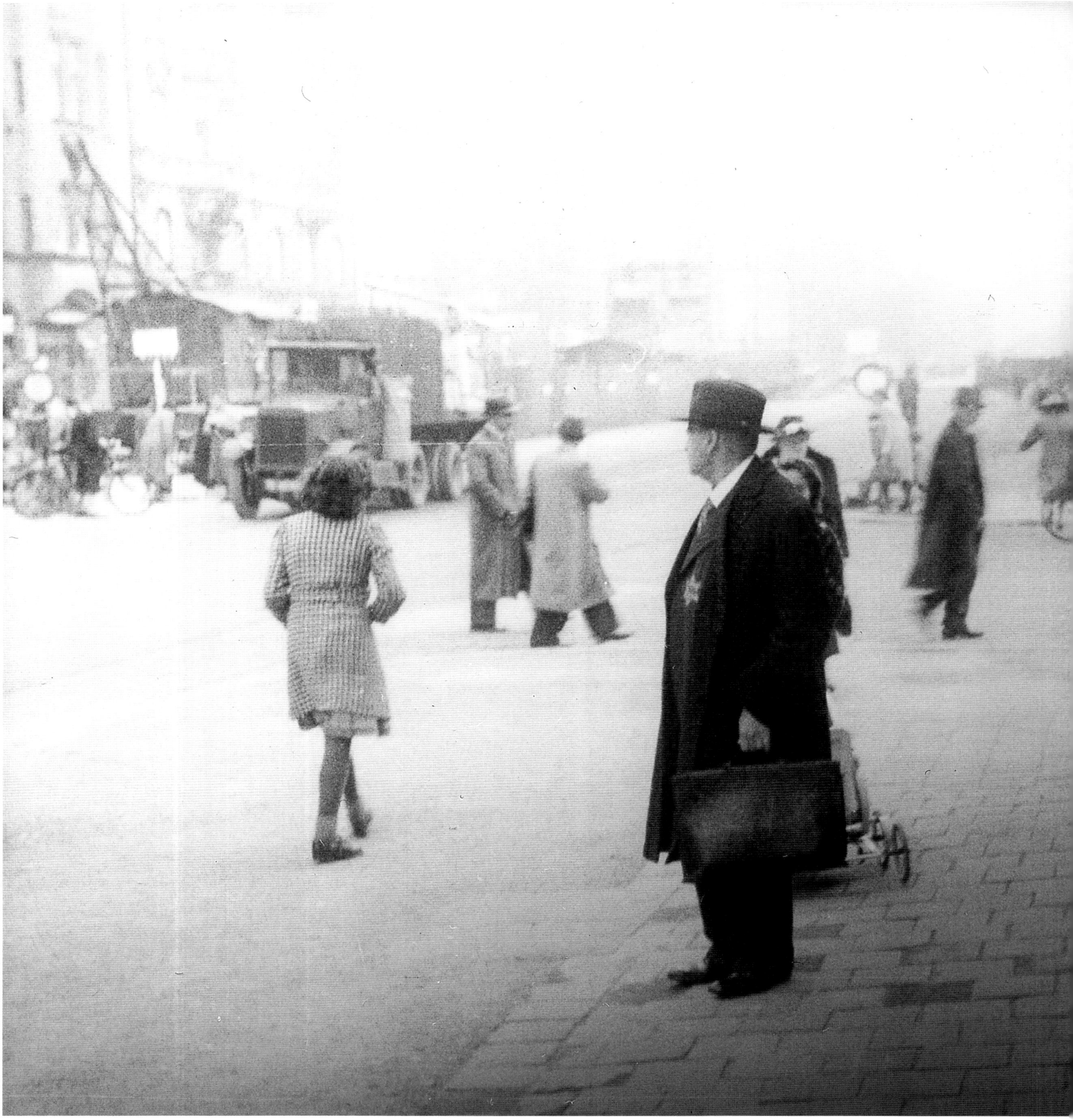

Ein Mann mit Davidstern in der Lindwurmstraße

Ab September 1941 mussten Juden im gesamten Reichsgebiet einen gelben Stern auf der Brust tragen. Diese Vorschrift machte die Ausgrenzung der jüdischen Bevölkerung für alle sichtbar und leistete dem antijüdischen Terror weiter Vorschub.

Heinrich Hoffmann (Firma), Oktober 1941

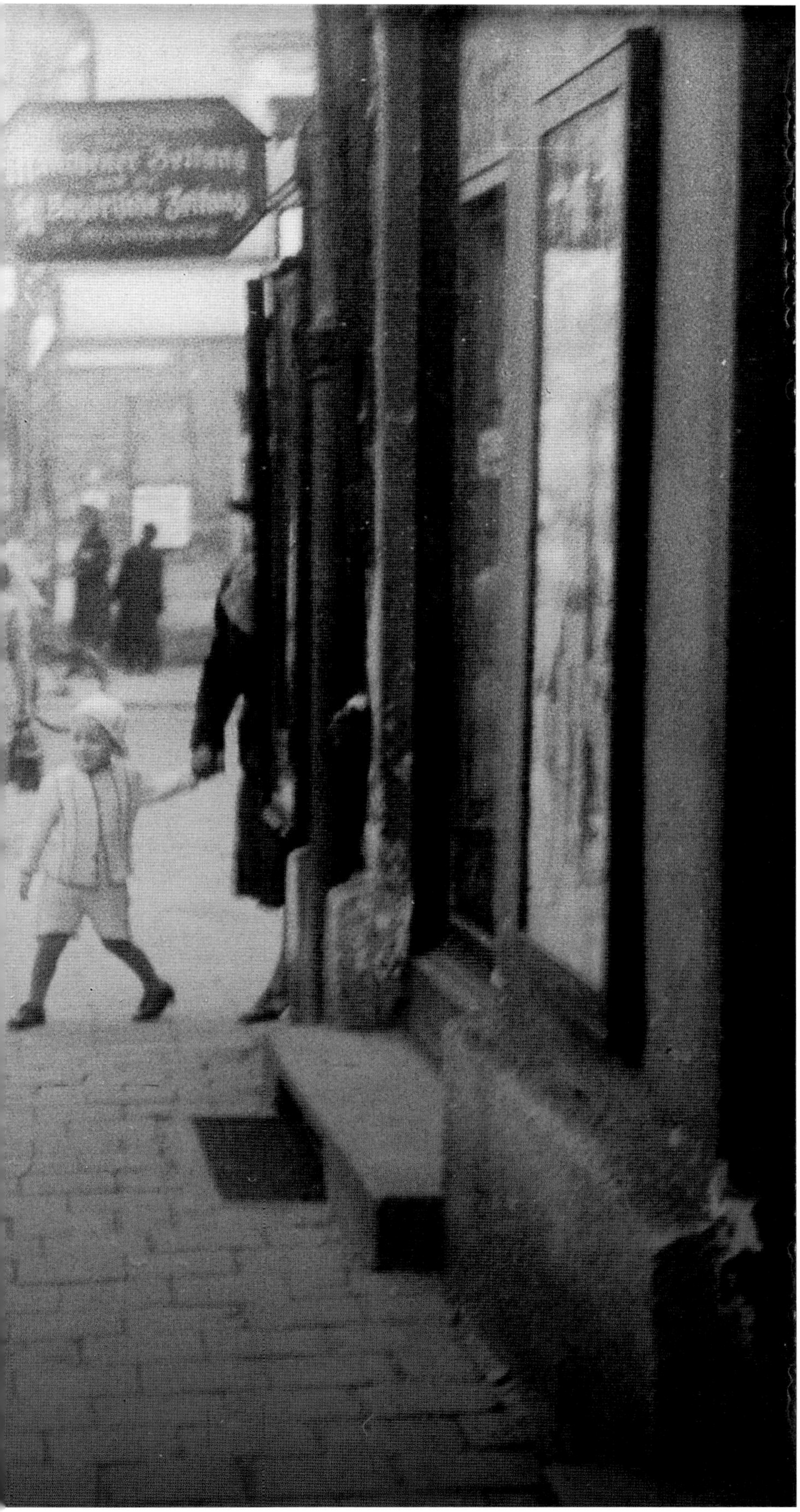

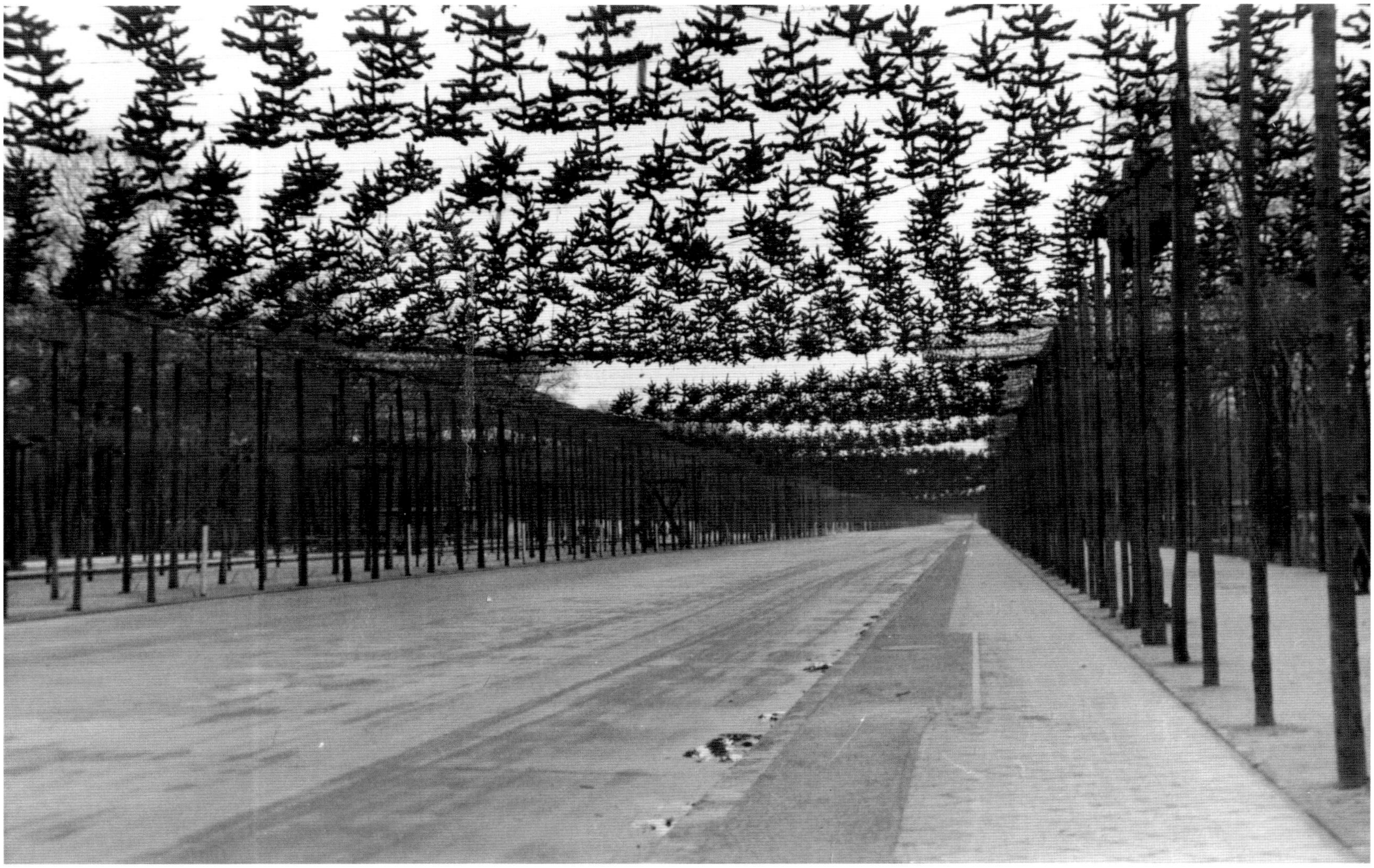

Tarnnetze über der Prinzregentenstraße

In der Prinzregentenstraße befanden sich das Bayerische Nationalmuseum und das neu errichtete Luftgaukommando. Im Luftkrieg wurden weitreichende Maßnahmen zur Tarnung von strategisch und kulturell bedeutenden Teilen der Stadt getroffen.

Georg Fruhstorfer, 1943/1944

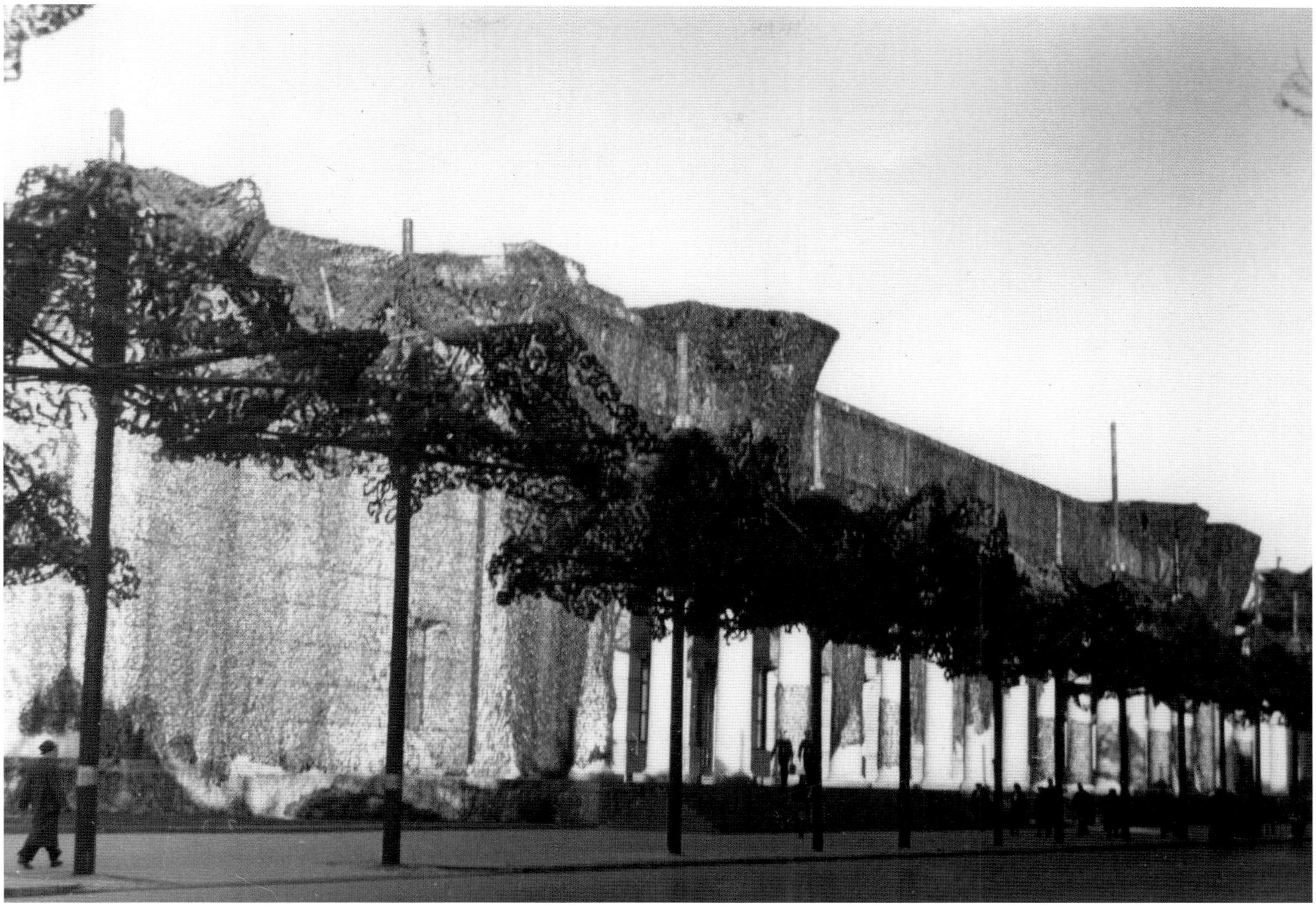

Das getarnte Haus der Kunst

Die 1943 oder 1944 entstandene Aufnahme zeigt das „Haus der Deutschen Kunst" an der Prinzregentenstraße mit Tarnnetzen. München war nicht nur wegen der kriegswirtschaftlichen Betriebe, sondern auch als „Hauptstadt der Bewegung" ein wichtiges Angriffsziel.

Georg Fruhstorfer, 1943/1944

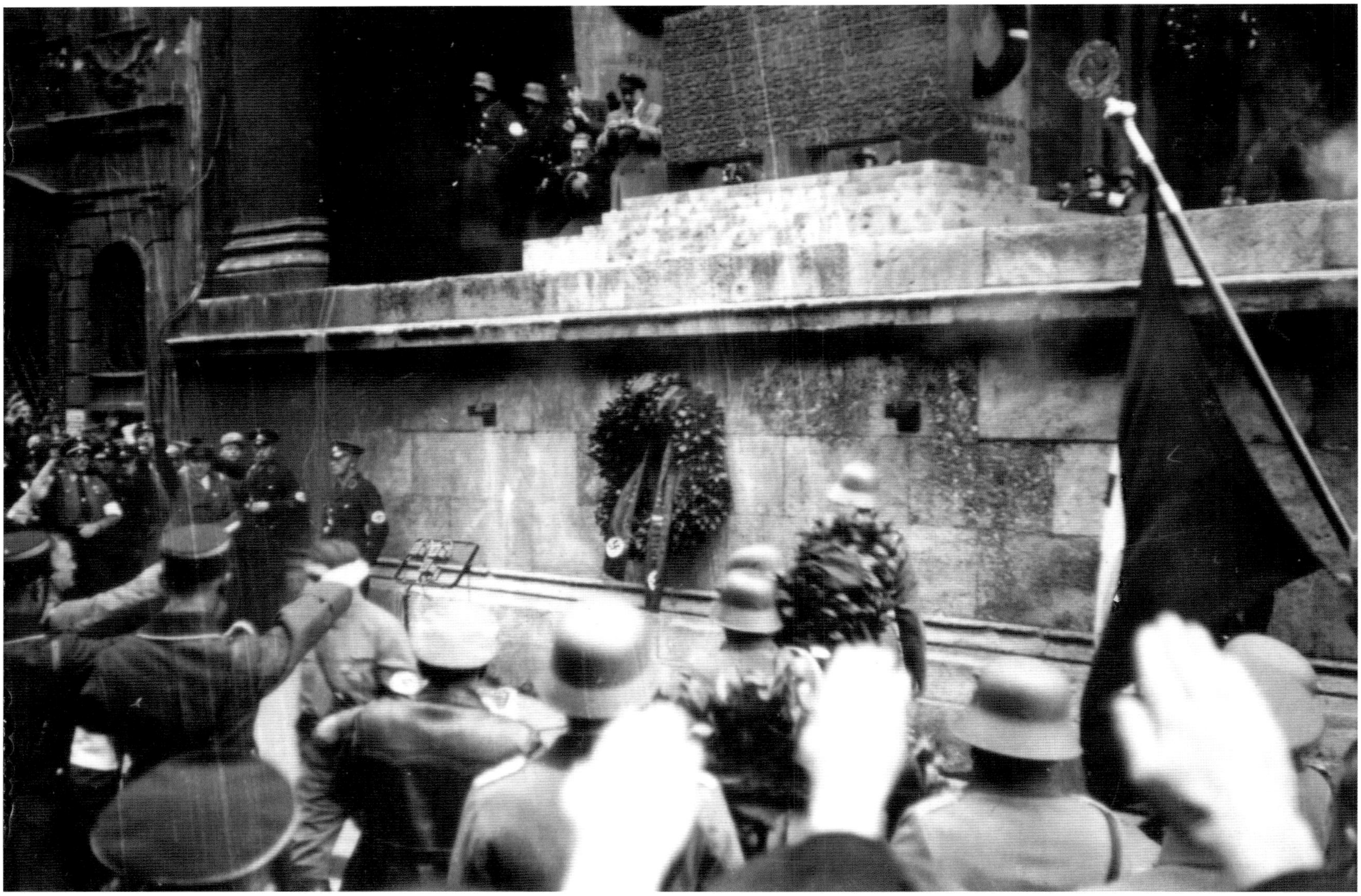

Gedenkfeier mit Kranzniederlegung am Ehrenmal an der Feldherrnhalle

Seit dem gescheiterten Putsch von 1923 war die Feldherrnhalle ein wichtiger Ort der NS-Propaganda. Auf einer 1933 angebrachten Tafel waren die getöteten Putschisten aufgeführt. Die Passanten waren zum „Hitlergruß" verpflichtet.

Heinrich Hoffmann, 8. November 1933

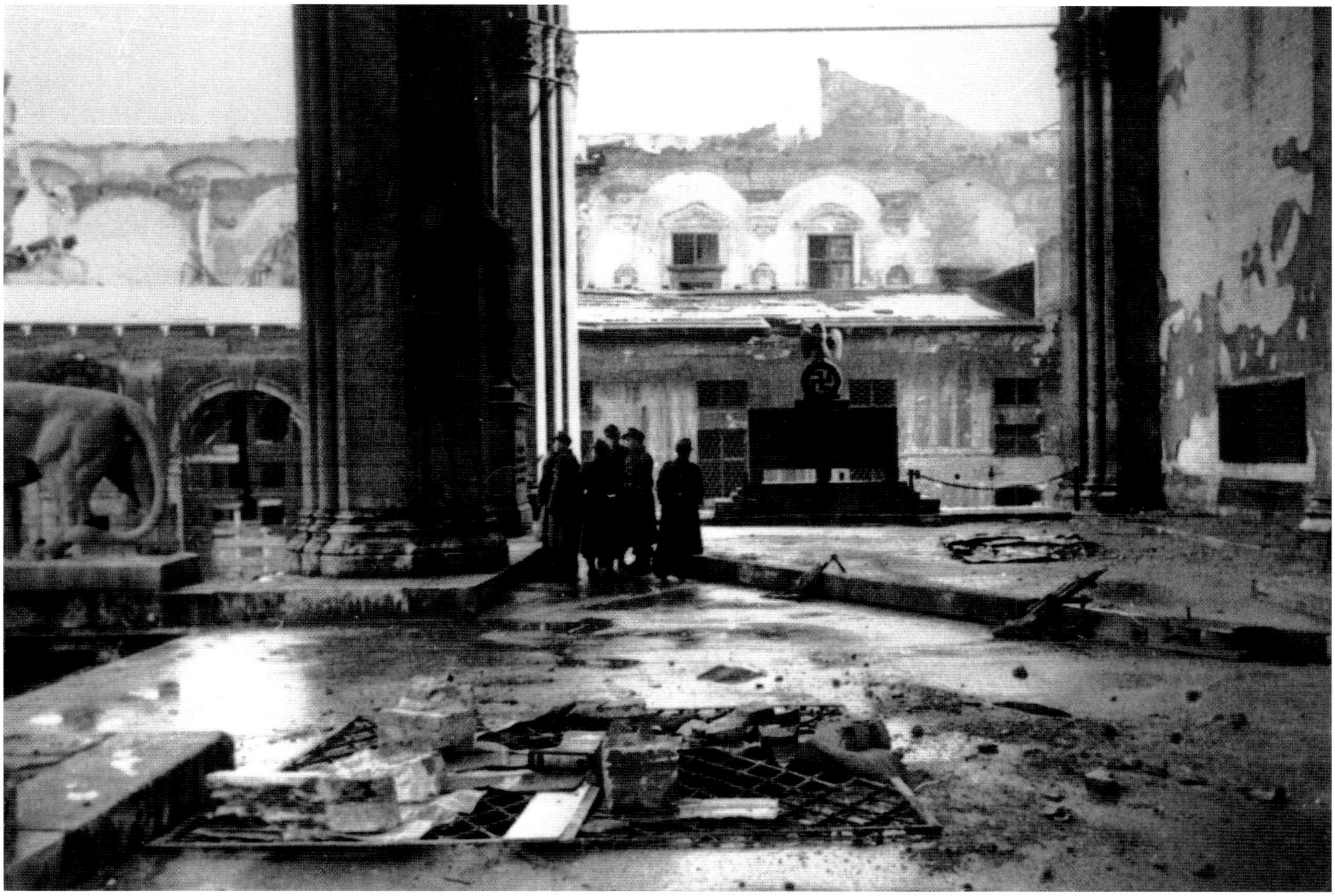

Die Feldherrnhalle, gezeichnet vom Bombenkrieg

Das Bild vom Herbst 1944 dokumentiert die Zerstörungen an der Münchner Residenz und der Feldherrnhalle. Noch zu diesem Zeitpunkt war zur Erinnerung an den Putsch von 1923 eine Kranzniederlegung durch Hitler geplant, die aber nicht mehr stattfand.

Tino Walz, Oktober/November 1944

KRIEGSZERSTÖRUNG UND WIEDERAUFBAU

Das zerstörte München und die Phase des Wiederaufbaus sind in mehreren Fotoarchiven und Sammlungen dokumentiert. Zwischen 1930 und 1954 fertigte der Bahnbeamte und Hobbyfotograf Johann Vorzellner (1908–1960) mehr als 1400 Aufnahmen von München an.
Der im Wiederaufbaureferat der Stadt tätige Dr. Helmut Koenig (1908–1999) trug für eine Publikation Bilder von zumeist unbekannten Fotografen zusammen, die die Bibliothek 1999 als Geschenk erhielt.
Die zerstörte Residenz hielt der Schweizer Architekt Tino Walz (1913–2008) im Bild fest. Er war ab 1946 Leiter der Bayerischen Verwaltung der staatlichen Schlösser, Gärten und Seen und bis 1953 für den Wiederaufbau der Münchner Residenz zuständig. Sein Archiv umfasst 1000 Aufnahmen.
Bilder der zerstörten Stadt, zum Wiederaufbau und zum Alltagsleben nach dem Krieg finden sich auch im umfangreichen Archiv von Georg Fruhstorfer (1915–2003).

Tino Walz
Fotoarchiv Tino Walz, 1945

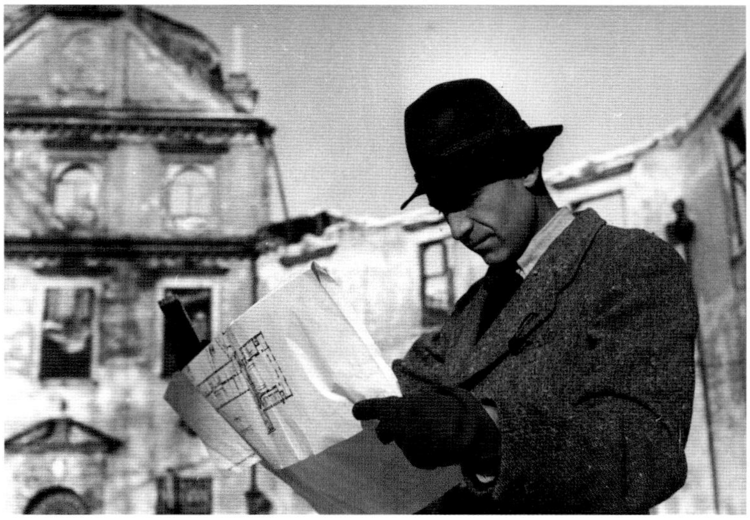

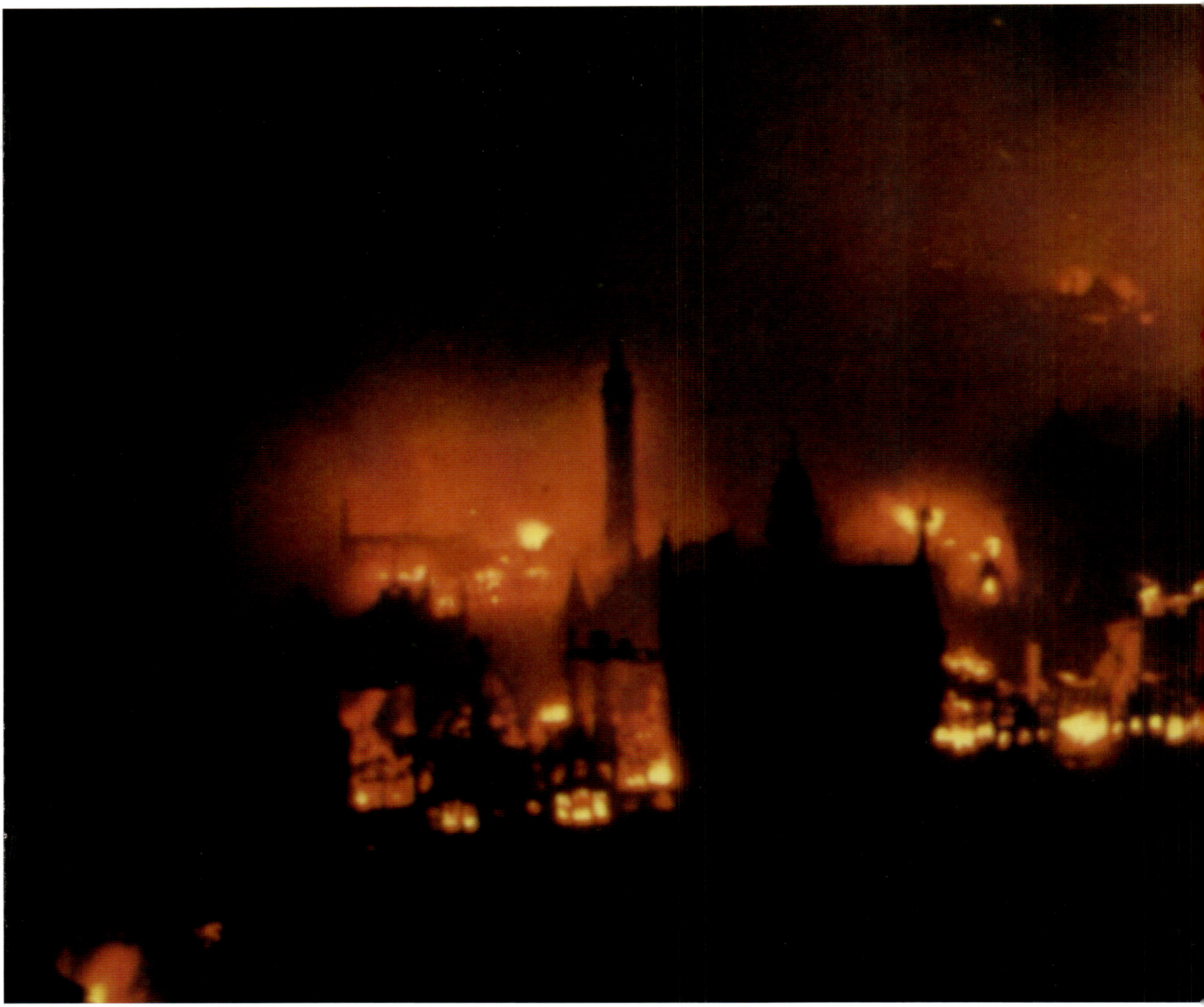

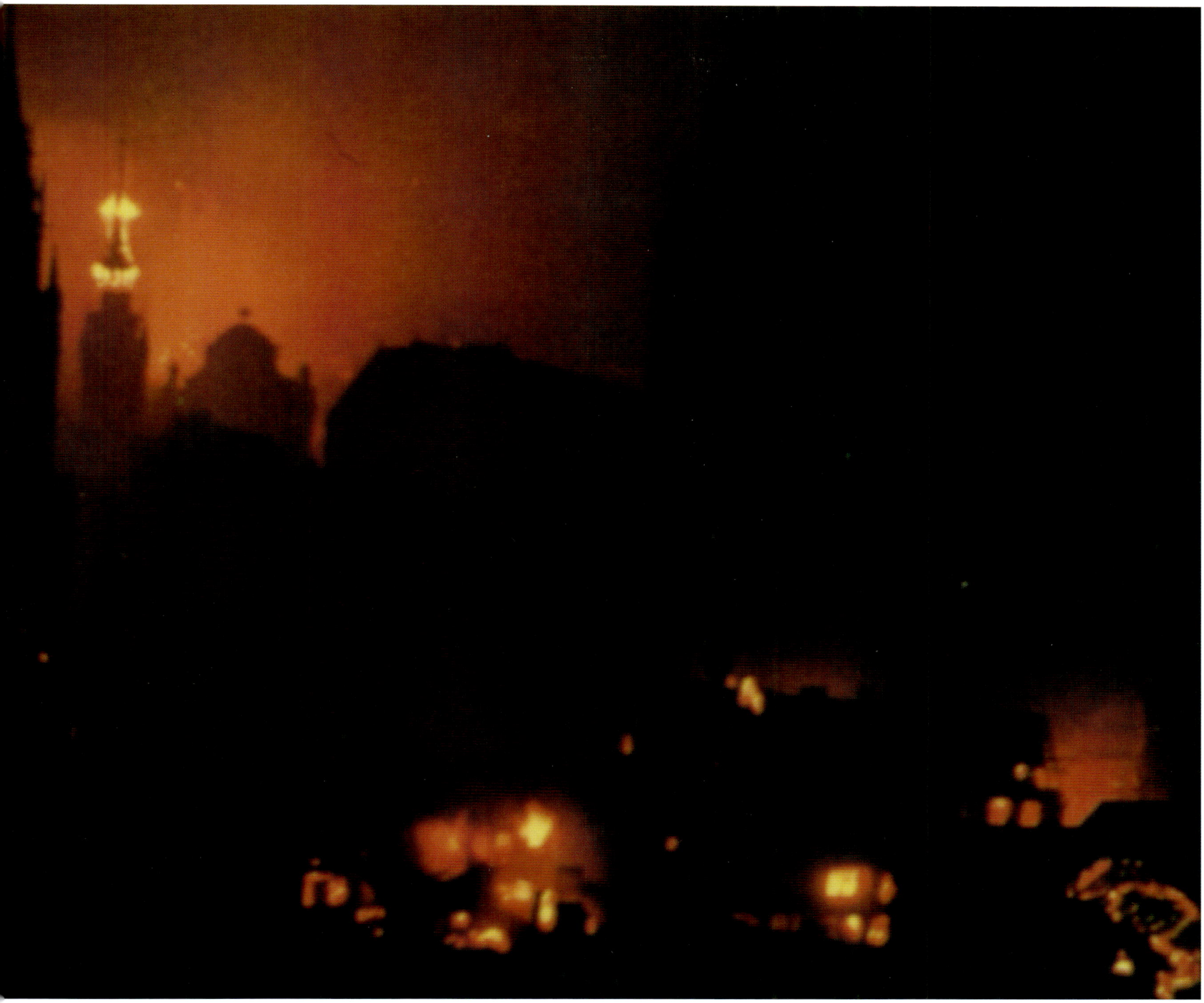

Trotz strengen Verbots fotografierte Tino Walz 1944 nach einem Luftangriff das brennende Stadtzentrum

Die „Hauptstadt der Bewegung" war auch aus propagandistischen Gründen 1944 mehrfach das Ziel von britischen und amerikanischen Bomberflotten.

Tino Walz, 1944

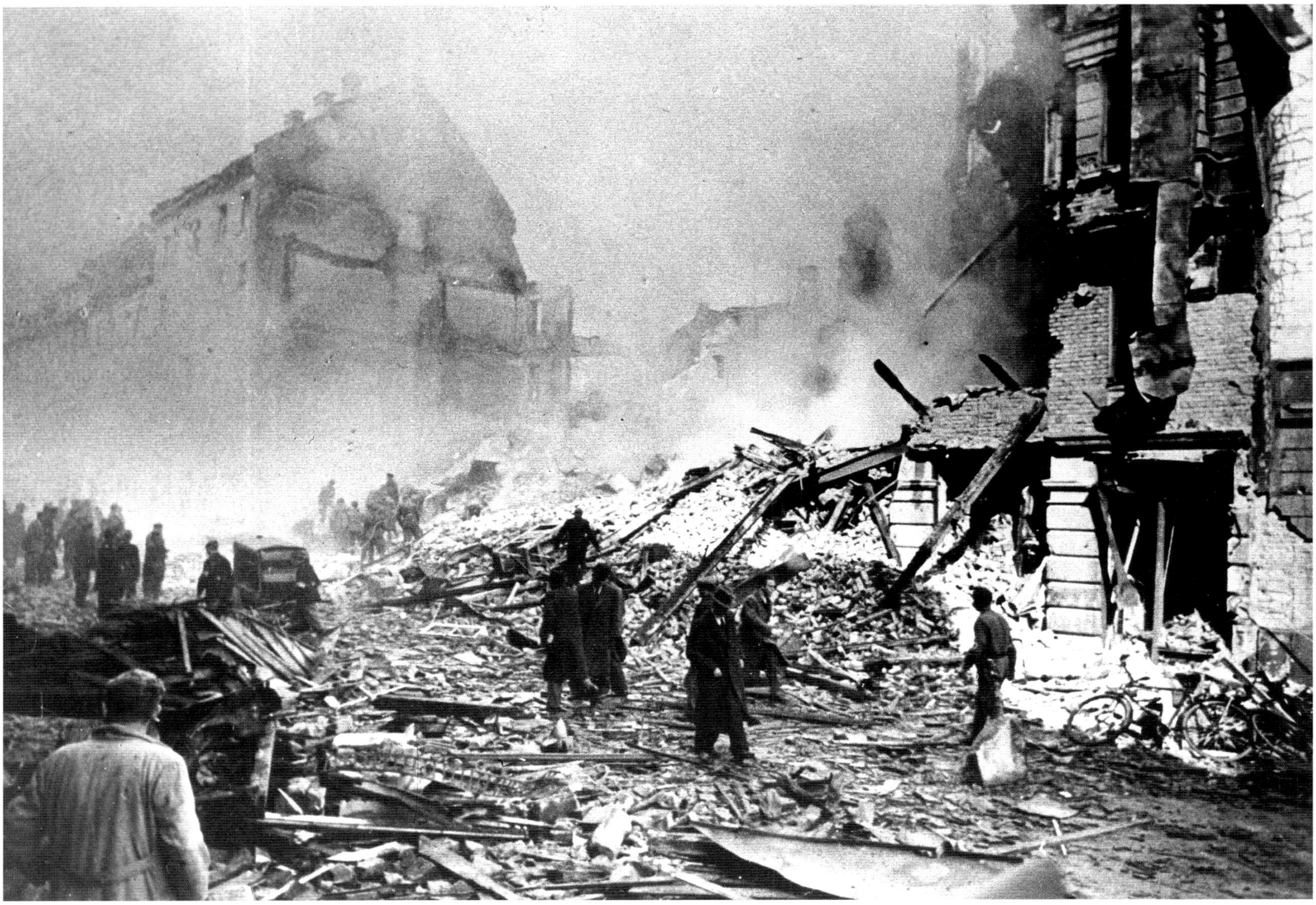

Feuerwehrmänner und Passanten nach einem Luftangriff in den Trümmern der Schellingstraße

Die Angriffe vom 9. und 10. März 1943 durch Bomber der Royal Air Force hatten ursprünglich das BMW-Werk in Milbertshofen zum Hauptziel.

Unbekannter Fotograf, Fotoarchiv Koenig, 10. März 1943

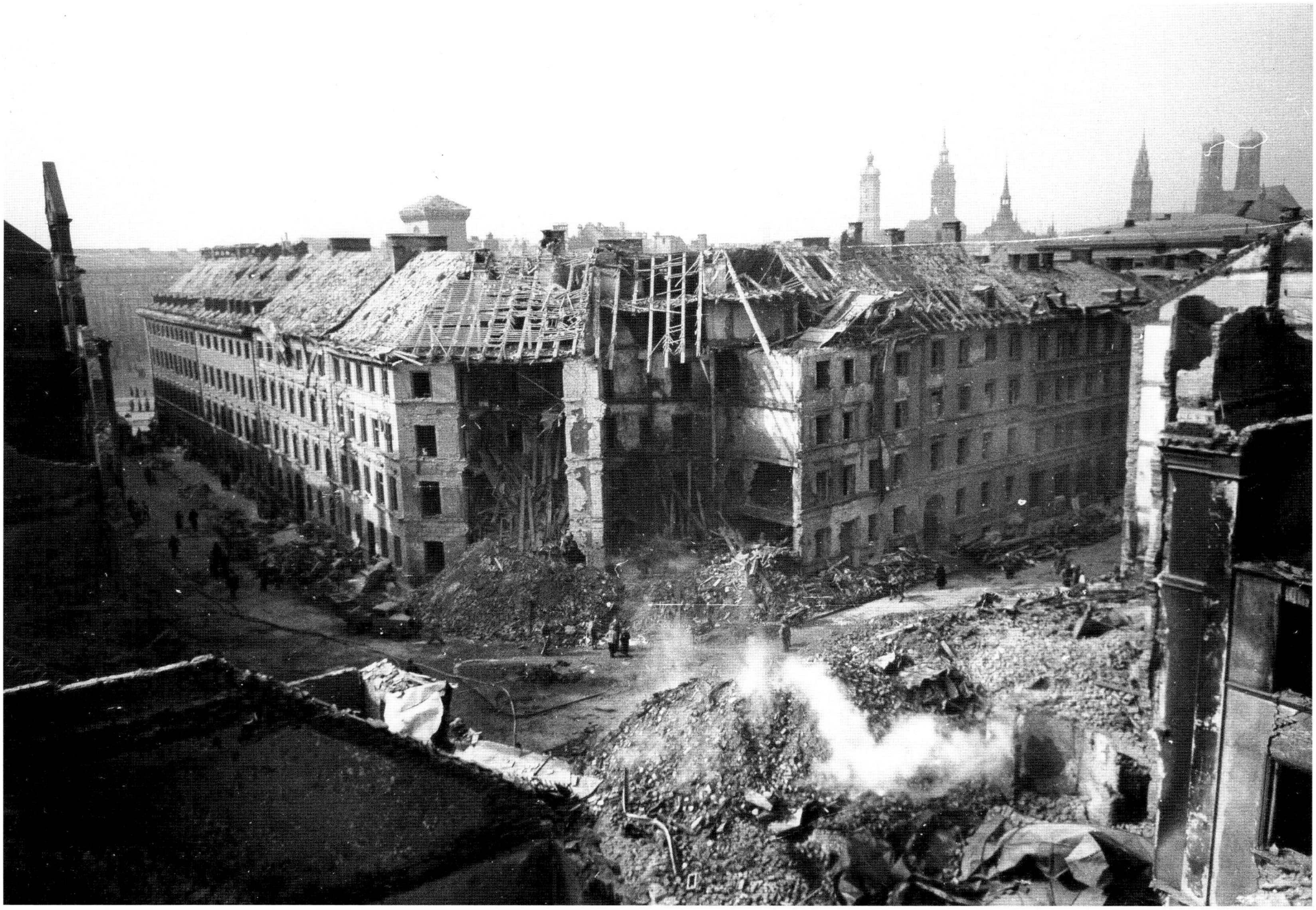

Von Bomben zerstörte Gebäude an der Ecke Thomas-Wimmer-Ring und Herrnstraße nach einem Luftangriff

Die Aufnahme zeigt Schäden des Nachtangriffs britischer Bomber vom 2. Oktober 1943, bei dem fast tausend Tonnen Bomben abgeworfen wurden.

Unbekannter Fotograf, Fotoarchiv Koenig, 3. Oktober 1943

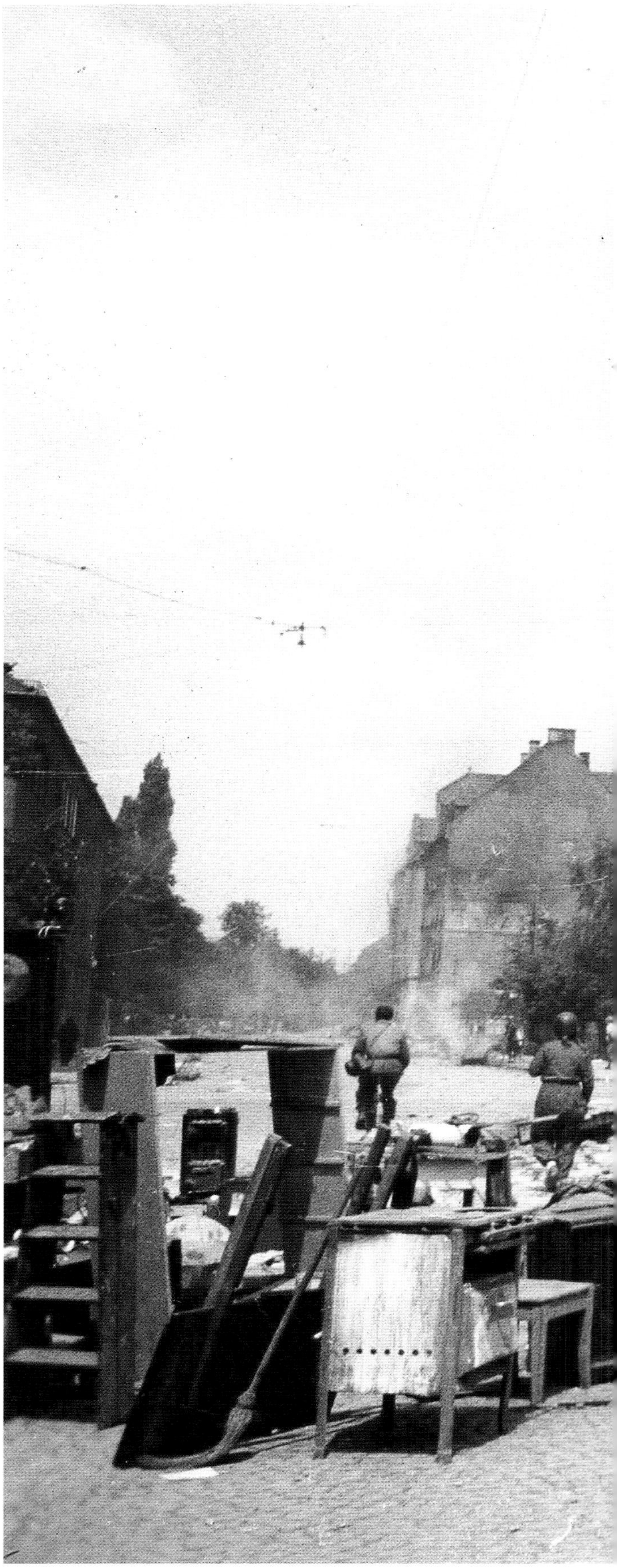

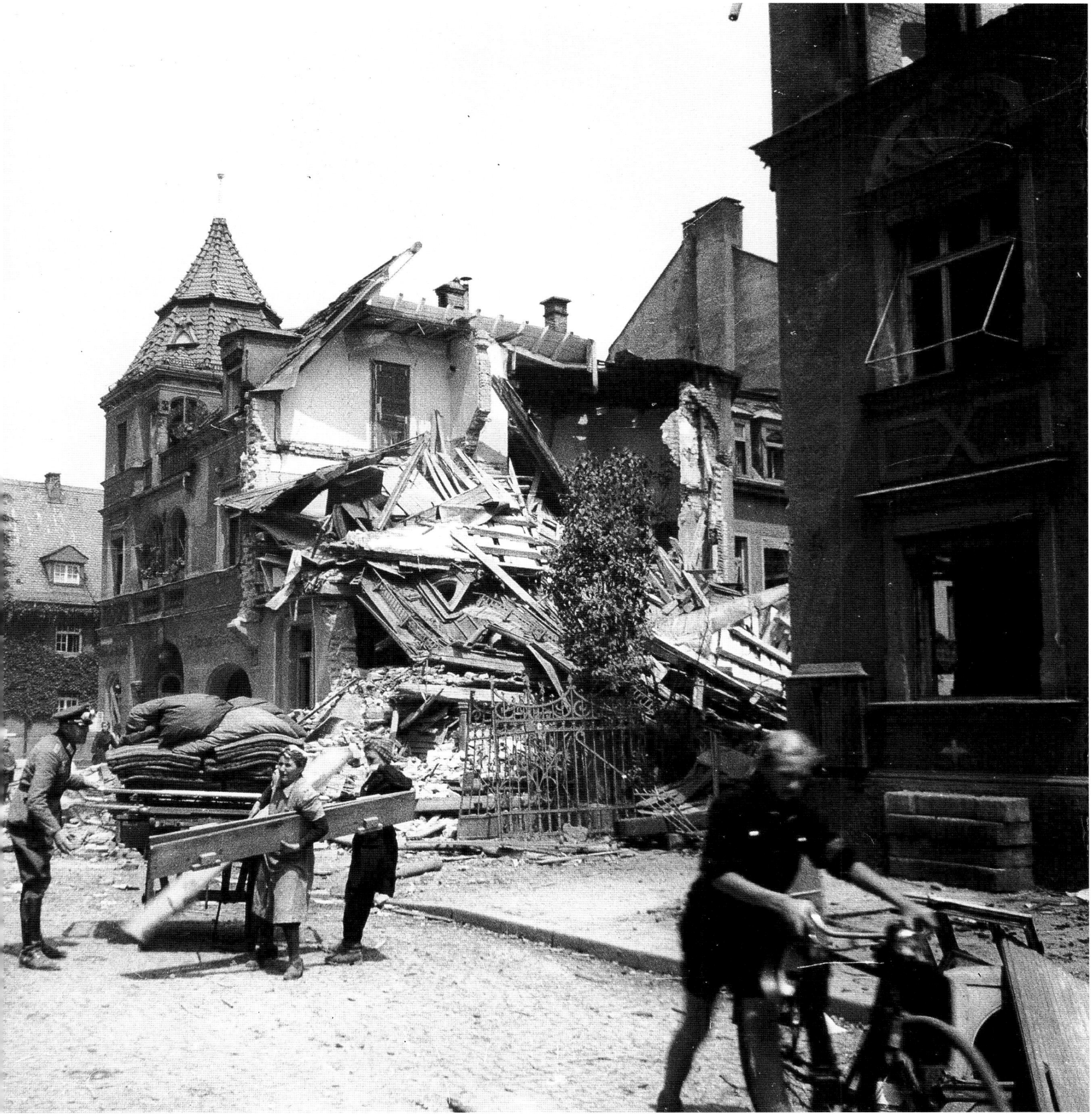

Bombenschäden in der Frundsbergstraße

Am 11., 12. und 13. Juli 1944 griff die US-amerikanische Luftwaffe mit jeweils über 1000 Bombern Ziele in München an. Das Bild zeigt Zerstörungen im Stadtteil Neuhausen.

Unbekannter Fotograf, Fotoarchiv Koenig, 12. Juli 1944

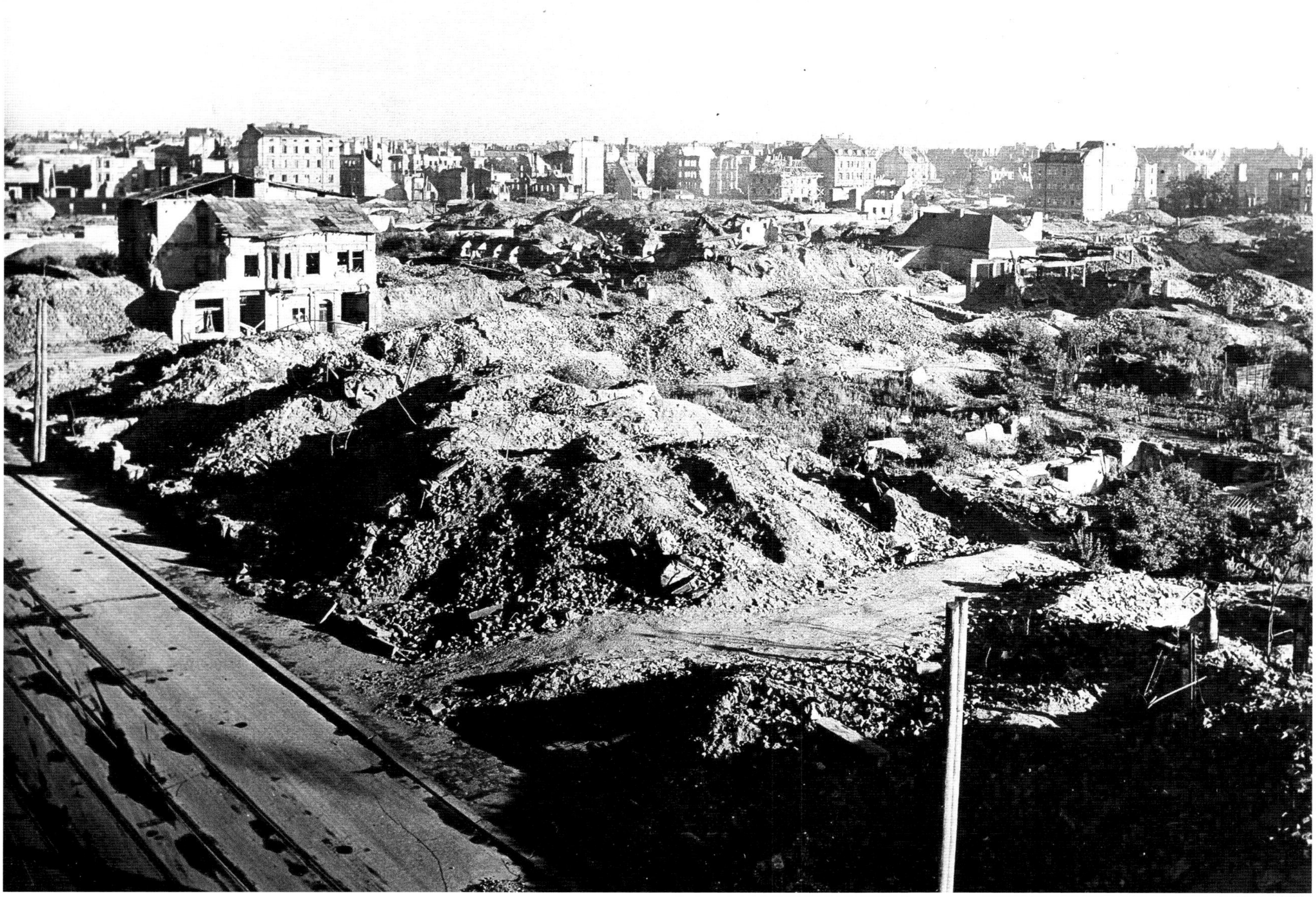

Die zerstörte Maxvorstadt von der Theresienstraße aus gesehen

Als Folge der Luftangriffe durch die alliierten Bomber war im Stadtgebiet von München etwa die Hälfte der Gebäude zerstört oder schwer beschädigt.

Unbekannter Fotograf, Fotoarchiv Koenig, 1945/1946

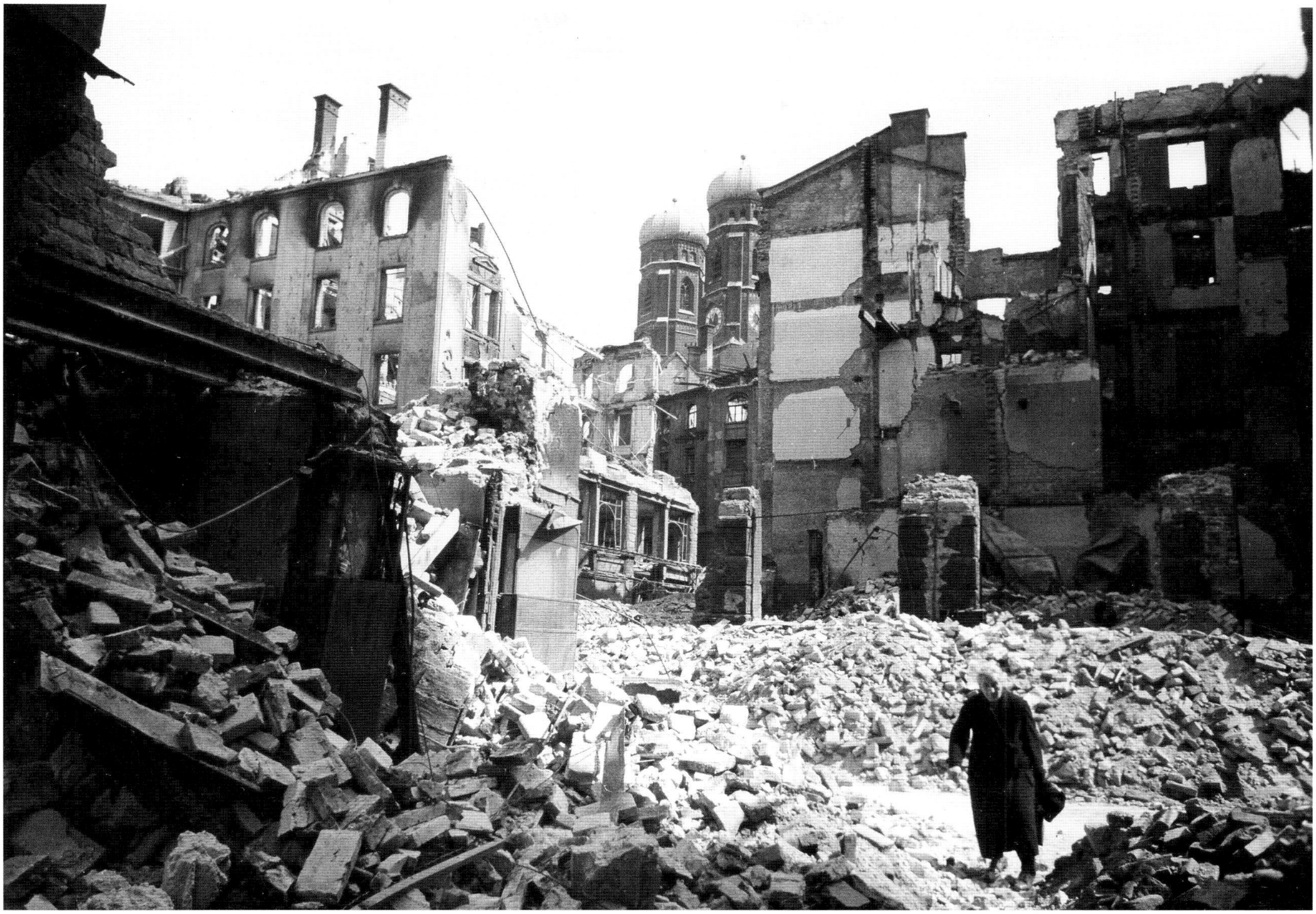

Eine alte Frau bahnt sich am Altheimer Eck ihren Weg durch die Trümmer der Münchner Innenstadt

Der Münchner Stadtkern mit seiner historischen Bausubstanz war bei Kriegsende zu fast 90% zerstört.

Unbekannter Fotograf, Fotoarchiv Koenig, 24. April 1944

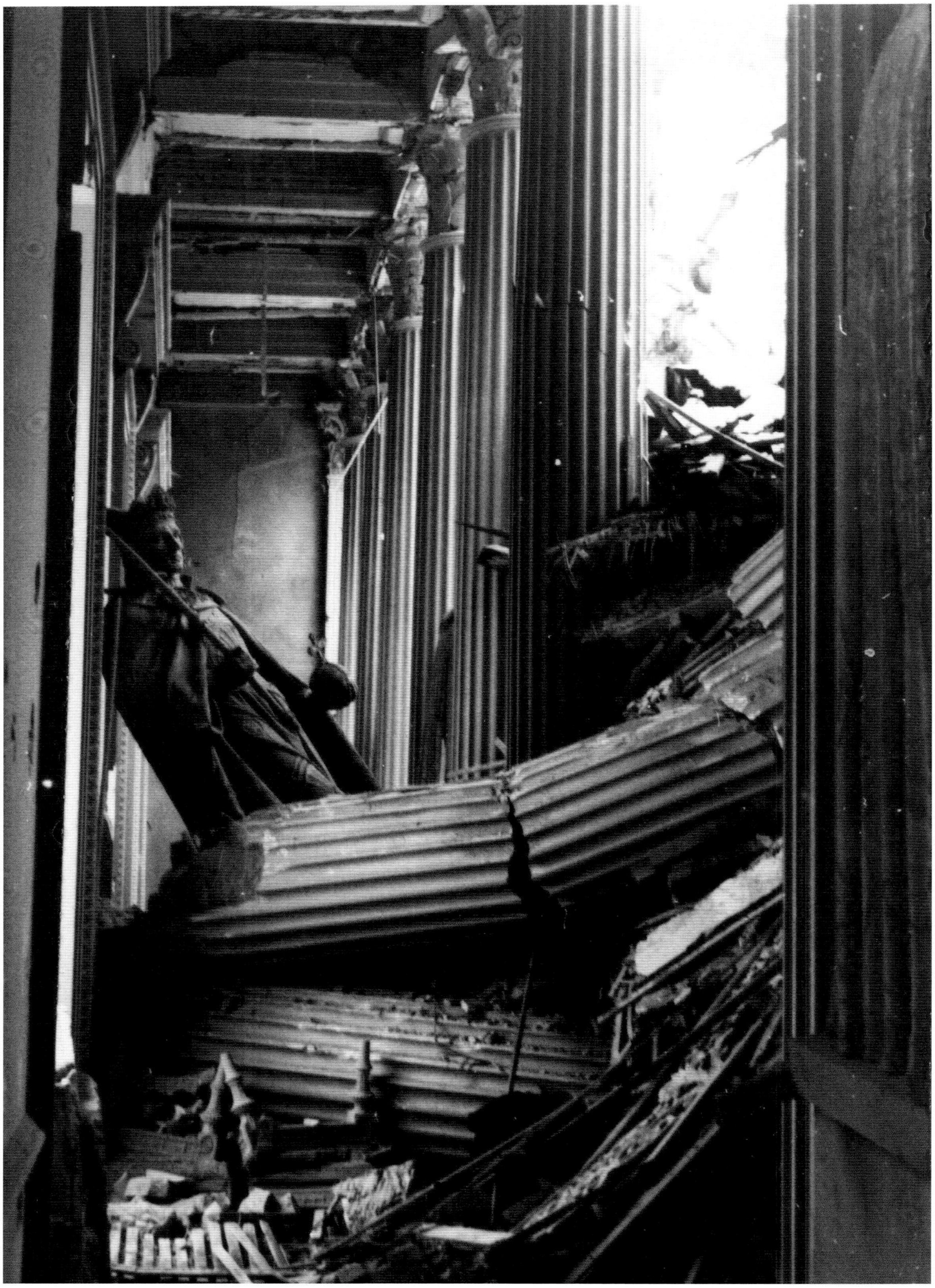

Der zerstörte Thronsaal der Residenz

Der Bayerische Rundfunk unterstützte den Wiederaufbau der Residenz mit einer großzügigen Spende. Bedingung war die Errichtung eines neuen Konzertsaals als Ersatz für das zerstörte Odeon. Im ehemaligen Thronsaal wurde ein Konzertsaal, der Herkulessaal, eingerichtet.

Tino Walz, 1944/1945

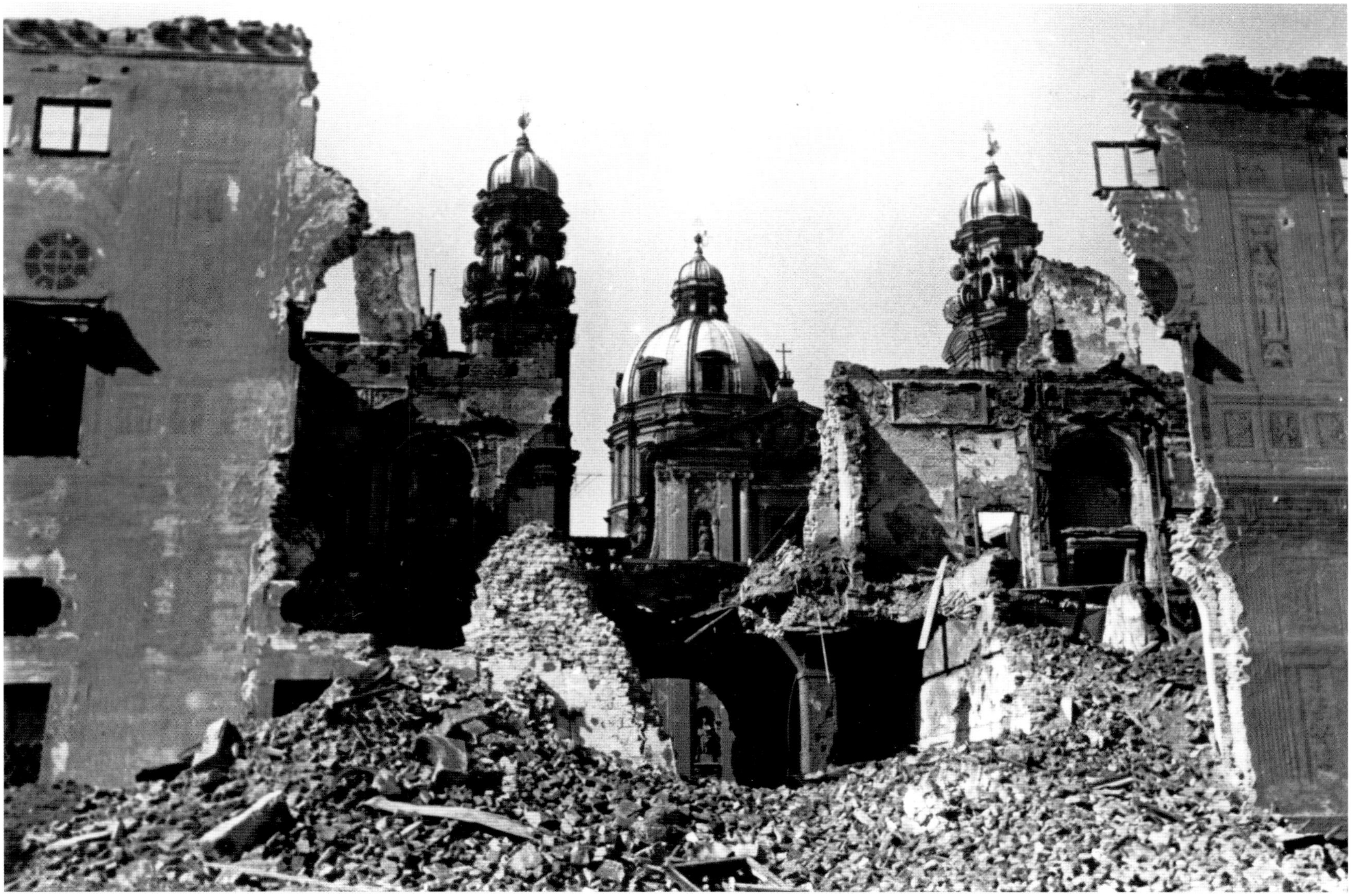

Der Blick auf die Theatinerkirche durch die Ruinen der Residenz

Die Residenz wurde vor allem durch die Luftangriffe 1944 schwer beschädigt. Die Dachflächen der Gebäude wurden fast vollständig zerstört.

Tino Walz, 1944/1945

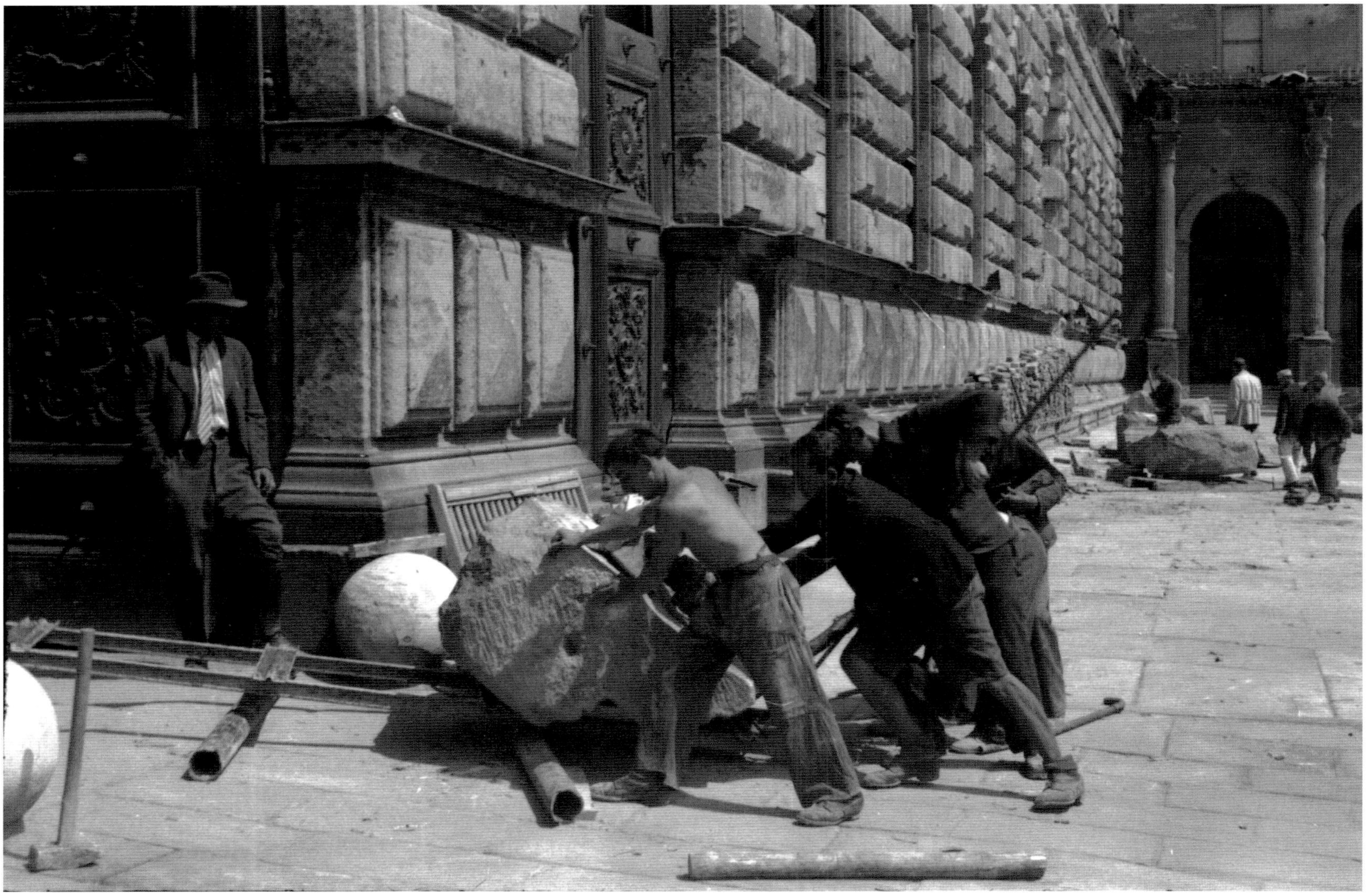

Wiederaufbau der zerstörten Residenz

Die Inneneinrichtung samt Mobiliar, Wand- und Deckenverkleidung war bereits zu Kriegsbeginn größtenteils ausgelagert worden. Das ermöglichte einen Wiederaufbau in der heutigen Form, den der Architekt Tino Walz, der auch dieses Foto machte, federführend leitete.

Tino Walz, 1945

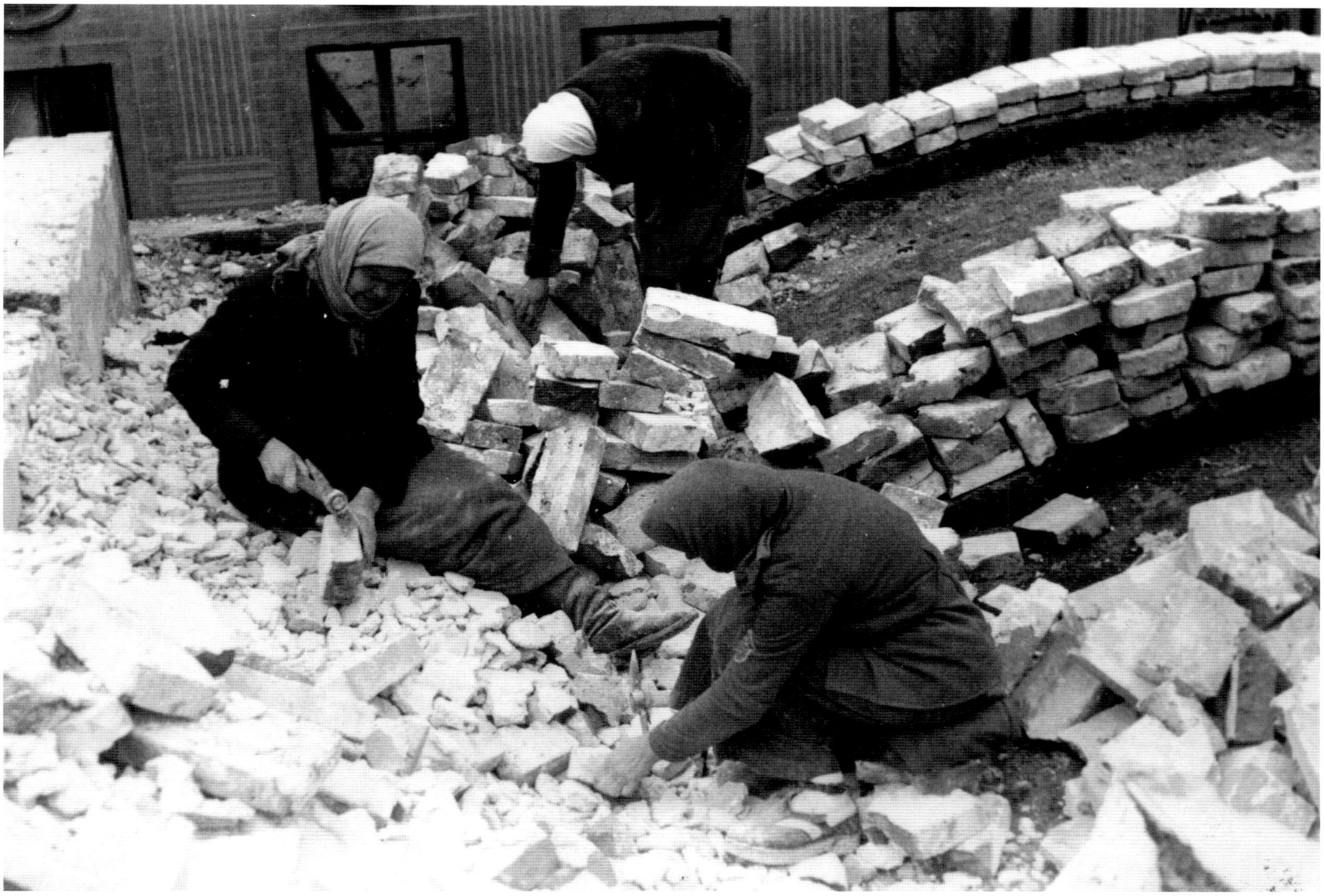

Fremdarbeiterinnen aus Osteuropa beim Wiederaufbau der Residenz

Laut Tino Walz wurden auch Fremdarbeiterinnen aus Russland zu Räumarbeiten während des Krieges zwangsverpflichtet. Viele von ihnen haben sich nach Kriegsende freiwillig am Wiederaufbau beteiligt.

Tino Walz, 1945

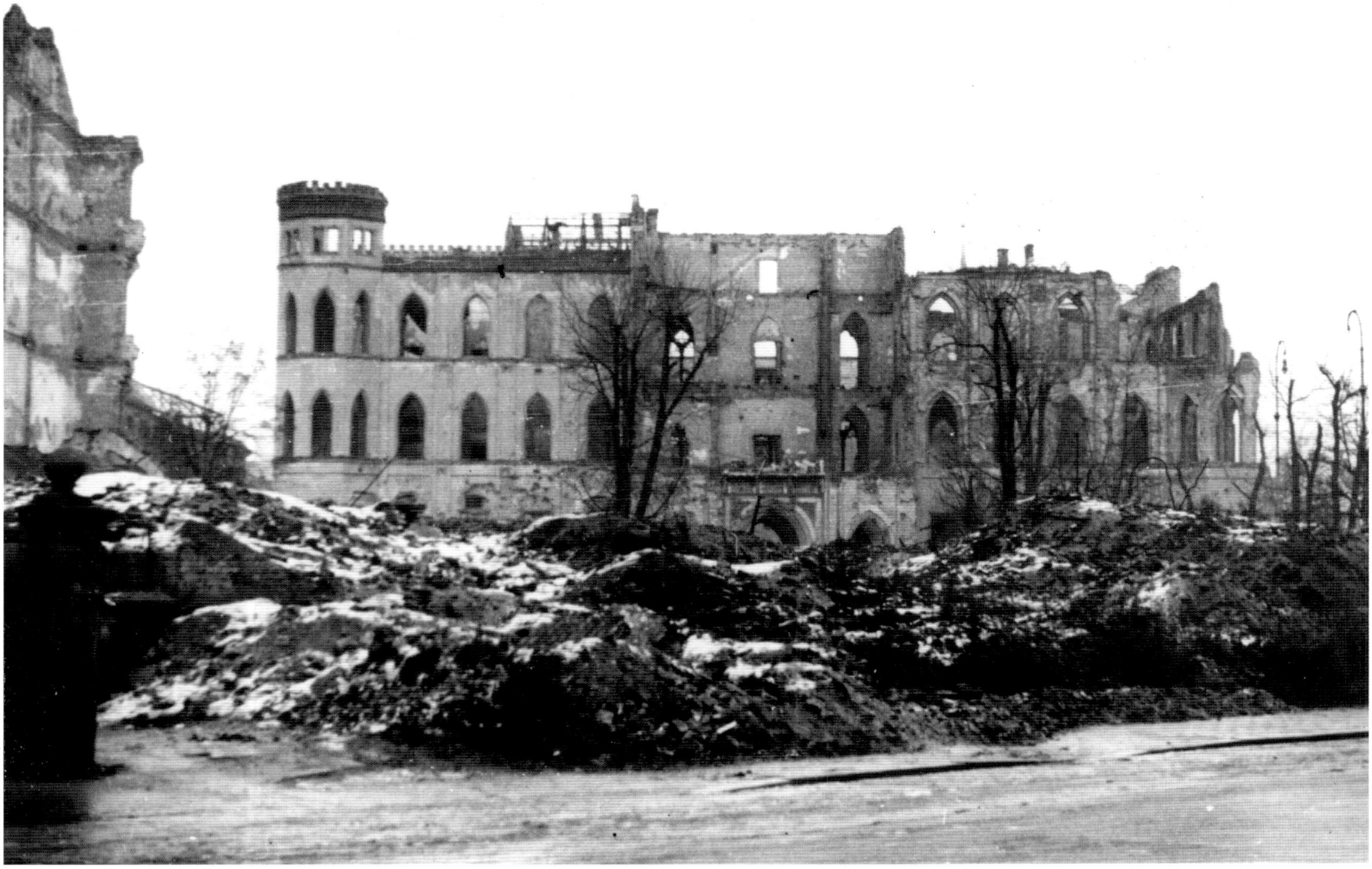

Wittelsbacher Palais

Das von 1843 bis 1848 von Friedrich von Gärtner errichtete Palais war ab 1933 Hauptquartier der Gestapo. 1944 ausgebrannt, wurde es 1964 ganz abgerissen. Heute erinnert eine Gedenktafel an die Geschichte des Gebäudes an der Brienner- / Ecke Türkenstraße.

Johann Vorzellner, nach 1944

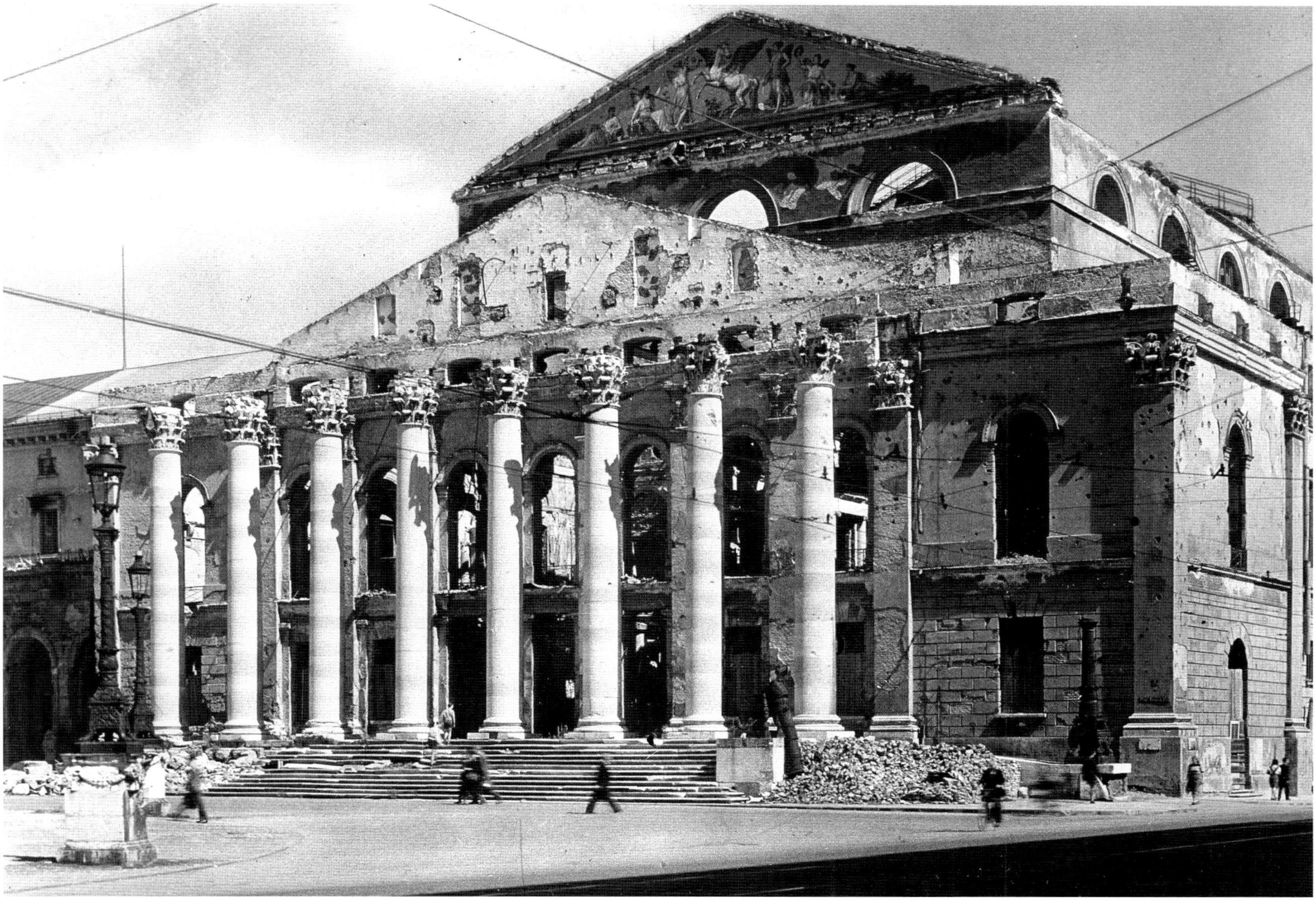

Die Fassade des ausgebrannten Nationaltheaters

Das „Königliche Hof- und Nationaltheater" wurde 1943 durch einen Luftangriff bis auf die Außenmauern zerstört. Der Wiederaufbau dauerte bis 1963.

Unbekannter Fotograf, Fotoarchiv Koenig, 1945/1946

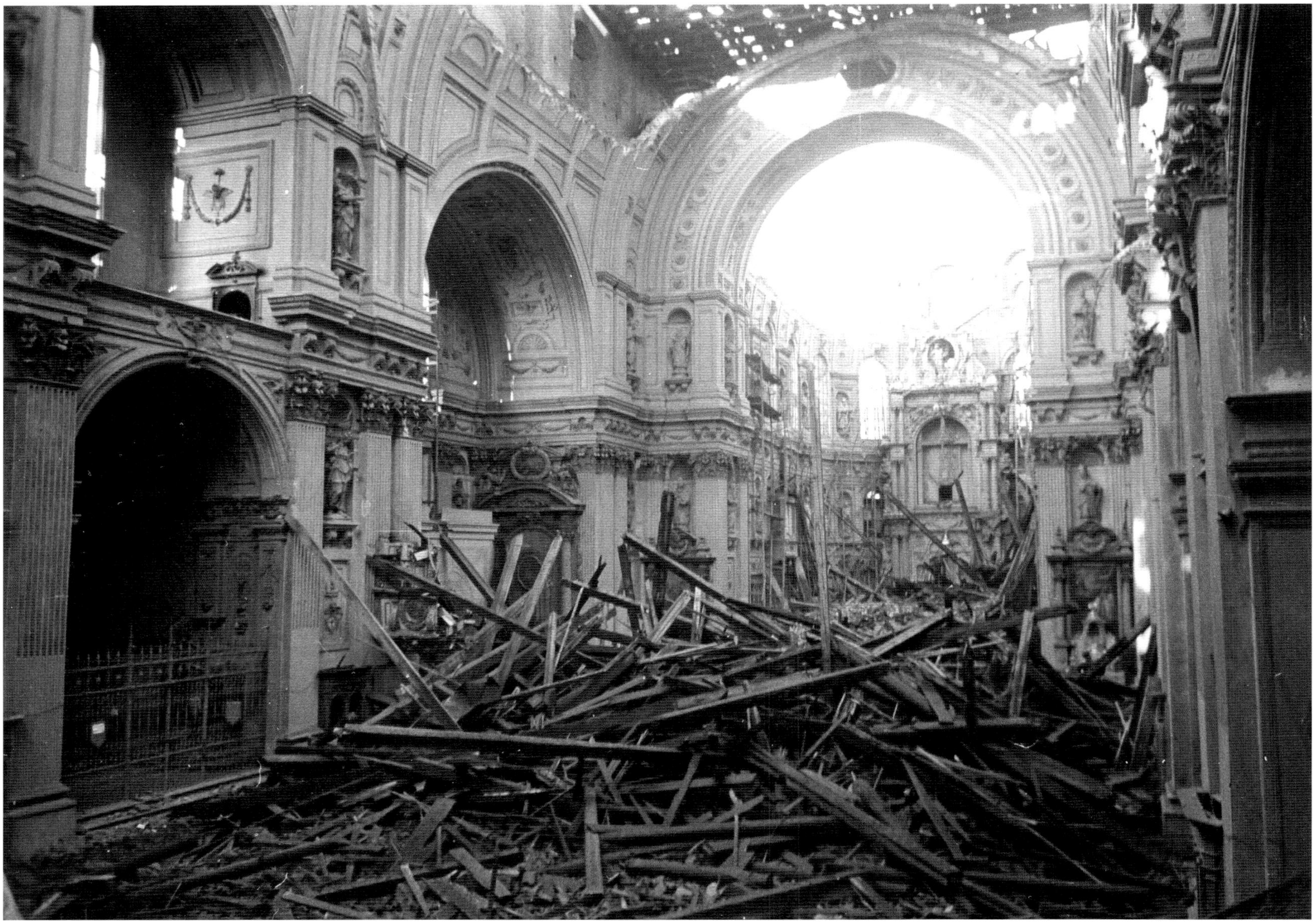

Zerstörung im Innenraum von St. Michael

Bei den Luftangriffen 1944 stürzte das wuchtige Tonnengewölbe, das zweitgrößte freitragende Gewölbe der Welt, ein. Beim Wiederaufbau wurde es rekonstruiert.

Unbekannter Fotograf, Fotoarchiv Koenig, 22. November 1944

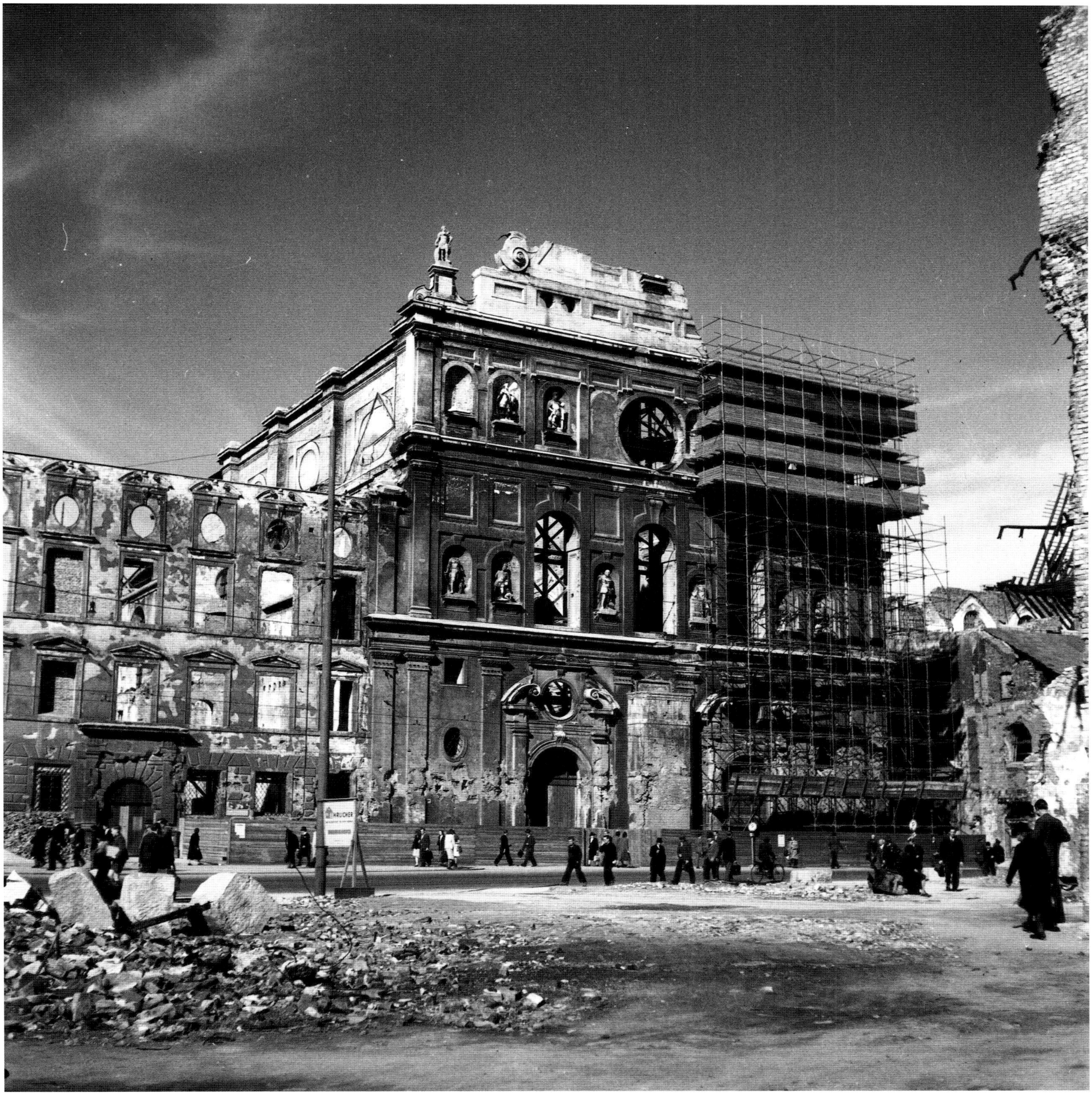

Die Ruine der Kirche St. Michael und das angrenzende Akademiegebäude

Die Ende des 16. Jahrhunderts errichtete Kirche in der Neuhauser Straße wurde 1944 durch mehrere Luftangriffe stark zerstört. Der Wiederaufbau erfolgte in den ersten Nachkriegsjahren.

Georg Fruhstorfer, Januar 1948

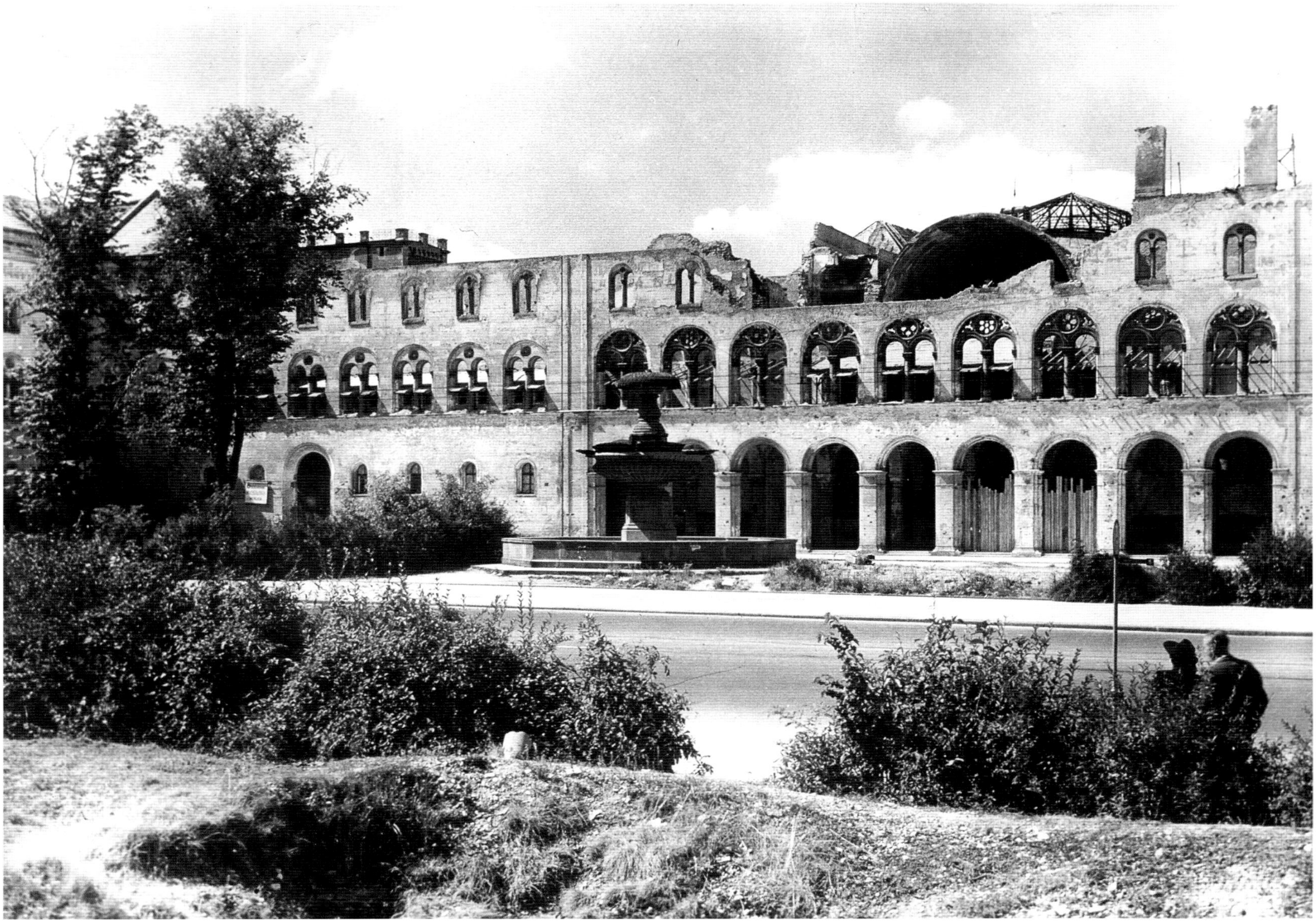

Bombenschäden am Hauptgebäude der Ludwig-Maximilians-Universität

Das Hauptgebäude der Ludwig-Maximilians-Universität in der Ludwigstraße war bei Kriegsende zu fast 80 % zerstört. Erst 1958 wurde der Lichthof, die zentrale Stätte des Widerstands der Weißen Rose um die Geschwister Scholl gegen den Nationalsozialismus, wieder eingeweiht.

Unbekannter Fotograf, Fotoarchiv Koenig, 1945/1946

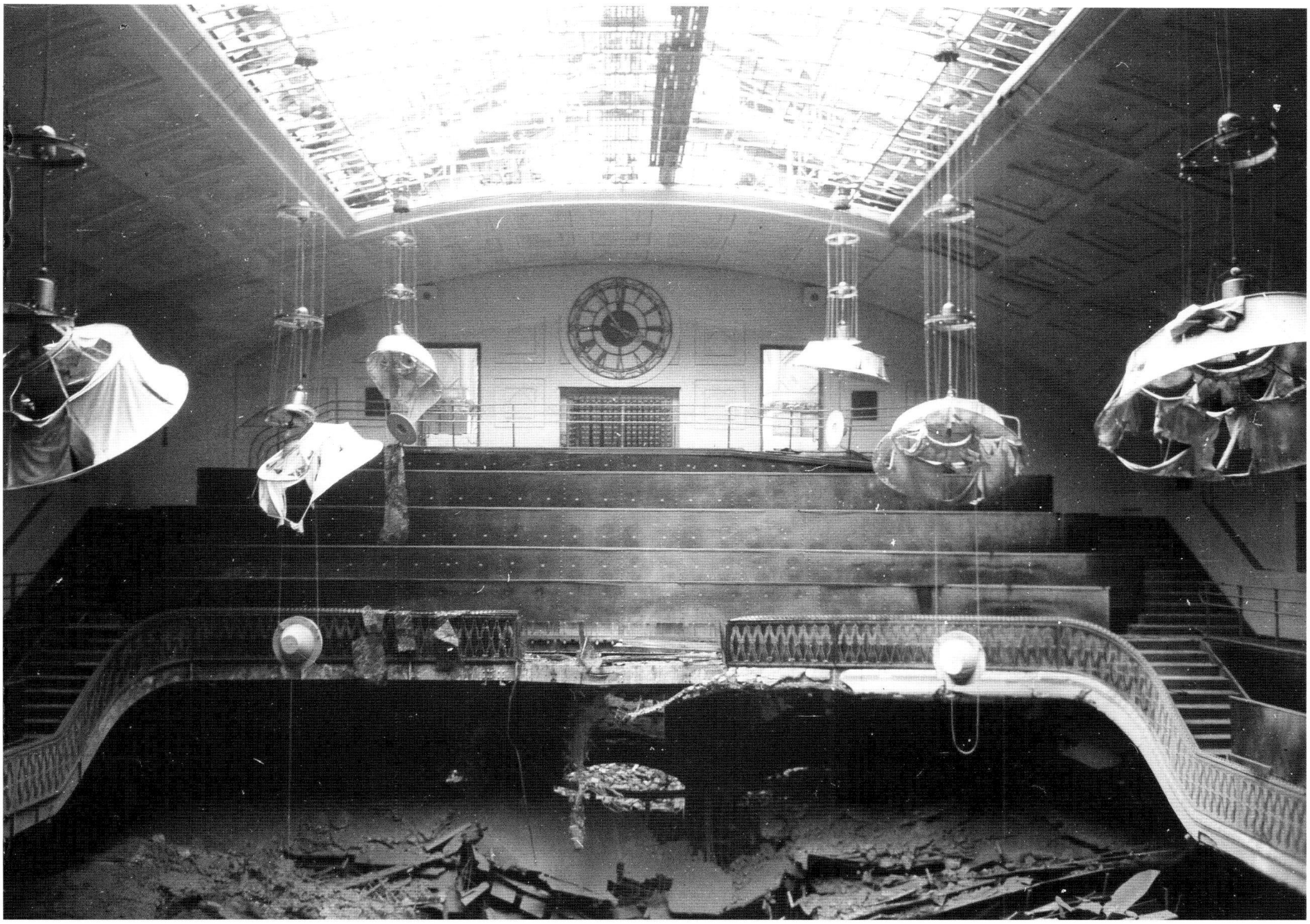

Das „Audimax" der Ludwig-Maximilians-Universität nach einem Luftangriff

Am 13. Juli 1944 wurde das Hauptgebäude der Universität mit dem „Audimax" durch Bomben zerstört. Die Kosten der Wiederherstellung beliefen sich bis 1954 auf sieben Millionen Mark.

Unbekannter Fotograf, Fotoarchiv Koenig, nach 13. Juli 1944

Das zerstörte Treppenhaus der Bayerischen Staatsbibliothek

Durch den Angriff vom 9./10. März 1943 stürzte auch das Deckengewölbe des repräsentativen Treppenhauses ein. Beim Wiederaufbau blieb das Treppenhaus schmucklos, das Gewölbe einfarbig weiß. Ab 2007 erfolgte mit Spendenmitteln der Förderer und Freunde der Bayerischen Staatsbibliothek die Rekonstruktion der 22 Fensterbögen und der beiden Querwände.

Unbekannter Fotograf, um 1943

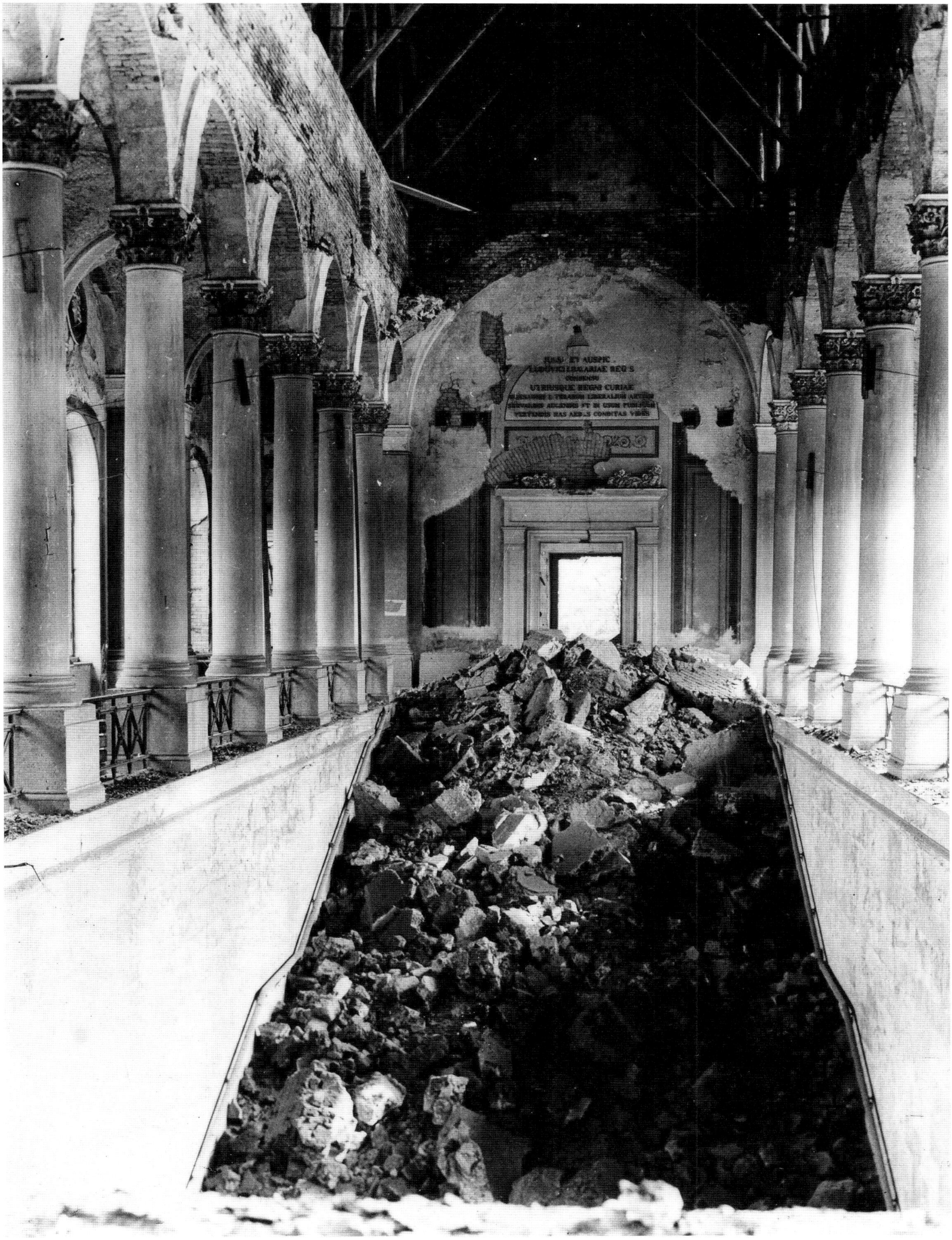
UTRIUSQUE REGNI CURIAE

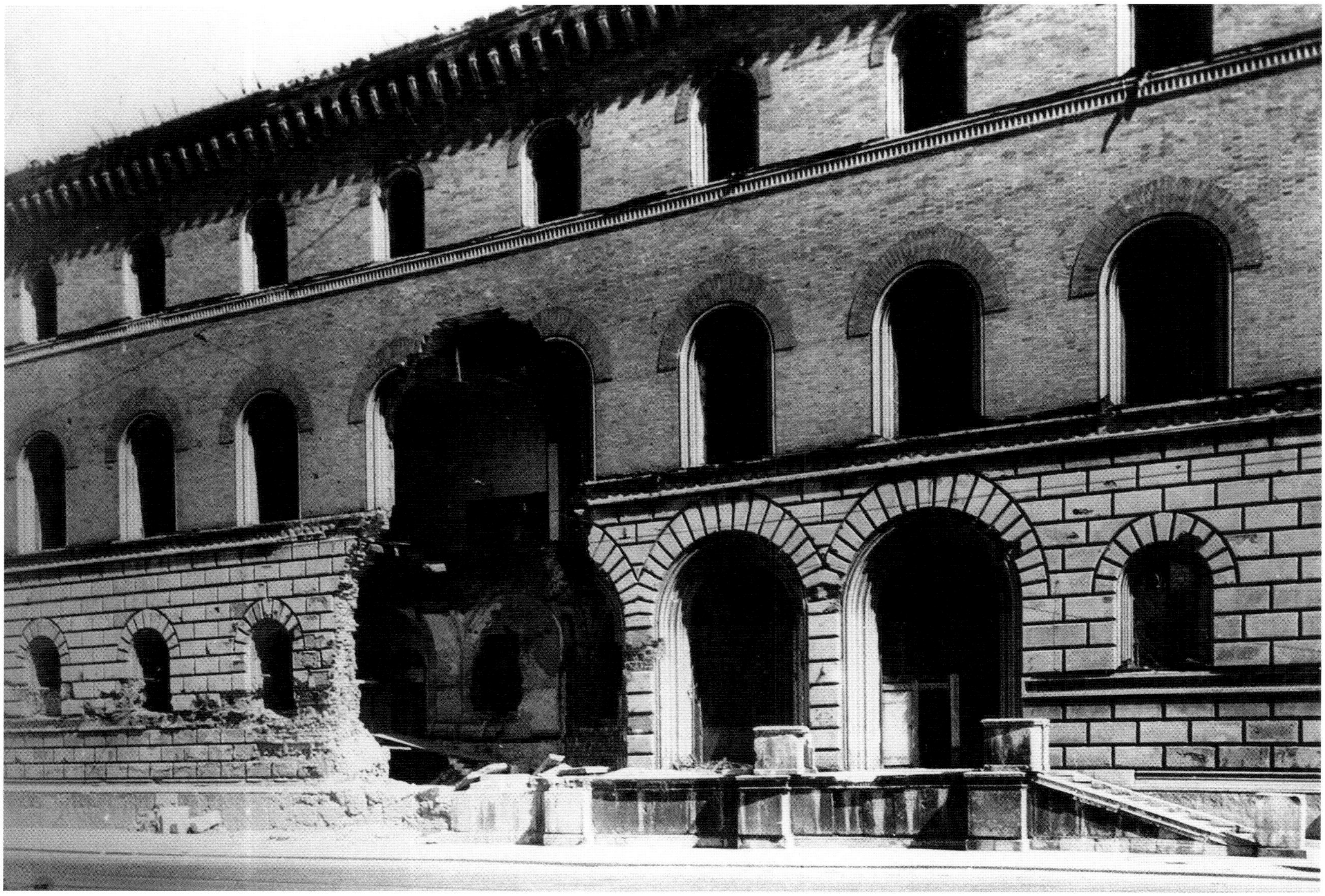

Bombenschäden an der Fassade der Bayerischen Staatsbibliothek

Großen Schaden verursachte ein Luftangriff auf München in der Nacht vom 9. zum 10. März 1943, als Phosphorbomben den Mittelbau der Staatsbibliothek in der Ludwigstraße in Brand setzten. Der Wind fachte das Großfeuer weiter an, etwa ein Viertel des Buchbestands (rund 500.000 Bände) verbrannte.

Unbekannter Fotograf, um 1943

Ausgelagerte Bücher in der Schlosskapelle Haimhausen

Die wertvollsten Handschriften und Drucke wurden bereits 1940 an verschiedene Orte in Bayern ausgelagert. Die Rückführung erfolgte in Etappen und zog sich bis in die 1960er Jahre hin.

Unbekannter Fotograf, 1949

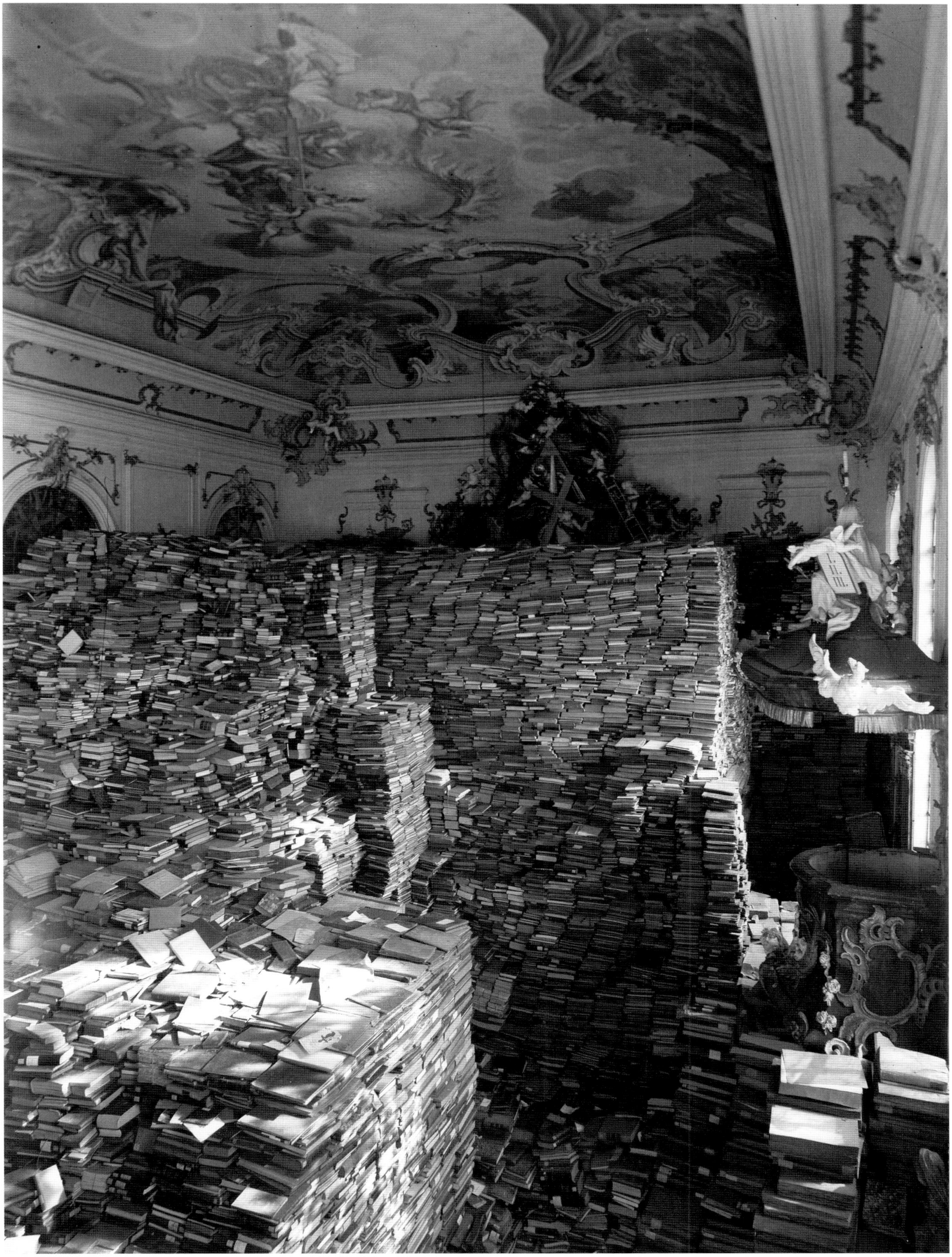

Das Siegestor – vom Krieg zerstört, vom Abriss bedroht, 1958 wiederaufgebaut

Der Wiederaufbau Münchens war von zwei Faktoren geprägt: der Rekonstruktion historischer Bausubstanz vor allem im Stadtzentrum und der Schaffung von dringend benötigtem Wohnraum in moderner Architektur in den Randgebieten.

Tino Walz, 1947

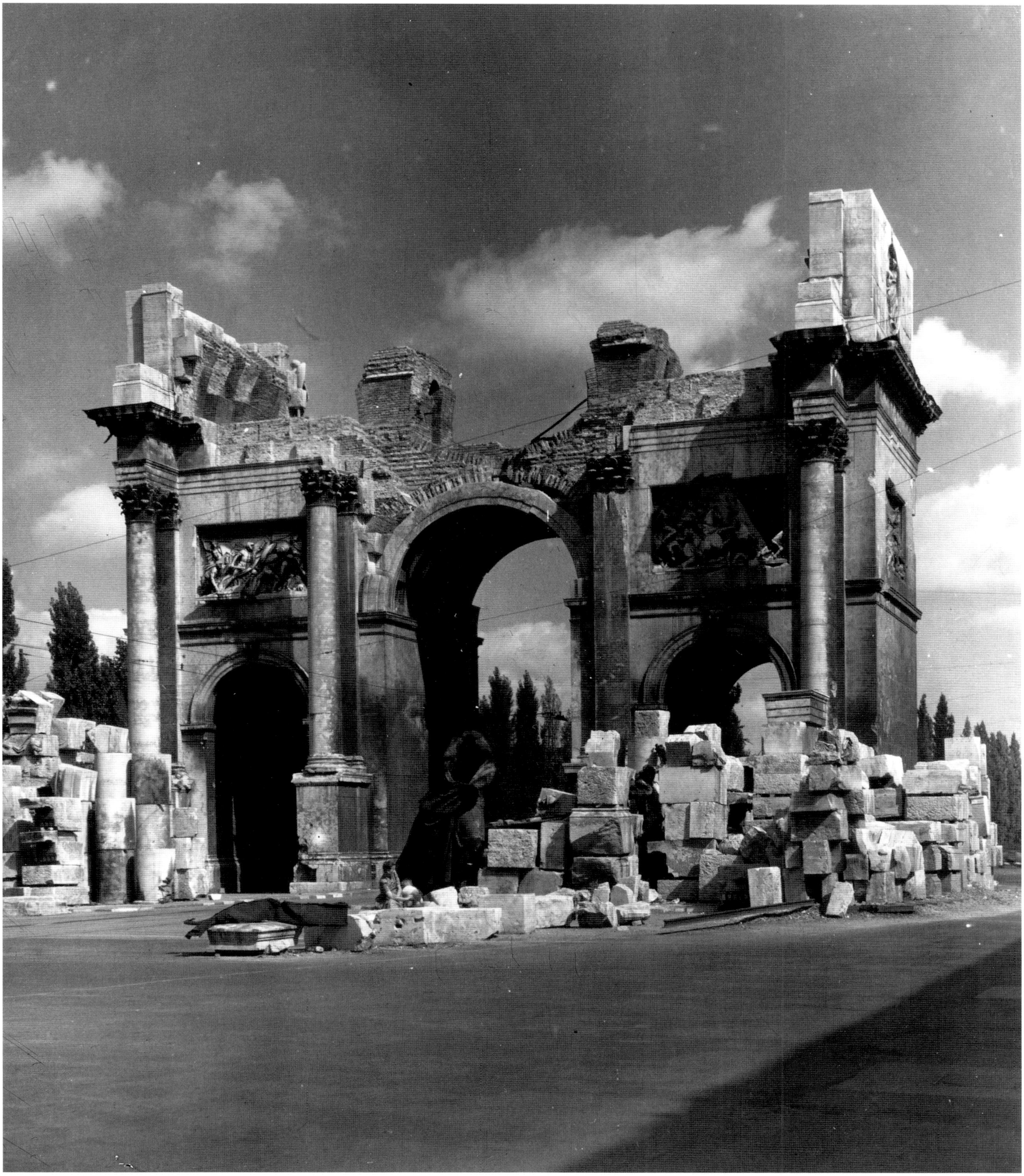

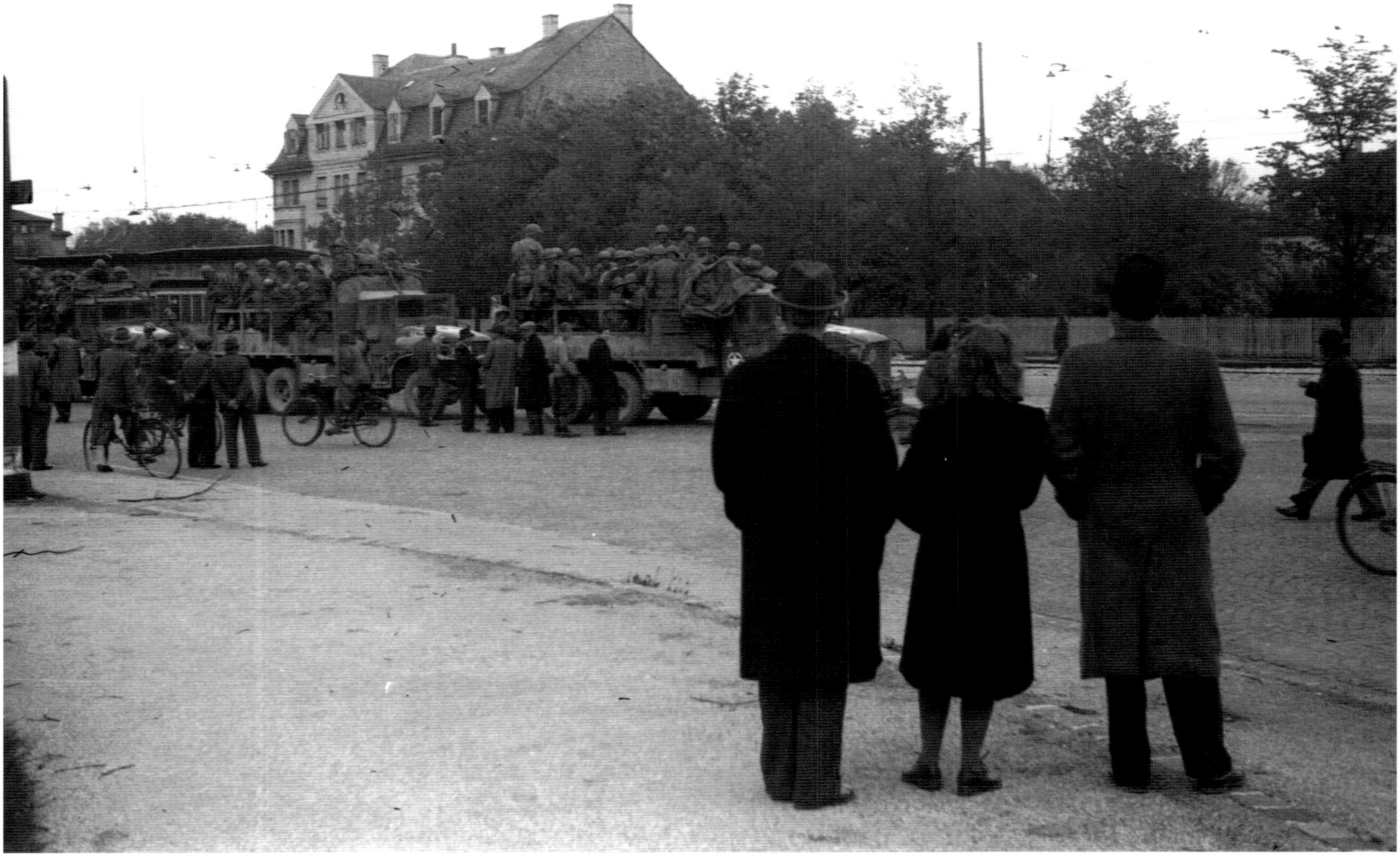

Einmarsch US-amerikanischer Truppen am Romanplatz

Trotz des Befehls Hitlers, die „Hauptstadt der Bewegung" mit allen Mitteln zu verteidigen, leisteten nur SS-Verbände vereinzelt Widerstand. Am 30. April 1945 besetzten die amerikanischen Truppen die Stadt.

Tino Walz, 30. April 1945

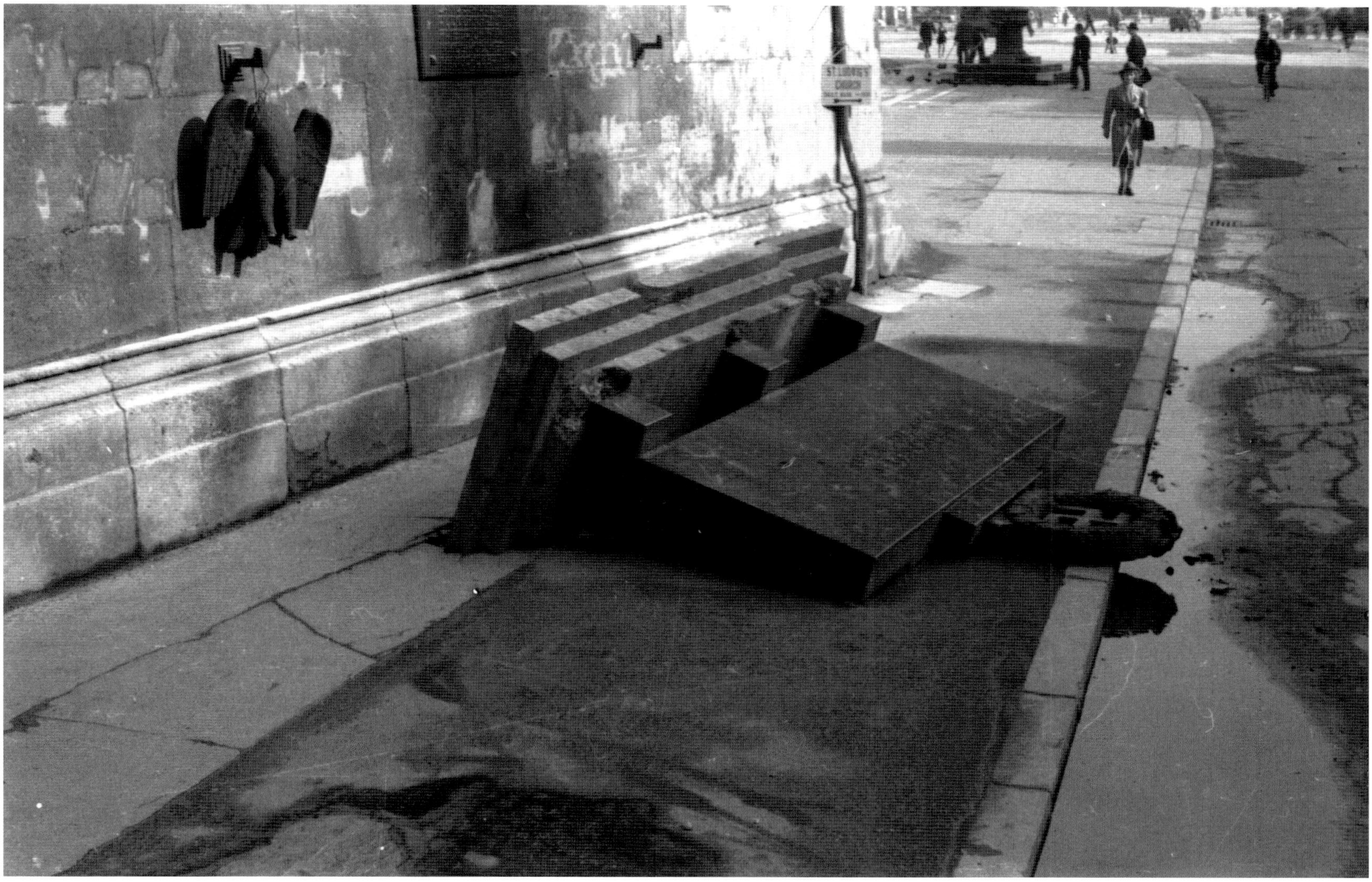

Das zerstörte nationalsozialistische Ehrenmal an der Feldherrnhalle

Nach dem Einmarsch der US-Soldaten in München begann die Zerstörung der Symbole des Nationalsozialismus. „Die ganze Alliierte Expeditionsstreitmacht gratuliert der 7. Armee zur Einnahme von München, der Wiege der Nazi-Bestie", so General Dwight D. Eisenhower in seinem Tagesbefehl.

Tino Walz, Mai 1945

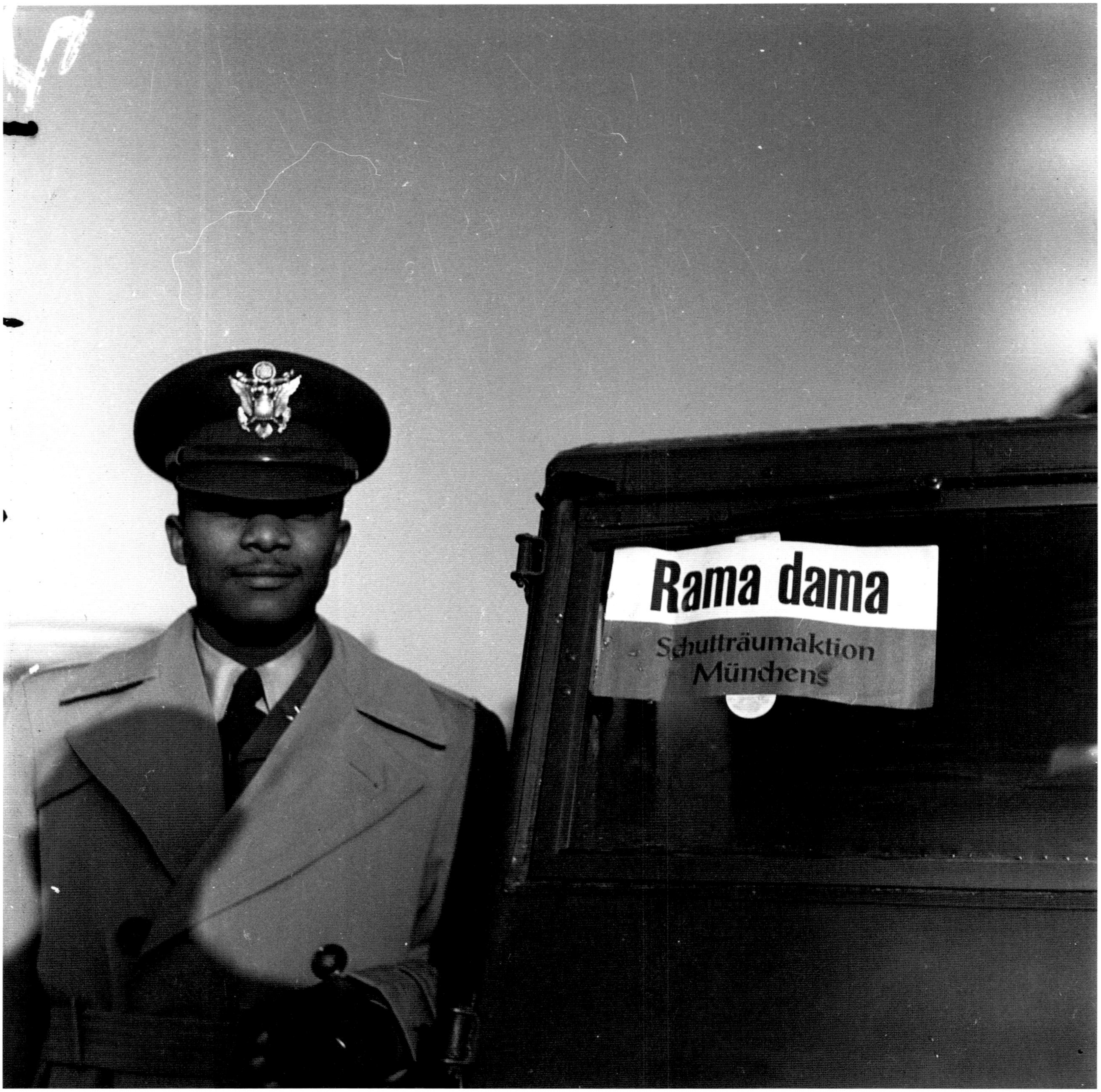

Ein US-amerikanischer Soldat bei der Schutträumaktion „Rama dama"

In einer beispiellosen Gemeinschaftsaktion setzten Münchner Bürger den Aufruf „Rama dama", wörtlich übersetzt „Räumen tun wir!", tatkräftig um. Die amerikanische Zivilverwaltung stellte dazu Bagger, Lastwagen und technisches Material zur Verfügung.

Georg Fruhstorfer, 29. Oktober 1949

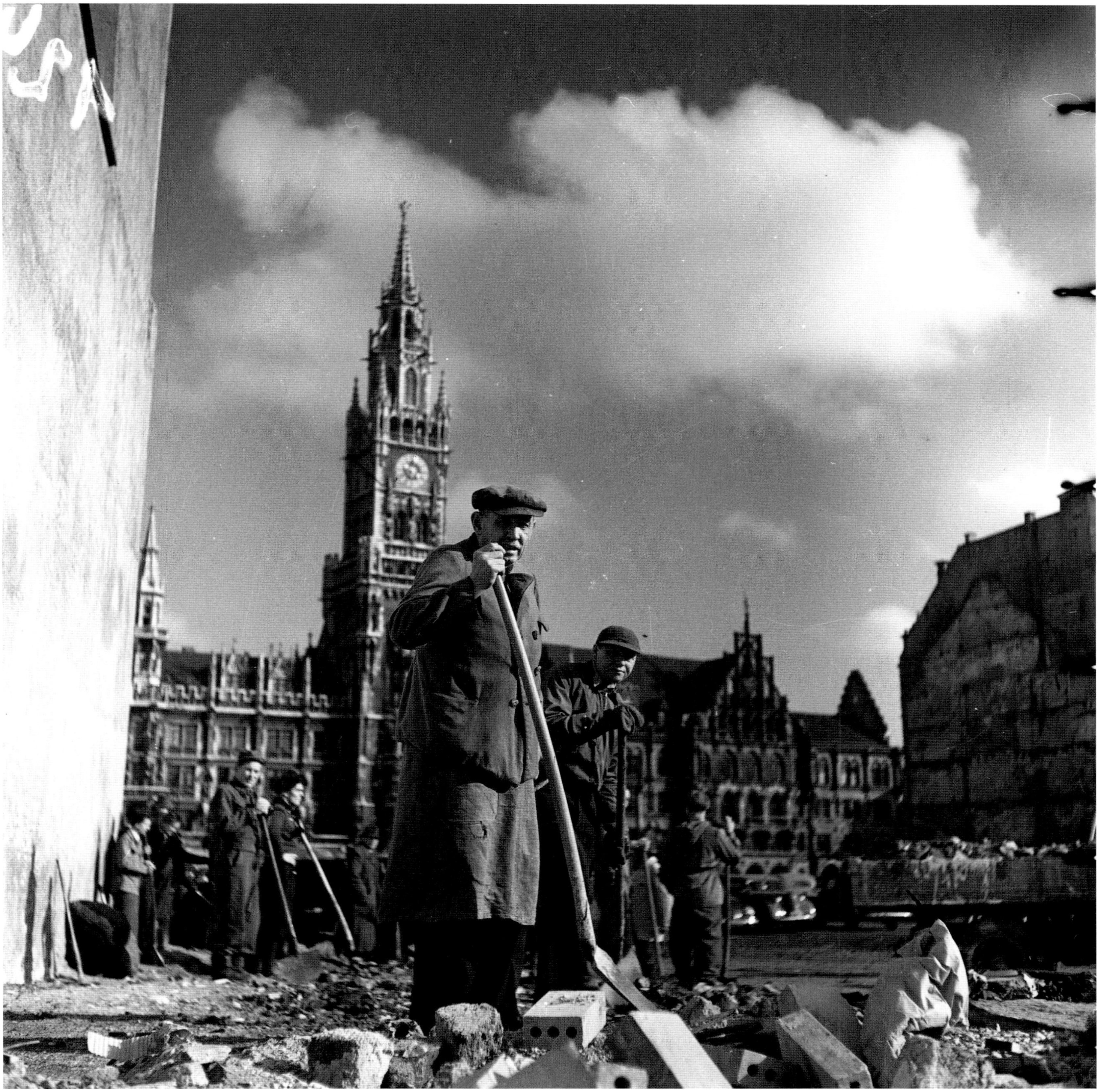

Oberbürgermeister Thomas Wimmer beim „Rama dama" auf dem Rindermarkt

Der Initiator der Schutträumaktion, an der sich mehrere tausend Bürger beteiligten, war Oberbürgermeister Wimmer (1887–1964), der auch selbst mit anpackte. Die symbolische Aktion, gemeinsam die Stadt wiederaufbauen zu wollen, wurde zum geflügelten Wort.

Georg Fruhstorfer, 29. Oktober 1949

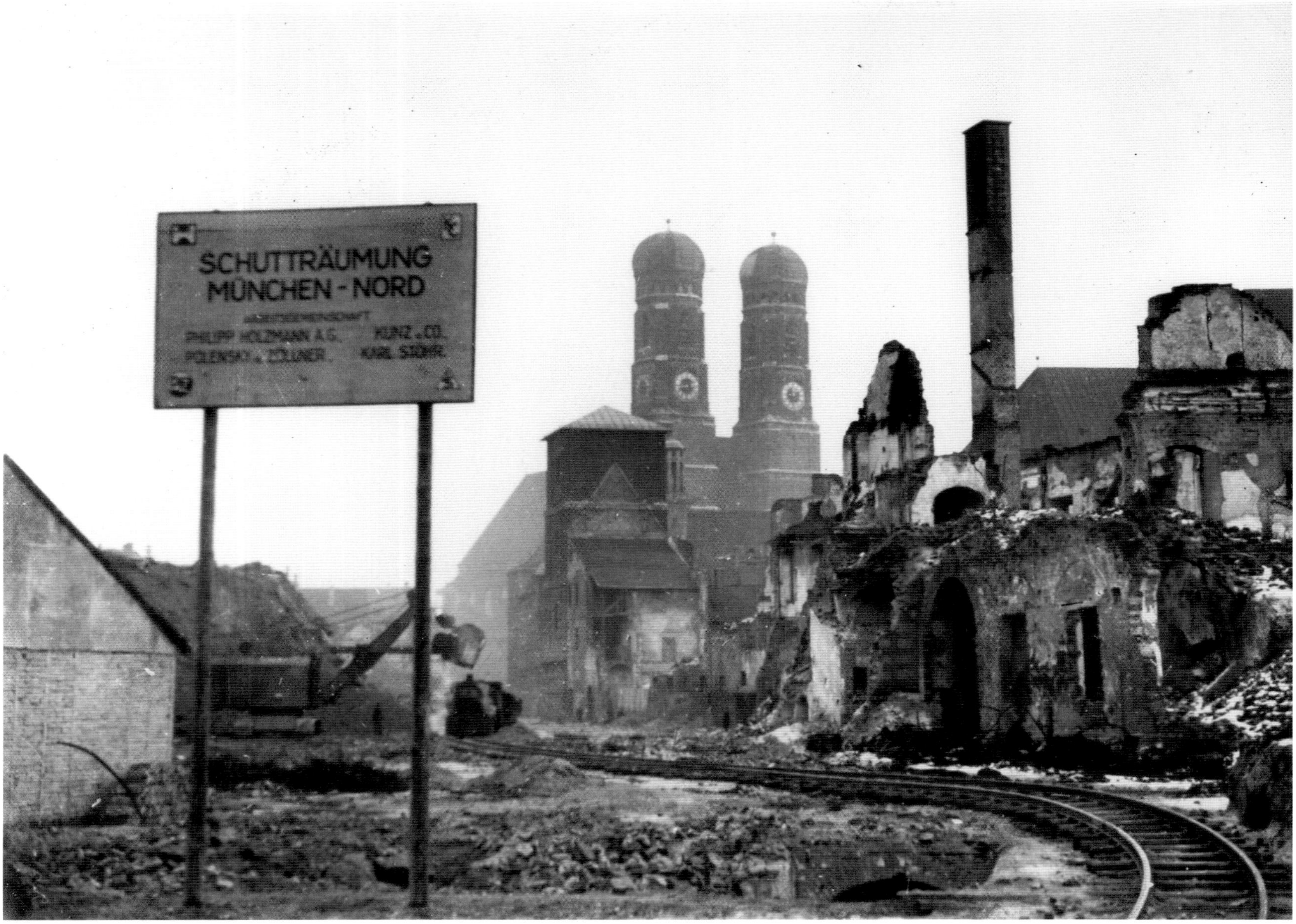

Schutträumung mit Blick auf die Frauenkirche

Mit dem Abtransport des Schutts wurden Baufirmen beauftragt und Gleise für provisorische Feldbahnen verlegt.

Johann Vorzellner, nach 1945

Aus der Kriegsgefangenschaft entlassene deutsche Soldaten fanden zuhause oft nur Trümmer vor

Zwischen 1945 und 1948 kehrten ungefähr eine Million Kriegsgefangene nach Bayern zurück. Die Wohnungsnot und die ungeklärte wirtschaftliche Lage schufen große Probleme.

Georg Fruhstorfer, 1947/48

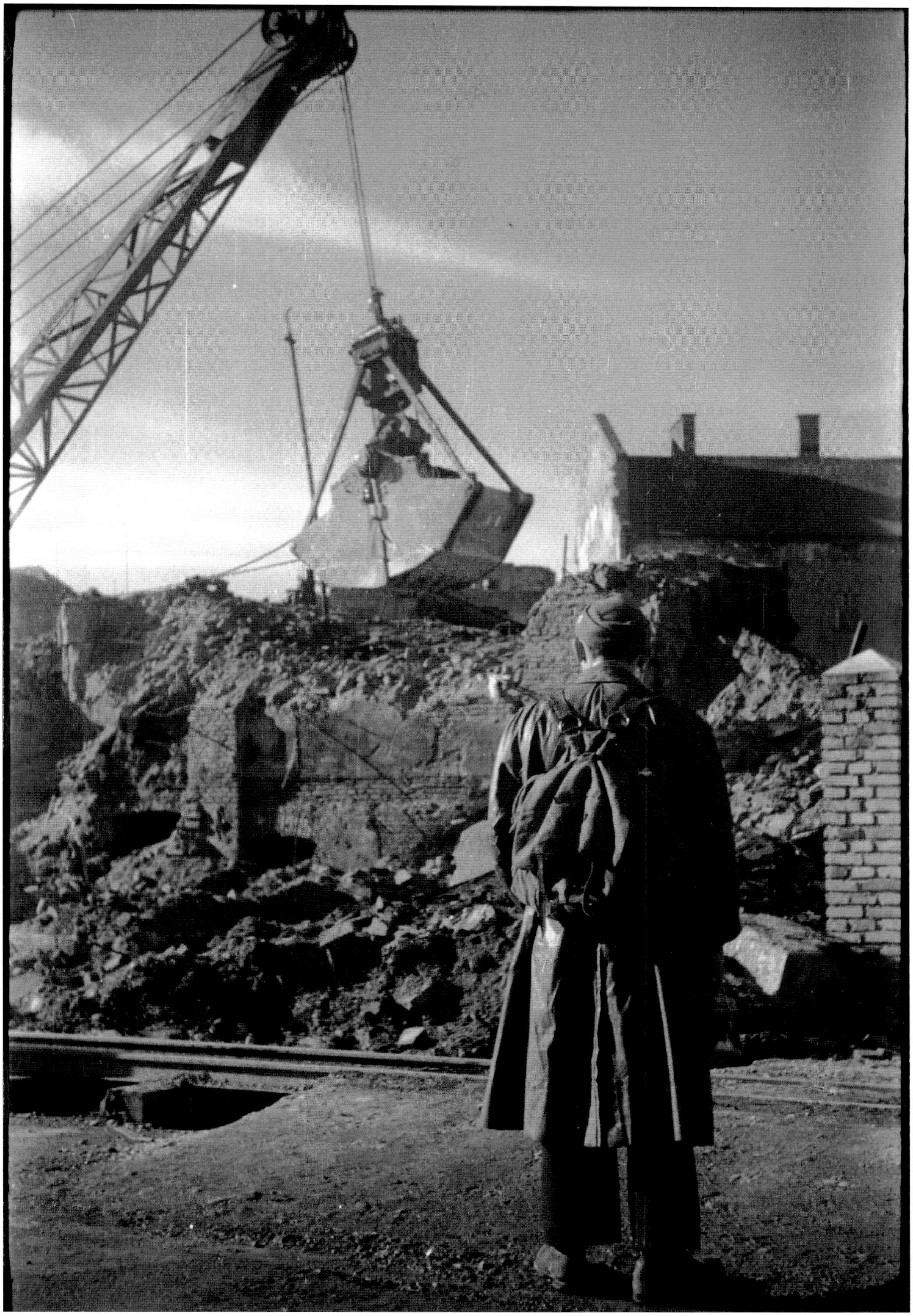

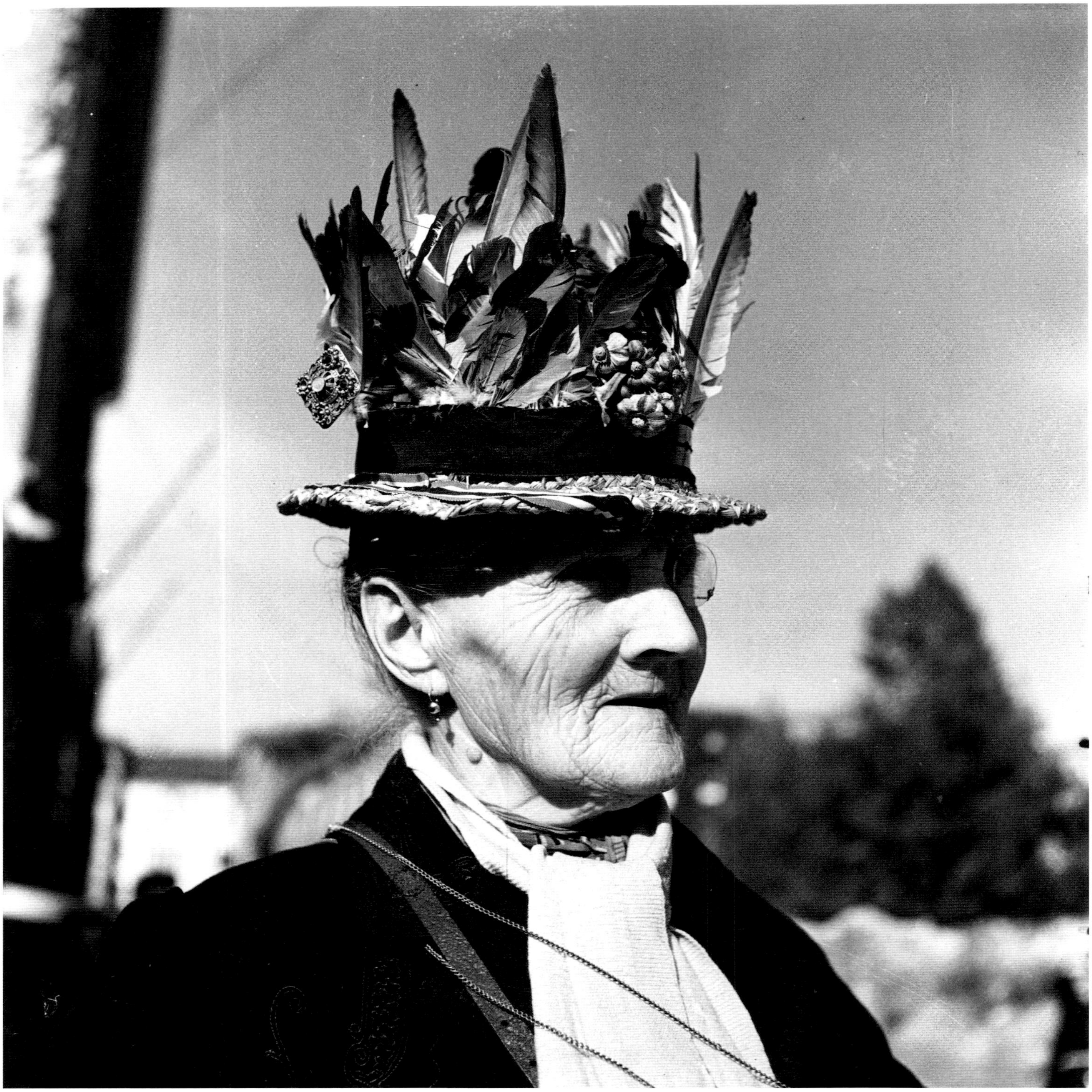

Die „Federn-Zenzi" – ein Münchner Original

Zu den Münchner Originalen zählte neben dem „Kohlrabi-Apostel" und dem „Vogel-Jakob" auch die „Federn-Zenzi", deren bürgerlicher Name nicht bekannt ist.

Georg Fruhstorfer, 1948

Ein PKW mit Holzgasanlage in der Prannerstraße

Aufgrund von Treibstoffmangel wurden Fahrzeuge mit Holzvergasern ausgerüstet. Die Generatoren waren außen an der Karosserie befestigt. Der Holzvergaser wurde mit Brennholz befüllt und das Gasgemisch, das dem erhitzten Holz entwich, dem Motor zugeführt.

Georg Fruhstorfer, Juni 1948

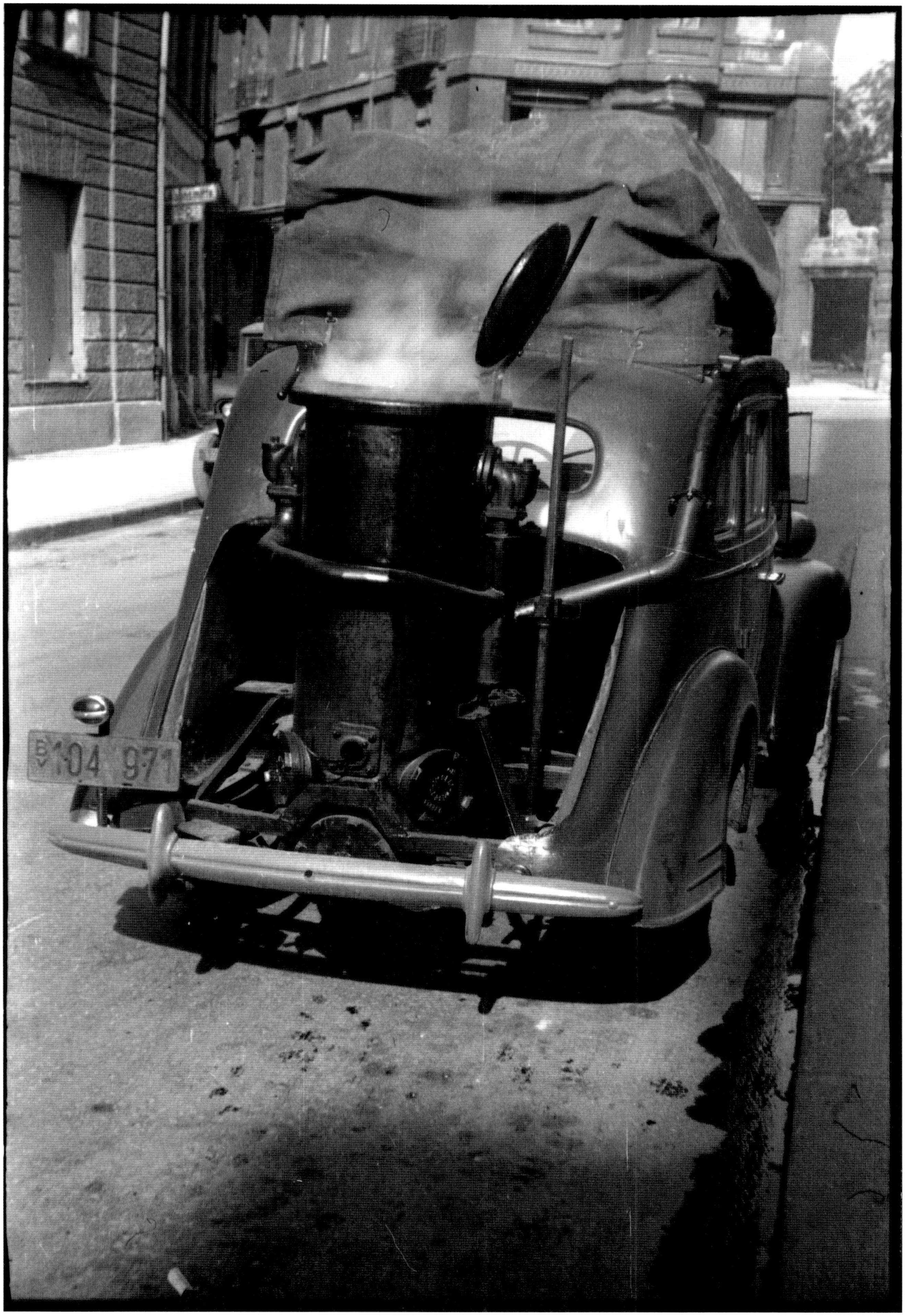
B V 104 971

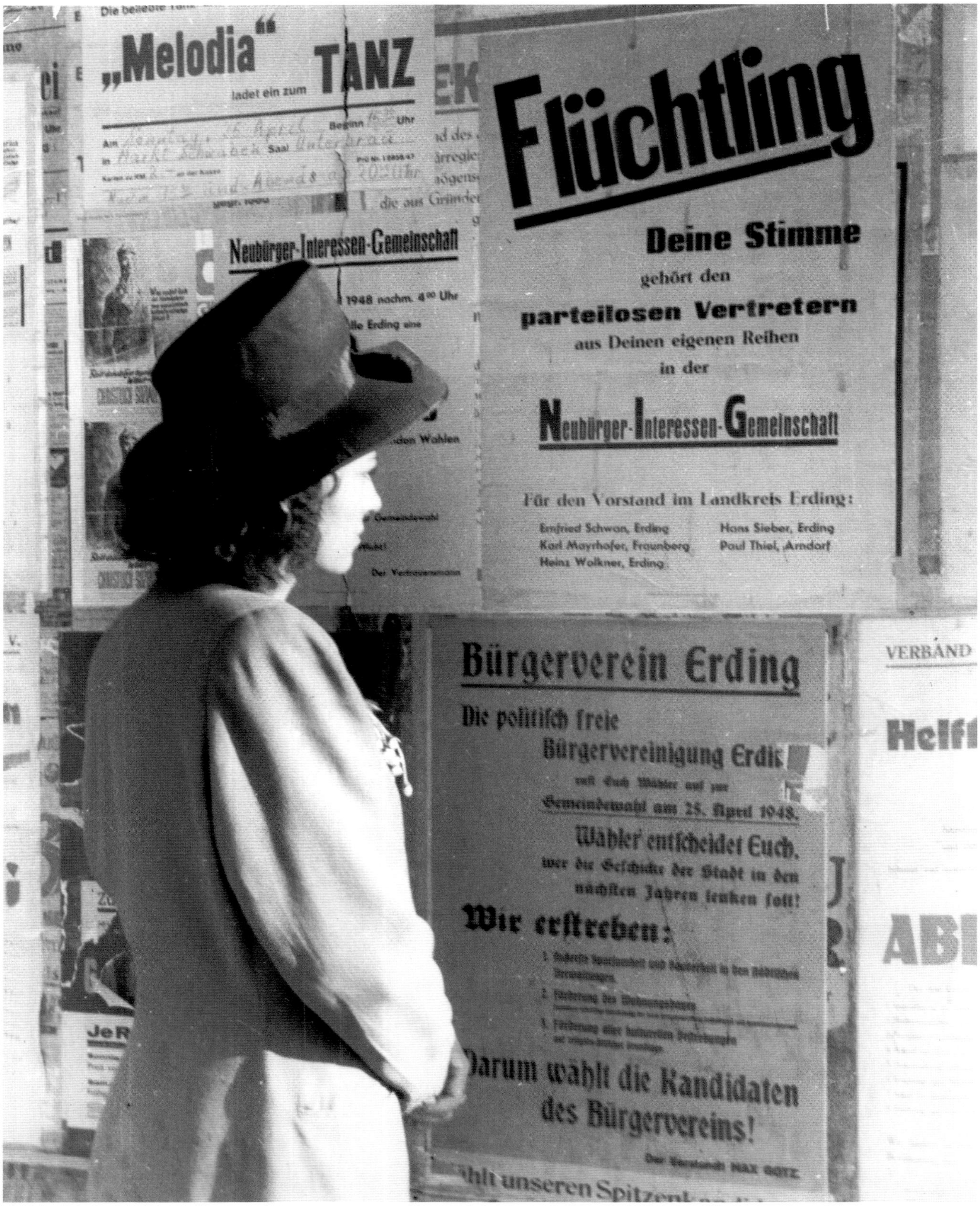
„Melodia"
ladet ein zum
TANZ
Neubürger-Interessen-Gemeinschaft
1948 nachm. 4[00] Uhr
Flüchtling
Deine Stimme
gehört den
parteilosen Vertretern
aus Deinen eigenen Reihen
in der
Neubürger-Interessen-Gemeinschaft
Für den Vorstand im Landkreis Erding:
Emfried Schwan, Erding
Hans Sieber, Erding
Karl Mayrhofer, Fraunberg
Paul Thiel, Arndorf
Heinz Wolkner, Erding
Bürgerverein Erding
Die politisch freie
Bürgervereinigung Erdi
ruft Euch Wähler auf zur
Gemeindewahl am 25. April 1948.
Wähler entscheidet Euch,
wer die Geschicke der Stadt in den
nächsten Jahren lenken soll!
Wir erstreben:
Darum wählt die Kandidaten
des Bürgervereins!
VERBAND

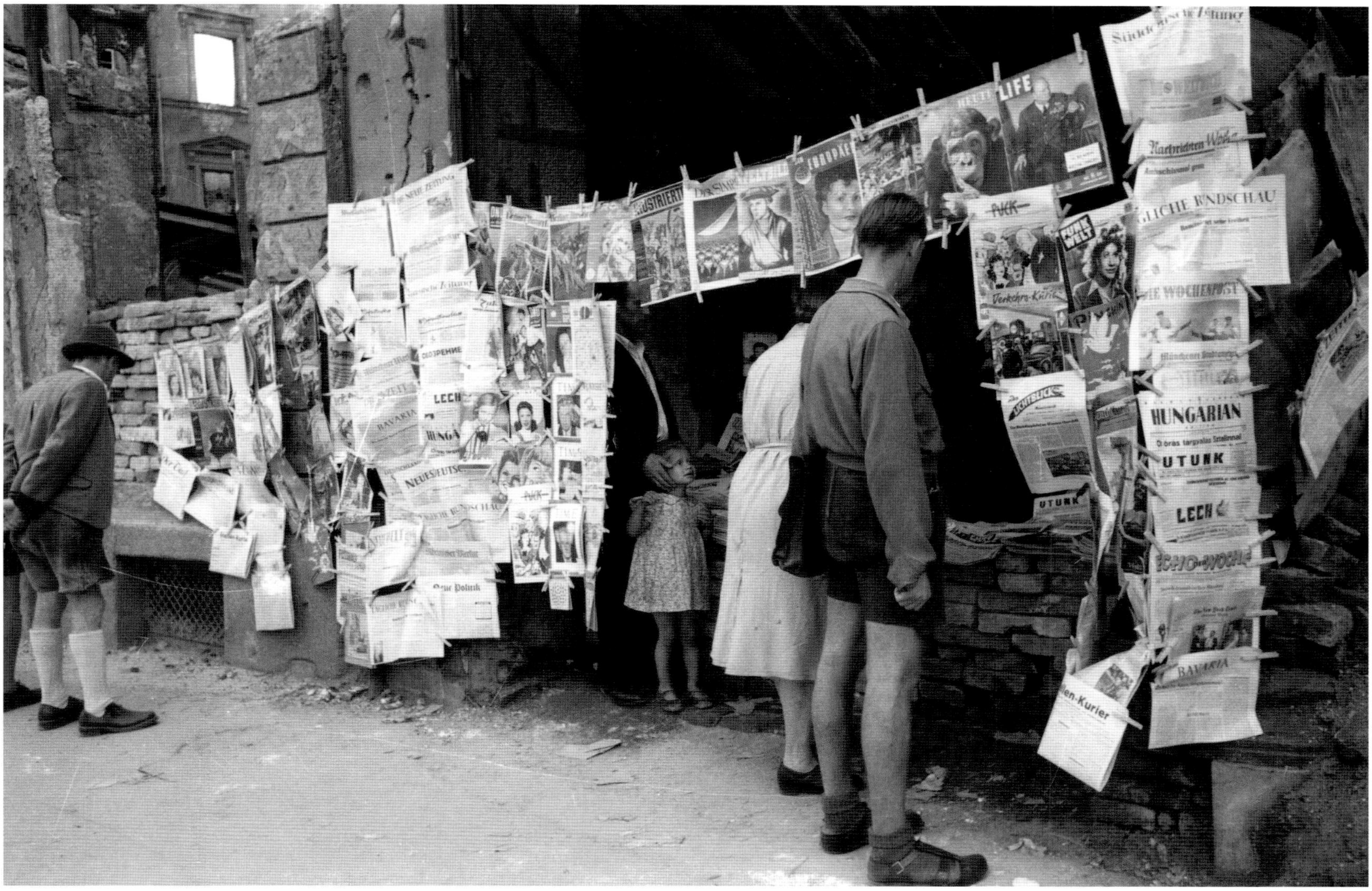

Wahlplakate in Erding – Die Neubürger-Interessen-Gemeinschaft und der Bürgerverein

Die Kommunalwahlen in Bayern 1948 waren auch von der Lage der in Bayern neu ansässigen Flüchtlinge und Vertriebenen bestimmt. Vorurteile und Ängste der einheimischen Bevölkerung erschwerten das Zusammenleben mit den „Neubürgern".

Georg Fruhstorfer, Mai 1948

Ein provisorischer Zeitungsstand – auch mit englischsprachigen Zeitschriften

Mit der *Süddeutschen Zeitung* und dem *Münchner Merkur* lizensierte die amerikanische Militärregierung 1945 und 1946 die beiden großen Münchner Zeitungen. Bis 1949 wurden weitere 27 Lizenzen für Zeitungen vergeben. Die Gesamtauflage betrug 1948 über zwei Millionen Exemplare.

Georg Fruhstorfer, September 1948

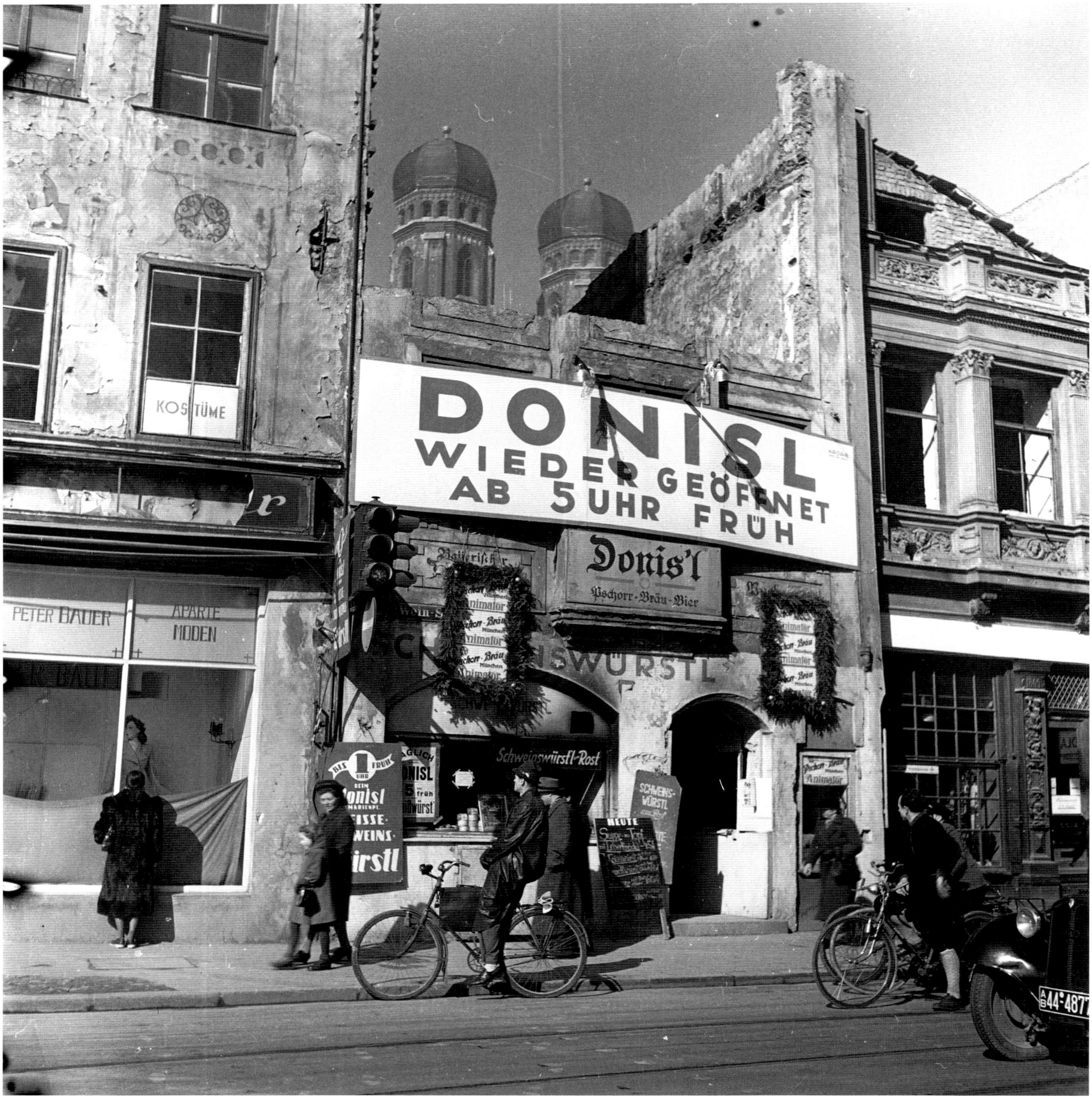

Die Gaststätte Bayerischer Donisl in der Weinstraße

Der Donisl, noch in eine Baulücke eingeklemmt, ist mit seiner Öffnungszeit ab 5 Uhr früh ein Symbol der langsamen Normalisierung der Nachkriegszeit.

Georg Fruhstorfer, 1948/1949

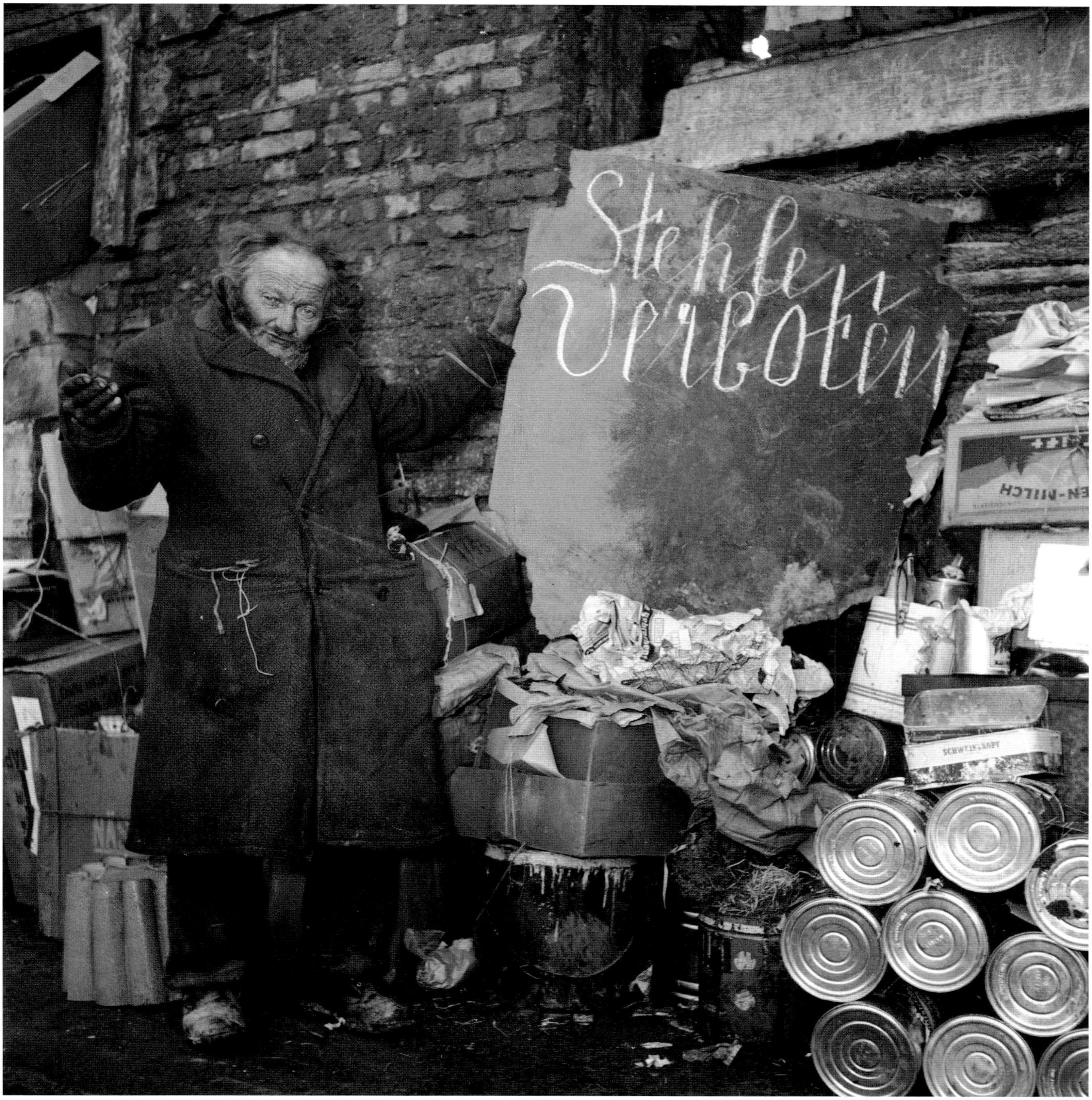

Ein Graffe-Tandler – Stehlen verboten

Das auf den ersten Blick wertlose Zeug, auf bayerisch das „Graffe", das der Tandler, also ein Händler, hier anbietet, konnte in der Nachkriegszeit durchaus seine Käufer finden.

Georg Fruhstorfer, 1948/1949

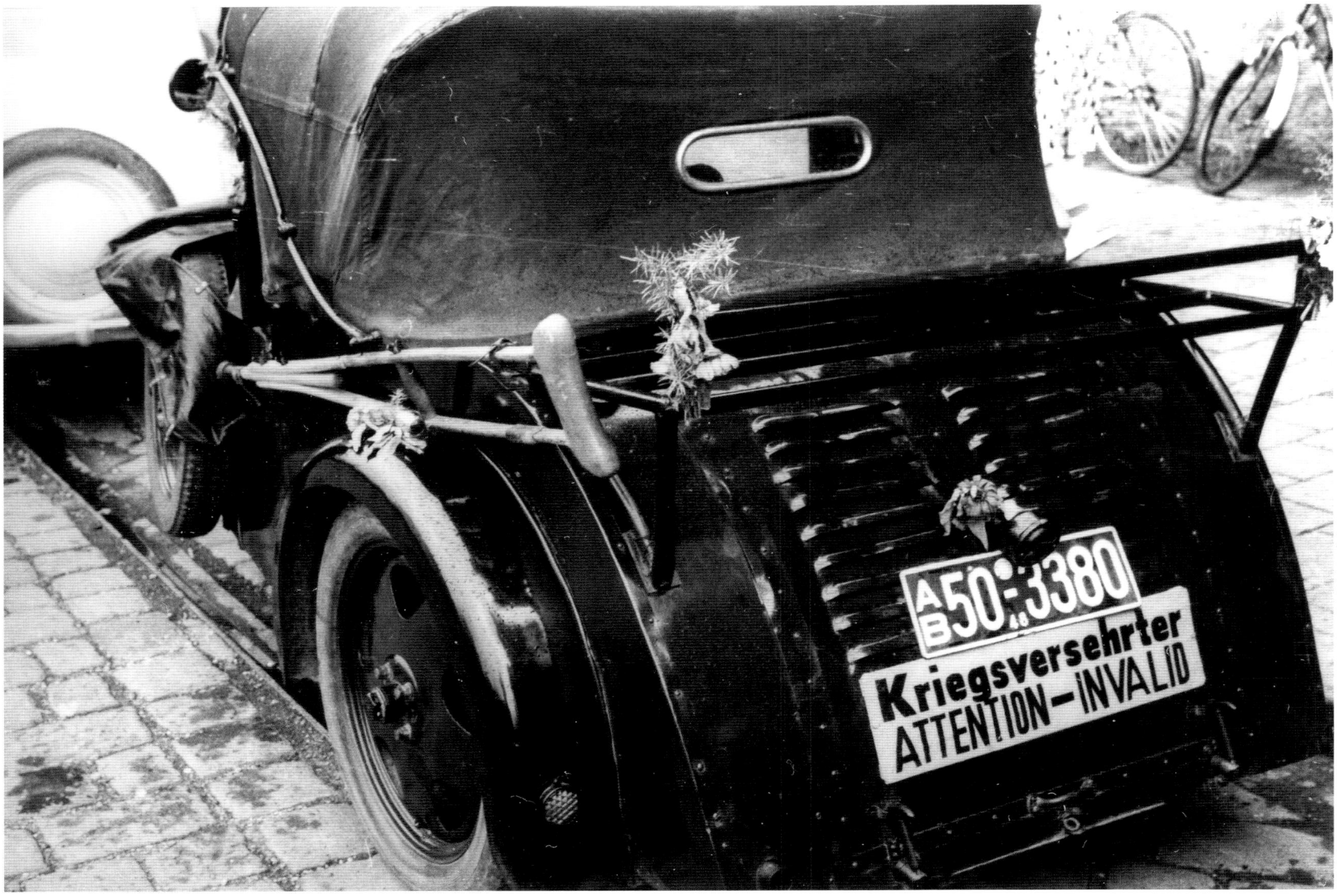

Das Auto eines Kriegsversehrten bei der Fahrzeug-Weihe am Christophorustag

Bei Kriegsende gab es in Deutschland eineinhalb Millionen anerkannte Kriegsversehrte. Ein Fahrzeug zur Verbesserung der persönlichen Mobilität dürfte die große Ausnahme gewesen sein.

Unbekannter Fotograf, Fotoarchiv Hoffmann, 24. Juli 1949

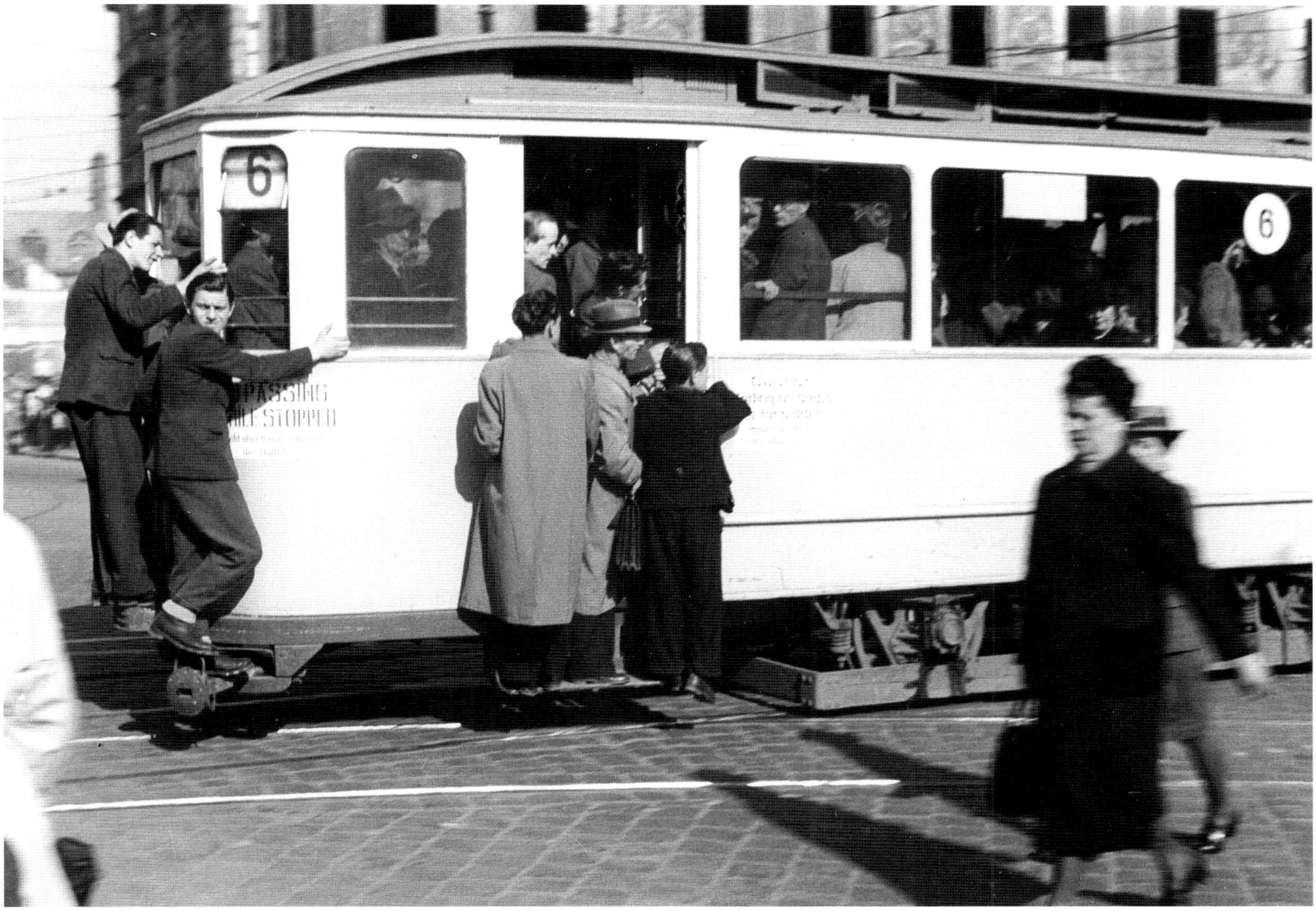

Eine überfüllte Straßenbahn in der Münchner Innenstadt

Der Trambahnbetrieb war bei Kriegsende wegen der zerstörten Schienen äußerst reduziert. Die Linie 6 wurde zwischen Hofmannstraße und Harras Ende Mai 1945 wieder in Betrieb genommen. Die englischen Beschriftungen kündigen Kontrollen an, da die Trambahnen früh und abends nur von Berufstätigen benutzt werden durften.

Unbekannter Fotograf, Fotoarchiv Koenig, 1945/1953

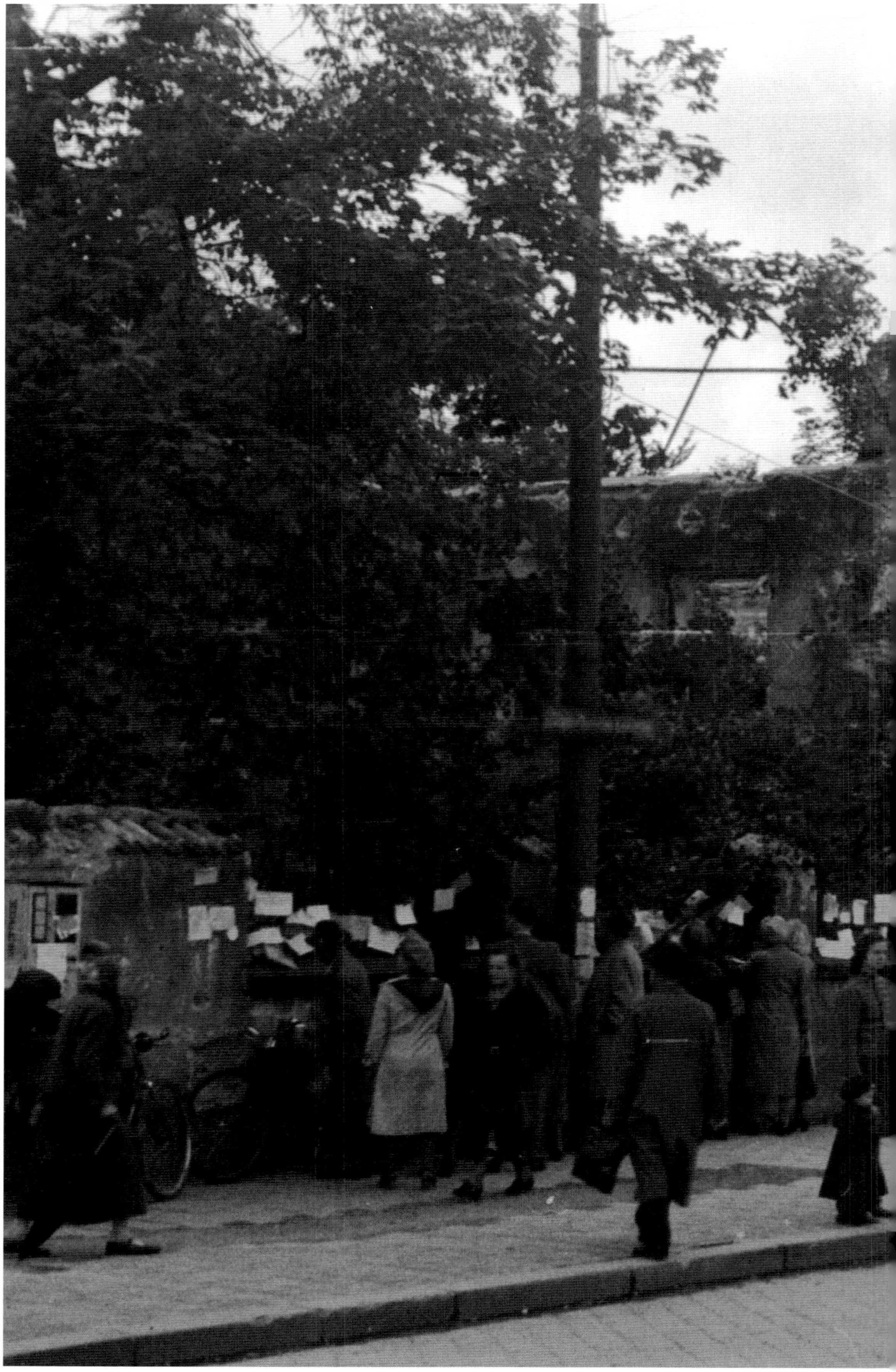

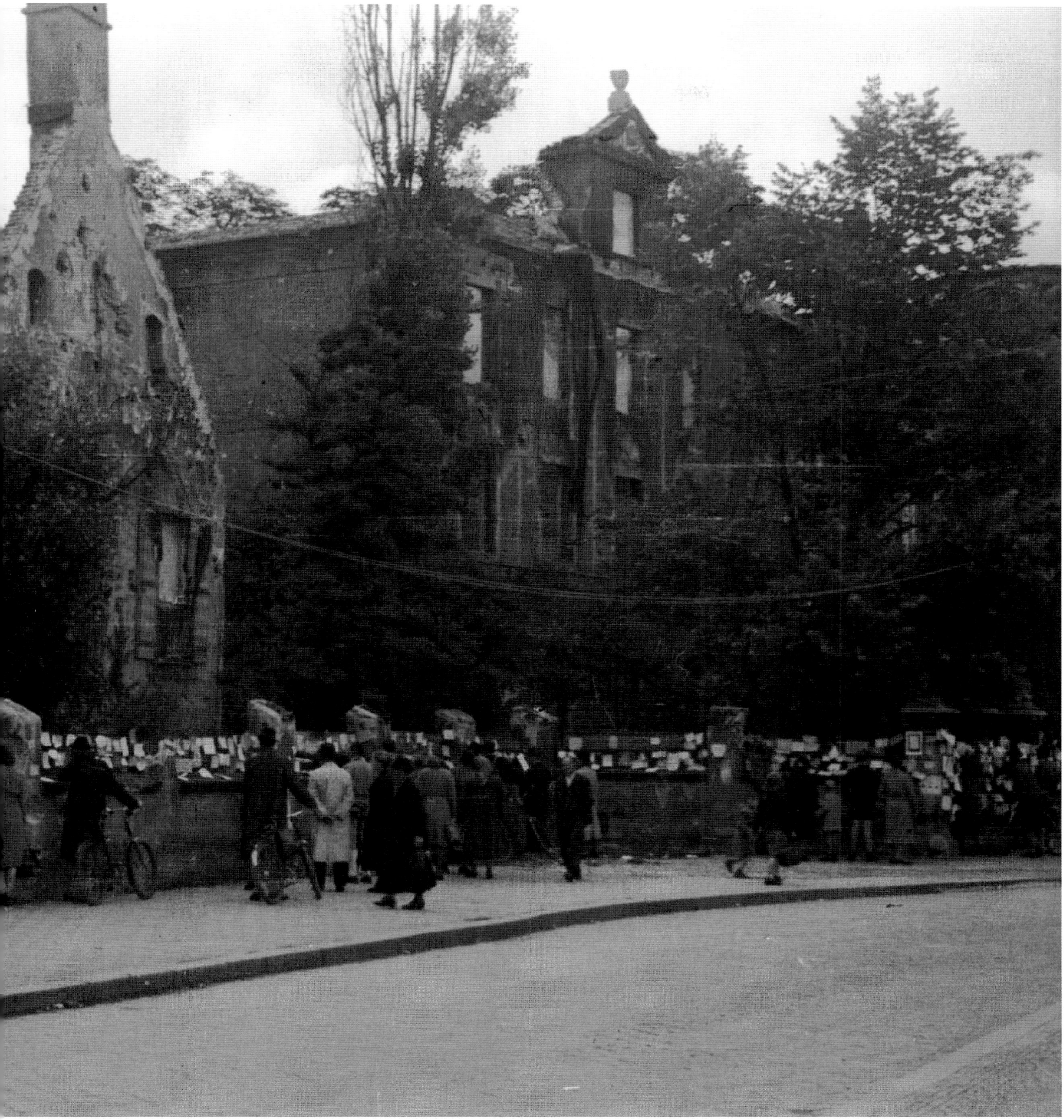

Vermisstenanzeigen vor dem zerstörten Jagdschloss am Rotkreuzplatz

Die gewaltigen Flüchtlings- und Heimkehrerströme führten in der Folge des Zweiten Weltkriegs zur oft verzweifelten Suche nach vermissten Angehörigen. An Zäunen und Geländern angebrachte Zettel bildeten eine erste Informationsbörse.

Tino Walz, Mai 1945

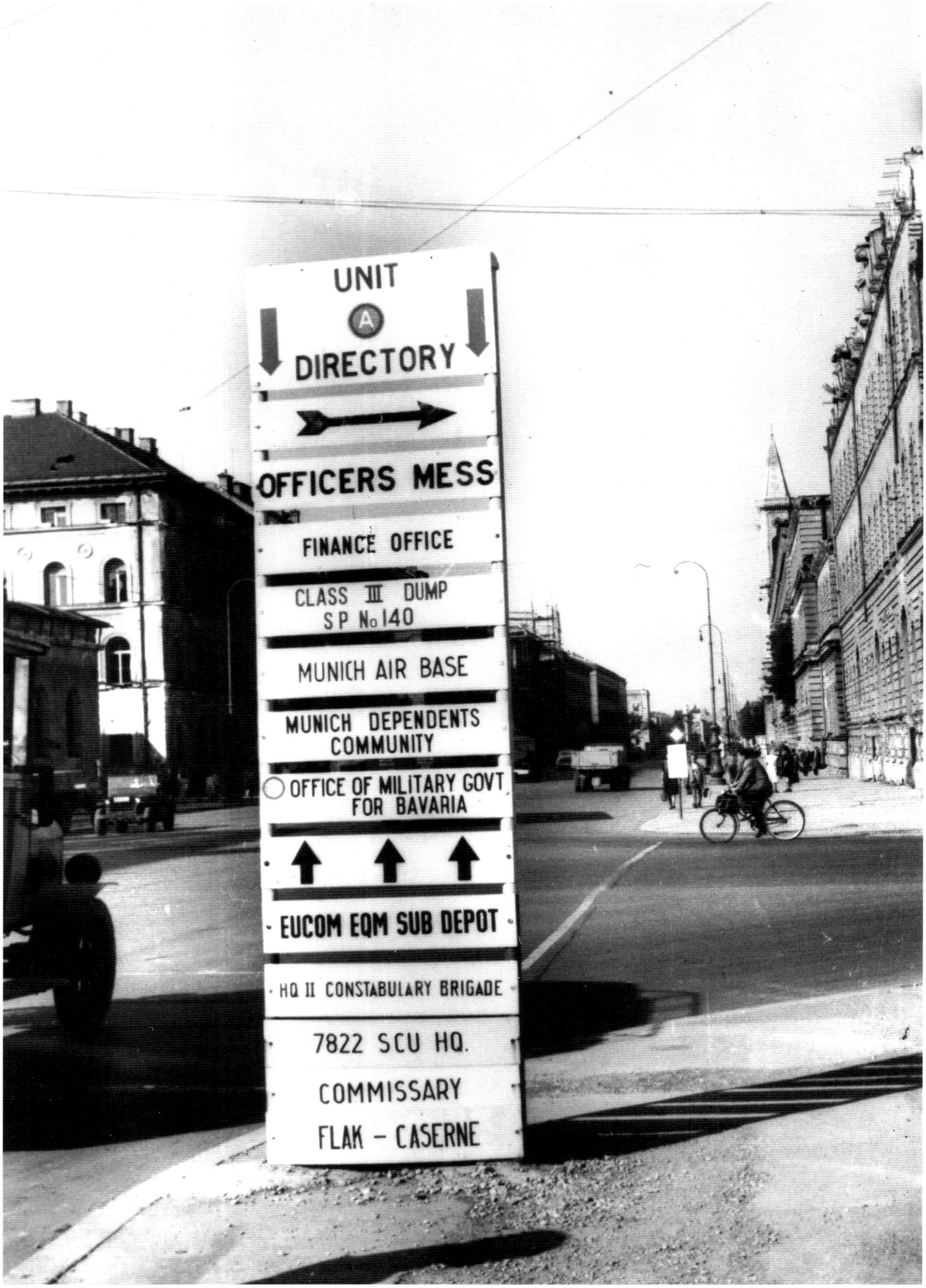
UNIT
A
DIRECTORY
OFFICERS MESS
FINANCE OFFICE
CLASS III DUMP
SP No 140
MUNICH AIR BASE
MUNICH DEPENDENTS
COMMUNITY
OFFICE OF MILITARY GOVT
FOR BAVARIA
EUCOM EQM SUB DEPOT
HQ II CONSTABULARY BRIGADE
7822 SCU HQ.
COMMISSARY
FLAK – CASERNE

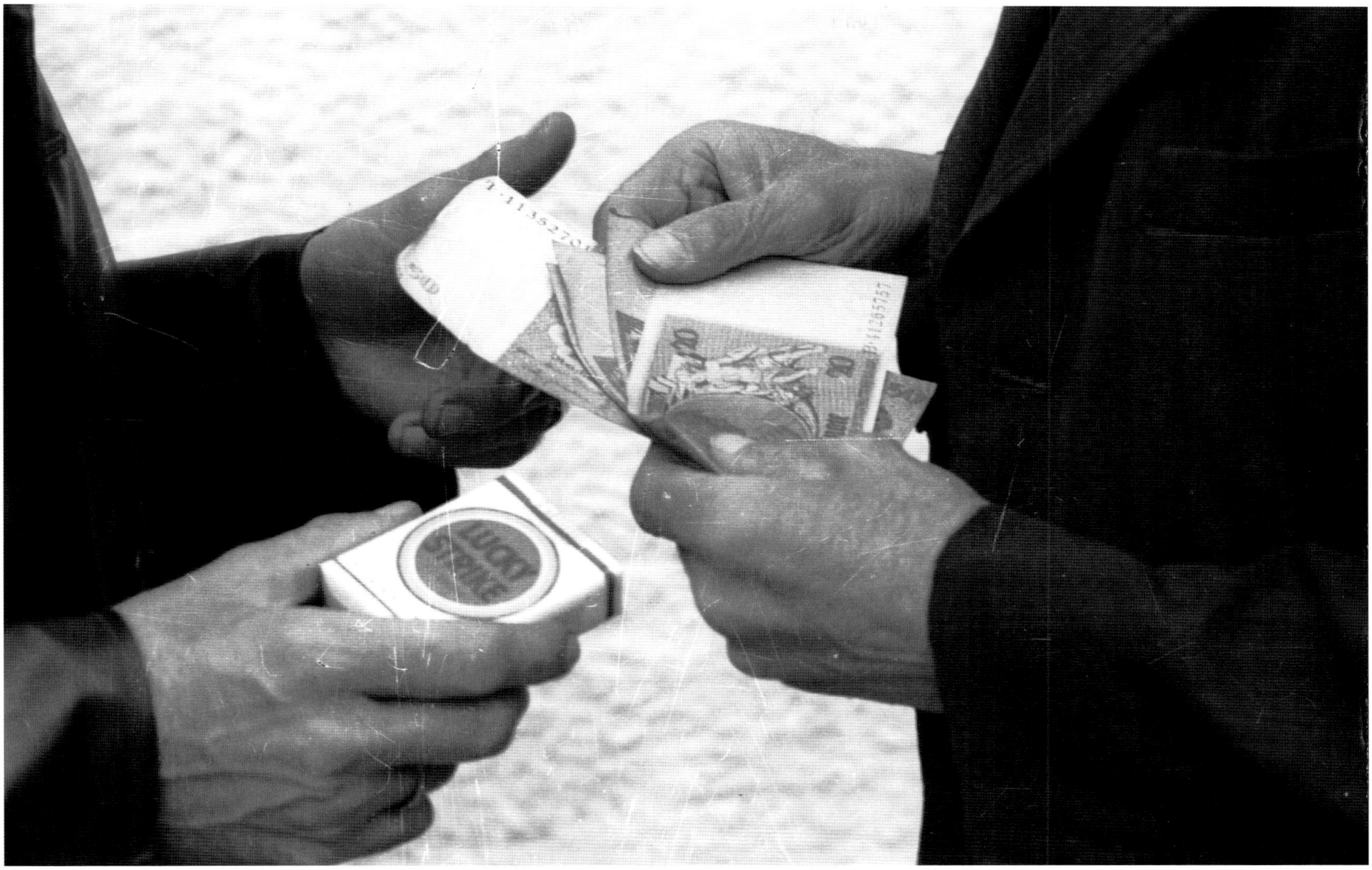

Ein US-amerikanischer Wegweiser in der Ludwigstraße / Ecke Von-der-Tann-Straße

Der Wegweiser zu verschiedenen militärischen unc zivilen Behörden stammt aus den frühen Nachkriegsjahren. Bayern unterstand ab Ende 1945 dem Office of Military Government for Bavaria (Schild Mitte) mit Sitz in der Holbeinstraße. Der Hinweis „Officers Mess" dürfte in die Prinzregentenstr. 1 zum ehemaligen „Haus der Deutschen Kunst" führen, das von den amerikanischen Soldaten als Offiziersmesse, Shop, Restaurant und Tanzsaal genutzt wurde. Das P-One wurde später als P1 zur angesagten Diskothek.

Johann Vorzellner, nach 1945

Zigaretten als Ersatzwährung auf dem Münchner Schwarzmarkt

Nach dem Krieg besaß die Reichsmark fast keinen Wert mehr. Im primitiven Tauschhandel dienten Zigaretten als Geldersatz. Erst die Währungsreform 1948 schuf wieder eine Basis für die wirtschaftliche Entwicklung.

Georg Fruhstorfer 1947/1948

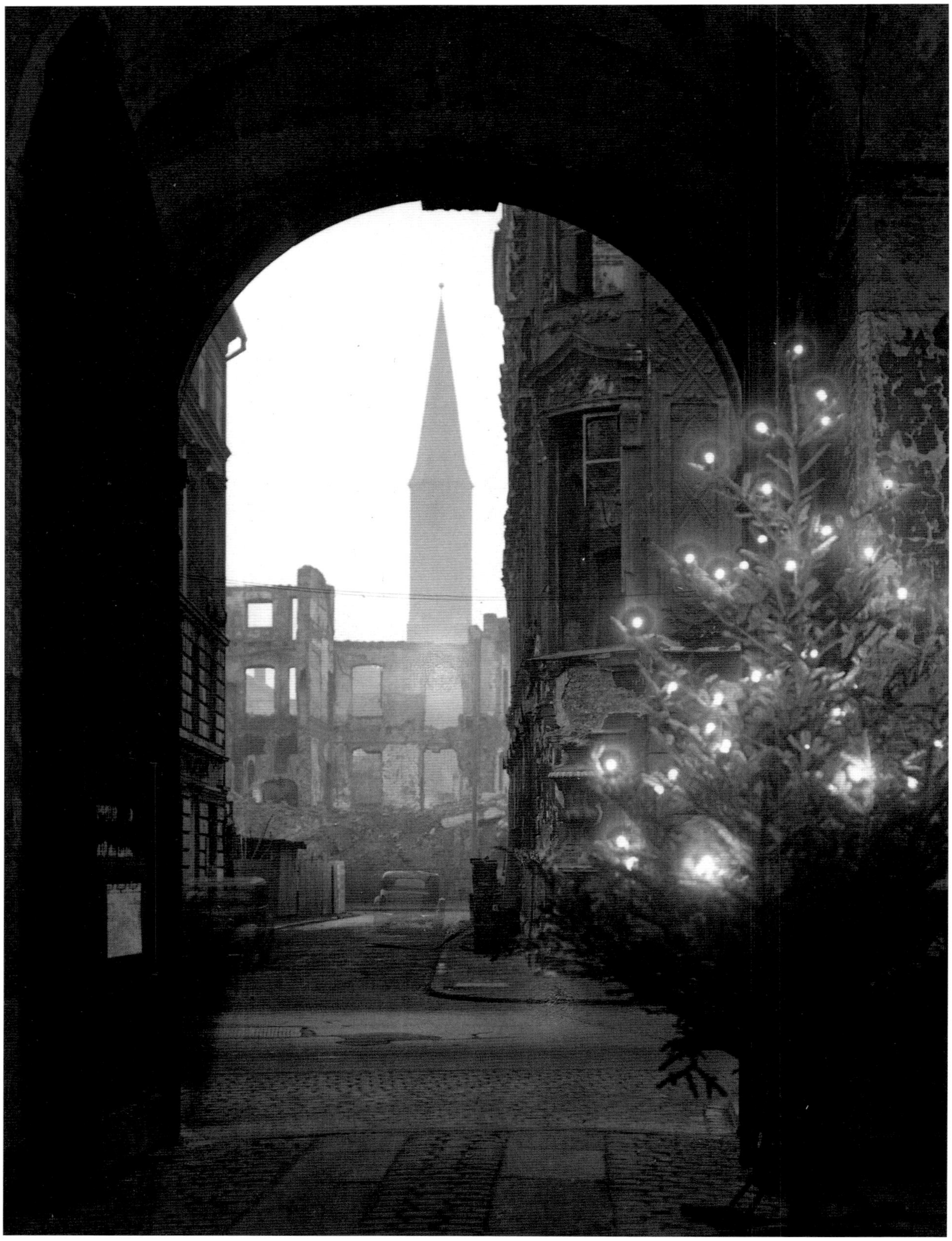

Weihnachtsbaum an der Südostecke des zerstörten Preysing-Palais an der Residenzstraße

Im Dezember 1947 fand in der Residenz wieder ein Weihnachtsmarkt statt. Kerzen für den eigenen Christbaum zu beschaffen, war für Privatleute fast unmöglich. Es gab nicht einmal genug Glühlampen für eine ausreichende Straßenbeleuchtung.

Tino Walz, Dezember 1947

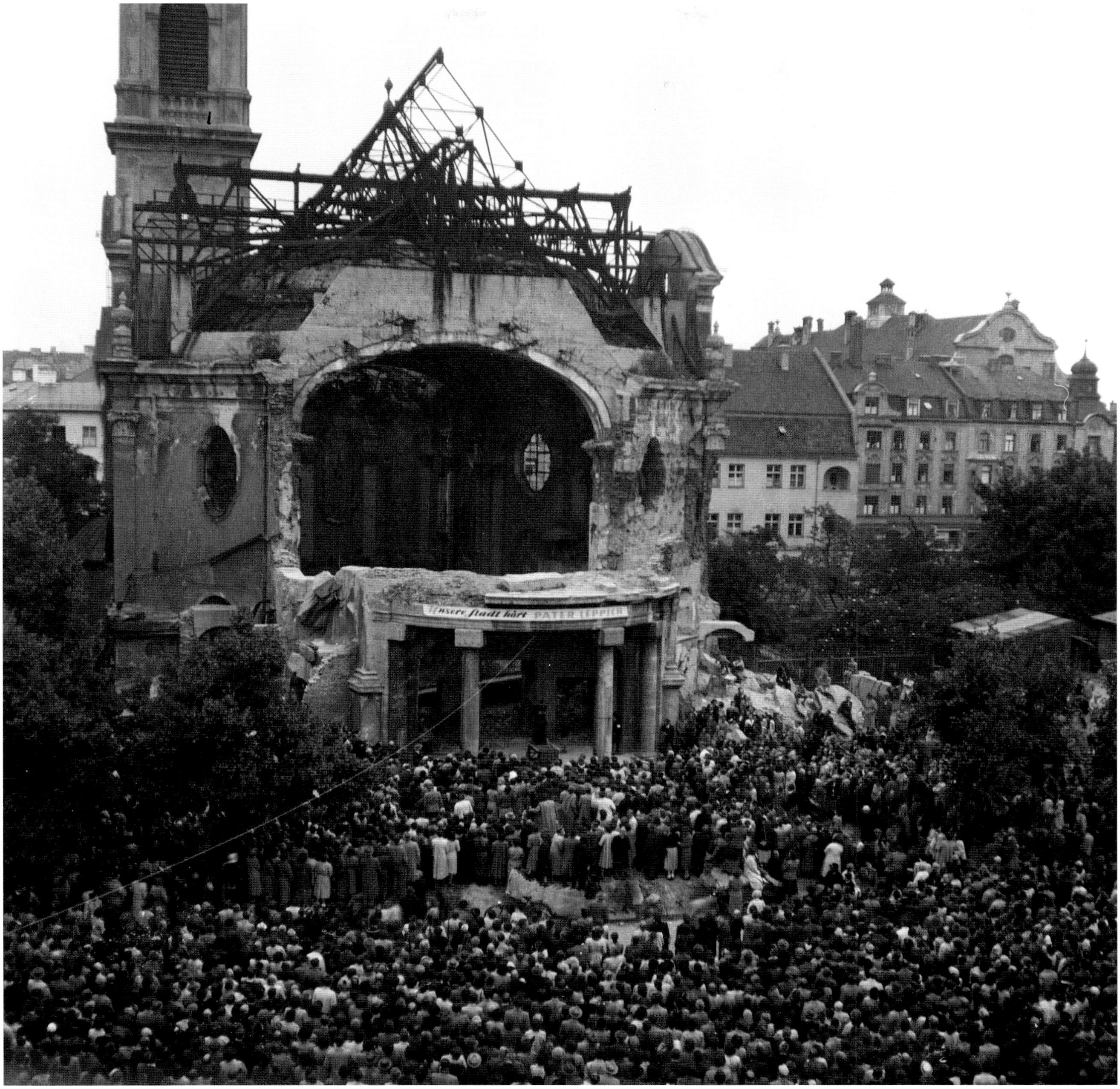

Der Straßenprediger Johannes Leppich spricht vor der zerstörten Kirche St. Wolfgang zu einer Menschenmenge

Der Jesuitenpater Johannes Leppich (1915–1992) war als moderner Wanderprediger für seine Volks- und Straßenpredigten bekannt. Wegen seiner beißenden Gesellschaftskritik erhielt er in der Adenauerzeit den Namen „Maschinengewehr Gottes".

Georg Fruhstorfer, 22.–24. Juni 1952

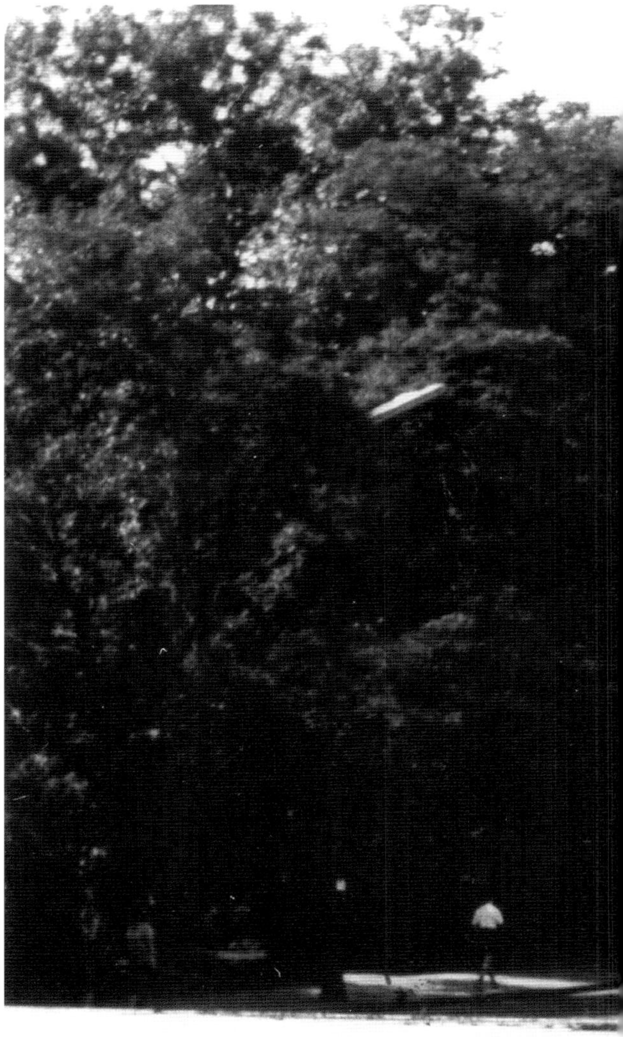

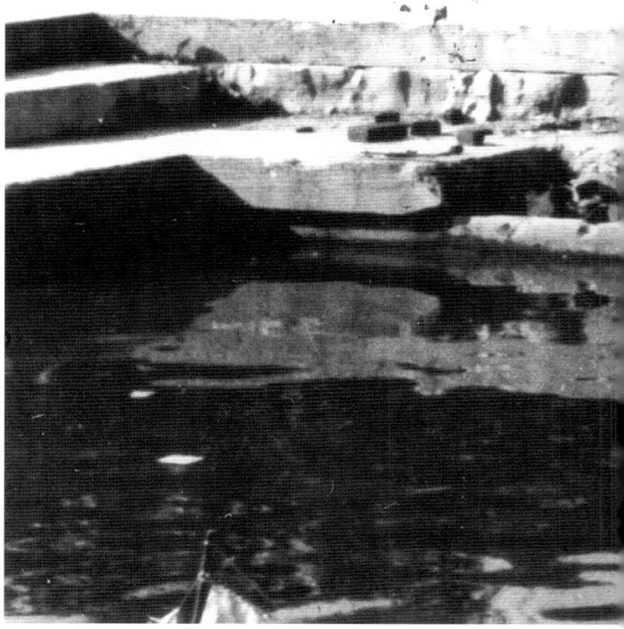

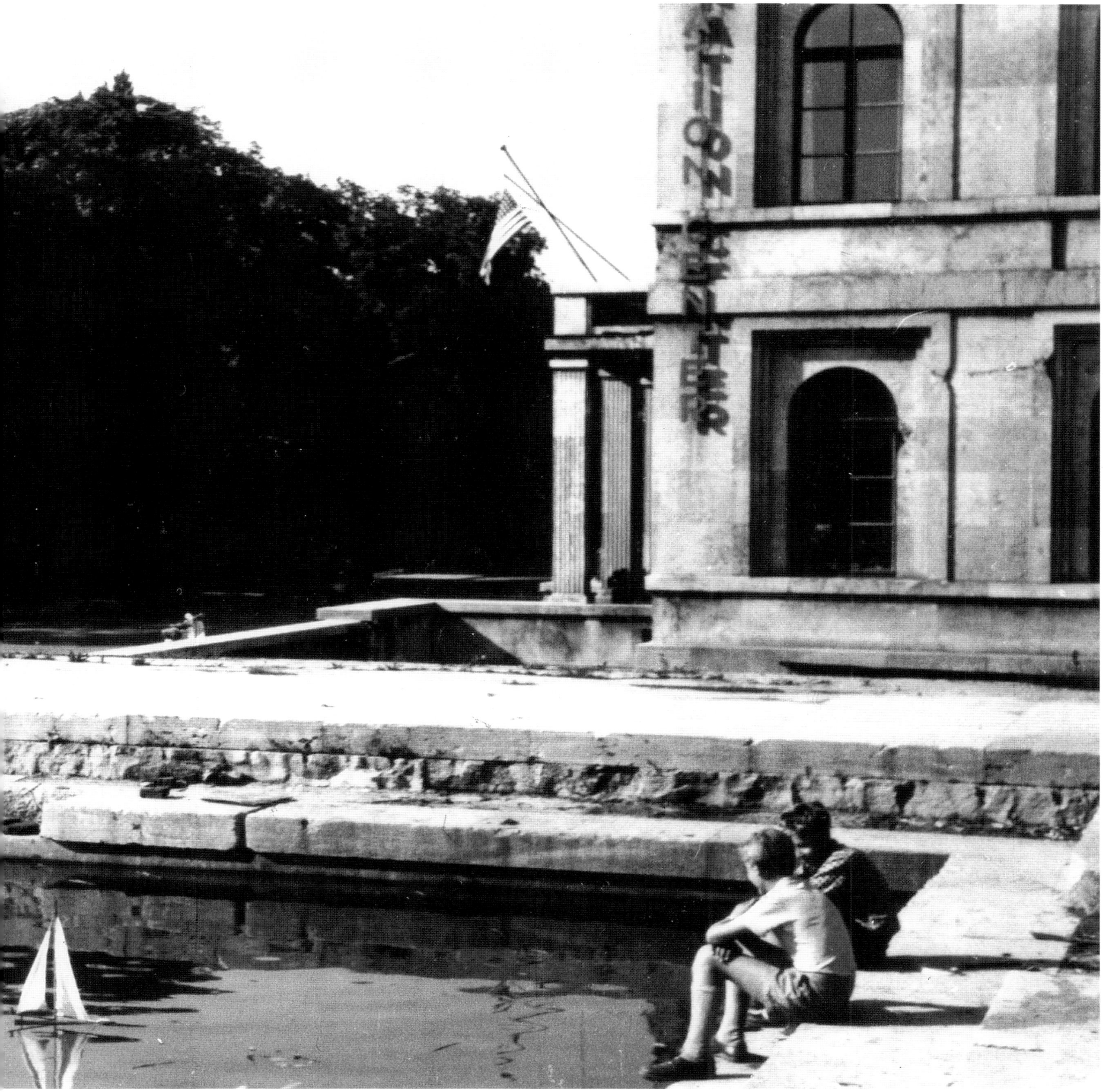

Ehemaliger Führerbau mit gesprengten „Ehrentempeln" im Vordergrund

Der ehemalige Führerbau wurde nach dem Krieg von der amerikanischen Militärregierung genutzt. Zusammen mit dem gegenüberliegenden Verwaltungsbau diente er als zentrale Sammelstelle für Beutekunst aus der NS-Zeit. Er beherbergte später das Amerikahaus und heute die Hochschule für Musik und Theater.

Unbekannter Fotograf, Fotoarchiv Hoffmann, 1955

KULTUR, KULTUR, KULTUR

Die Münchner Fotografin Felicitas Timpe (1923–2006) hat als selbständige Bildjournalistin zwischen 1951 und 2003 das wissenschaftliche, kulturelle und öffentliche Leben Münchens dokumentiert. Sie war offizielle Fotografin der Bayerischen Akademie der Wissenschaften und der Bayerischen Akademie der Schönen Künste. So entstand eines der größten privaten Fotoarchive Deutschlands. Es umfasst mehr als eine Millionen Aufnahmen und stellt damit nach dem 2019 erworbenen *stern*-Archiv den zweitgrößten Einzelfonds des Bildarchivs der Bayerischen Staatsbibliothek dar. Der Ankauf erfolgte mit Unterstützung der Deutschen Forschungsgemeinschaft. Zu sehen sind Beispiele aus Film, Theater, Kabarett, Kunst, Musik und Ballett. Weitere Bilder dieses Kapitels stammen von dem Fotografen Georg Fruhstorfer.

Felicitas Timpe
München, Juni 1952

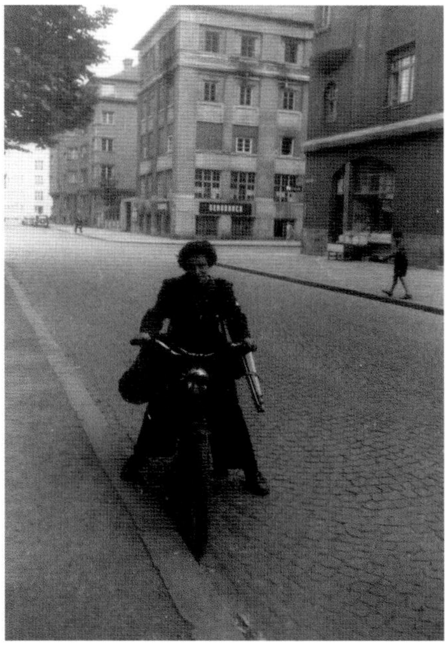

„Das doppelte Lottchen" im Filmtheater Sendlinger Tor

Erich Kästner (1899–1974) hatte das Drehbuch nach seinem gleichnamigen Kinderroman schon in den Kriegsjahren verfasst, konnte es aber wegen seines Arbeitsverbots nicht umsetzen. 1950 kam der mit den Münchner Zwillingsschwestern Isa und Jutta Günther (geb. 1938) in den Hauptrollen gedrehte Film schließlich mit großem Erfolg in die Kinos und erhielt die ersten Bundesfilmpreise.

Georg Fruhstorfer, 1950

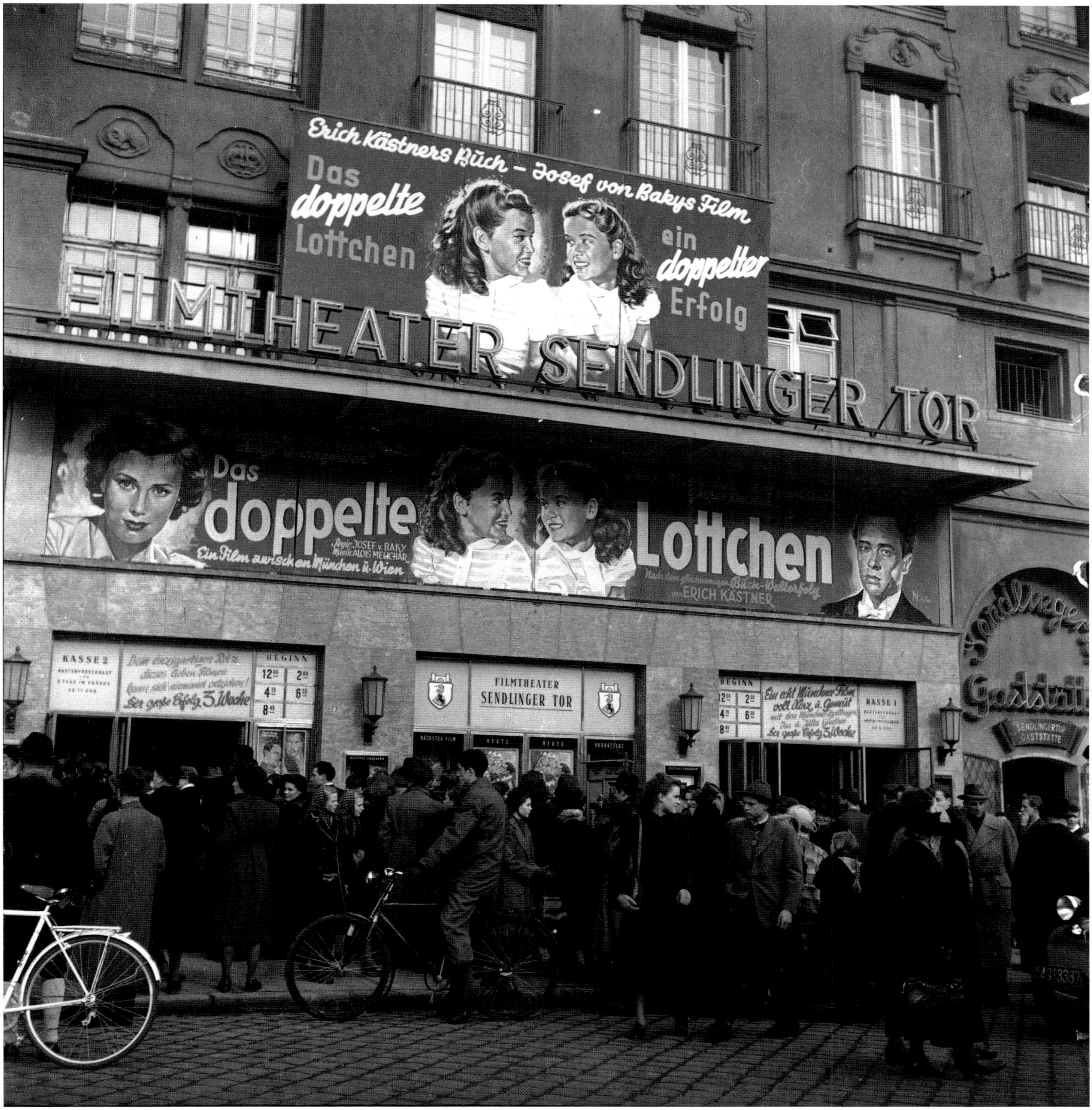
Erich Kästners Büch – Josef von Bakys Film
Das doppelte Lottchen
ein doppelter Erfolg
FILMTHEATER SENDLINGER TOR
Das doppelte Lottchen
Regie JOSEF v. BAKY Musik ALOIS MELICHAR
Ein Film zwischen München u. Wien
ERICH KÄSTNER
KASSE 2
BEGINN
Der große Erfolg 3. Woche
FILMTHEATER SENDLINGER TOR
Ein echt Münchner Film voll Herz u. Gemüt
KASSE 1
SENDLINGERTOR GASTSTÄTTE

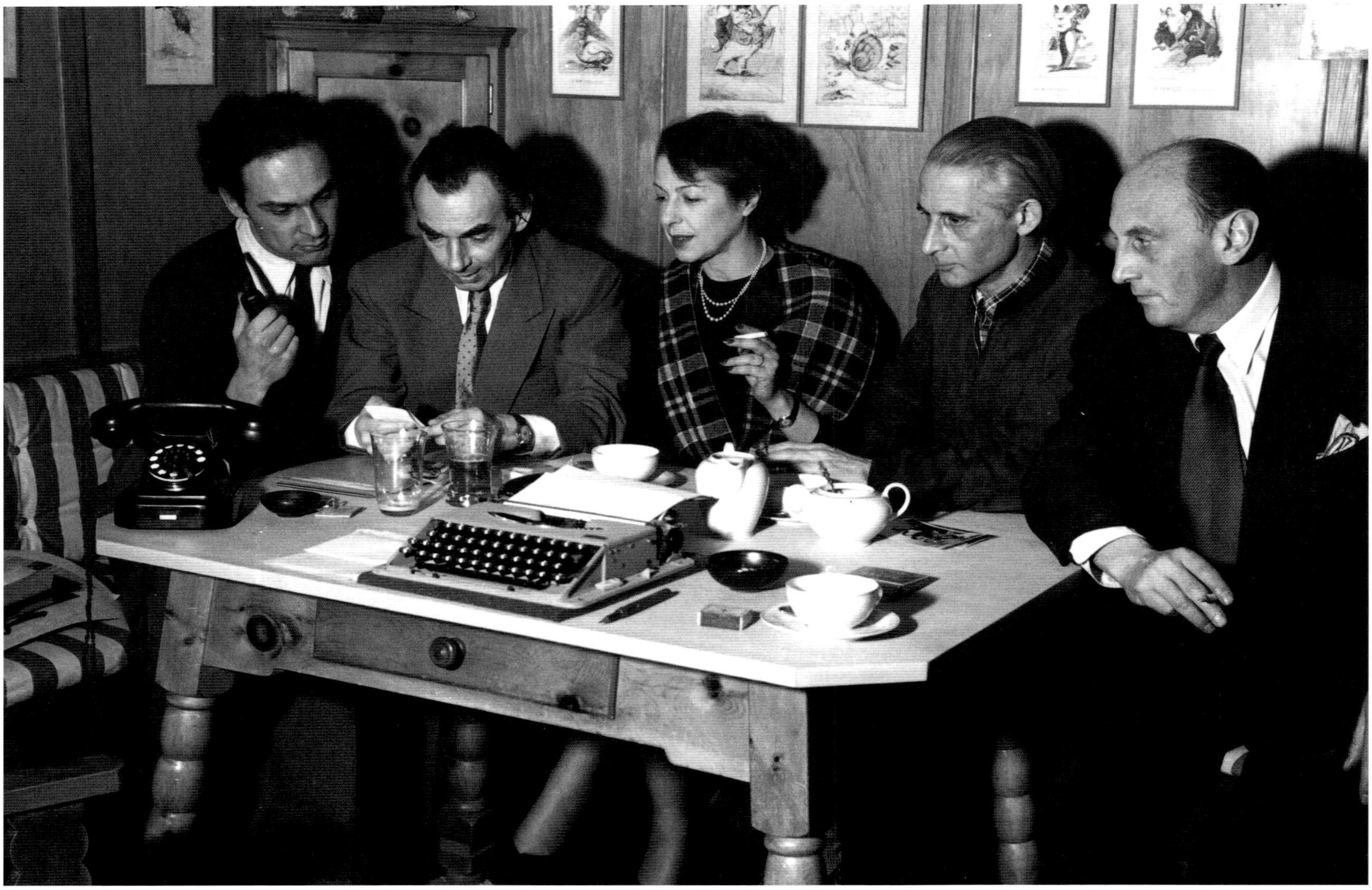

Besprechung des Kabaretts „Die kleine Freiheit" in der Wohnung von Erich Kästner

Der Hauptautor der „Kleinen Freiheit" Erich Kästner und viele Darsteller hatten zuvor schon im ersten Münchener Nachkriegs-Kabarett „Die Schaubude" zusammengearbeitet. Mit am Tisch sitzen (von links) der Schriftsteller und Schauspieler Oliver Hassencamp (1921–1988), Erich Kästner, die Regisseurin und Schauspielerin Trude Kolman (1904–1969), der Autor Peer Schwenzen (1899–1984) und der Textdichter und Komponist Robert Gilbert (1899–1978).

Felicitas Timpe, Februar 1951

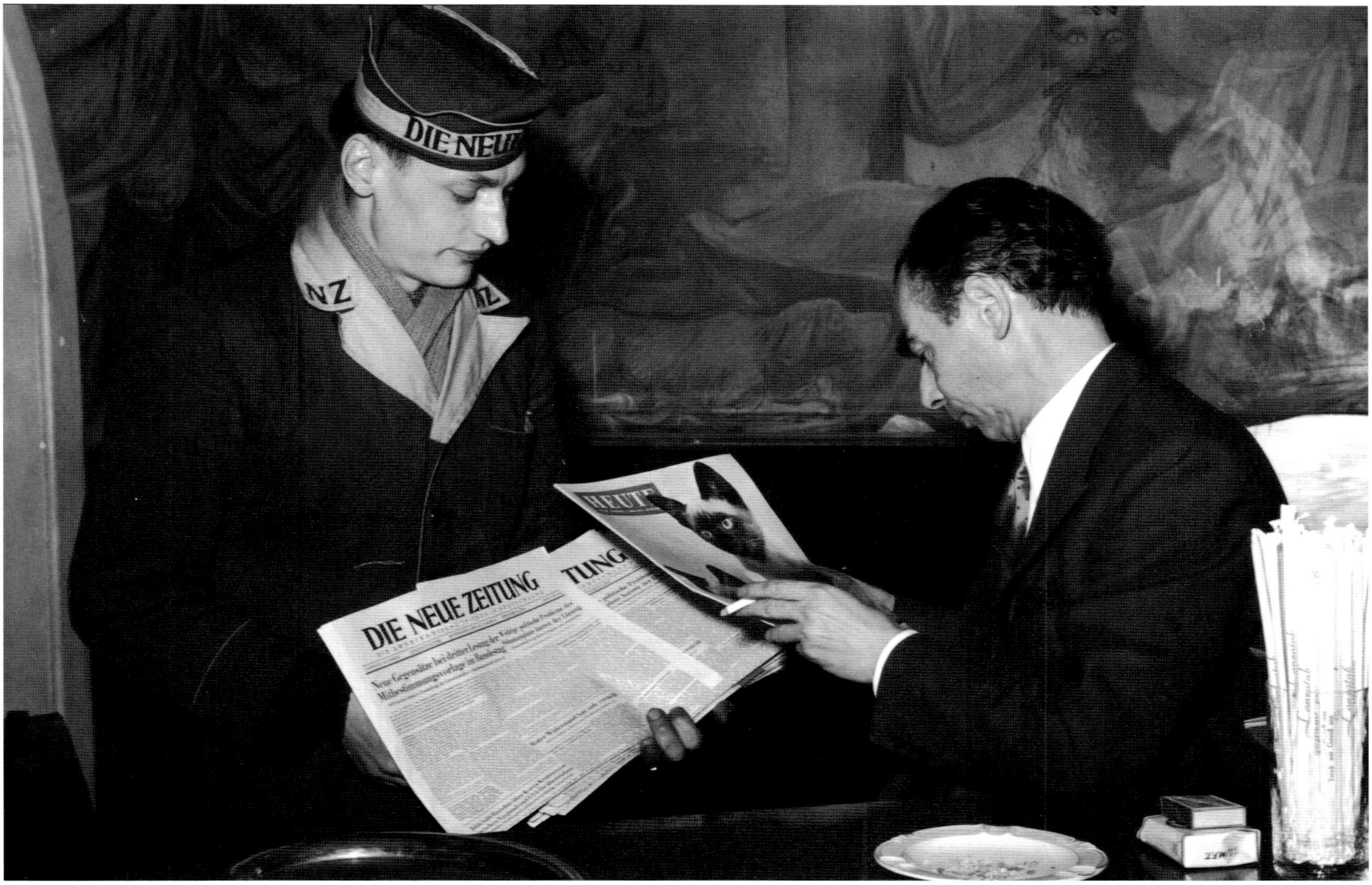

Erich Kästner war Leiter des Feuilletons der *Neuen Zeitung*

Die *Neue Zeitung* wurde von der amerikanischen Besatzungsbehörde herausgegeben und galt bis zu ihrer Einstellung 1955 mit einer Auflage bis 2,5 Millionen Exemplaren als eine der bedeutendsten Zeitungen der Nachkriegszeit. Erich Kästner, hier mit einer Ausgabe nach der Premiere seines Kabaretts „Ente gut – alles gut!" am 10. April 1951, war zeitweise Leiter des Feuilletons.

Felicitas Timpe, 1951

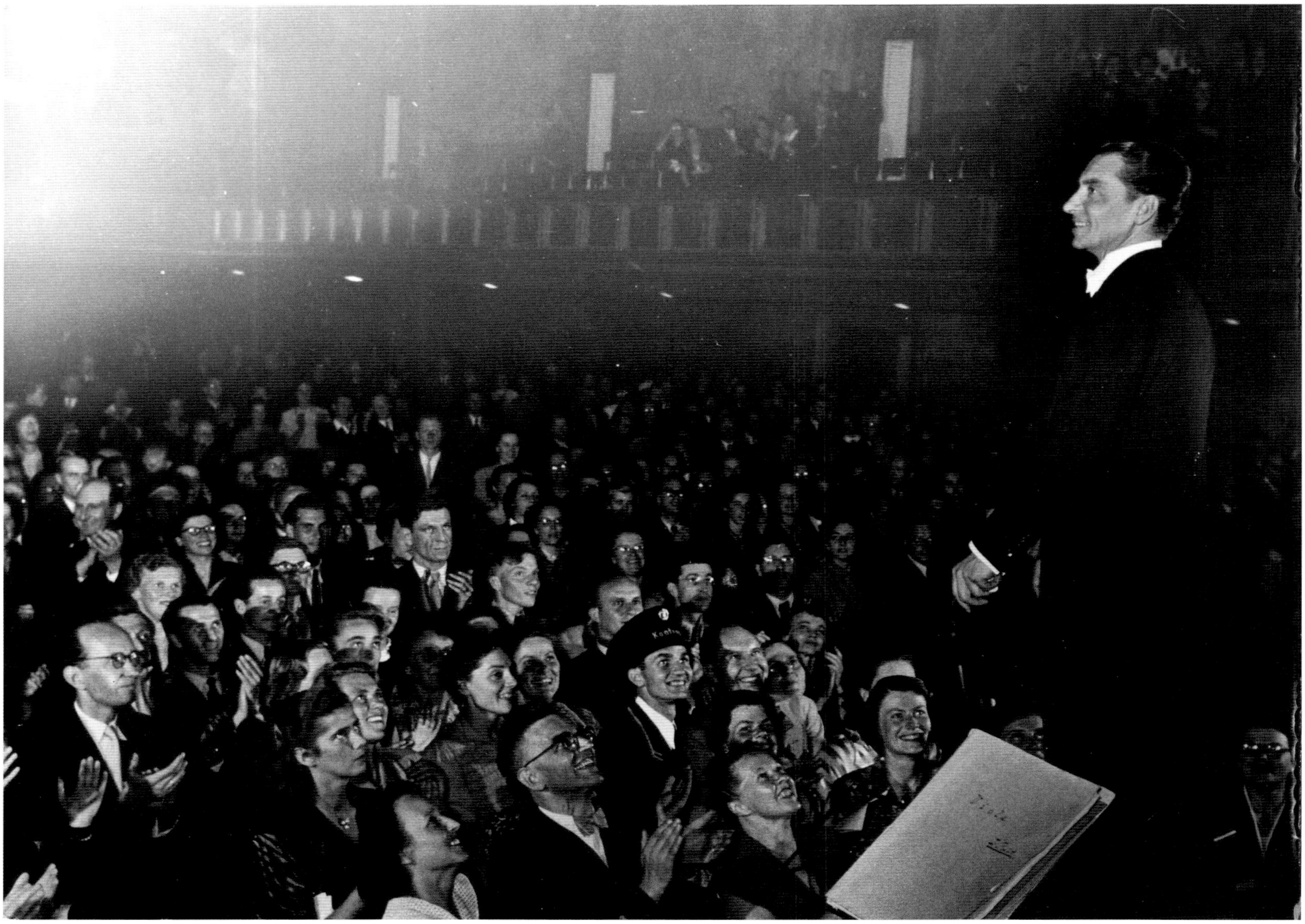

Herbert von Karajan (1908–1989) bei einem Konzert im Kongresssaal des Deutschen Museums

Die internationale Karriere des Dirigenten und Regisseurs begann in der Nachkriegszeit mit seinem Debüt an der Mailänder Scala und seiner Ernennung zum Direktor der Wiener Musikfreunde. 1951 dirigierte er auch bei den Bayreuther Festspielen, der ersten Aufführung nach Kriegsende.

Felicitas Timpe, 25. Mai 1951

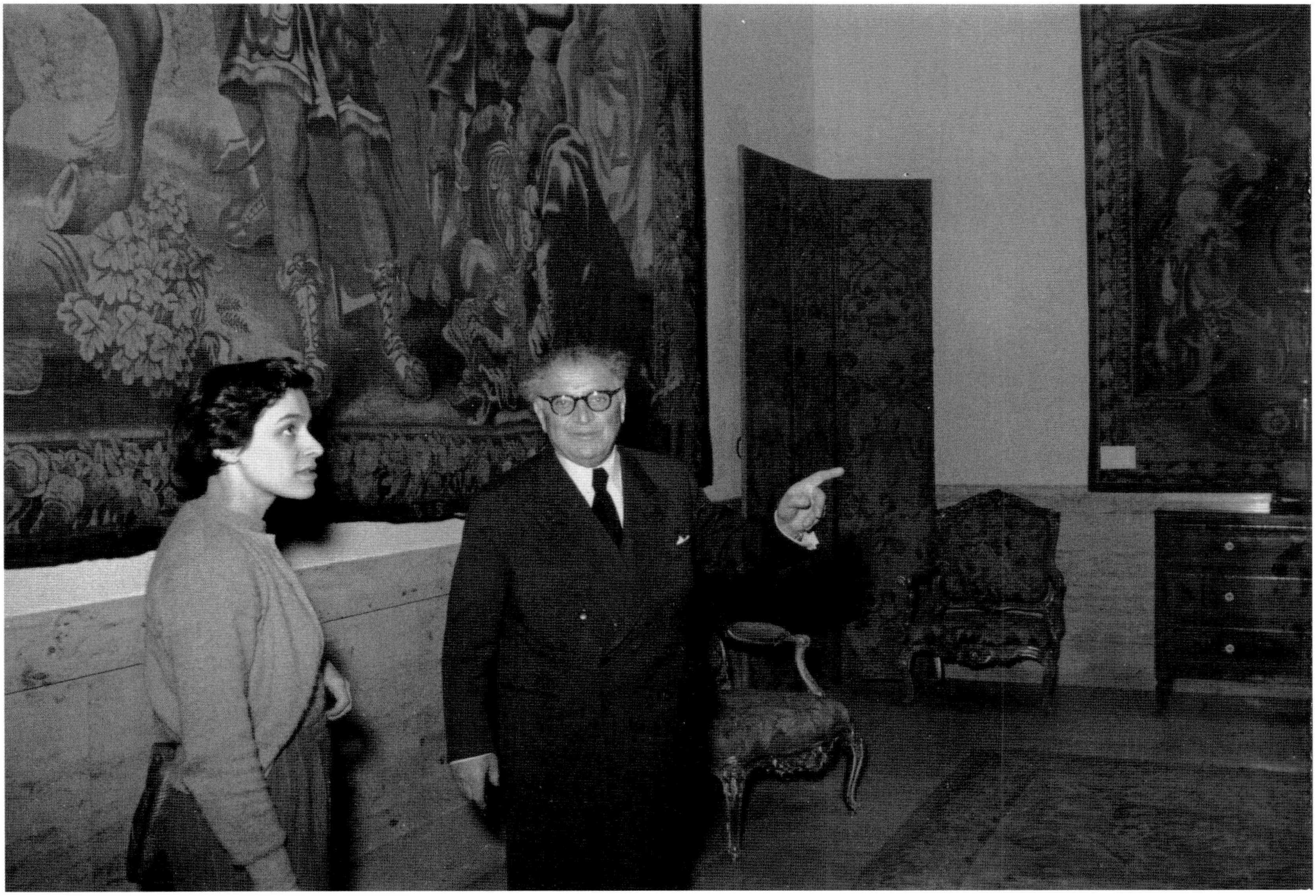

Die Fotografin Felicitas Timpe und der Kunsthändler Otto Bernheimer

Der Kunsthändler und Sammler Otto Bernheimer (1877–1960) führt im Haus der Kunst die Fotografin Felicitas Timpe durch eine Ausstellung von Gobelins und Teppichen aus seiner Sammlung. Bernheimer, im KZ Dachau inhaftiert, konnte nur unter Verlust seines Besitzes emigrieren und kehrte 1945 wieder nach München zurück. Er baute das beschädigte Geschäftshaus, das Palais Bernheimer am Lenbachplatz, wieder auf und kämpfte für die Rückerstattung seines von den Nationalsozialisten geraubten Eigentums.

Unbekannter Fotograf, April/Mai 1952

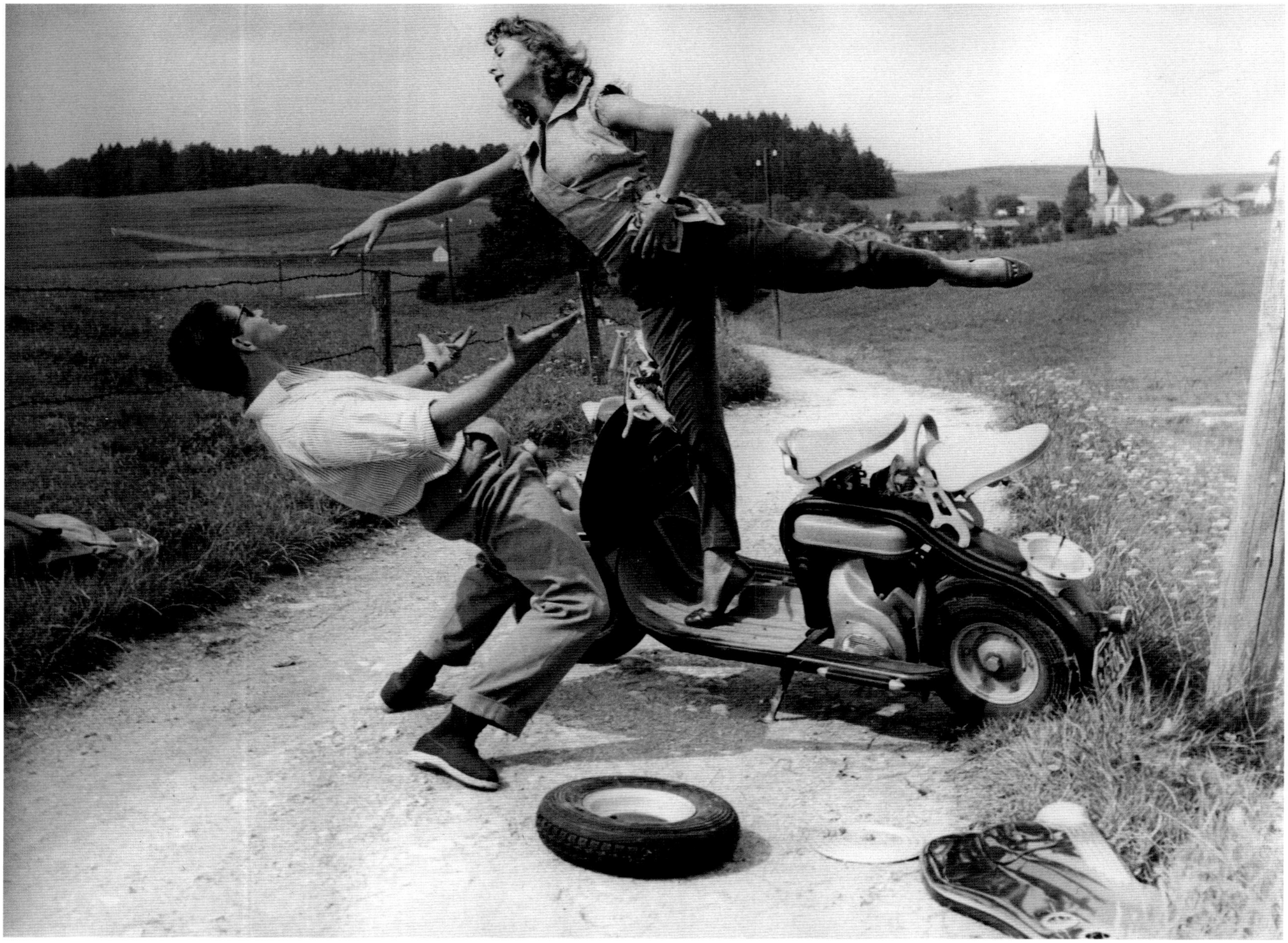

Freiluft-Ballett

Die Reportage mit den Münchner Tänzern Franz Baur und Liane Müller zeigt neben einer getanzten Motorroller-Panne verschiedene Tanz-Szenen während eines Ausflugs ins Grüne. Der weit verbreitete Lambretta-Motorroller des italienischen Herstellers Innocenti hatte hohen Kultstatus.

Felicitas Timpe, August 1955

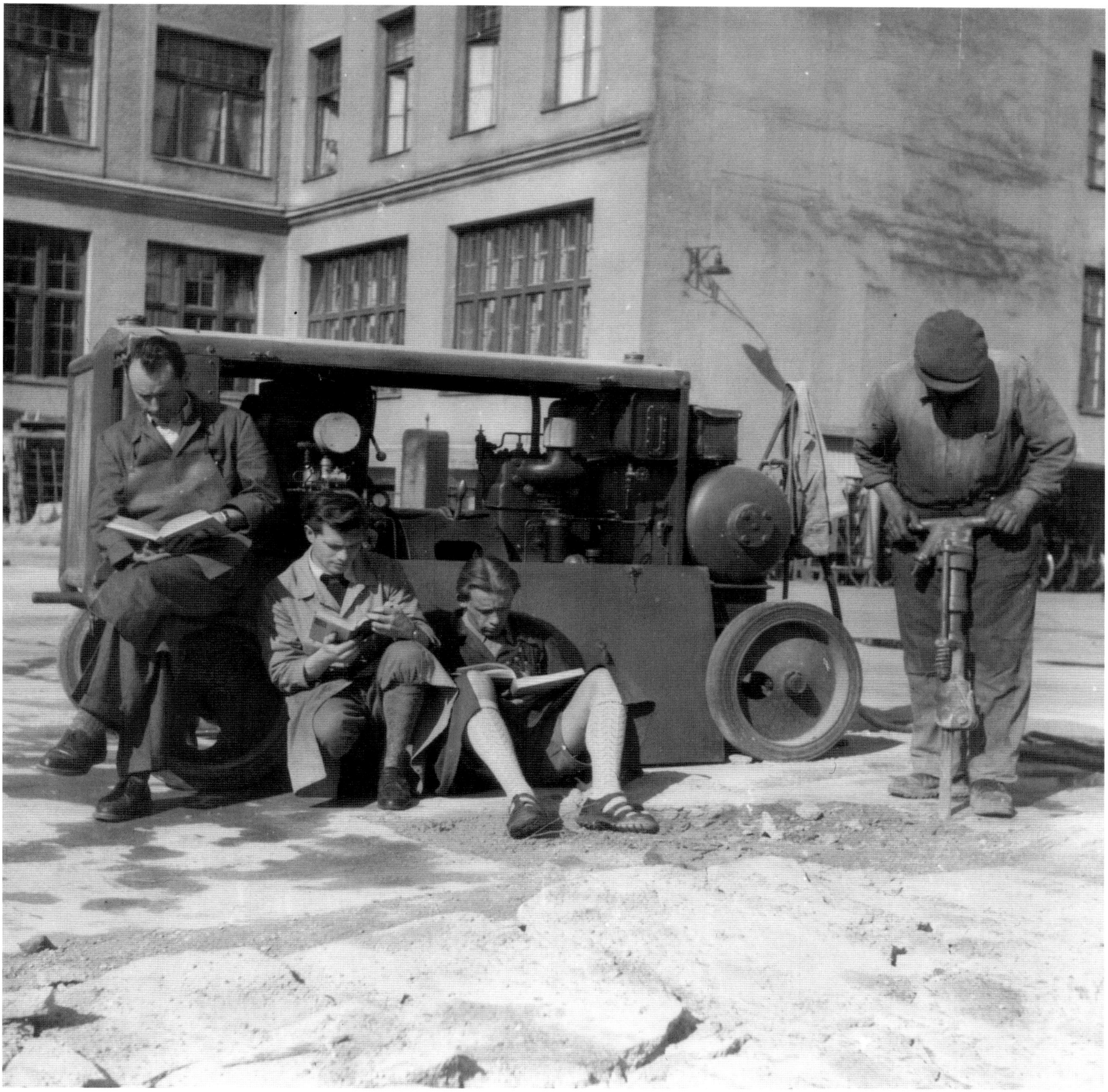

Junge Männer lassen sich beim Lesen nicht stören

Das Motiv sollte humoristisch eine Reportage zum Thema „Werkbücherei" illustrieren.

Felicitas Timpe, April 1953

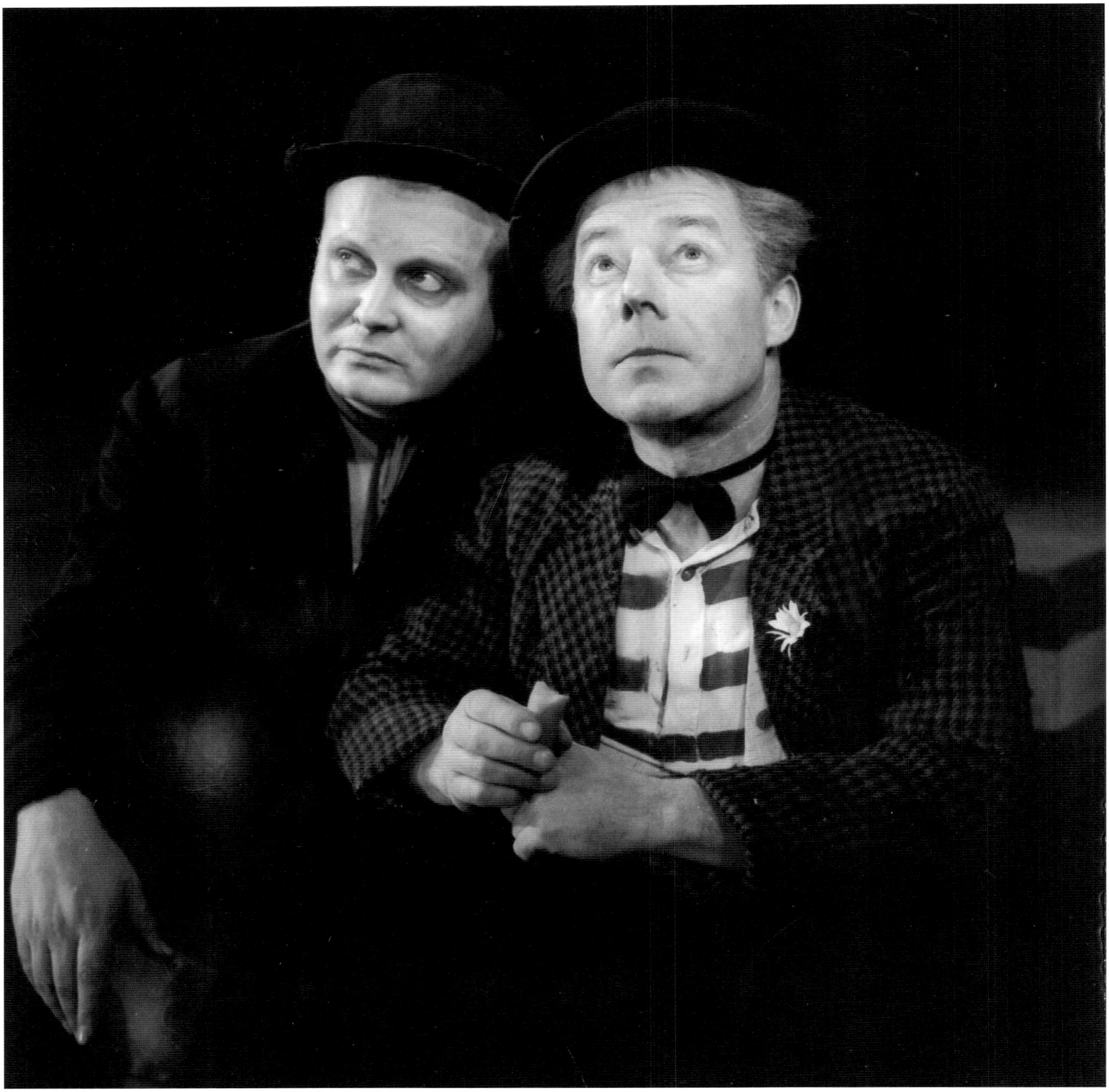

Ernst Schröder und Heinz Rühmann bei einer Probe-Aufführung von *Warten auf Godot*

Die Inszenierung von Fritz Kortner (1892–1970) an den Münchner Kammerspielen wurde bei der Premiere noch ausgebuht. Heute gilt sie als Klassiker.

Felicitas Timpe, März/April 1954

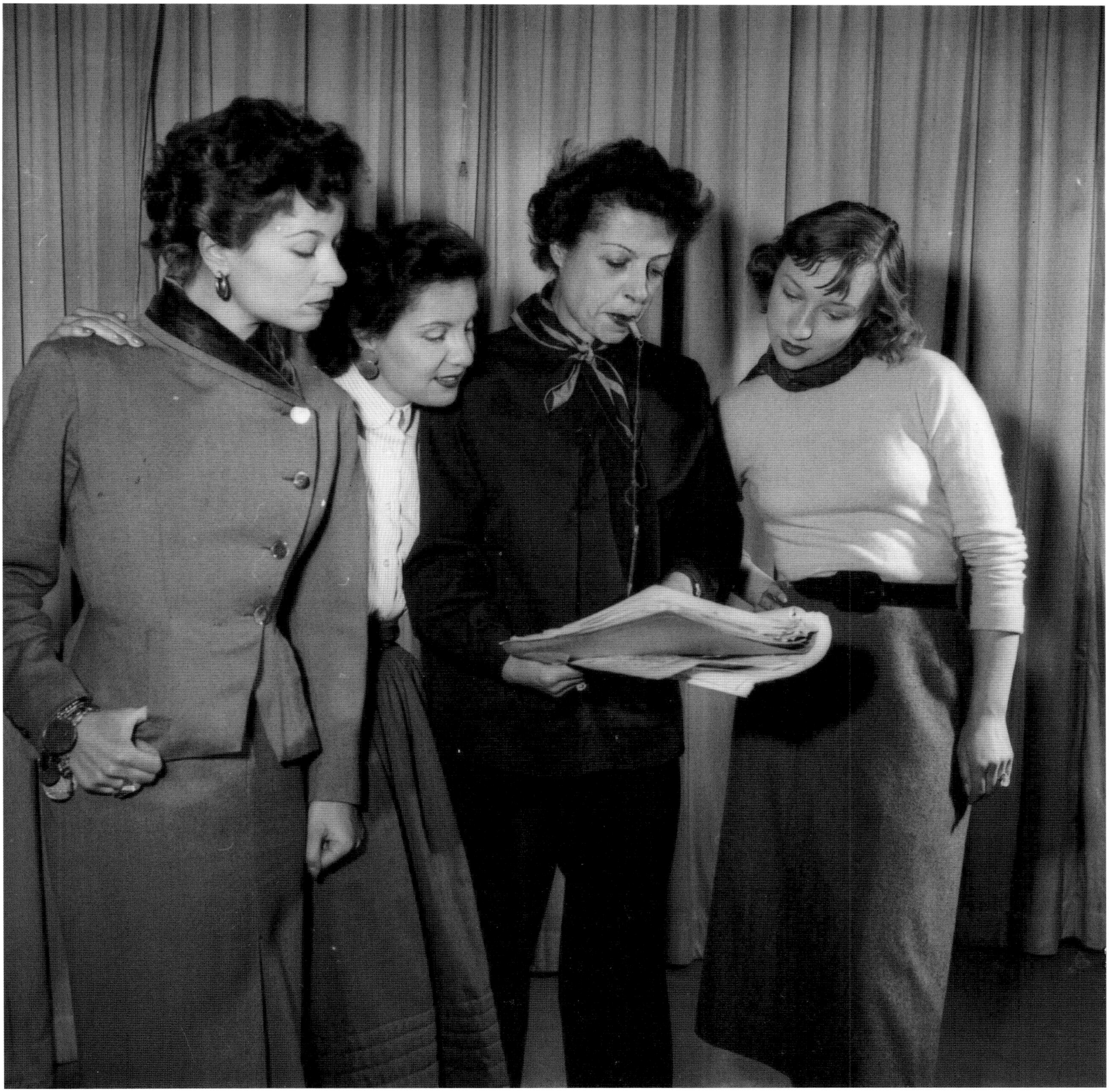

Trude Kolman gibt Regieanweisungen an Schauspielerinnen der „Kleinen Freiheit"

1950 kehrte die jüdische Regisseurin und Schauspielerin Trude Kolman (1904–1969) aus dem Exil nach Deutschland zurück und gründete zusammen mit Erich Kästner das Kabarett „Die kleine Freiheit".

Felicitas Timpe, Mai/Juni 1952

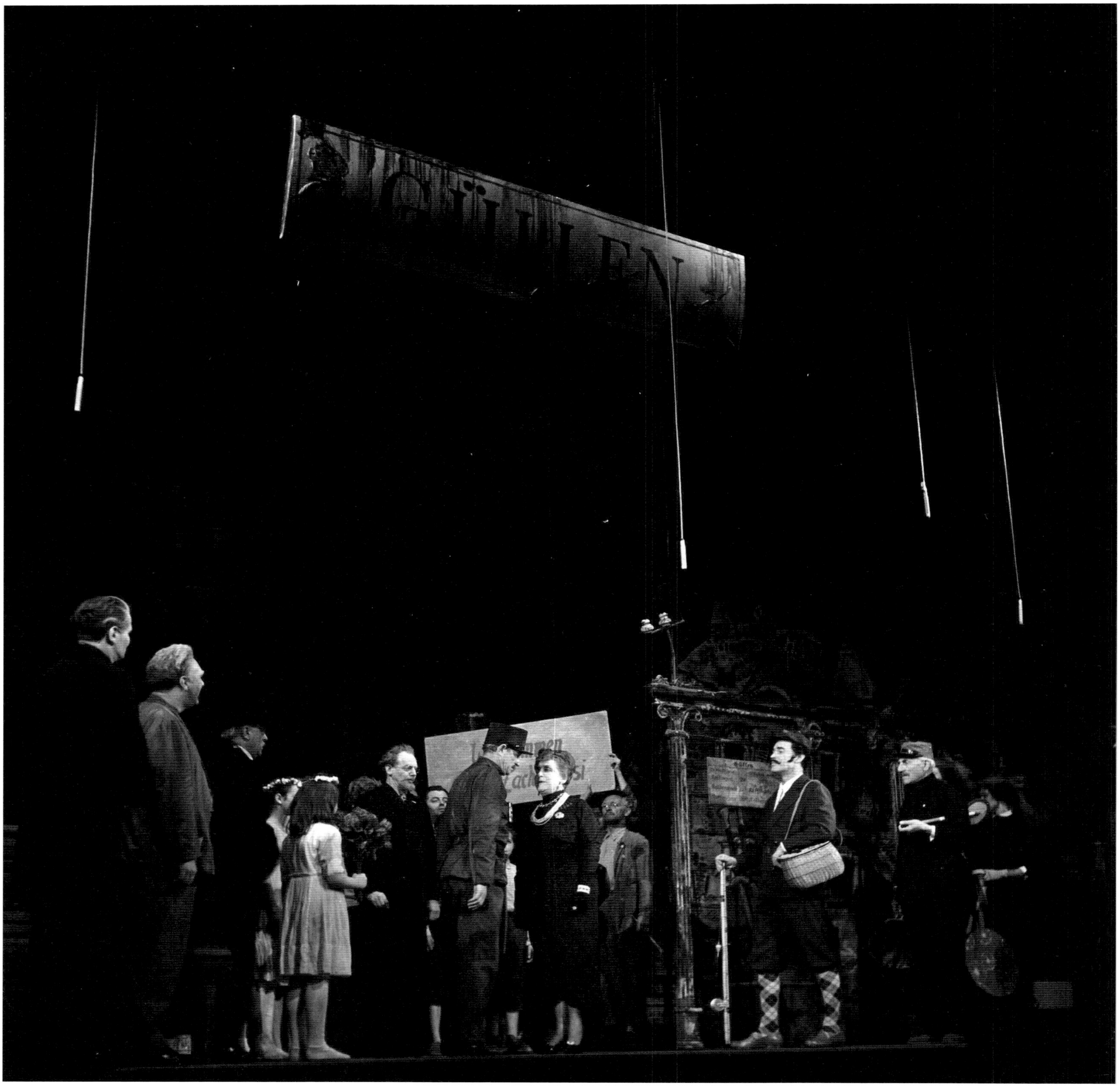

Eine Paraderolle für die Giehse: *Der Besuch der alten Dame* von Friedrich Dürrenmatt

Wie in der Züricher Uraufführung spielte Therese Giehse (1898–1975) im selben Jahr auch an den Münchner Kammerspielen die Hauptrolle.

Felicitas Timpe, 1956

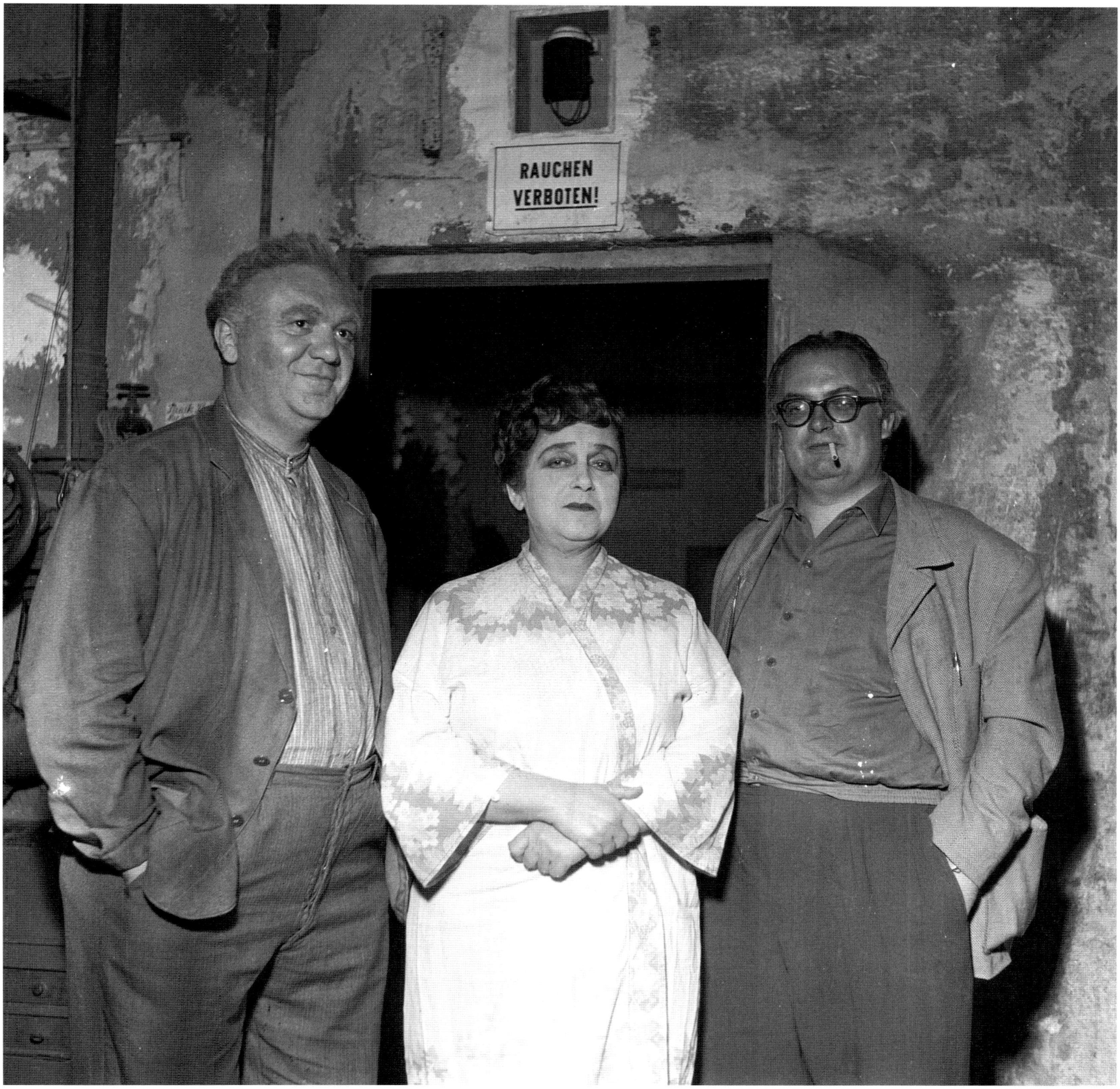

Rauchen verboten – auch wenn der Autor gerne rauchen würde

Der Schweizer Schriftsteller Friedrich Dürrenmatt (1921–1990) – hier rechts im Bild – mit seinen Hauptdarstellern Paul Esser (1913–1988) und Therese Giehse in den Münchner Kammerspielen.

Felicitas Timpe, 1956

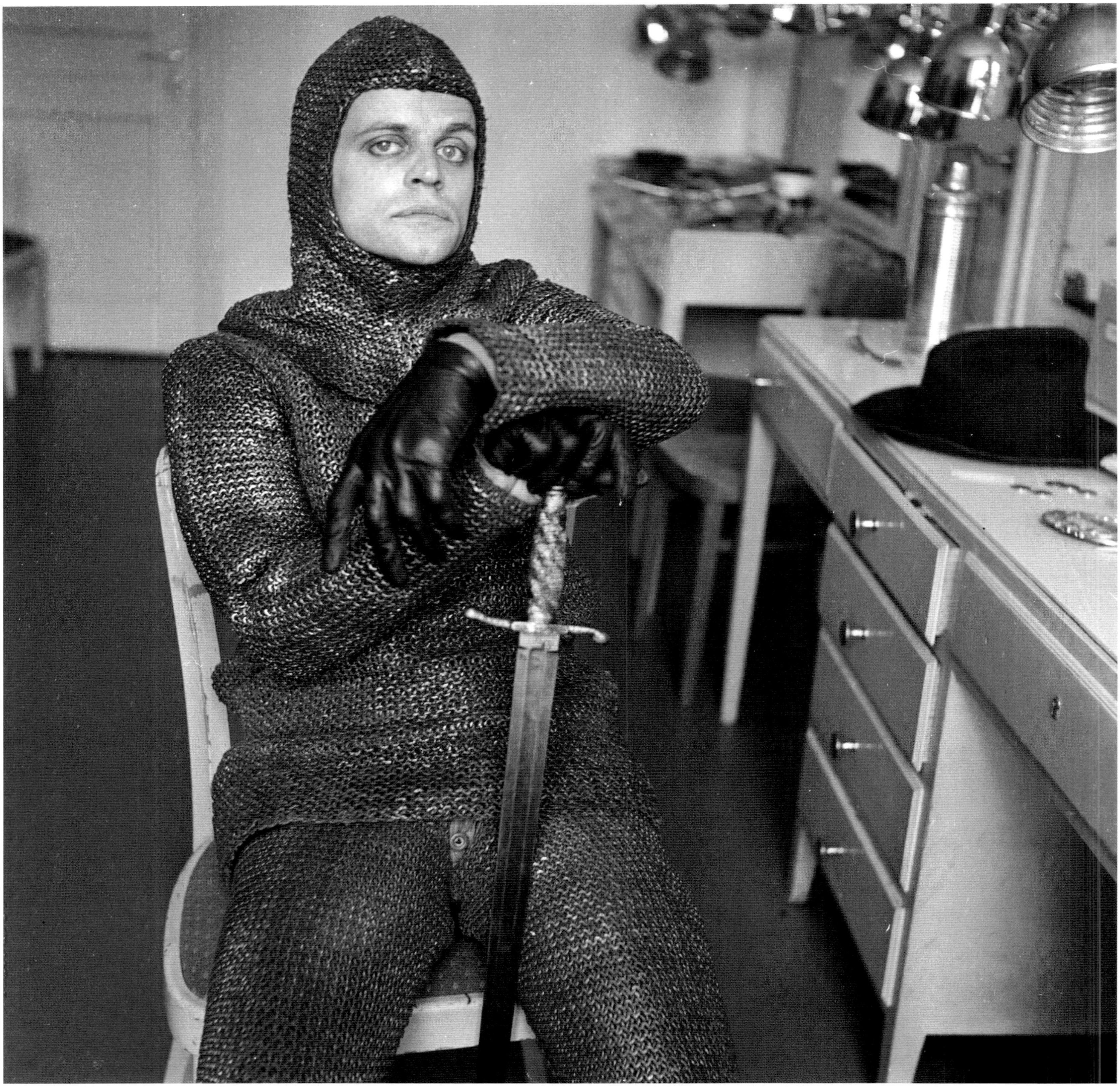

Klaus Kinski posiert im Rollenkostüm

1956 inszenierte Fritz Kortner im Münchner Residenztheater Shakespeares *Heinrich IV.* mit Klaus Kinski (1926–1991) als Prinz Heinrich.

Felicitas Timpe, Juni 1956

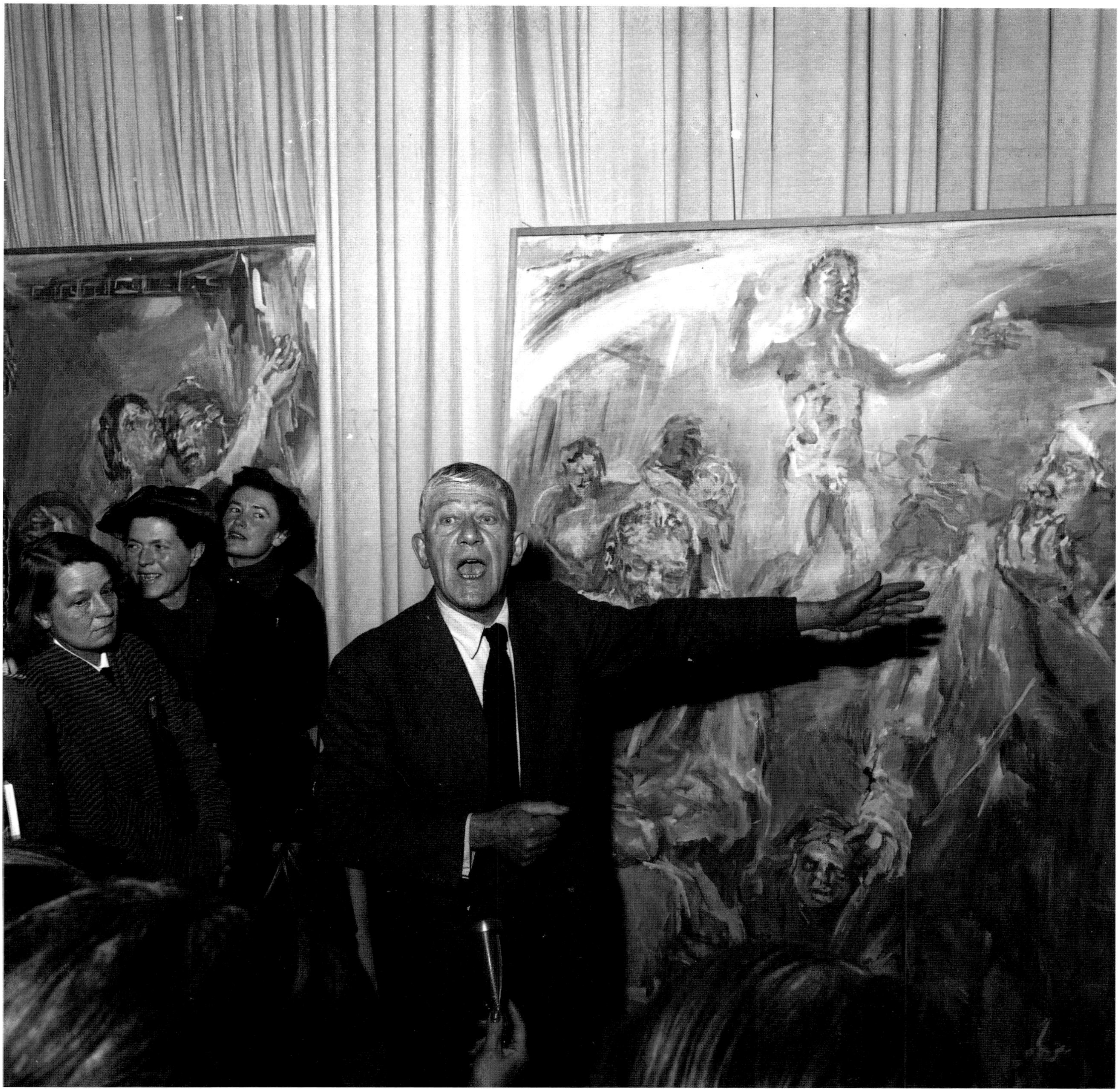

Oskar Kokoschka bei der Eröffnung seiner Ausstellung im Haus der Kunst

Das Haus der Kunst widmete Oskar Kokoschka (1886–1980) 1958 eine große Einzelausstellung. Zur Zeit des Nationalsozialismus wurden seine Werke als „entartete Kunst" diffamiert und bei der Propaganda-Ausstellung 1937 im Galeriegebäude des Hofgartens als solche vorgeführt.

Georg Fruhstorfer, März 1958

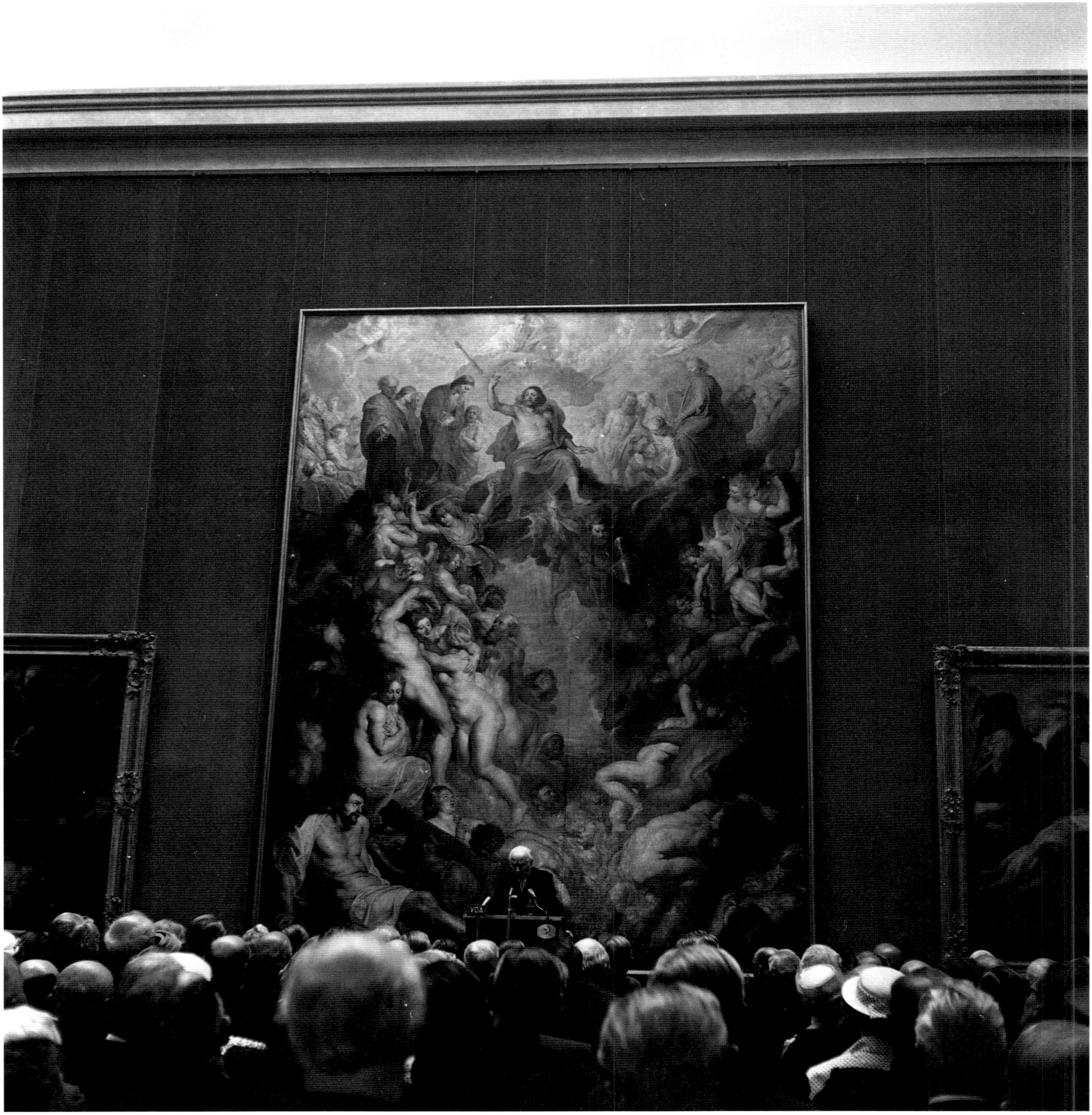

Die Wiedereröffnung der Alten Pinakothek am 7. Juli 1957

Ansprache von Bundespräsident Theodor Heuss vor Rubens' *Jüngstem Gericht*.

Georg Fruhstorfer, 1957

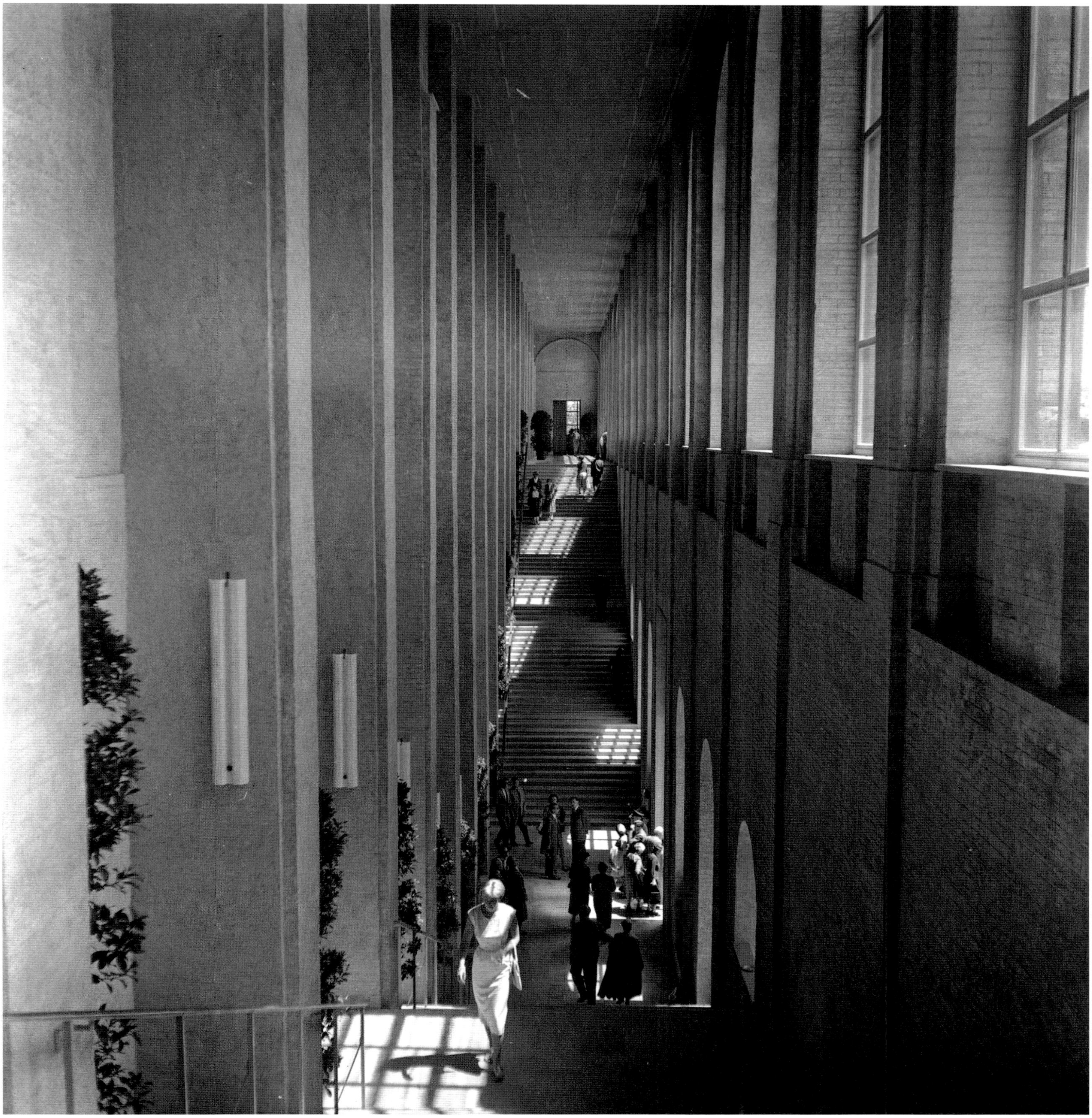

Das neue Treppenhaus der Alten Pinakothek

Architekt Hans Döllgast (1891–1974) leitete den Wiederaufbau des zerstörten Museums ab 1952.

Georg Fruhstorfer, 7. Juli 1957

Oskar Maria Grafs Skandal-Lesung in Lederhose

Zur 800-Jahrfeier der Stadt München wurde Graf eingeladen, im Cuvilliéstheater zu lesen. Er flog dazu eigens aus den USA ein. Nach 25 Jahren Exil das erste Mal wieder in Deutschland, bestand er darauf, auch im Theater statt Anzug Lederhose zu tragen – immerhin selbst in den USA sein Markenzeichen. Erst nach Einschreiten von Oberbürgermeister Wimmer wurde ihm dieser Stilbruch schließlich erlaubt. Erich Kästner sagte daraufhin seine Laudatio ab und die für Honoratioren der Stadt vorgesehene erste Reihe blieb leer.

Felicitas Timpe, 22. August 1958

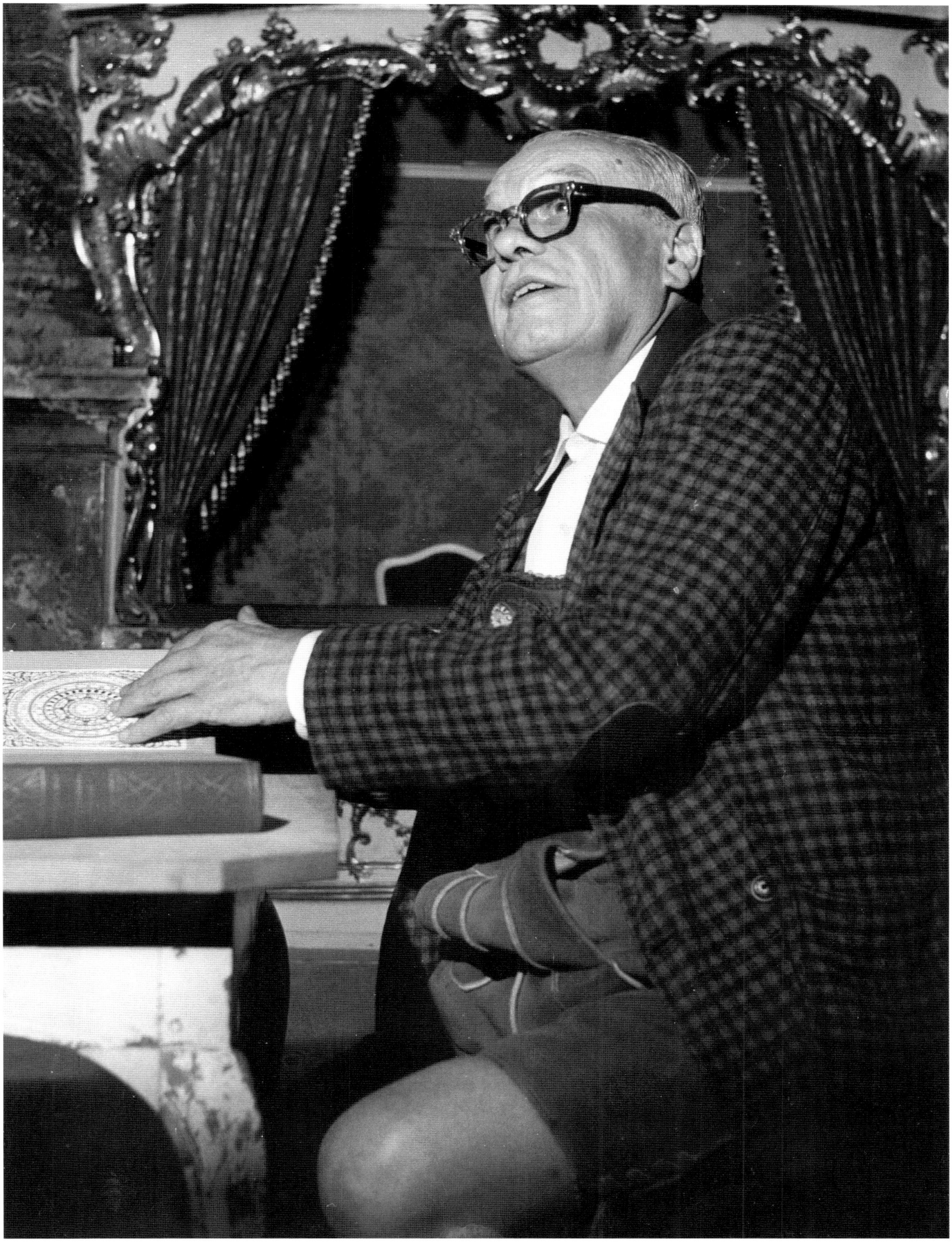

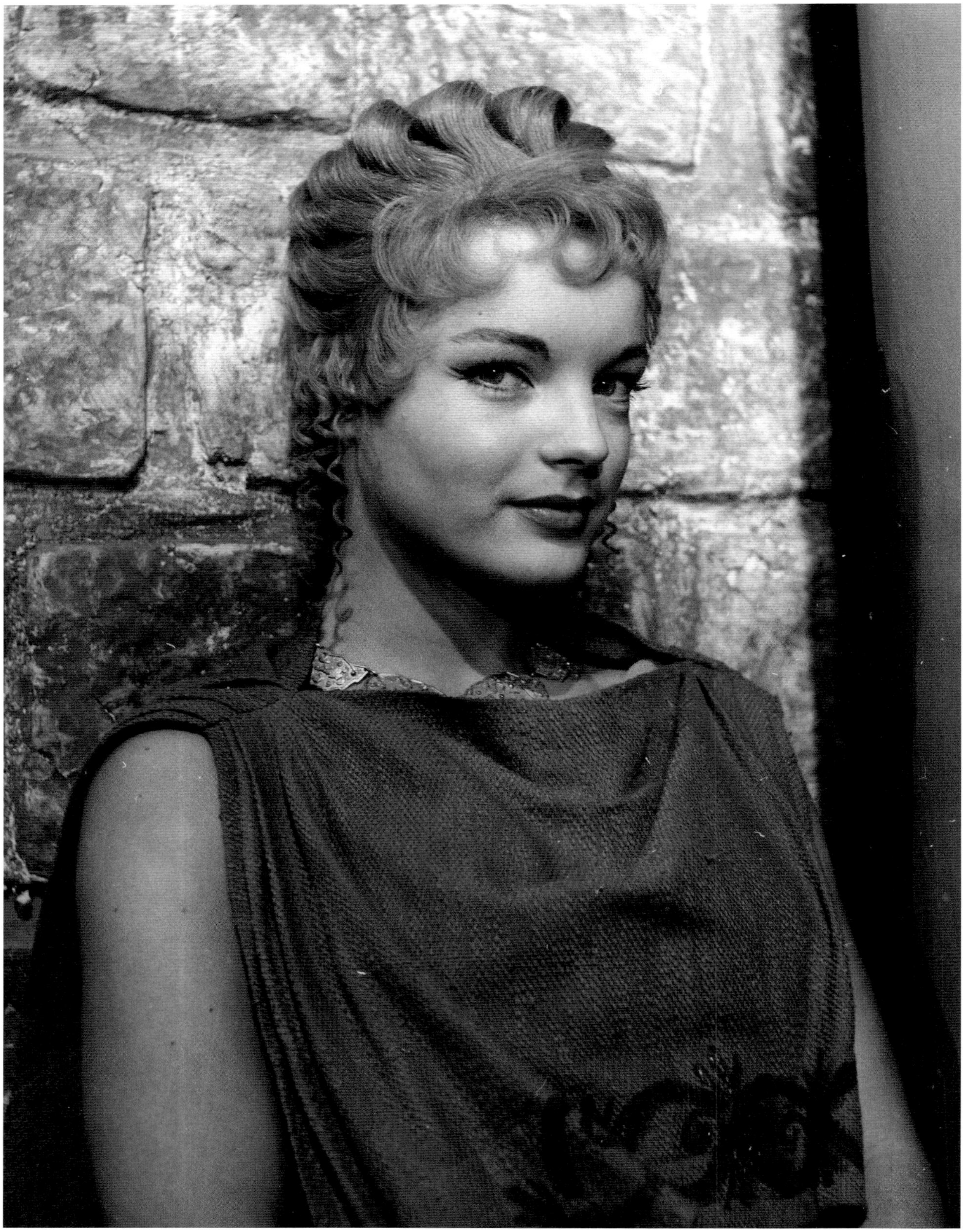

Romy Schneider bei Dreharbeiten zu *Die Sendung der Lysistrata*

Fritz Kortners erster Fernsehfilm galt 1961 manchem Intendanten als zu anstößig und politisch. Ausgestrahlt wurde er letztlich trotzdem in ganz Deutschland – bis auf Bayern. Dort durften ihn nur erwachsene Kinobesucher sehen.

Felicitas Timpe, 1960/61

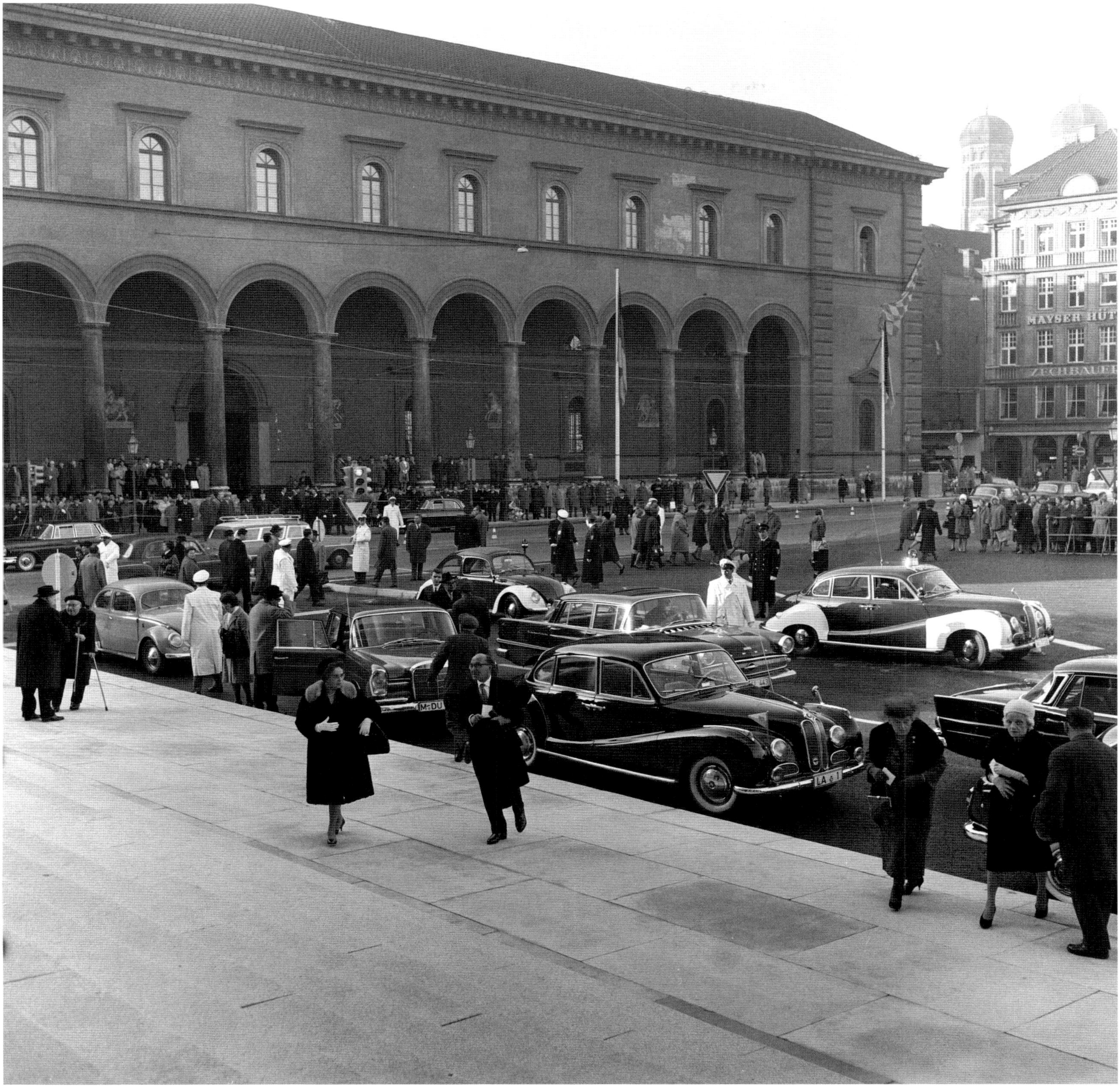

Wiedereröffnung des Bayerischen Nationaltheaters

Zwanzig Jahre, nachdem das Nationaltheater von Fliegerbomben zerstört worden war, konnte am 21. November 1963 endlich die Wiedereröffnung gefeiert werden. Der Wiederaufbau kostete 62 Millionen Mark. Obwohl ein Neubau günstiger gewesen wäre, setzten sich viele Bürger für eine Rekonstruktion ein. Originalgetreu renoviert, doch mit moderner Operntechnik und größerer Bühne eröffnete das Opernhaus mit Richard Strauss' *Die Frau ohne Schatten*.

Georg Fruhstorfer, 21. November 1963

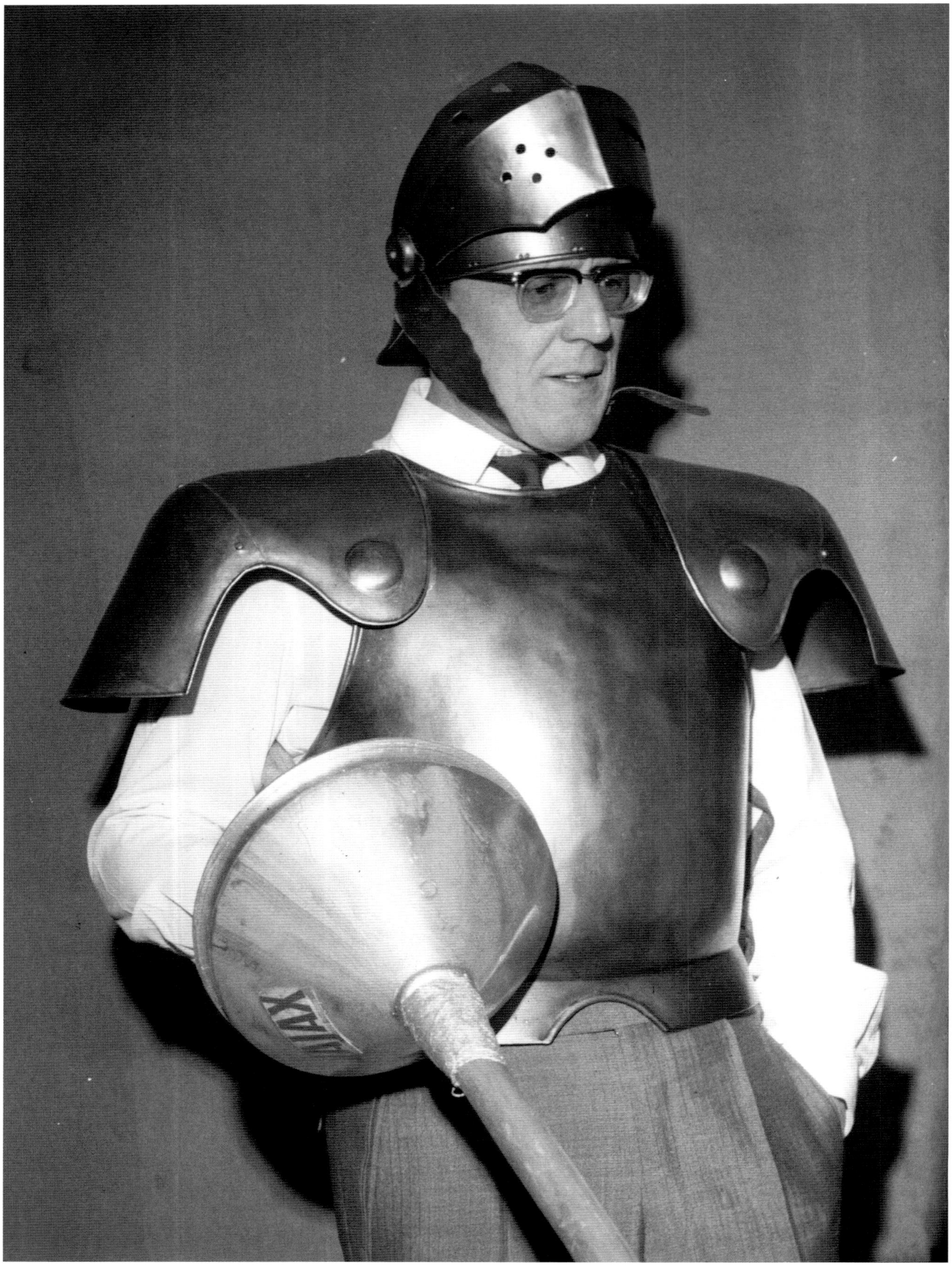

Dieter Hildebrandt in Rollenkostüm

1956 gründete Dieter Hildebrandt (1927–2013) die Münchner Lach- und Schießgesellschaft und stieg in den folgenden Jahren zum wohl bekanntesten politischen Kabarettisten der Bundesrepublik auf.

Felicitas Timpe, 1965

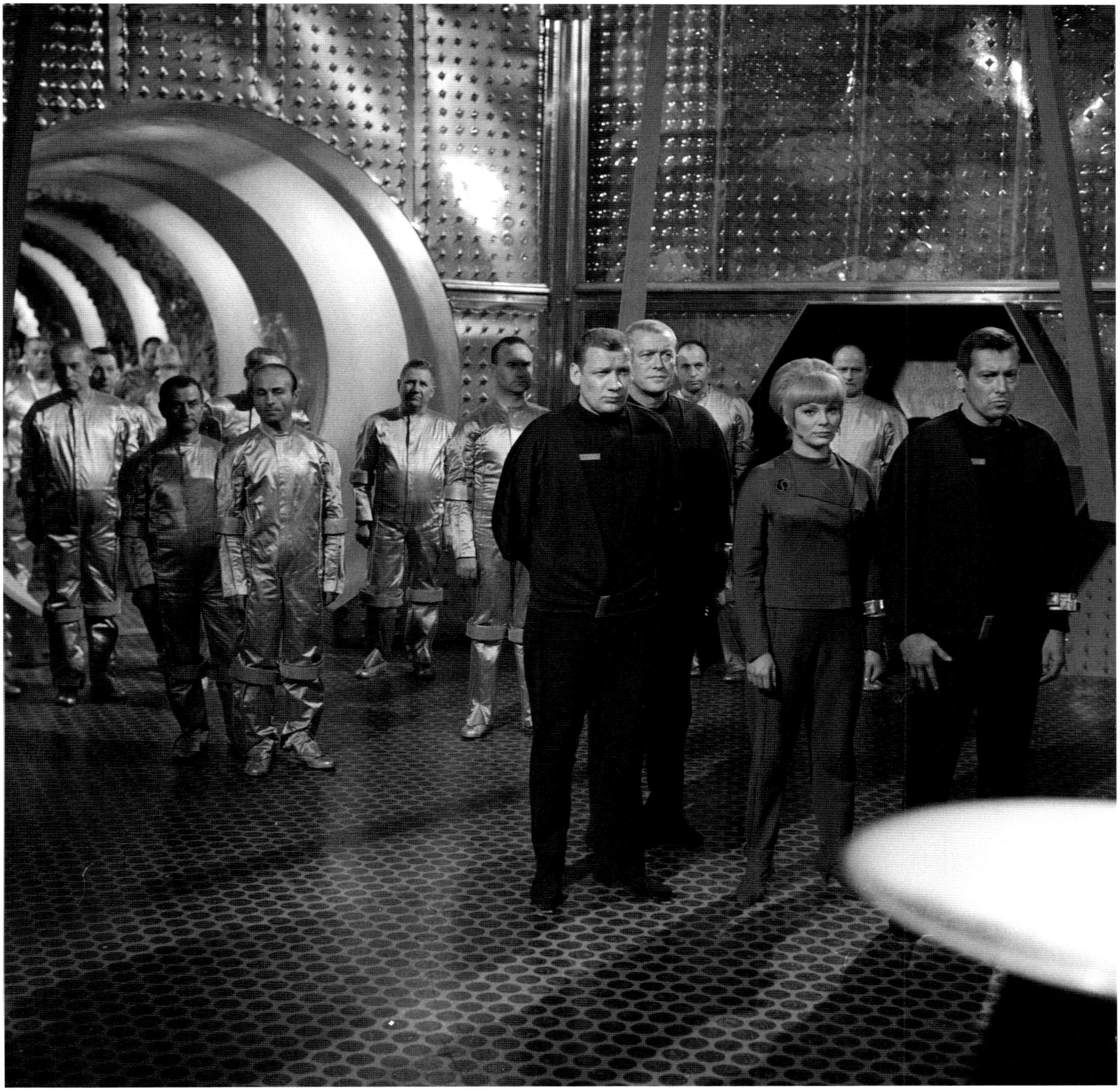

Raumschiff Orion mit Dietmar Schönherr, Eva Pflug und Wolfgang Völz in den Bavaria Filmstudios in Geiselgasteig

„Raumpatrouille – Die phantastischen Abenteuer des Raumschiffes Orion" war 1966 die erste deutsche Science-Fiction-Fernsehserie mit fantastischen Einschaltquoten. Bei der Produktion wurden Bügeleisen, Bleistiftspitzer und Plastikbecher als Armaturen und Deckenleuchten verwendet, aber auch hochwertige Designermöbel.

Felicitas Timpe, März 1965

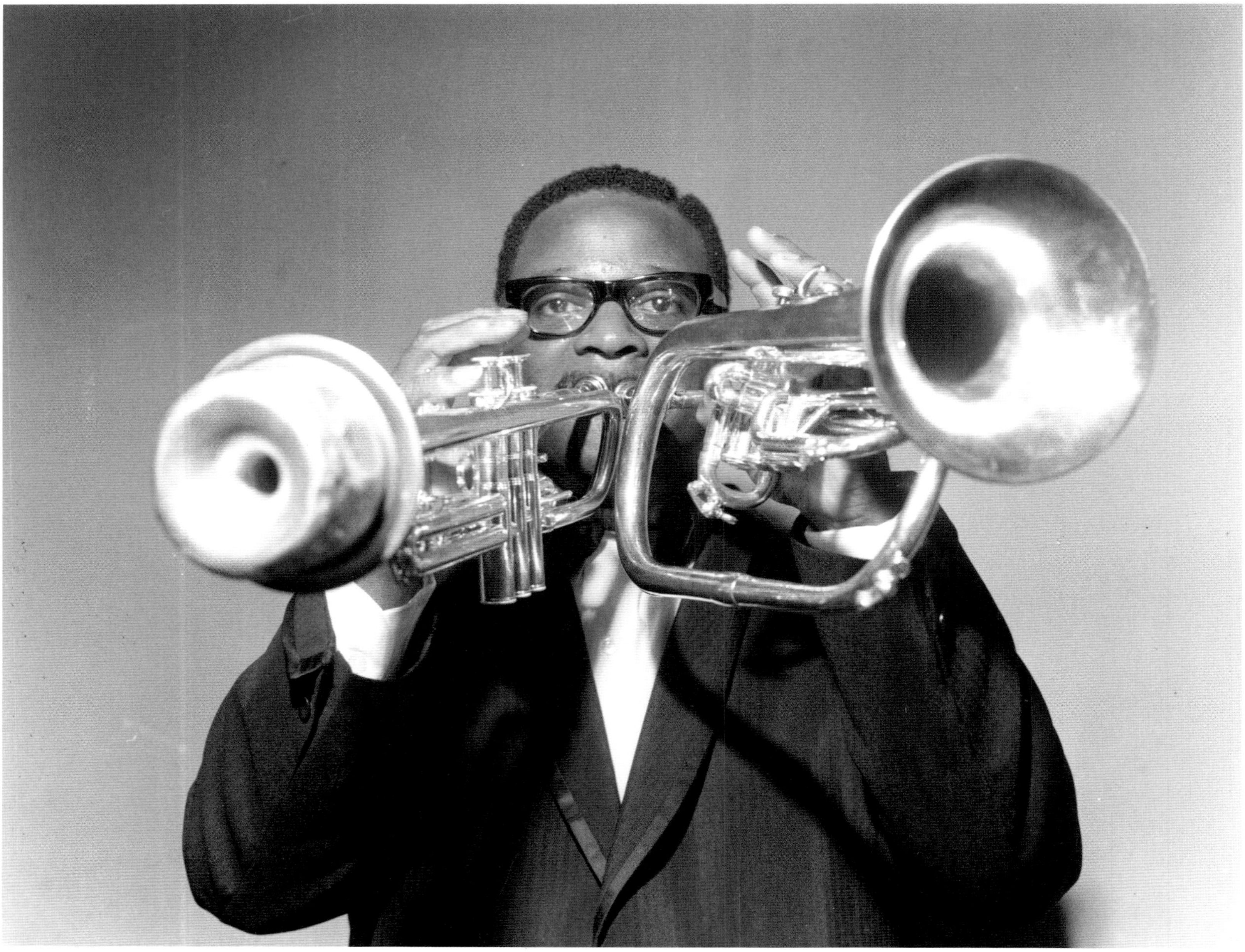

Der Trompeter Clark Terry bei einem Konzert des Oscar Peterson Trio im Deutschen Museum

Der Jazz-Trompeter Clark Terry (1920–2015) spielte 1965 zusammen mit dem Pianisten und Bandleader Oscar Peterson (1925–2007) im Kongresssaal des Deutschen Museums, mit 2500 Plätzen einer der größten Konzertsäle Münchens.

Felicitas Timpe, 1. April 1965

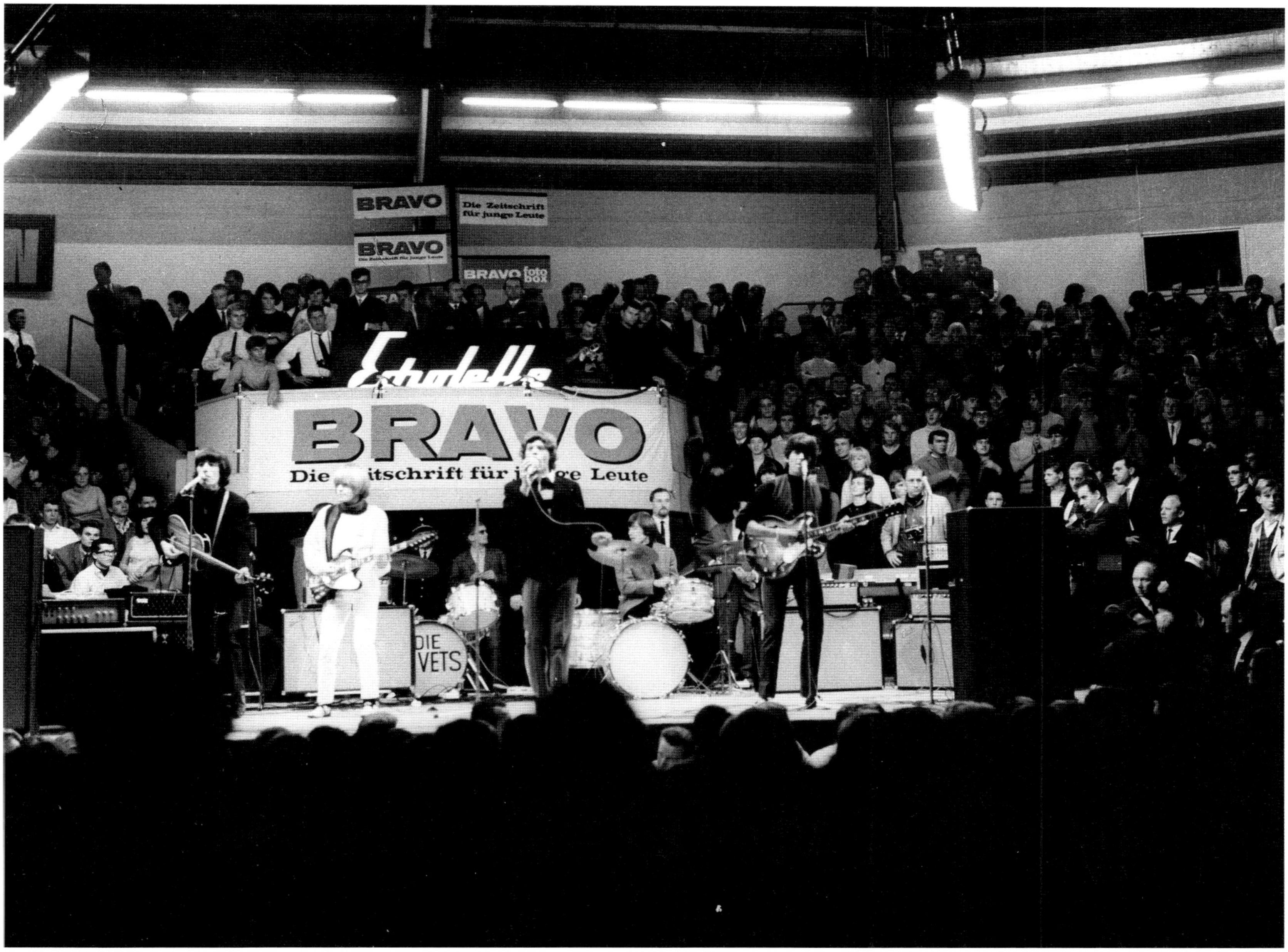

Konzert der Rolling Stones im Circus Krone

Die ersten Auftritte der Rolling Stones in Deutschland fanden im September 1965 in Münster, Essen, Hamburg und im Circus Krone-Bau in München statt. Das Konzert vor den zahlreich erschienenen Fans, die noch Anzug und Krawatte trugen, verlief trotz der befürchteten Tumulte friedlich.

Felicitas Timpe, 14. September 1965

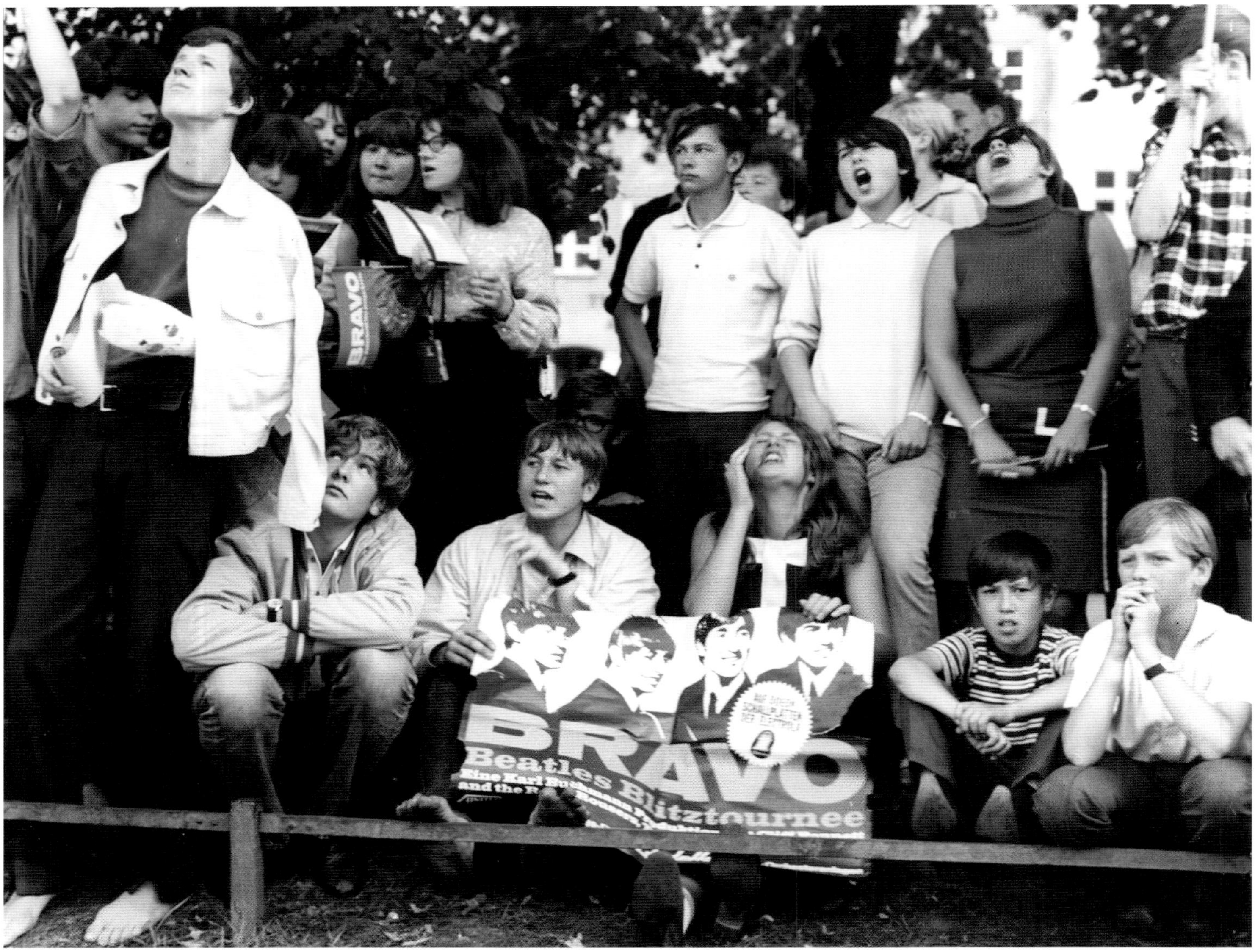

Beatles-Fans vor dem Bayerischen Hof warten auf ihre Idole

Die Blitzkonzerte der Beatles – beide dauerten nur 30 Minuten – waren von einem enormen Sicherheitsaufgebot von 500 Polizisten, berittener Polizei, Hundestaffeln und 25 Ringern, der Legende nach vom ESV Neuaubing, begleitet, um die befürchteten Krawalle der Fans zu verhindern.

Felicitas Timpe, 23. Juni 1966

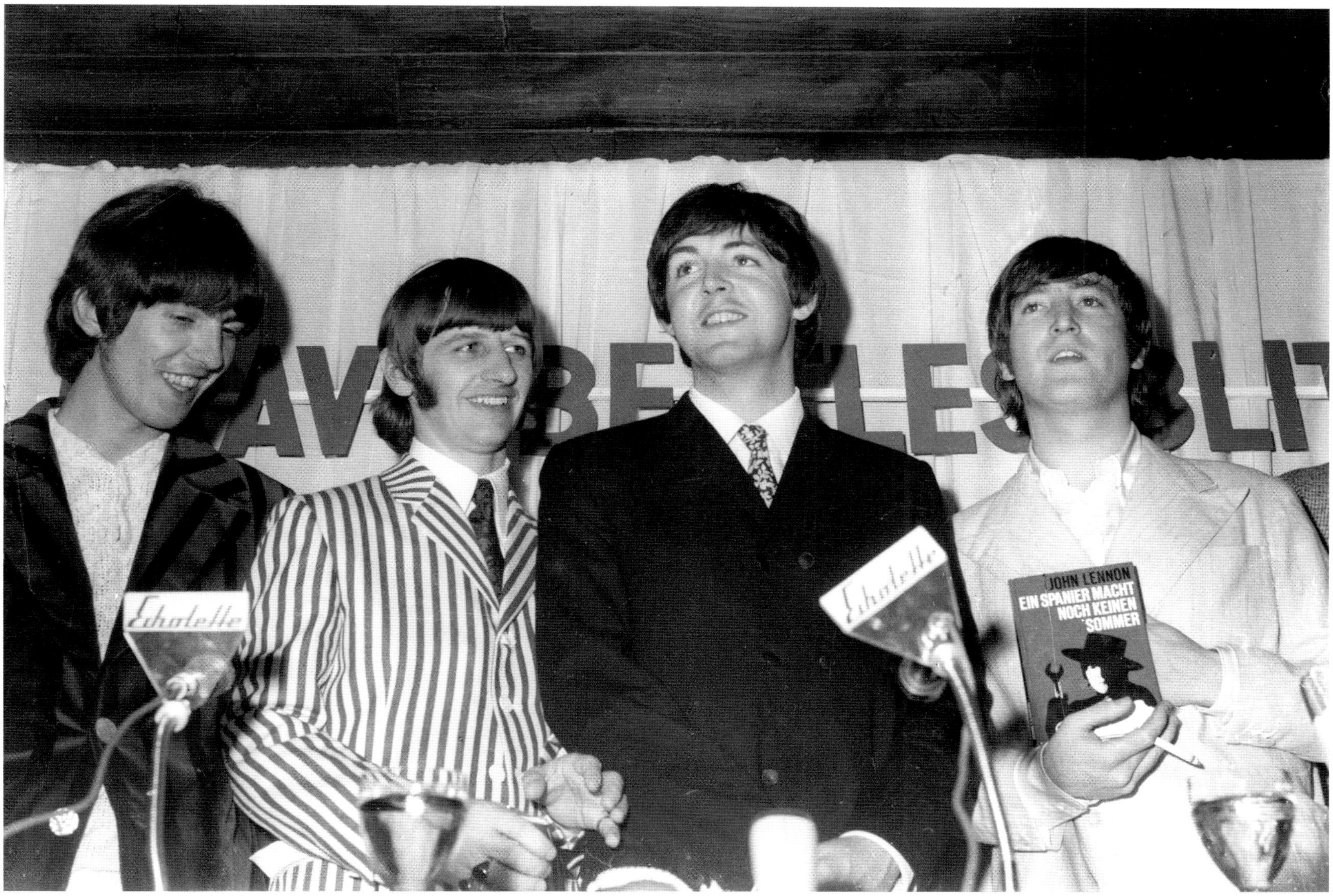

Pressekonferenz der Beatles im Hotel Bayerischer Hof

1966 traten die Beatles das erste Mal in München auf. Gerade die Lokalpresse konnte sich die Popularität der Band kaum erklären.

Felicitas Timpe, 23. Juni 1966

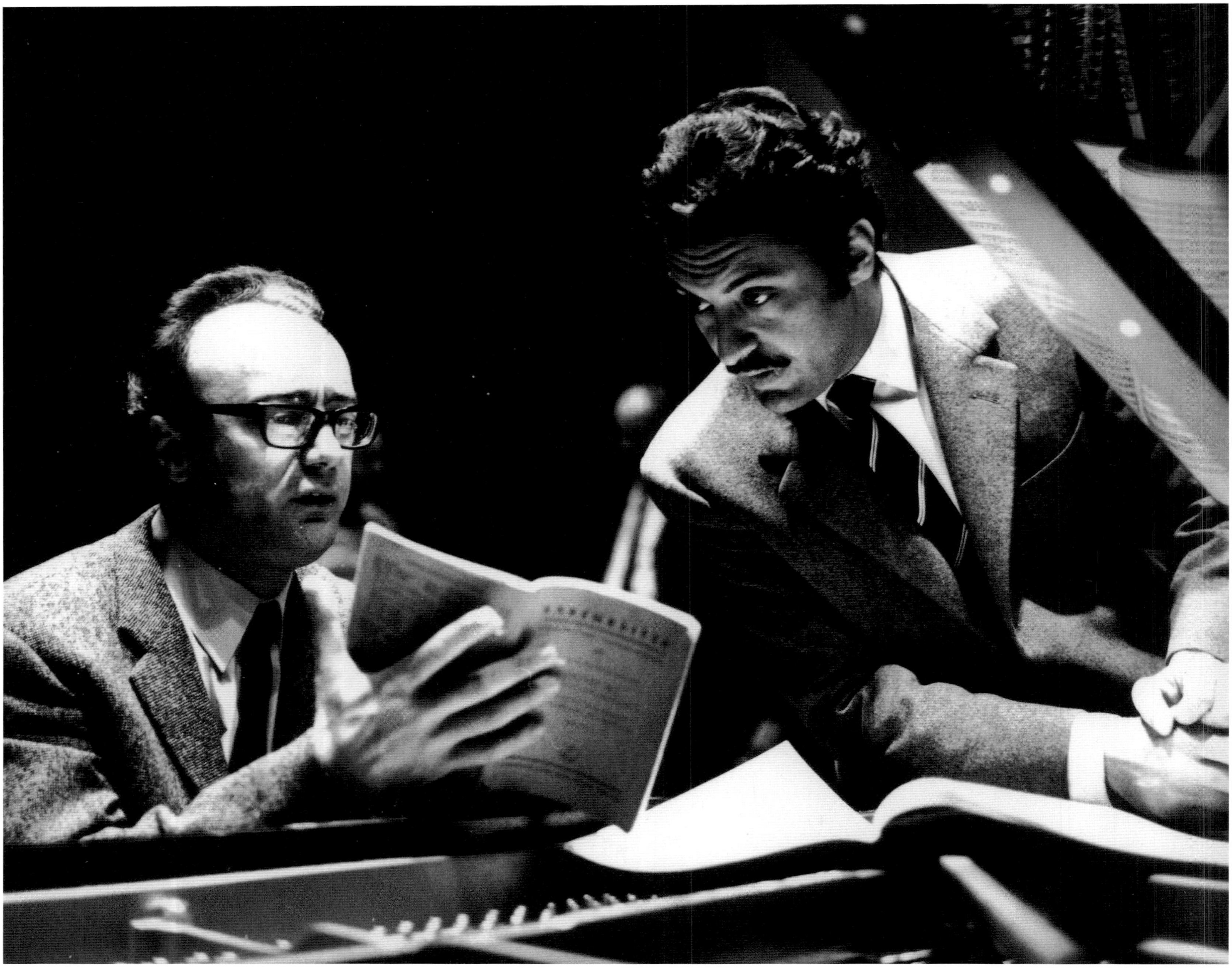

Der Pianist Alfred Brendel (geb. 1931) und der Dirigent Zubin Mehta (geb. 1936)

Mehta leitete 1969 die Orchester von Montreal und Los Angeles sowie das Israel Philharmonic Orchestra. Brendel war nach dem Urteil des Musikkritikers Joachim Kaiser der bedeutendste Schubert-Interpret dieser Jahre.

Felicitas Timpe, 1969

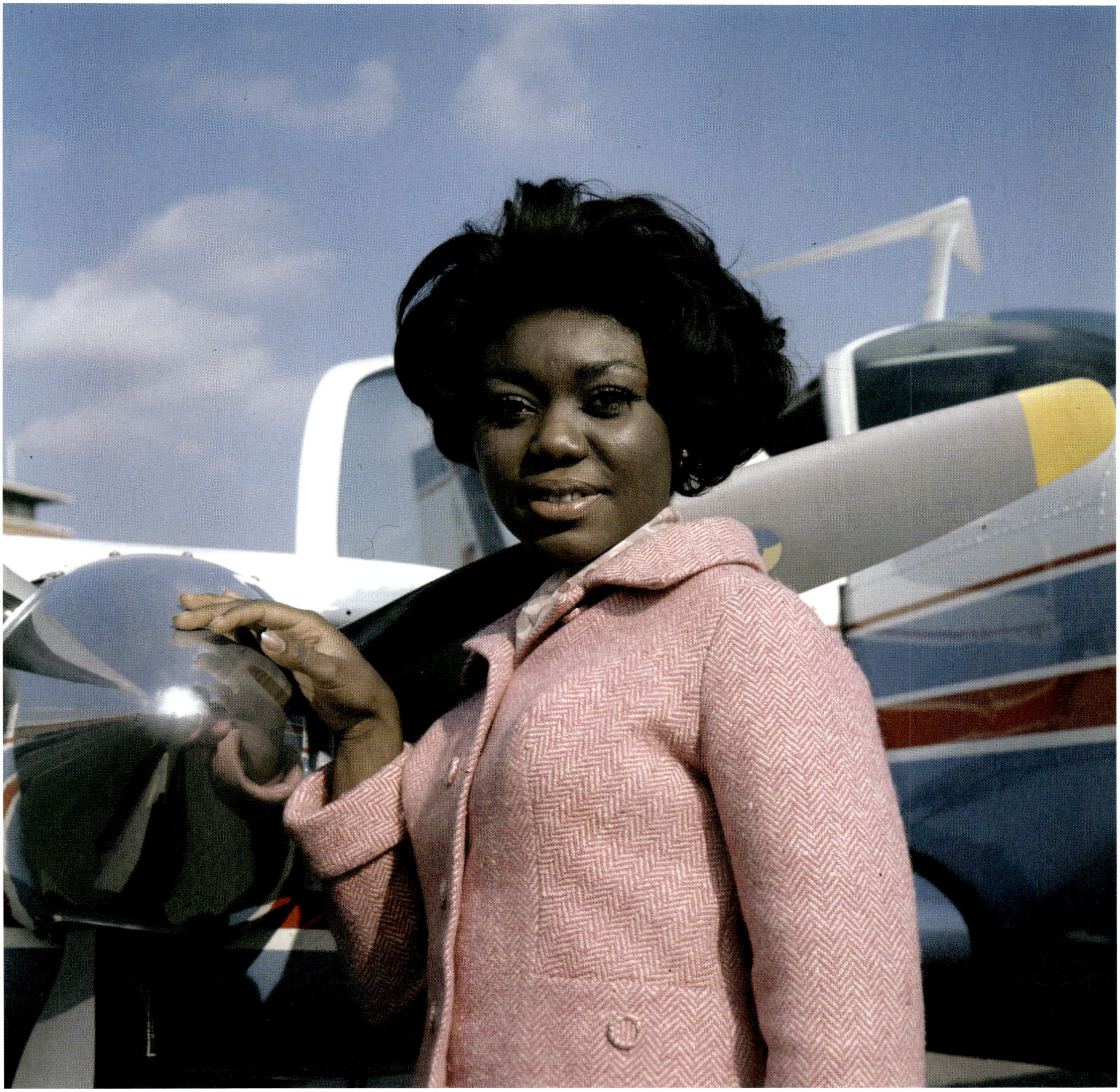

Felicia Weathers am Flughafen

Die amerikanische Sopranistin Felicia Weathers (geb. 1937) war an den großen Opernhäusern beschäftigt und auch eine gefragte Konzertsängerin. In den 1960er Jahren hatte sie ihren Wohnsitz in München.

Georg Fruhstorfer, 9. Mai 1969

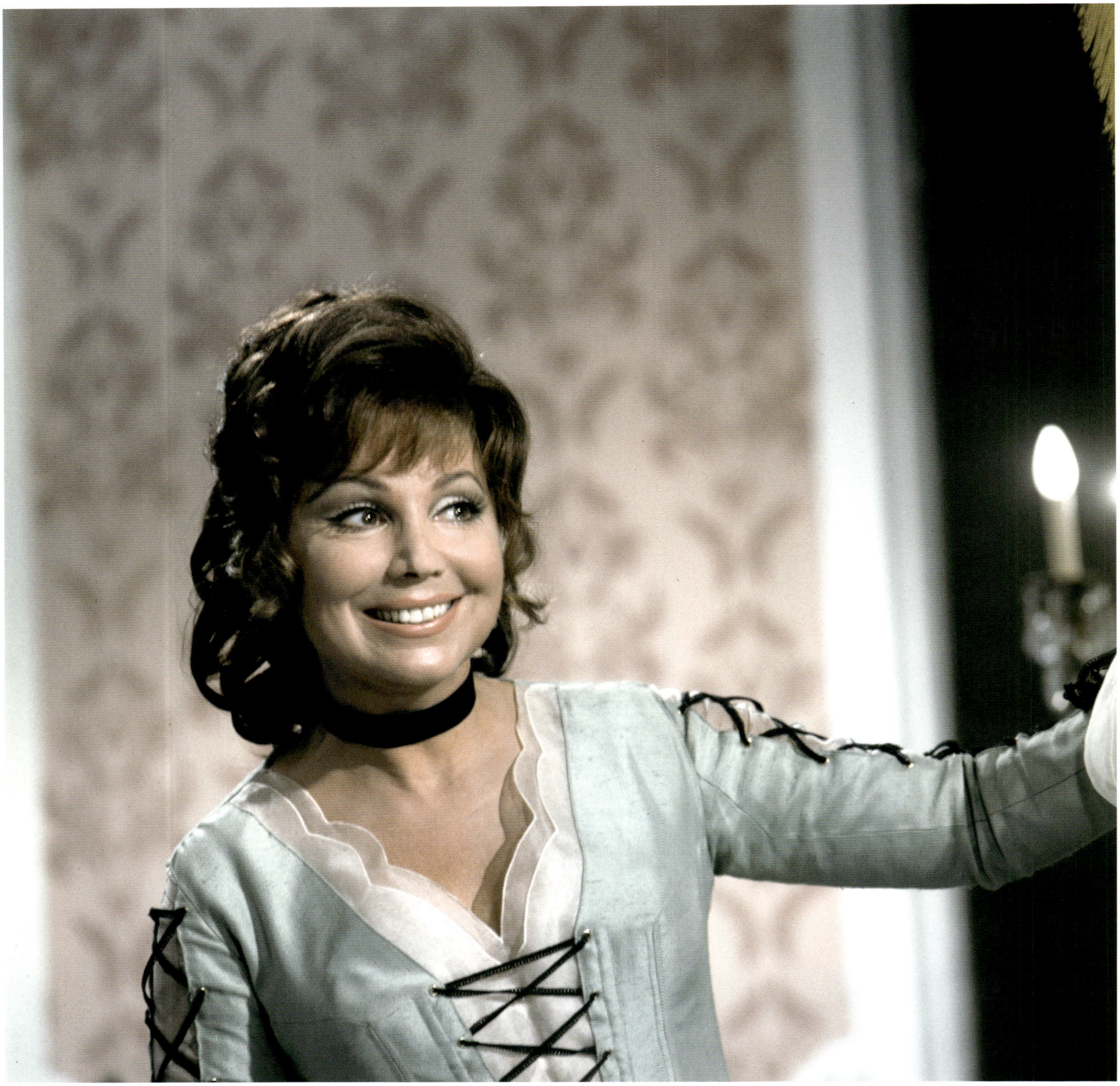

Anneliese Rothenberger bei der Aufzeichnung einer Weihnachtssendung 1970 im Bavaria Filmstudio in Geiselgasteig

Anneliese Rothenberger (1924–2010) trägt hier das Rollenkostüm der Susanna aus der *Hochzeit des Figaro* von Wolfgang Amadeus Mozart. Die an allen großen Bühnen tätige Sängerin wurde vor allem durch ihre Fernseharbeit einem Millionenpublikum bekannt.

Georg Fruhstorfer, 1970

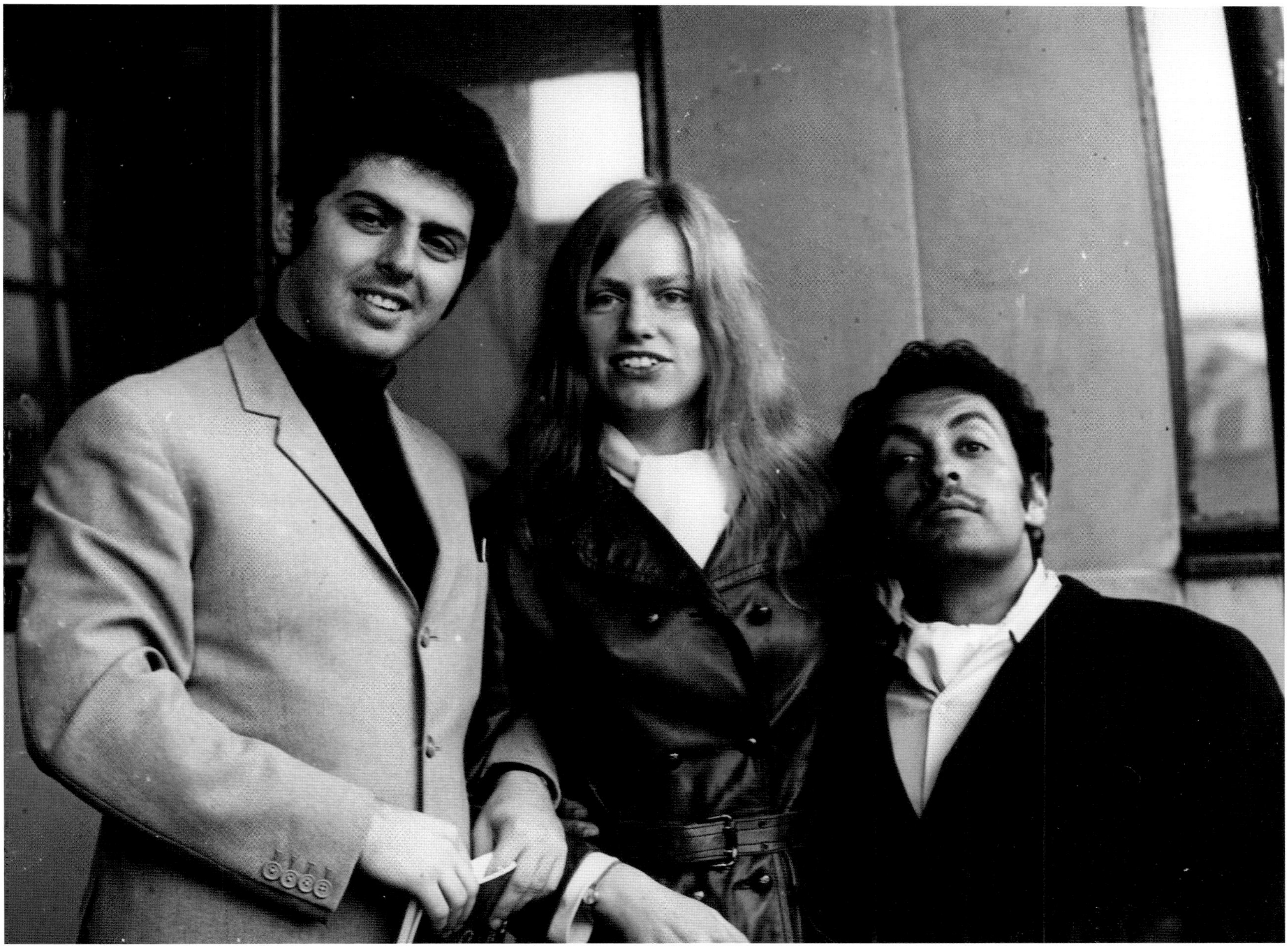

Daniel Barenboim, Jacqueline du Pré und Zubin Mehta

Der Pianist und Dirigent Daniel Barenboim (geb. 1942) hatte 1967 in Jerusalem die junge Cellistin Jacqueline du Pré (1945–1987) geheiratet. Bei gemeinsamen Konzerten wurden sie als Traumpaar der Klassik umjubelt. Trauzeuge war damals Barenboims enger Freund Zubin Mehta (geb. 1936).

Felicitas Timpe, 1970

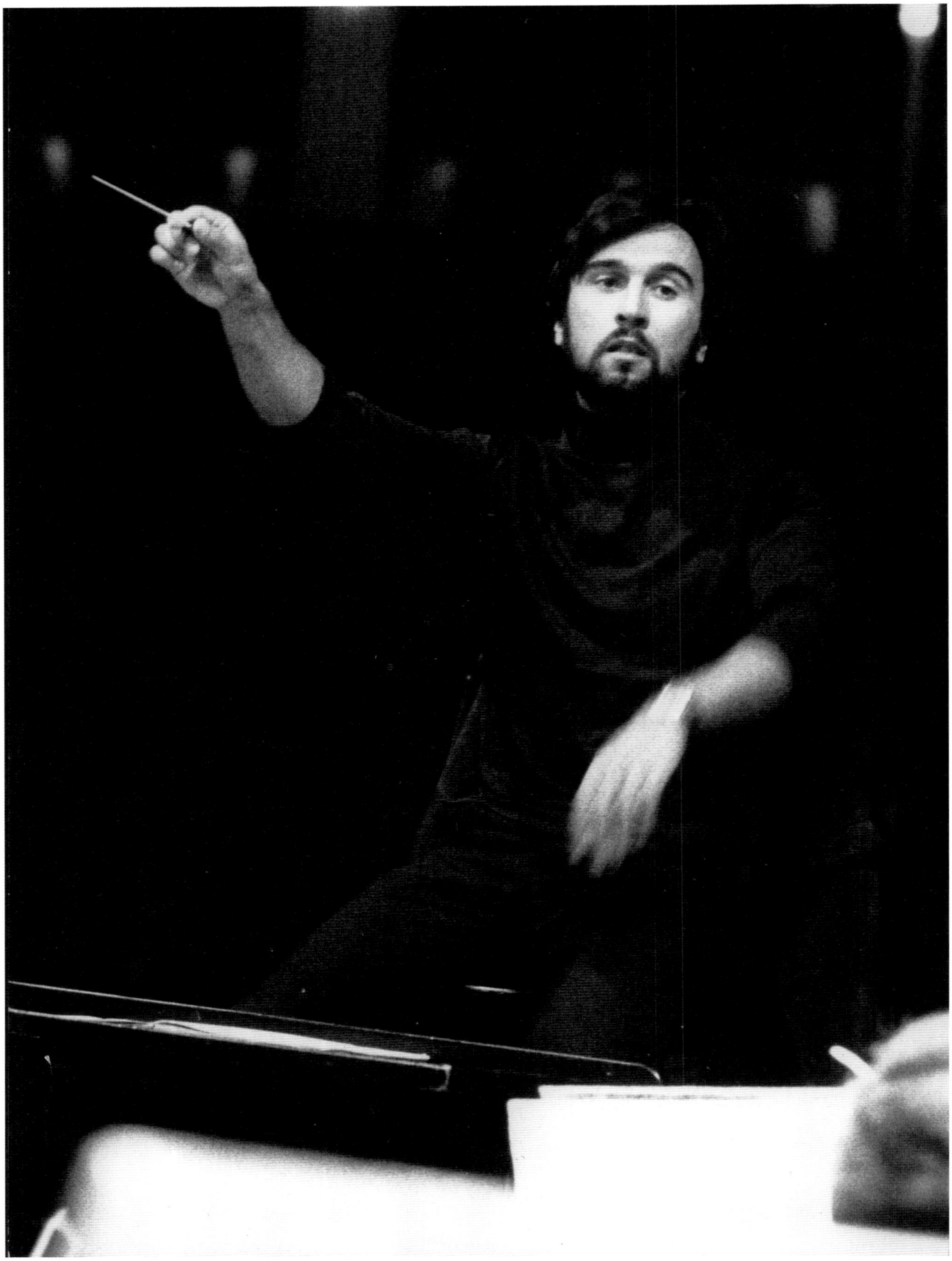

Claudio Abbado bei einem Konzert

Der italienische Dirigent Claudio Abbado (1933–2014) war neben seiner festen Anstellung als Musikdirektor der Mailänder Scala auch ständiger Gastdirigent u. a. der Wiener Phi.harmoniker und des London Symphony Orchestra. Von 1989 bis 2002 leitete er die Berliner Philharmoniker.

Felicitas Timpe, 1970

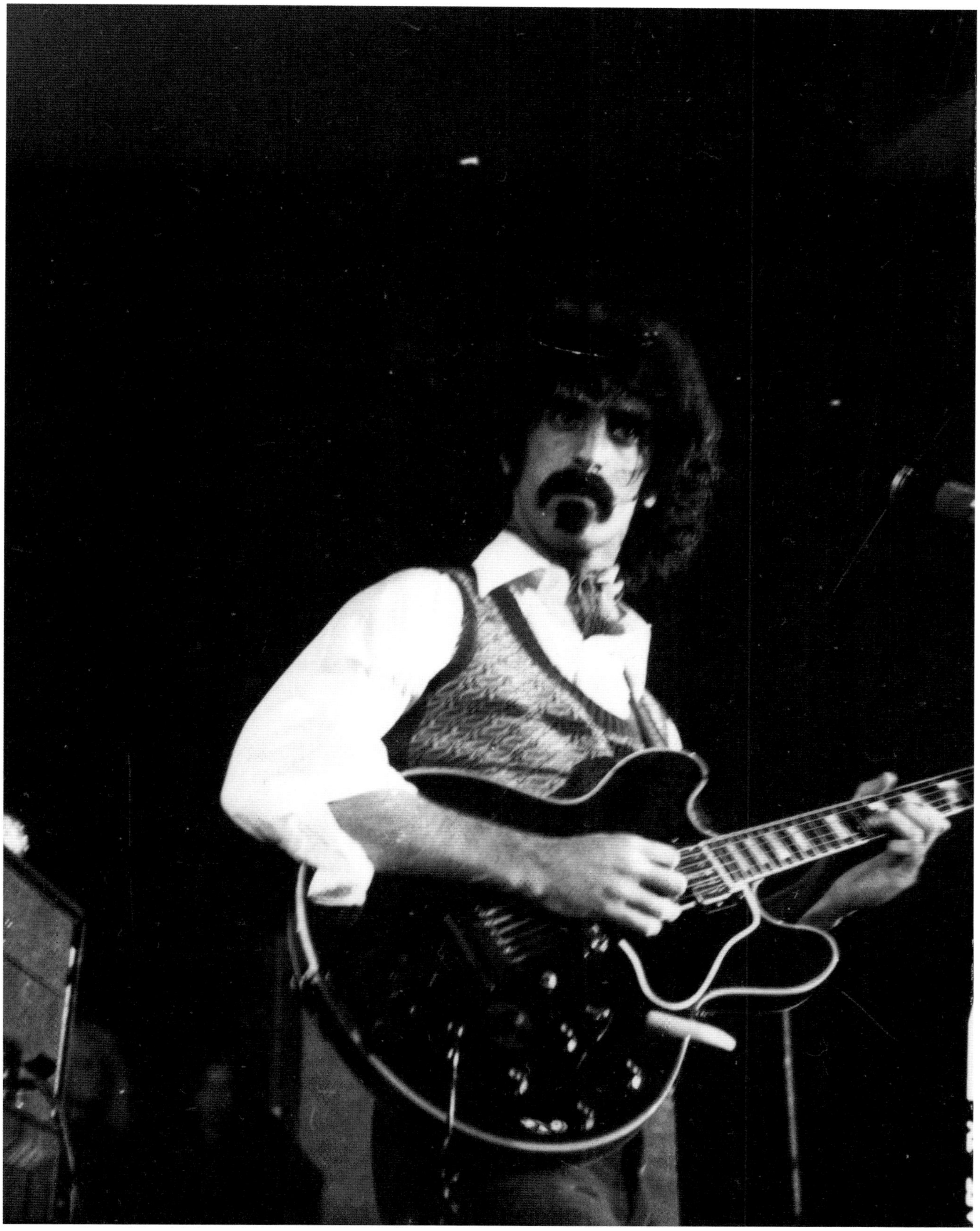

Frank Zappa

Der Musiker und Komponist Frank Zappa (1940–1993) hat durch seine Kompositionen und Texte die Rockmusik entscheidend beeinflusst. Mit seiner Band trat er mehrfach in München auf, u. a. im Circus Krone-Bau. Sein charakteristischer Schnauzbart ist heute als Markenzeichen eingetragen.

Felicitas Timpe, um 1971

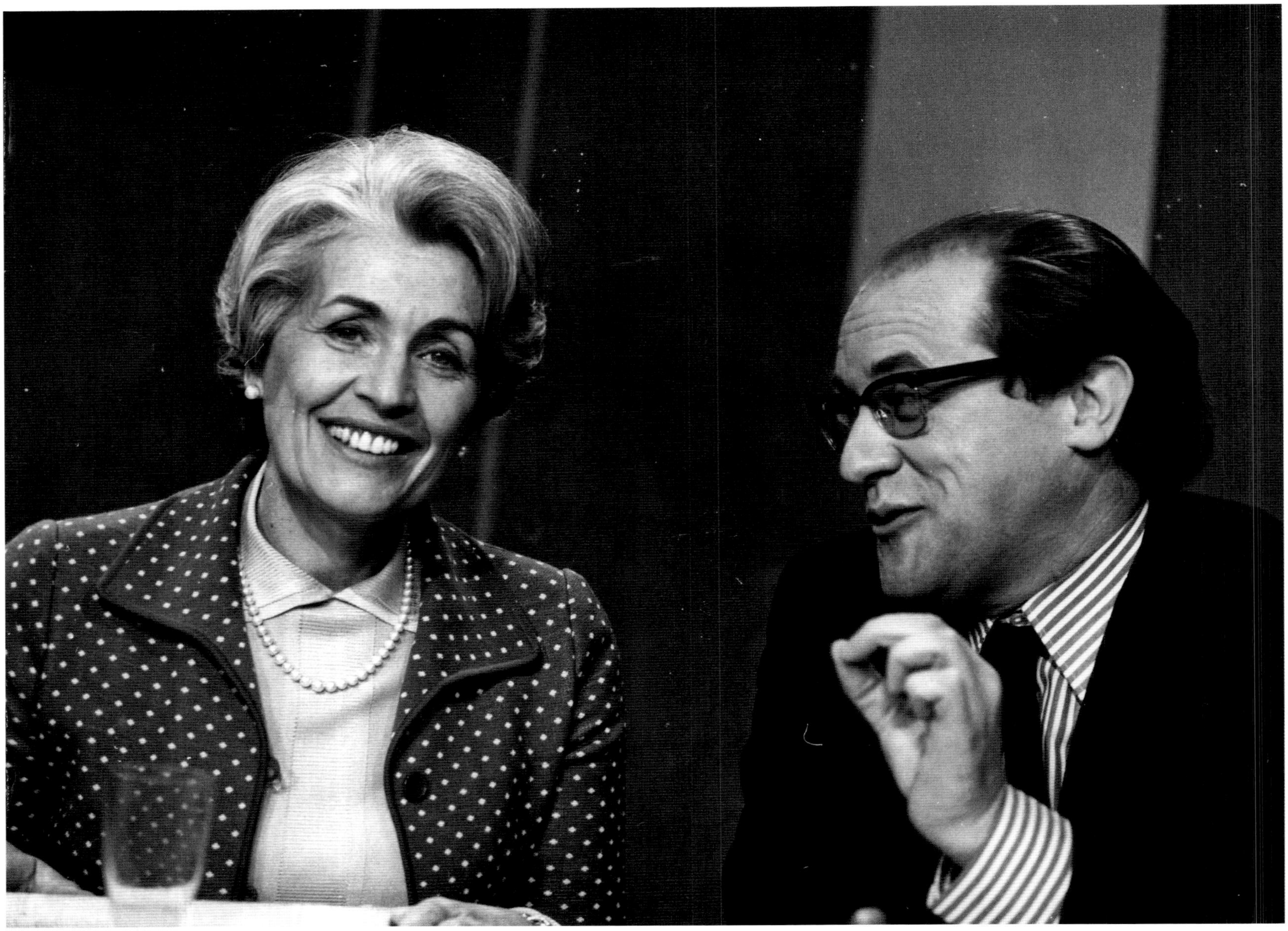

Hildegard Hamm-Brücher und August Everding in der ZDF-Sendung „Theater in der Kritik"

Von 1971 bis 1975 leitete der Intendant August Everding (1928–1999) die Sendung „Theater in der Kritik. Intendanten fragen – Politiker antworten". Hier ist er im Gespräch mit der FDP-Politikerin Hildegard Hamm-Brücher (1921–2016) zu sehen.

Felicitas Timpe, 1971/1975

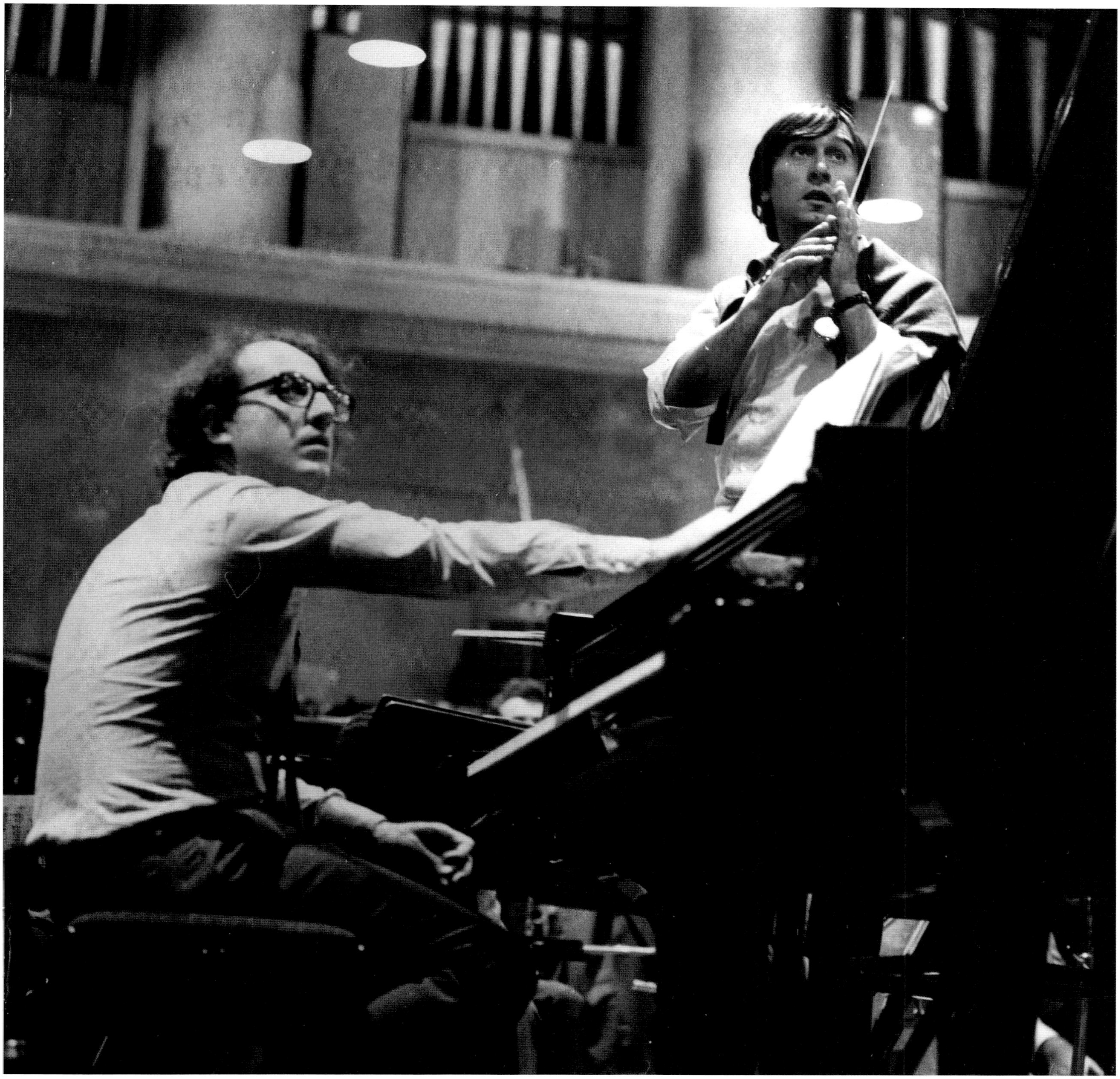

Maurizio Pollini und Claudio Abbado bei einer Probe im Herkulessaal der Residenz

Die Zusammenarbeit des Pianisten Maurizio Pollini (geb. 1942) mit dem Dirigenten Claudio Abbado (1933–2014) begann schon in den 1960er Jahren. Im Herkulessaal nahm Pollini 1972 seine erste Platte für die Deutsche Grammophon auf.

Felicitas Timpe, 1972

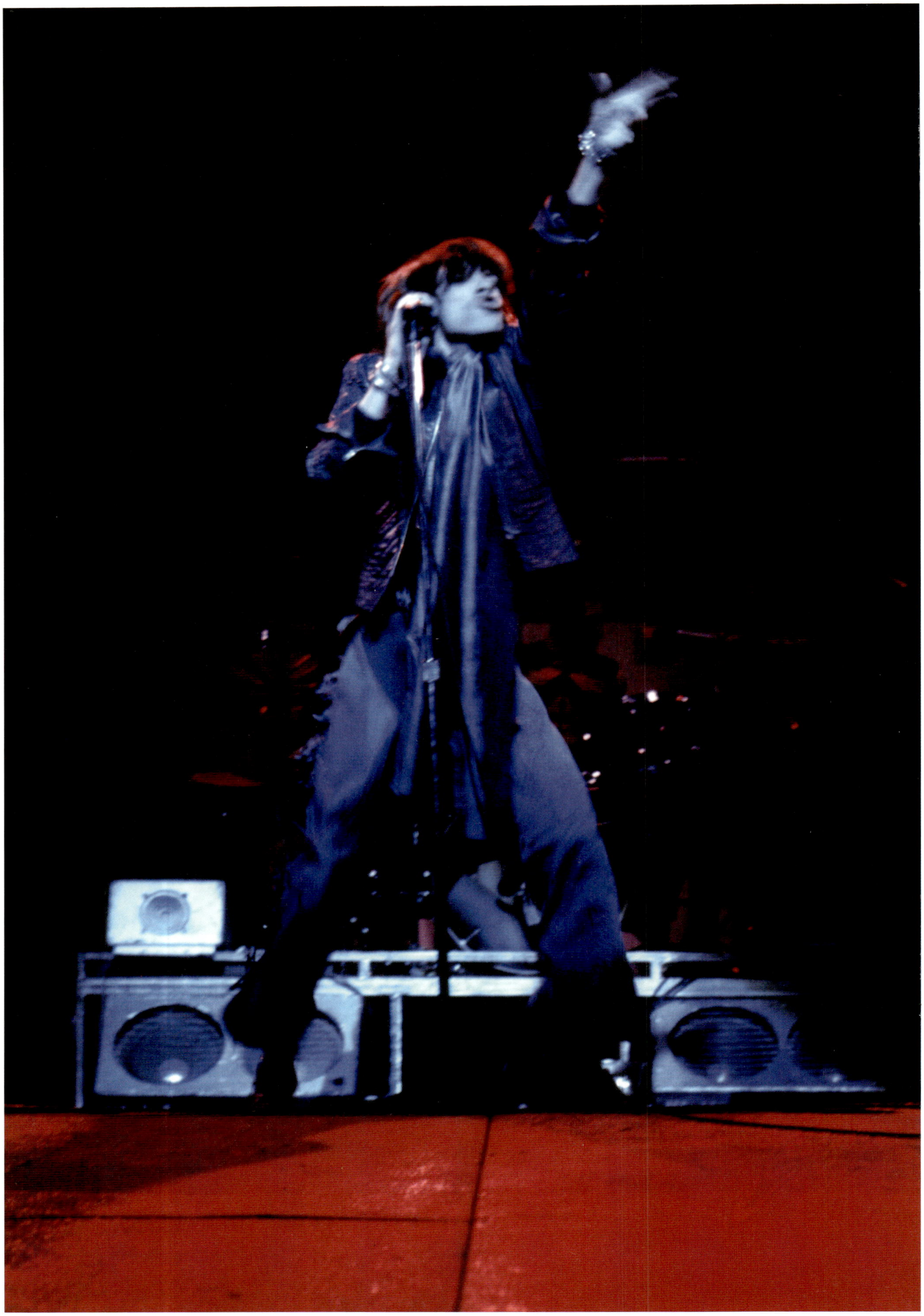

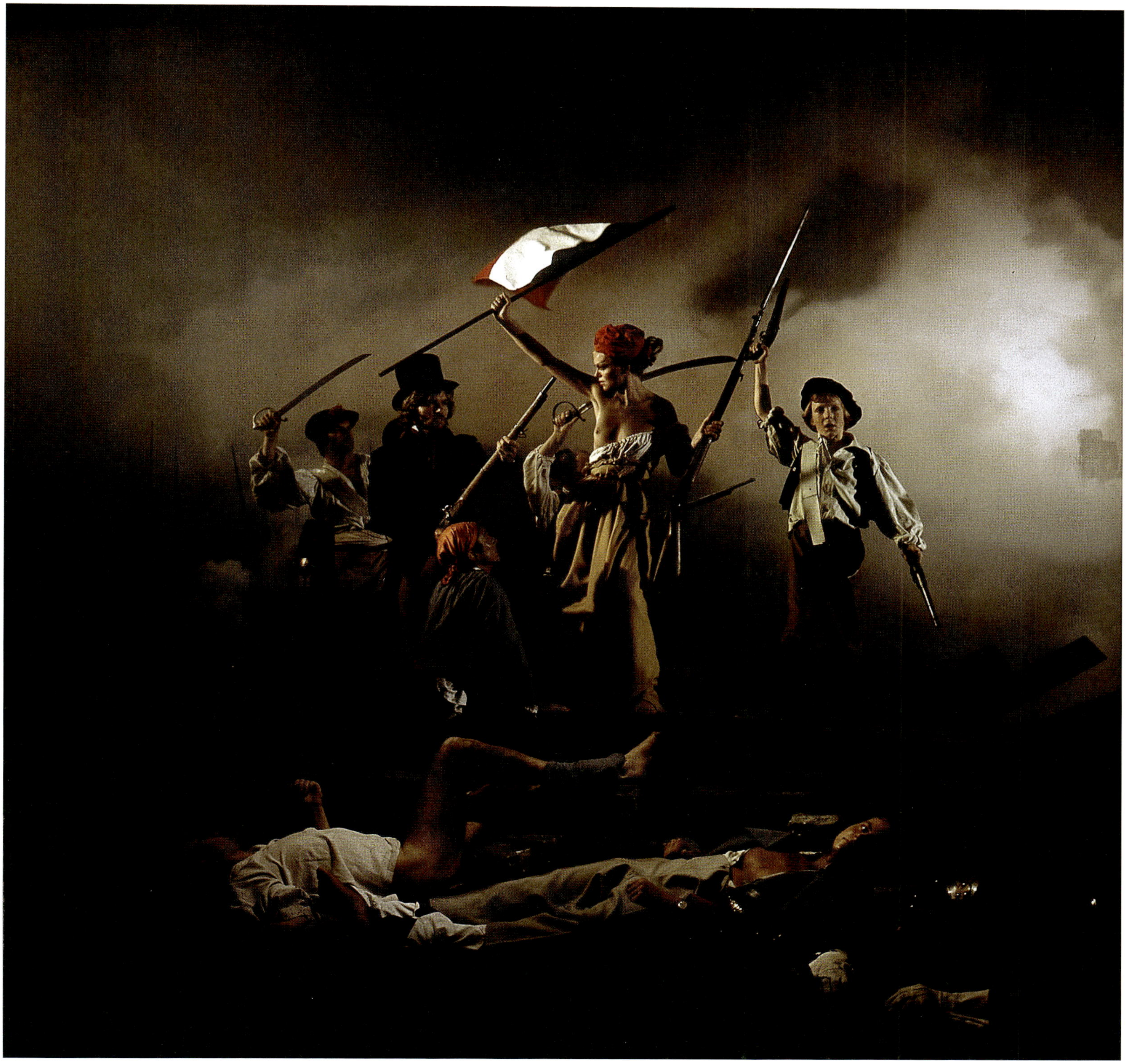

Mick Jagger bei einem Konzert der Rolling Stones in der Olympiahalle

Nach ihrem ersten Auftritt 1965 machten die Rolling Stones 1973 in München in der Olympiahalle Station. Für Mick Jagger blieb München nicht nur wegen seiner Romanze mit Uschi Obermaier, sondern auch wegen der Plattenproduktionen im Bogenhausener Musicland-Studio eine wichtige Anlaufstelle.

Felicitas Timpe, 28. September 1973

Dreharbeiten zu *Die letzten Tage von Gomorrha* im Bavaria Atelier am Geiselgasteig

Als Vorlage zu dieser Szene in Helma Sander-Brahms' (1940–2014) Fernsehfilm diente Eugène Delacroix' Gemälde *Die Freiheit führt das Volk*, das 1830 während der Julirevolution in Paris entstanden war.

Felicitas Timpe, 1974

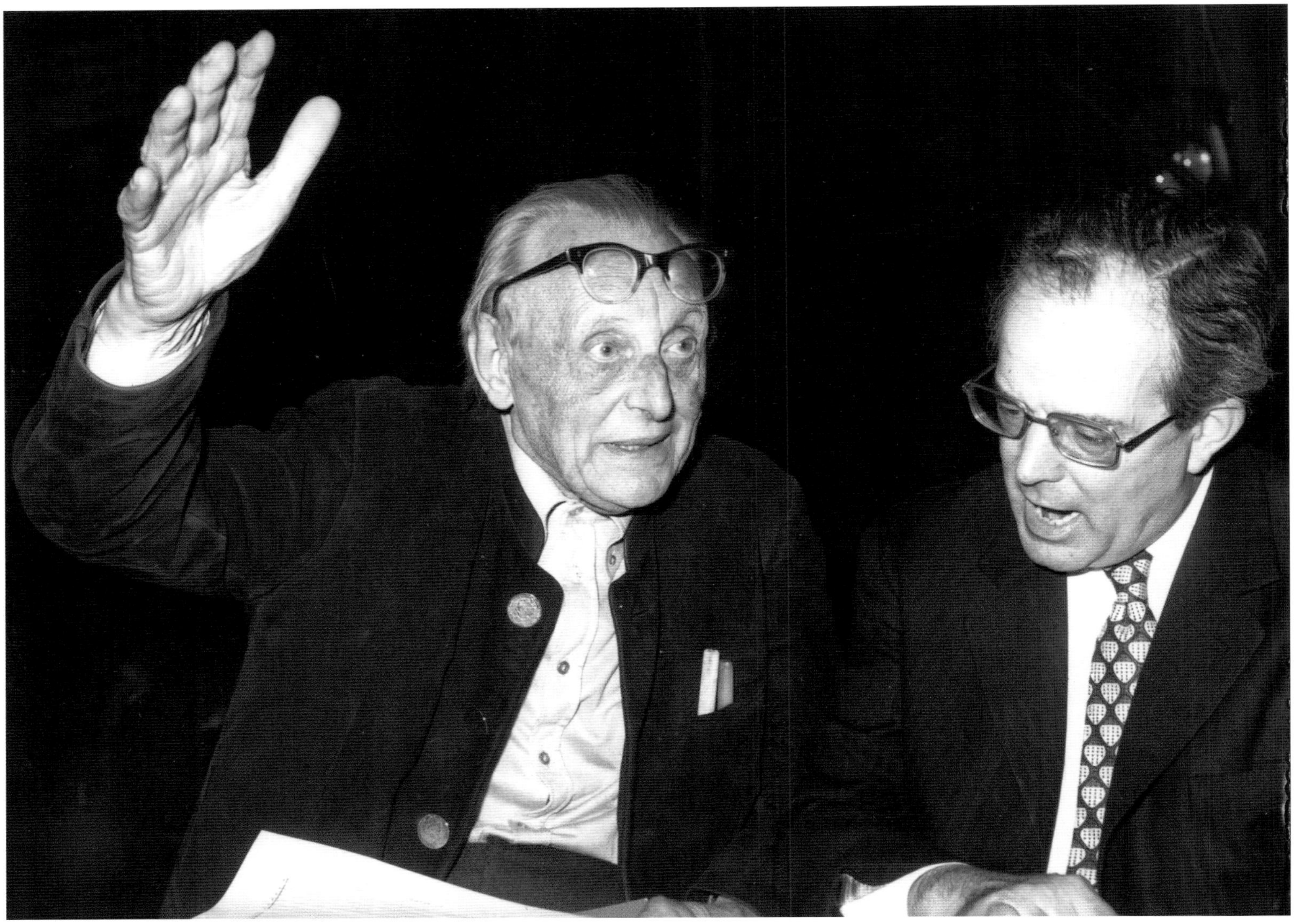

Carl Orff und Wolfgang Sawallisch bei Proben zur Festspielinszenierung *Antigonae* im Nationaltheater

Die Uraufführung des von Carl Orff (1895–1982) komponierten Trauerspiels *Antigonae* fand 1949 bei den Salzburger Festspielen statt. 1975 kam es unter der Intendanz von Wolfgang Sawallisch (1923–2013) zu weiteren Aufführungen in München.

Felicitas Timpe, Juli 1975

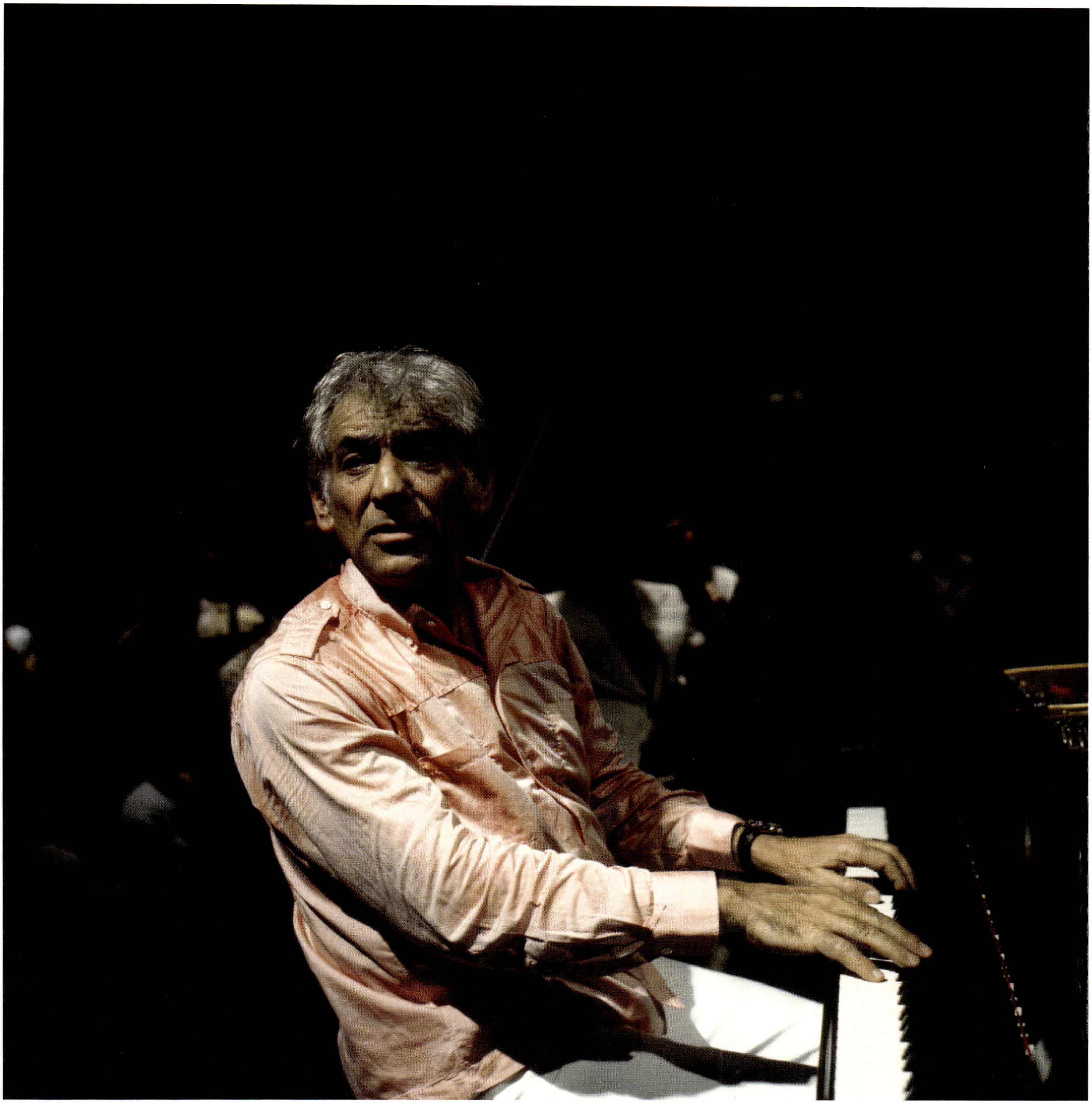

Leonard Bernstein

Der Komponist und Dirigent Leonard Bernstein (1918–1990) dirigierte 1948 als erster jüdischer Künstler nach dem Zweiten Weltkrieg das Orchester der Bayerischen Staatsoper. Er war auch regelmäßiger Gastdirigent des Symphonieorchesters des Bayerischen Rundfunks.

Felicitas Timpe, 1975

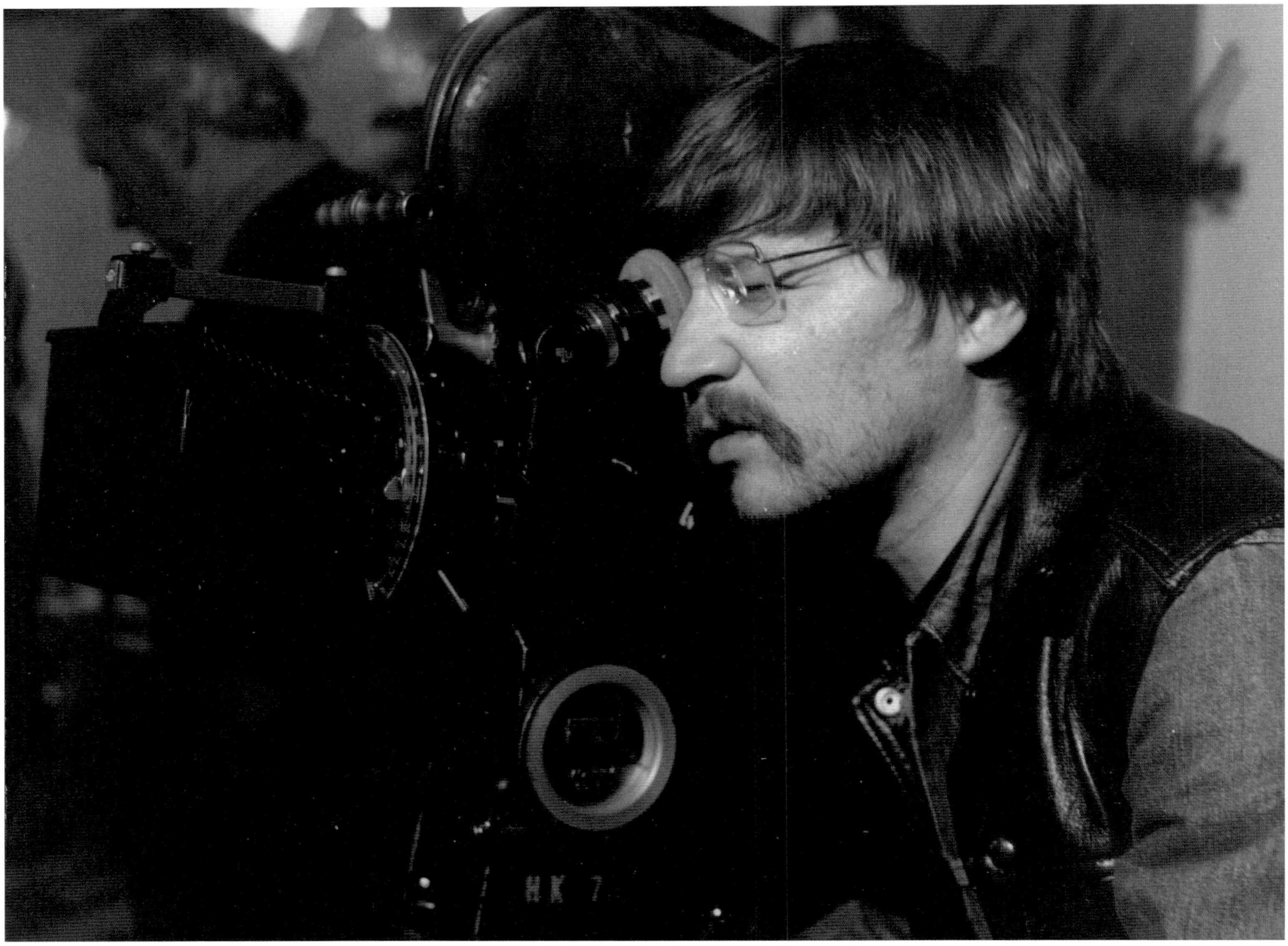

Rainer Werner Fassbinder (1945–1982)

Die Aufnahme entstand wohl bei den Dreharbeiten seines Films *Ich will doch nur, dass ihr mich liebt*. Der wichtigste Vertreter des Neuen Deutschen Films drehte mit unbändiger Schaffenskraft zwischen 1966 und 1982 über 40 Filme.

Felicitas Timpe, um 1975

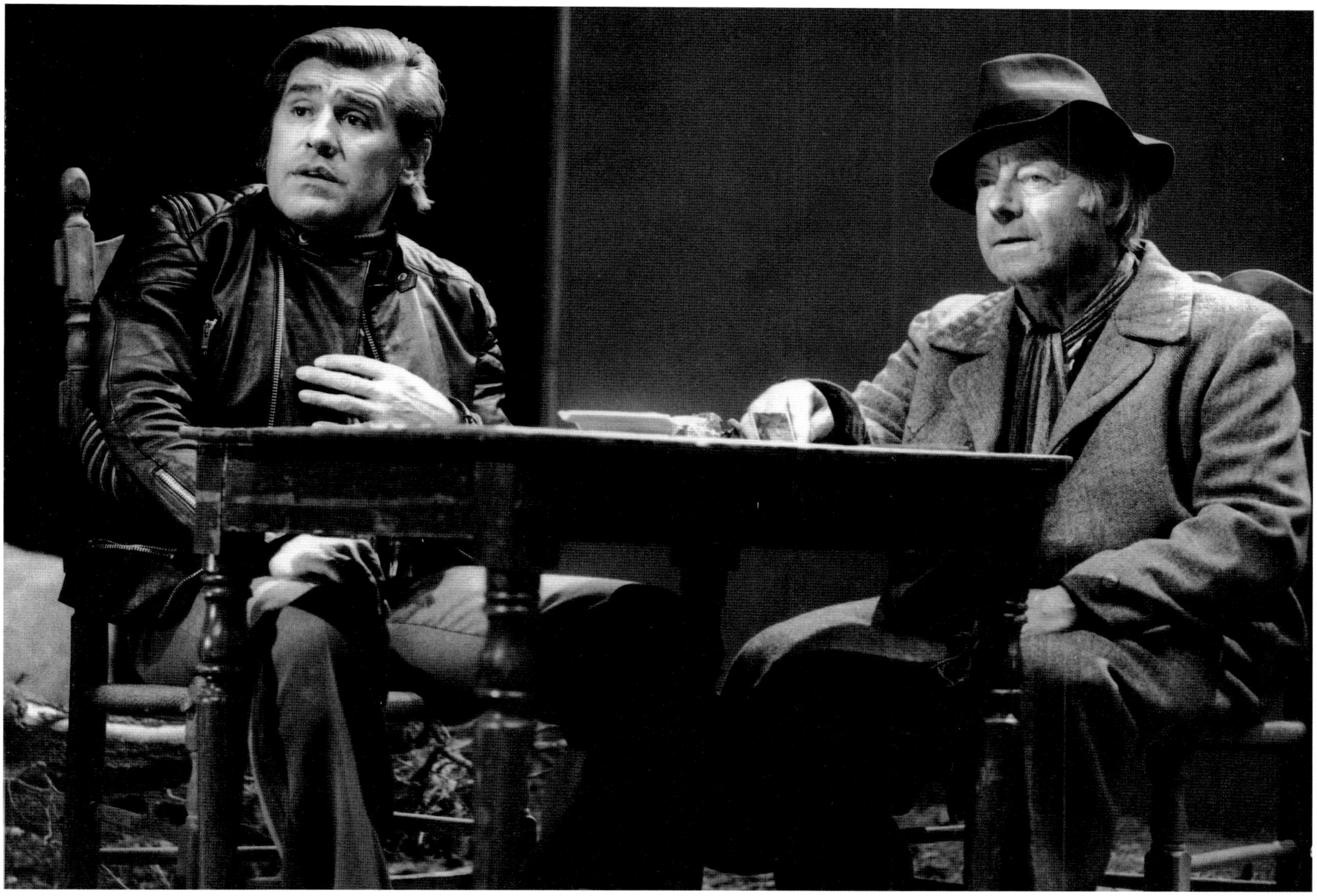

Mario Adorf und Heinz Rühmann im Spielfilm *Gefundenes Fressen*

Trotz der hochkarätigen Besetzung mit Heinz Rühmann (1902–1994) und Mario Adorf (geb. 1930) erhielt der Film nur zwiespältige Kritiken. Der Obdachlose (Heinz Rühmann) und der Polizist (Mario Adorf) erträumen sich vergeblich einen Flug nach Mallorca zum Überwintern.

Felicitas Timpe, 1976

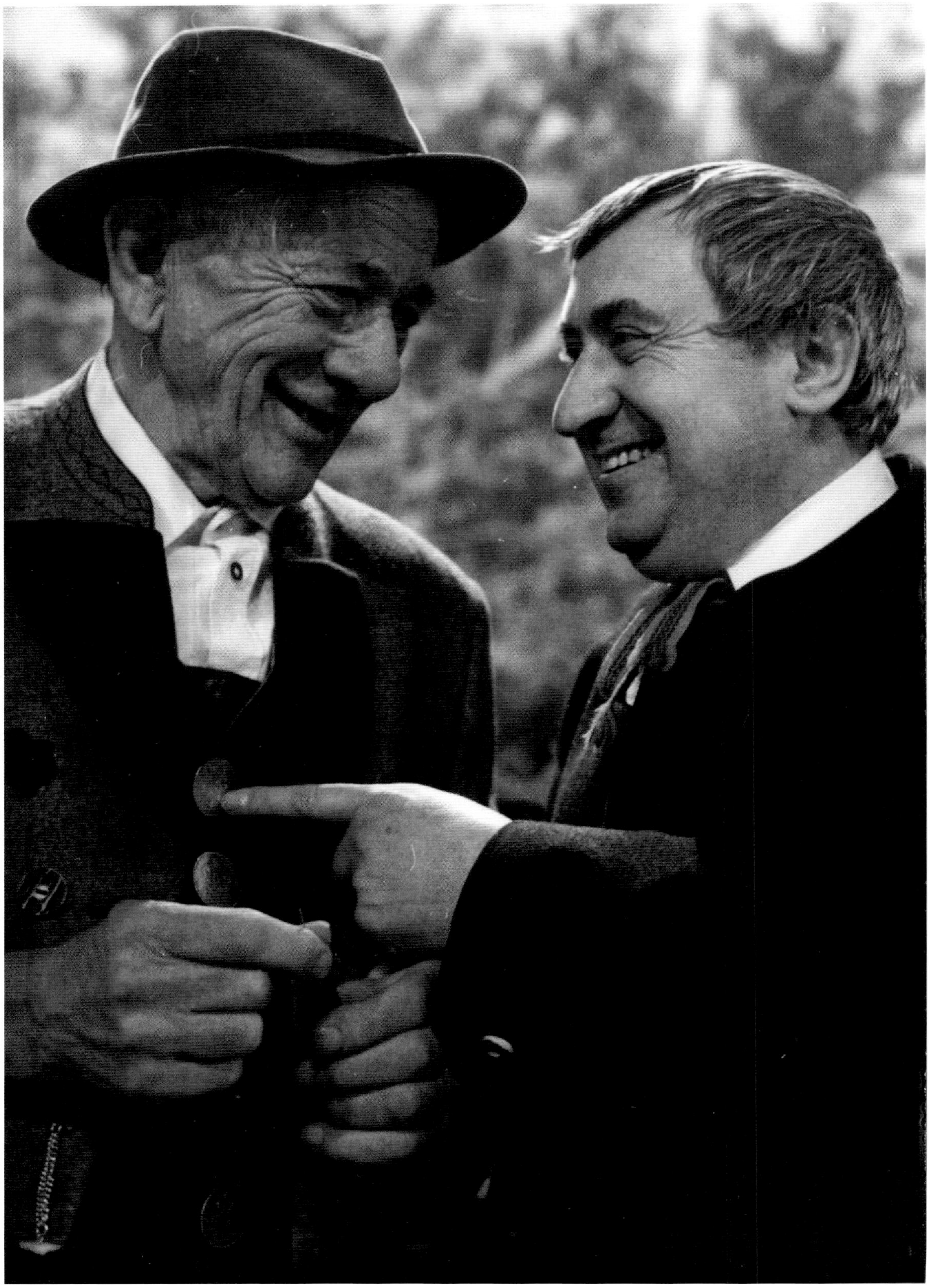

Ludwig Schmid-Wildy und Georg Lohmeier in der ZDF-Serie *Zwickelbach & Co*

Die 13-teilige Serie schildert die Abenteuer eines Berliner Privatdetektivs in Oberbayern. Er wird dabei von seinem Nachbarn, dem hellseherisch begabten Geiger Martl – gespielt von Ludwig Schmid-Wildy (1896–1982) – unterstützt. Das Drehbuch verfasste Georg Lohmeier (1926–2015).

Felicitas Timpe, 1976

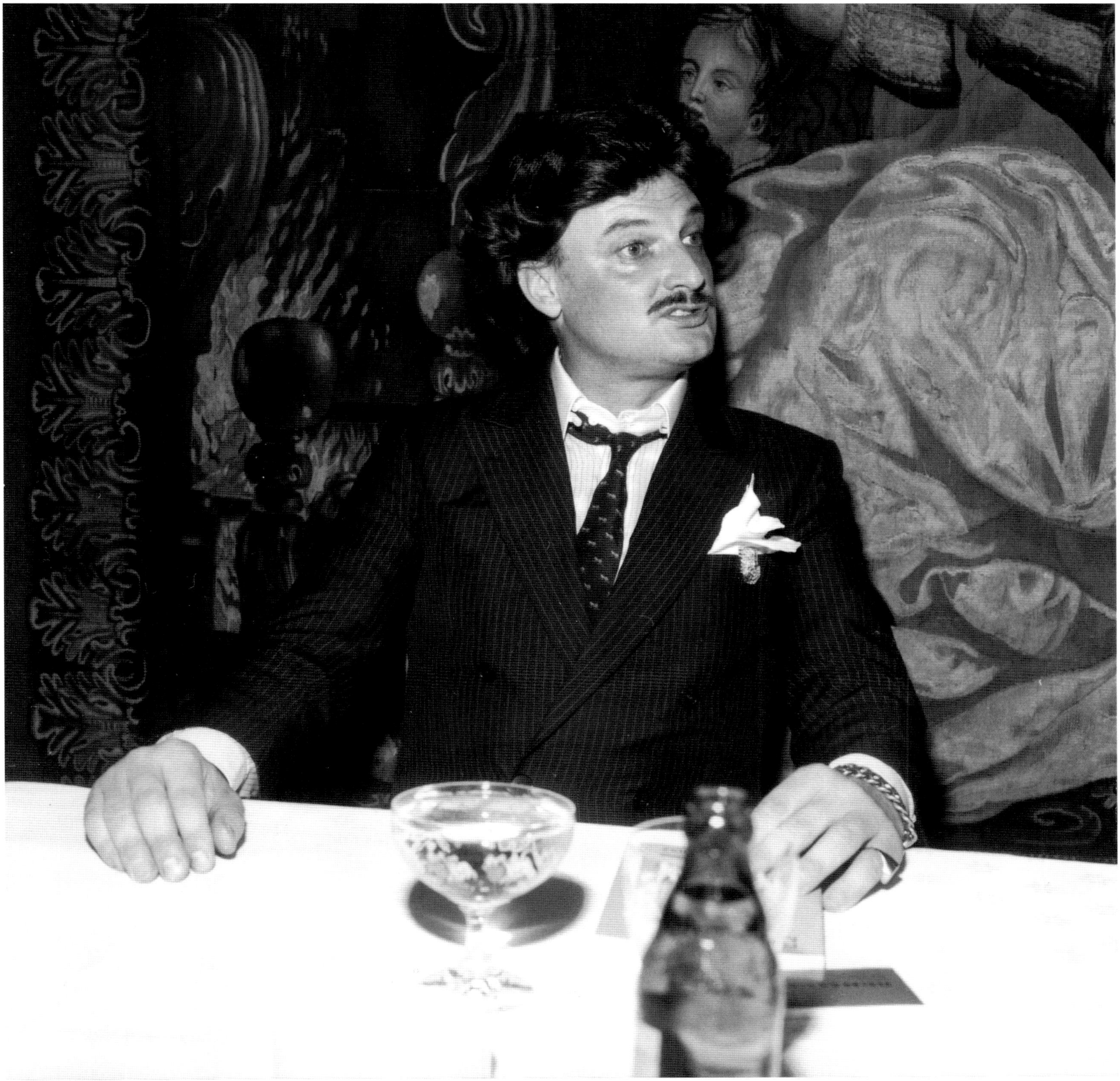

Rudolph Moshammer im Bayerischen Hof

Der Modedesigner, Buchautor und Boutiquenbesitzer Moshammer (1940–2005) war, nicht nur durch seine auffallende Perücke, ein exzentrischer Selbstdarsteller. Ein bleibendes Vermächtnis ist sein großes soziales Engagement für die Obdachlosenhilfe.

Felicitas Timpe, 1979

ZWISCHEN BRAUCHTUM UND FORTSCHRITT

Das Alltagsleben nach dem Krieg, den wirtschaftlichen Fortschritt und gesellschaftlichen Wandel, aber auch die ungebrochene Vitalität des Münchner Brauchtums hielt der Journalist Georg Fruhstorfer (1915–2003) in Bildern fest. Aus der Kriegsgefangenschaft zurückgekehrt ging er nach Bayern und absolvierte eine Ausbildung zum Fotografen. Um in den Nachkriegsjahren fotografieren zu können, sah er sich zunächst gezwungen, Butter gegen Filme und Fotopapier zu tauschen. Schon bald folgten aufwändige Reportagen, insbesondere über Prominente. Dieses Archiv umfasst ca. 19.000 Aufnahmen, die vollständig erschlossen sind und digital vorliegen. Weitere Bilder dieses Kapitels stammen von der Fotografin Felicitas Timpe.

Georg Fruhstorfer
1969

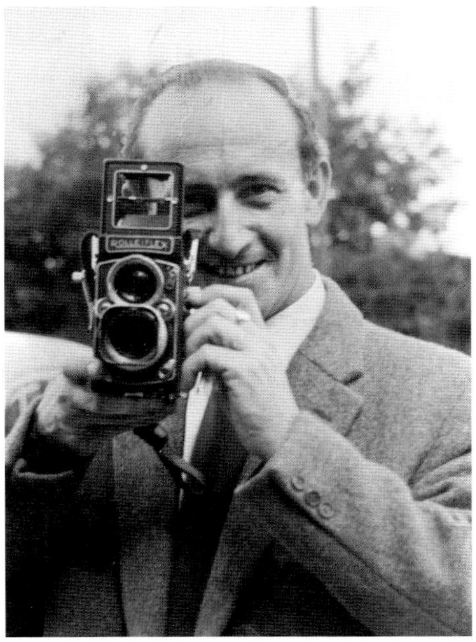

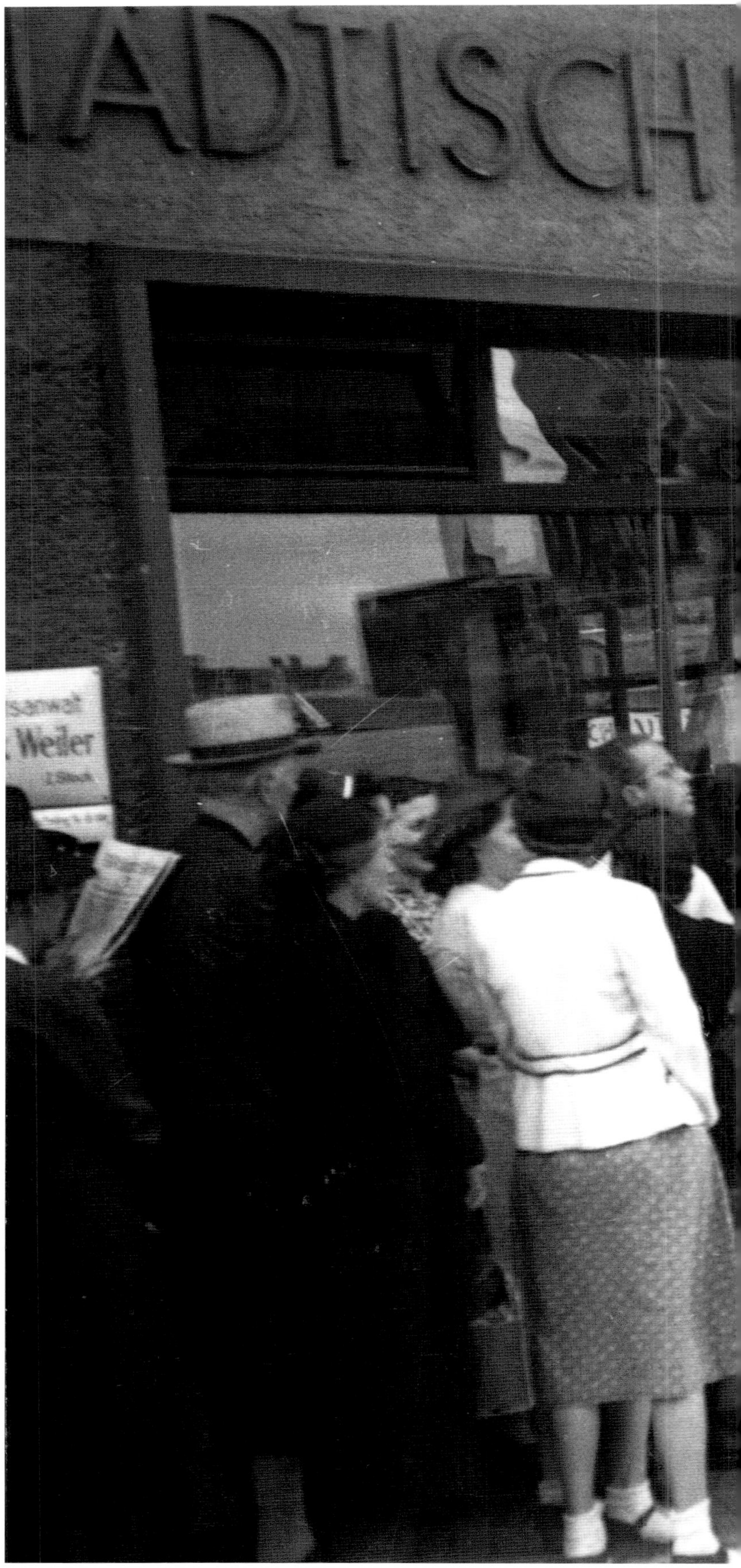
ÄDTISCH
Weiler

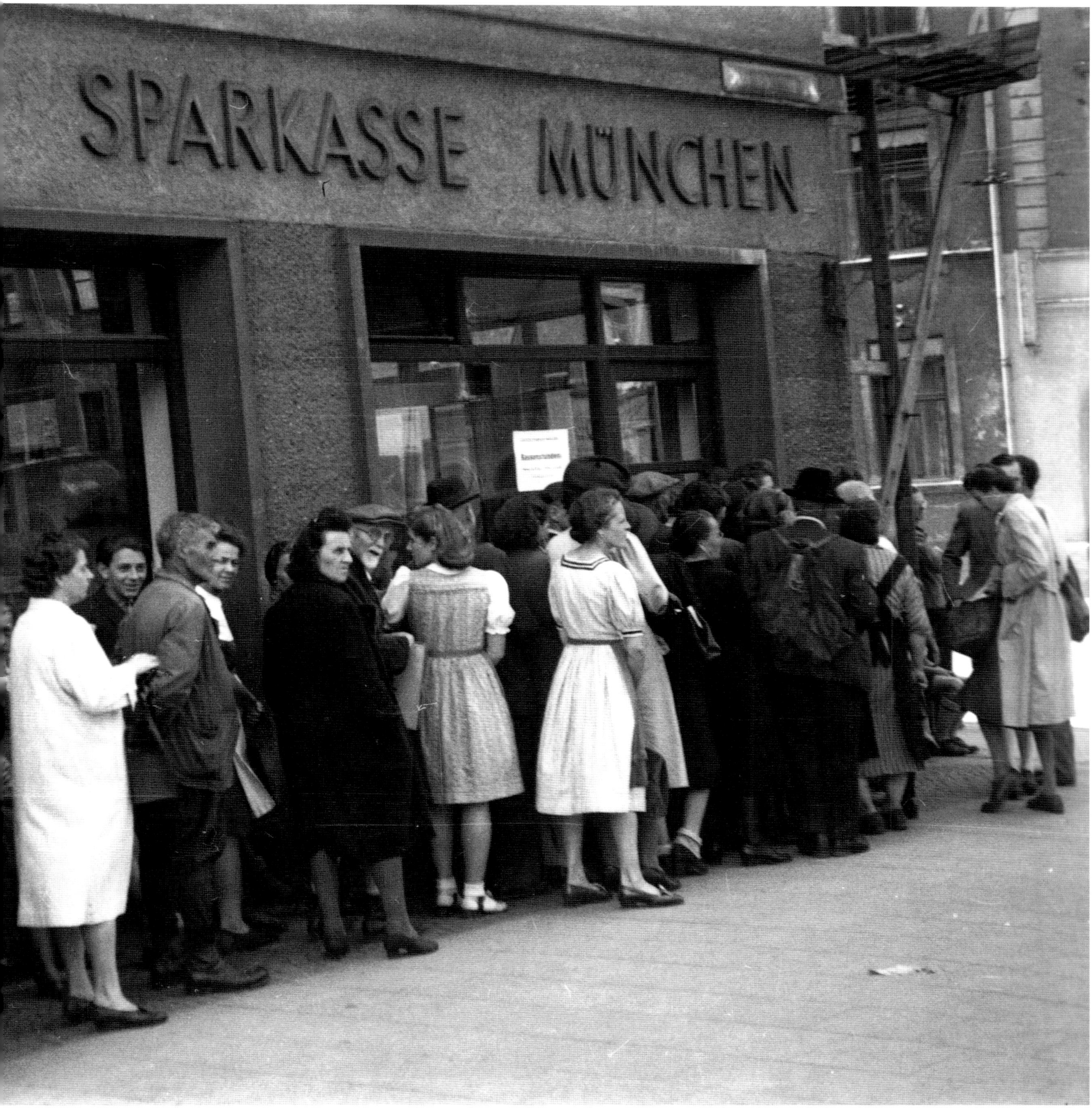

Währungsreform, 20. Juni 1948

Die Währungsreform war die Grundlage für den wirtschaftlichen Aufschwung nach dem Zweiten Weltkrieg. Jede Person erhielt ein sogenanntes Kopfgeld von 40 DM, alte Reichsmarkkonten wurden umgestellt. In den drei westlichen Besatzungszonen war die Deutsche Mark alleiniges Zahlungsmittel.

Georg Fruhstorfer, 21. Juni 1948

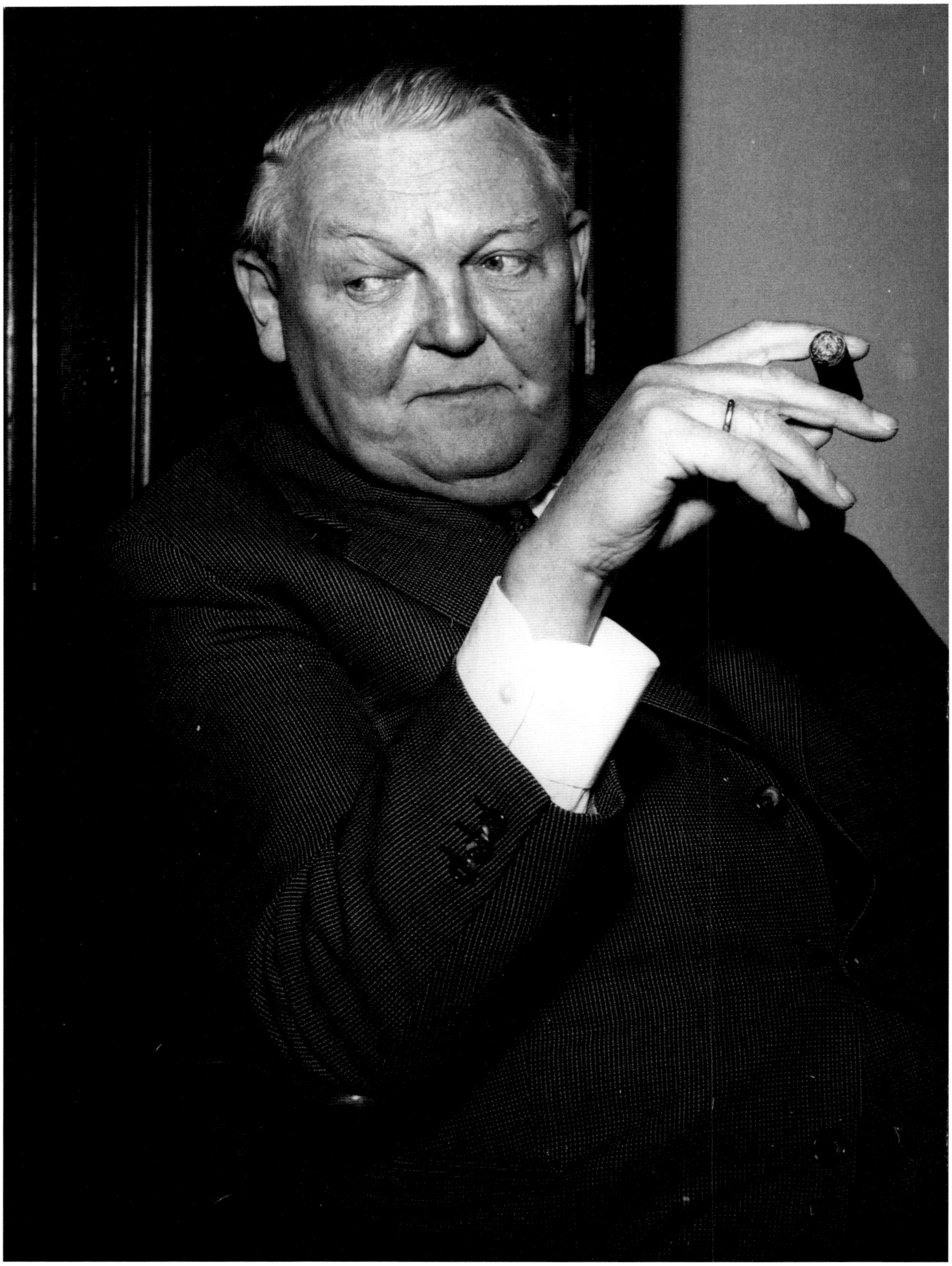

Ludwig Erhard (1897–1977)

Der Wirtschaftsminister und spätere Bundeskanzler wird oft als „Vater des deutschen Wirtschaftswunders" bezeichnet. Der Wiederaufstieg Westdeutschlands nach dem verlorenen Krieg ist aufs Engste mit seinem Namen verbunden.

Felicitas Timpe, um 1967

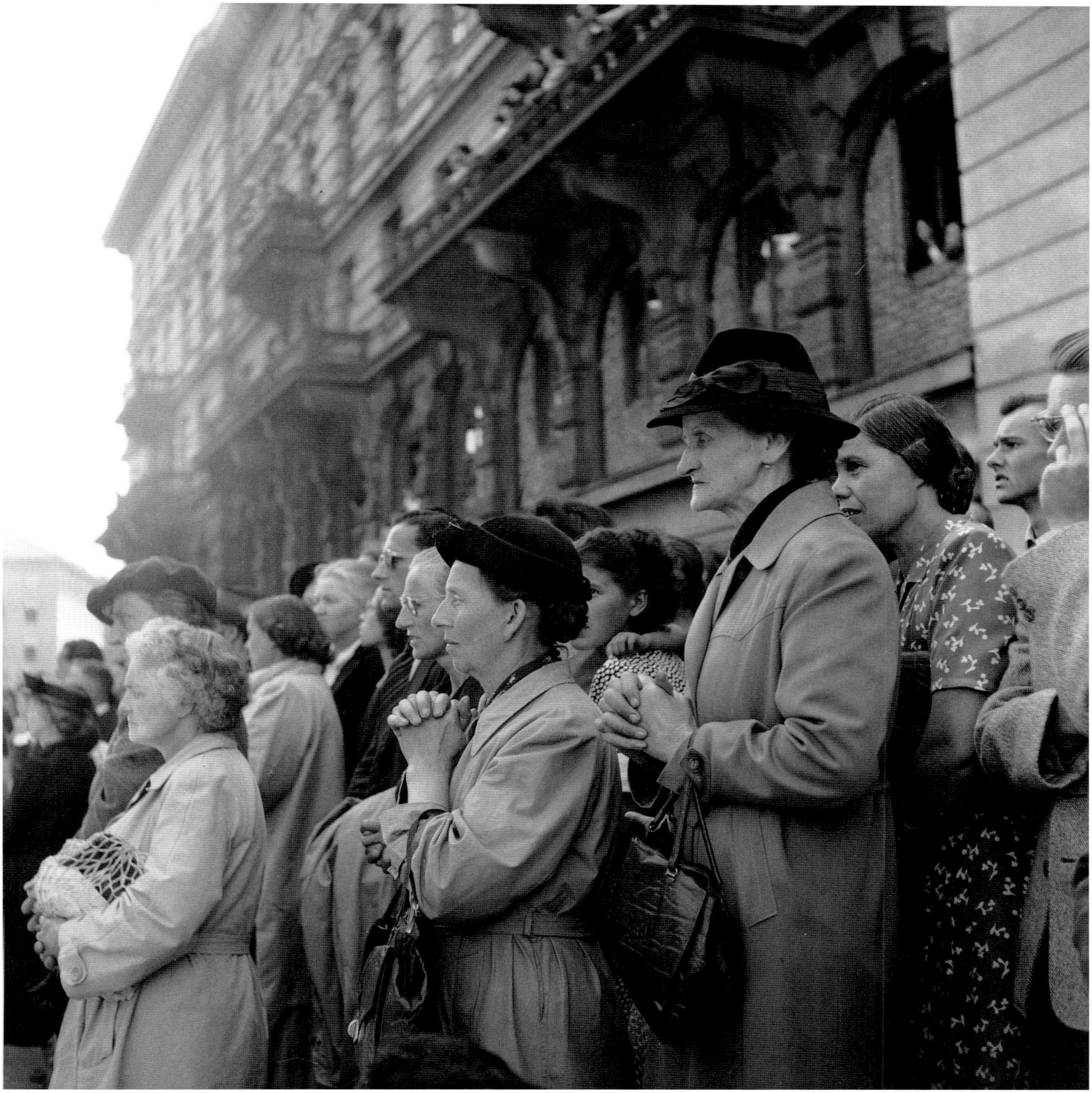

Zeichen des katholischen Glaubens und der Frömmigkeit

Prozessionen an kirchlichen Hochfesten, insbesondere an Fronleichnam, lassen sich seit dem 13. Jahrhundert in Bayern nachweisen. In der Zeit des Nationalsozialismus waren sie auch ein Zeichen gegen die vorherrschende Weltanschauung. Eine Fronleichnamsprozession war in München die erste von der amerikanischen Militärregierung genehmigte Großveranstaltung nach dem 2. Weltkrieg.

Georg Fruhstorfer, 1950/1955

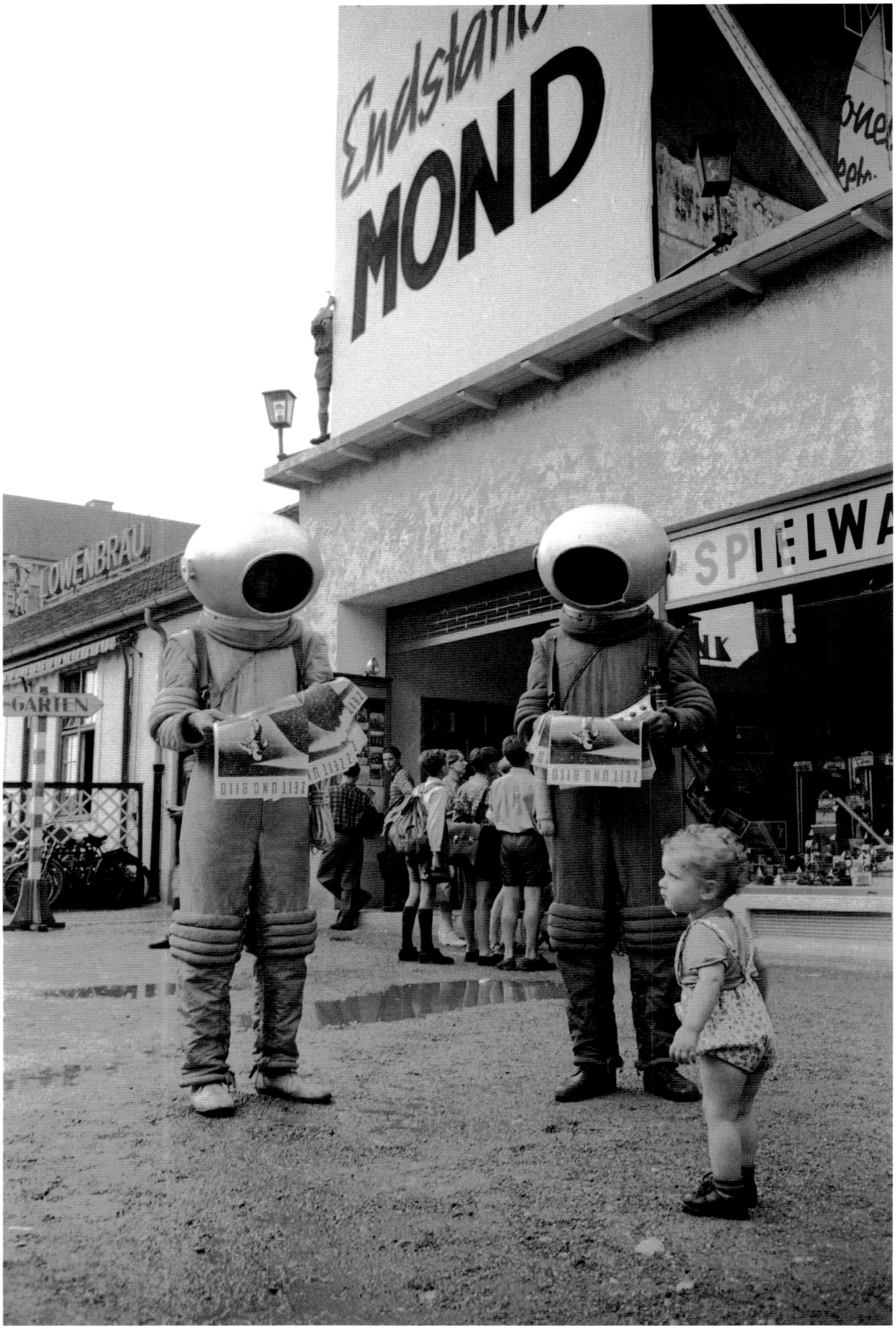
MOND
LÖWENBRÄU
GARTEN
SPIELWA
ZEIT UND BILD

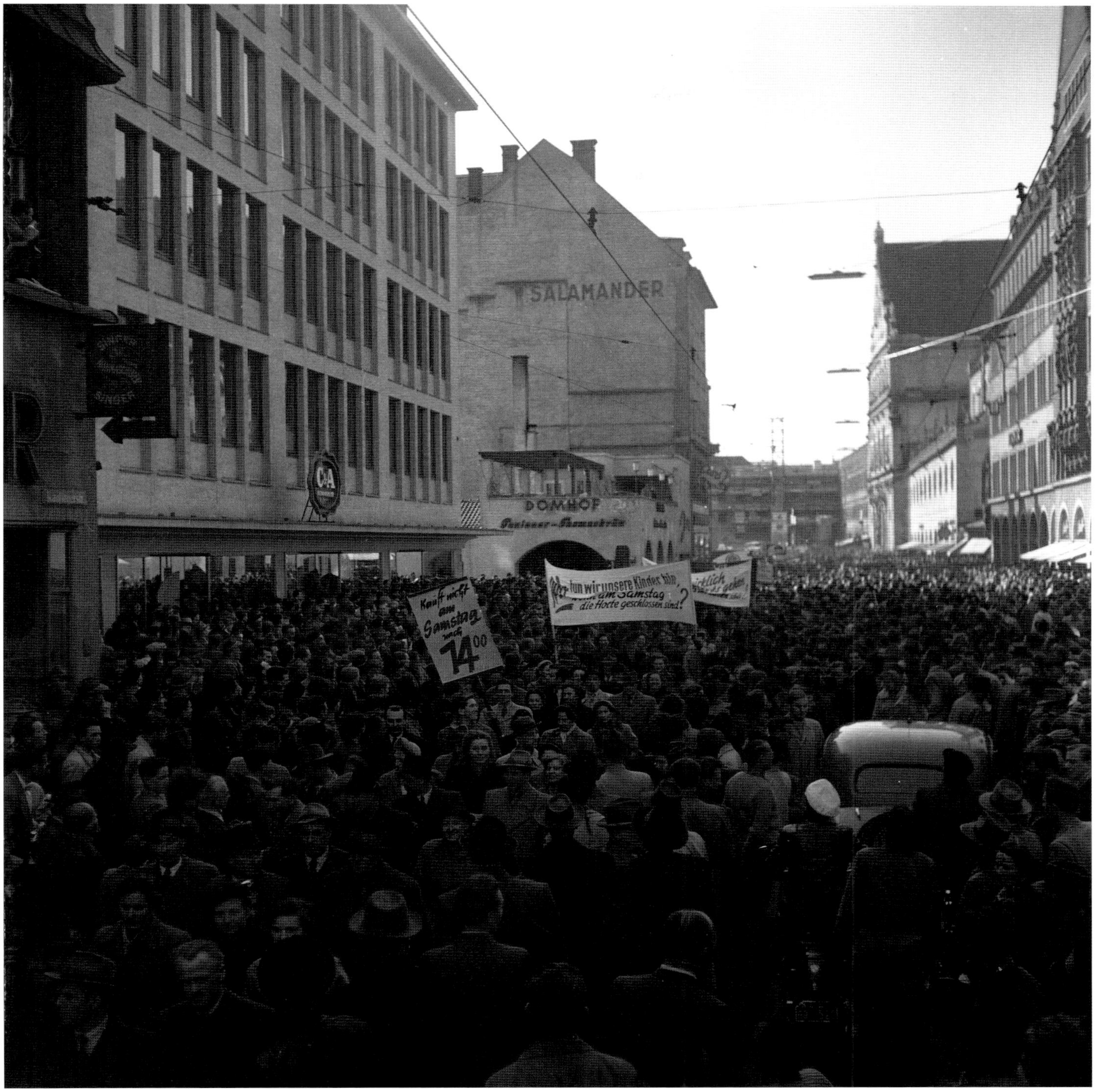

Als Astronauten verkleidete Männer werben vor einem Spielwarengeschäft für den Film *Endstation Mond*

Der 1950 uraufgeführte amerikanische Film erzählt die Geschichte einer privat finanzierten Reise zum Mond. Auch die politischen Implikationen der Raumfahrt und der enge Zusammenhang mit dem Kalten Krieg waren in *Endstation Mond* bereits Teil der Handlung. Die Erstaufführung in Deutschland fand am 10. Juli 1951 statt.

Felicitas Timpe, Sommer 1951

Der „Münchner Kaufhauskrieg" von 1953

Die Neuregelung der Ladenschlusszeiten war in den 1950er Jahren sehr umstritten. Im sogenannten Münchner Kaufhauskrieg setzten sich die Gewerkschaften für die Einhaltung des Ladenschlusses am Samstag ab 14 Uhr ein.

Georg Fruhstorfer, 13.–20. Juni 1953

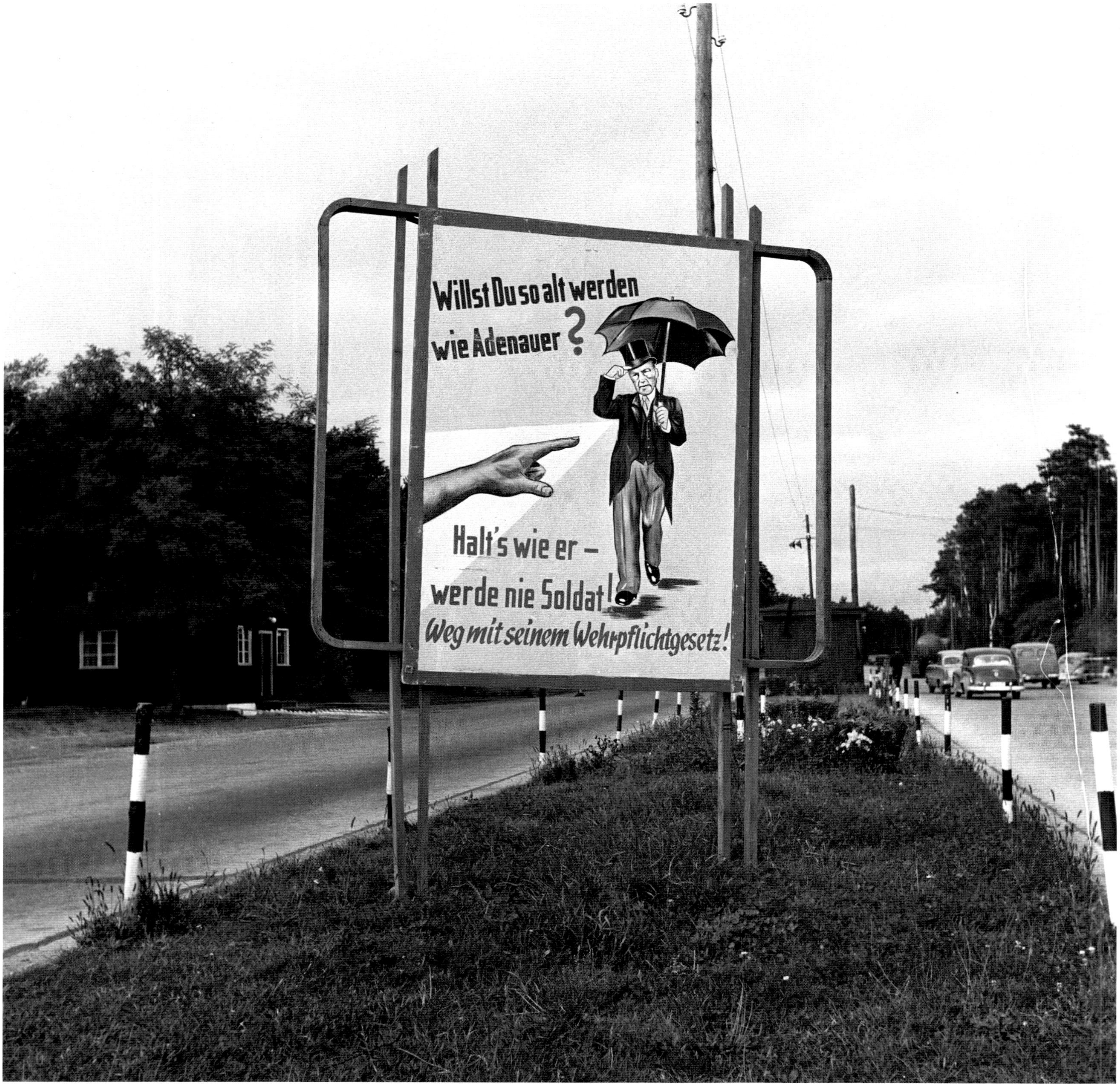

Plakat gegen die Einführung der Wehrpflicht

Die Wiedereinführung der Wehrpflicht war äußerst umstritten. Sie erfolgte im Zuge der Aufstellung der Bundeswehr ab November 1955.

Felicitas Timpe, 1956

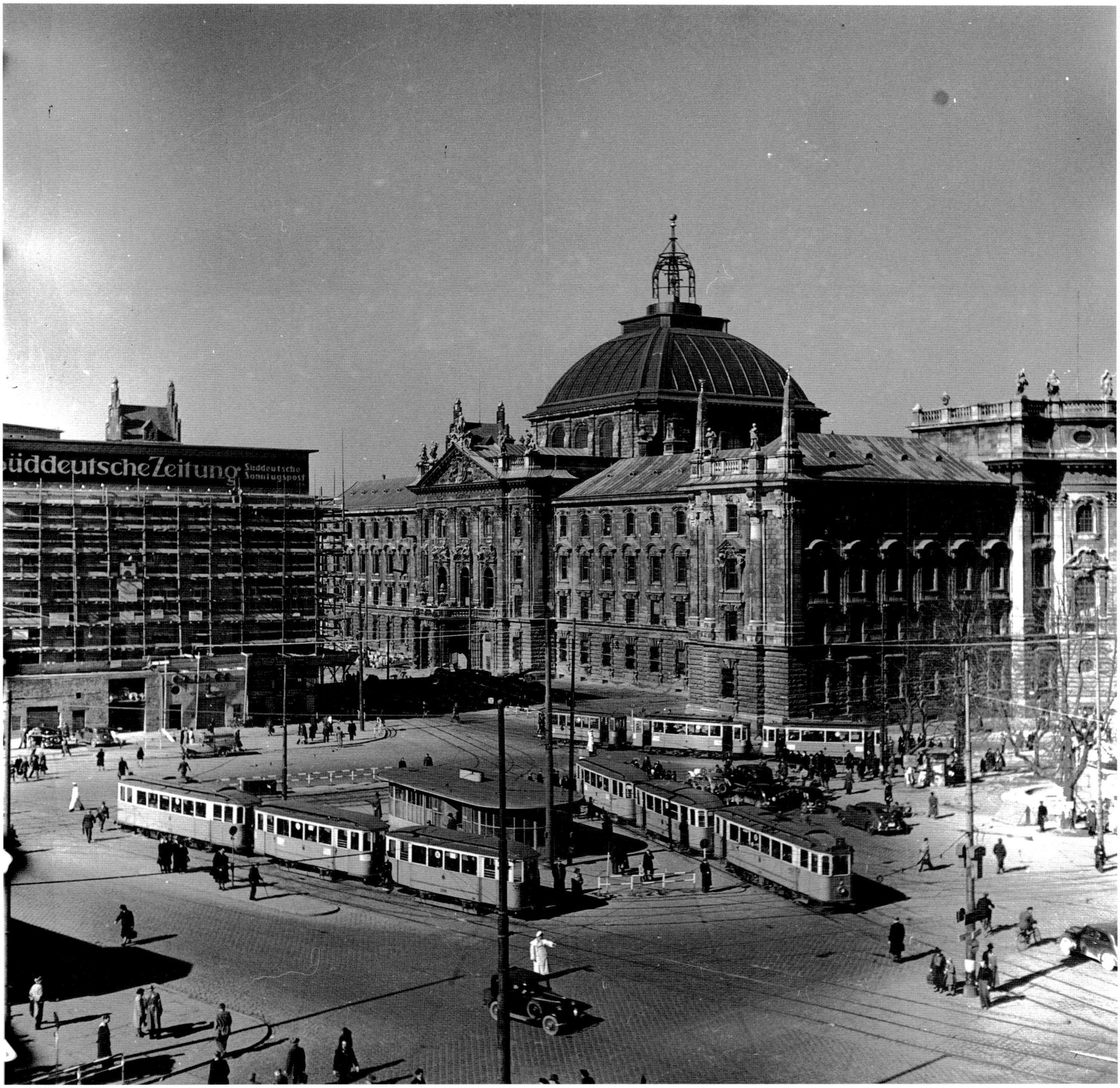

Der Karlsplatz, auch Stachus genannt, war in den 50er Jahren der verkehrsreichste Platz Europas

Erst mit dem Bau des Tunnels der Münchner S-Bahn-Stammstrecke Ende der 1960er Jahre wurde ein Teil des Platzes zur Fußgängerzone. In der Mitte des Bildes die Kuppel des bis 1897 errichteten neobarocken Gerichtsgebäudes, der sogenannte Justizpalast.

Georg Fruhstorfer, 1949/1950

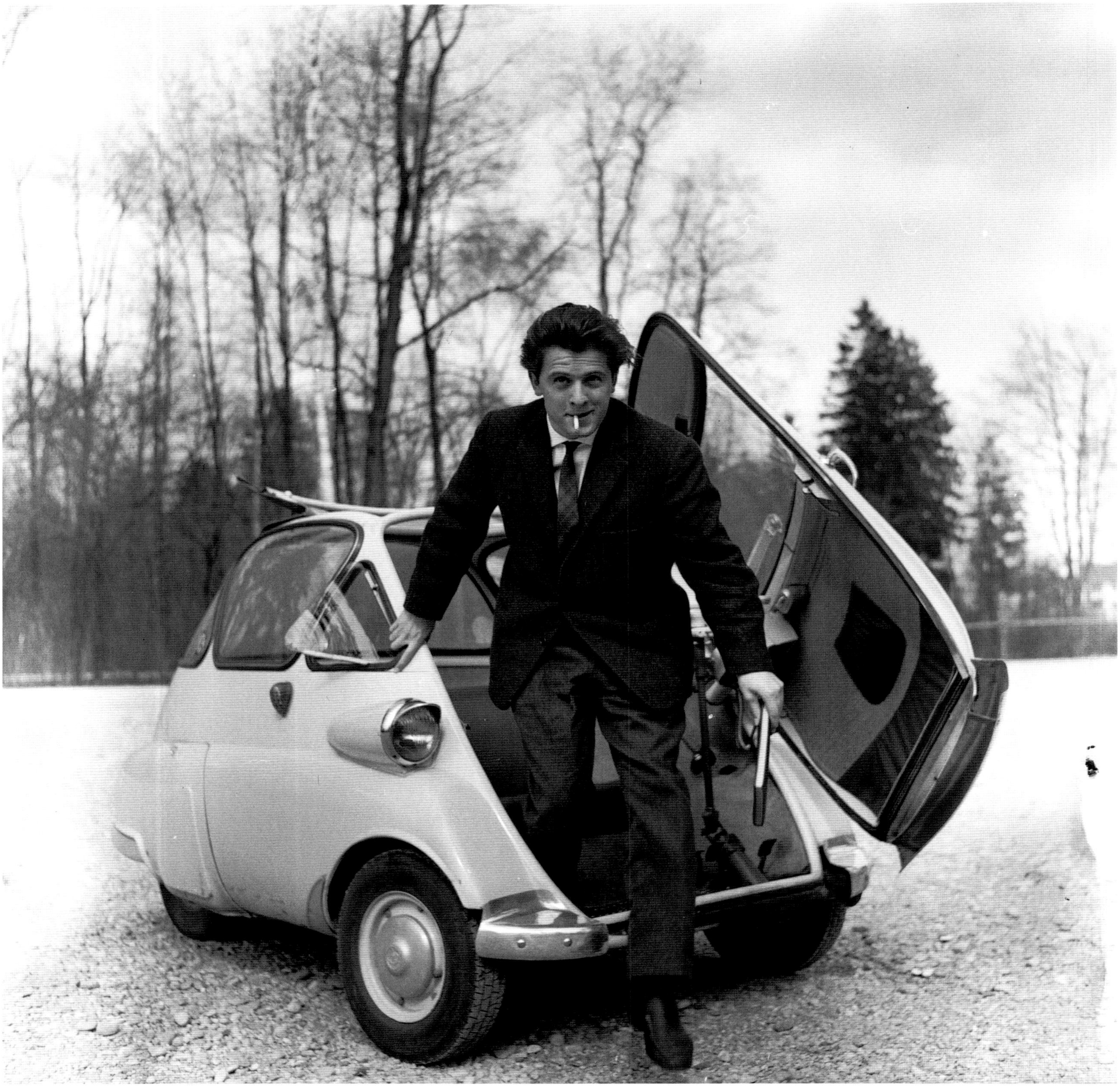

Der Autor und Künstler Reiner Zimnik steigt aus seiner Isetta

Kleinstfahrzeuge wie die BMW Isetta, die von 1955 bis 1962 produziert wurde, ermöglichten in den 1950er Jahren breiten Bevölkerungsschichten den Traum vom eigenen Auto. Der Zeichner und Schriftsteller Reiner Zimnik (geb. 1930) erhielt 1958 den Literaturpreis der Stadt München.

Georg Fruhstorfer, 1955/1959

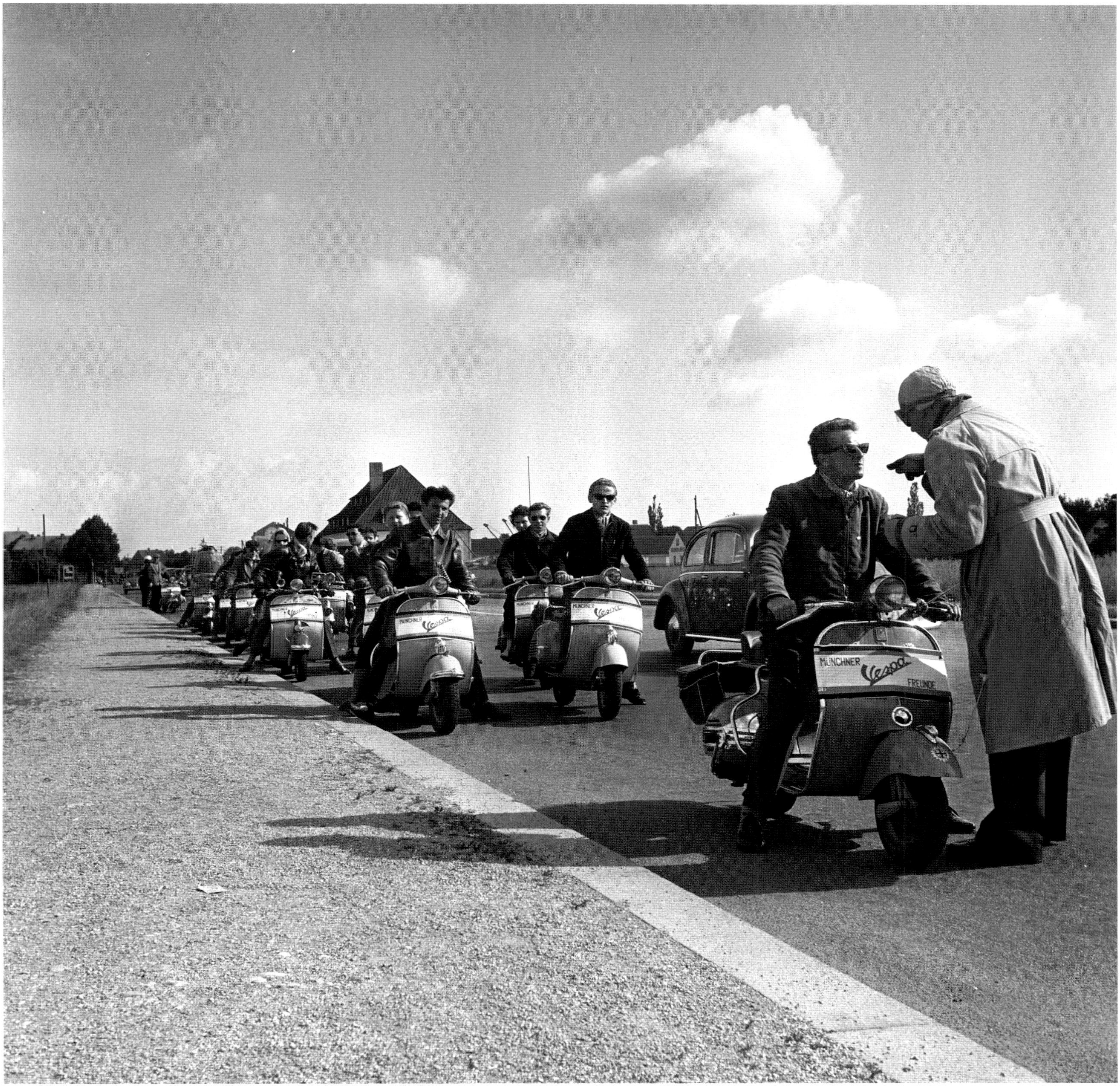

Ausflug des Münchner Vespa Clubs an den Schliersee

Ab 1950 wurde die Vespa, die in Italien entwickelt wurde, auch in Deutschland bekannt. Sie war eines der Lieblingsfahrzeuge der jungen Generation. Der Münchner Vespa Club formierte sich zu Beginn der 1950er Jahre.

Felicitas Timpe, 1956

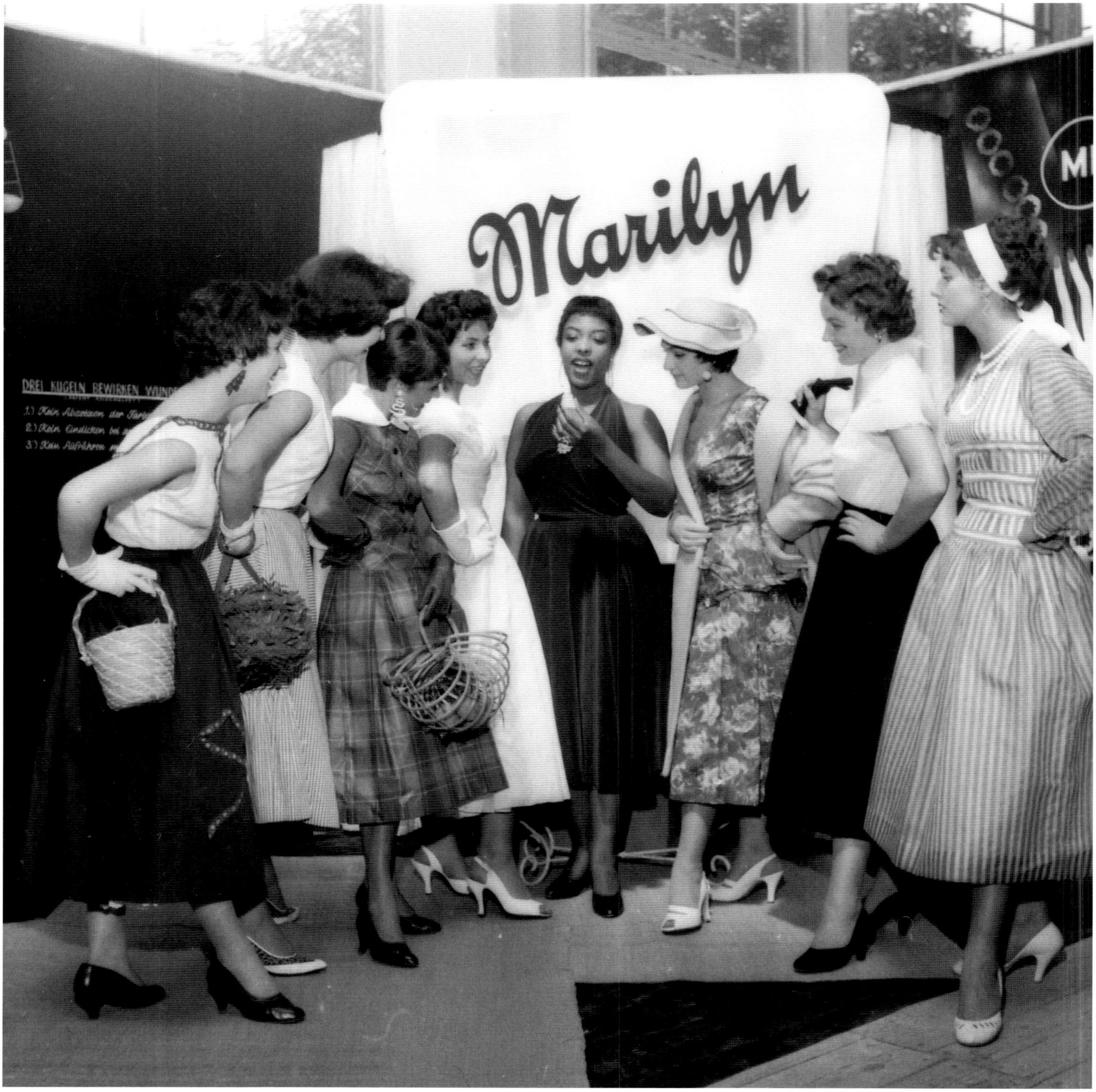

Internationaler Salon der Schönheit und Mode in München – Stand mit Nagellack der Marke „Marilyn"

Mitte der 1950er Jahre fanden zunehmend internationale Veranstaltungen in München statt. Sie leiteten das Selbstverständnis als Weltstadt ein. Marilyn Monroe (1926–1962), auf die der Name des Produkts Bezug nimmt, war 1955 der größte Star Hollywoods.

Felicitas Timpe, 18.–22. Juni 1955

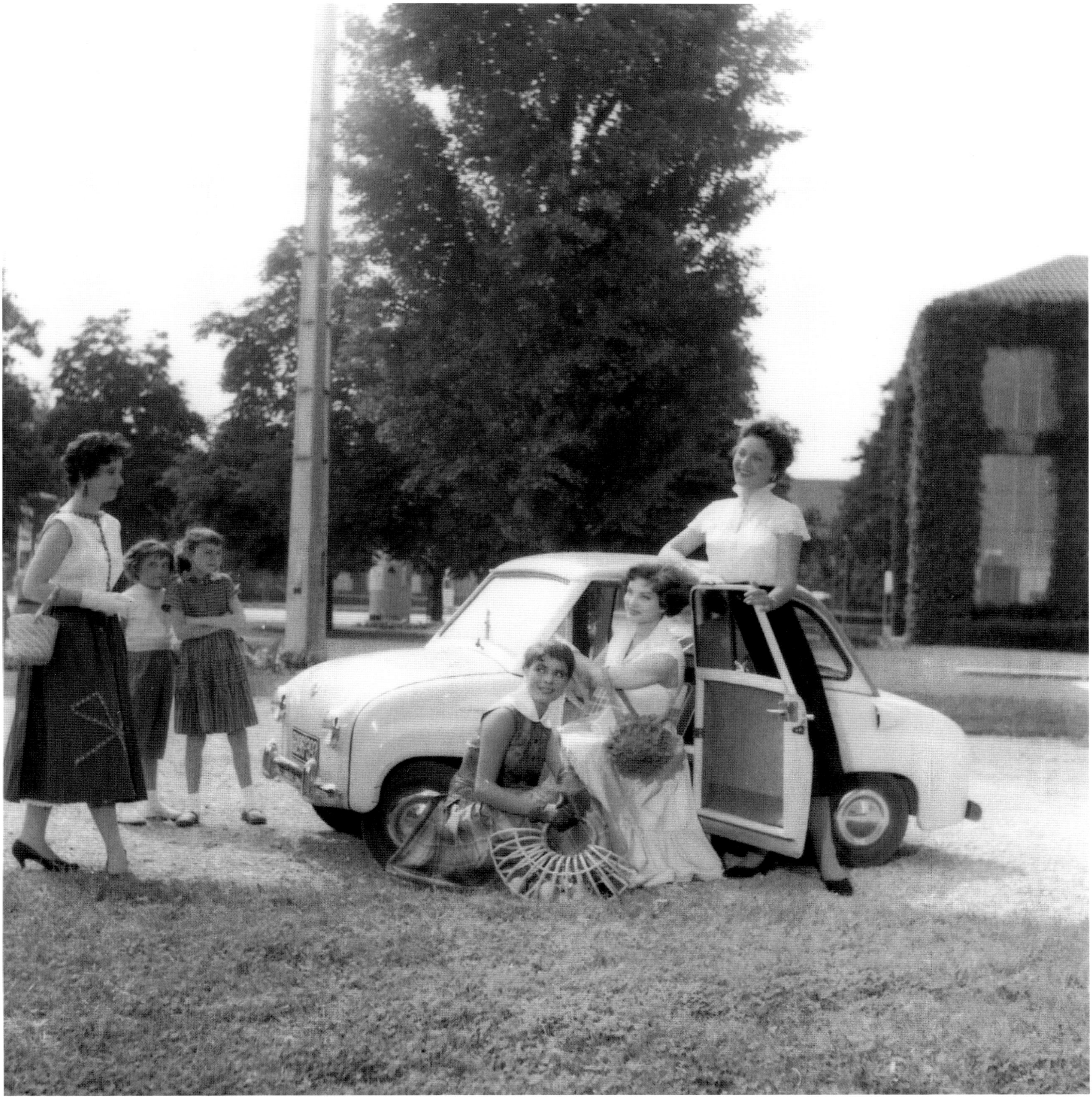

Internationaler Salon der Schönheit und Mode in München – Models vor einem Goggomobil

Das Goggomobil wurde zwischen 1955 und 1969 von der Hans Glas GmbH in Dingolfing hergestellt. Die Bezeichnung geht auf einen Spitznamen des Enkels des Firmenchefs zurück.

Felicitas Timpe, 18.–22. Juni 1955

Interview mit Hermann Buhl, dem Erstbesteiger des Nanga Parbat

Der österreichische Alpinist Hermann Buhl (1924–1957) bestieg 1953 als erster Mensch den Nanga Parbat im Himalaya-Gebirge. Die Teilnehmer dieser sogenannten Willi-Merkl-Gedächtnis-Expedition – in Erinnerung an den am Nanga Parbat 1934 verschollenen Willi Merkl – kehrten am 23. Juli nach München zurück.

Georg Fruhstorfer, 23. Juli 1953

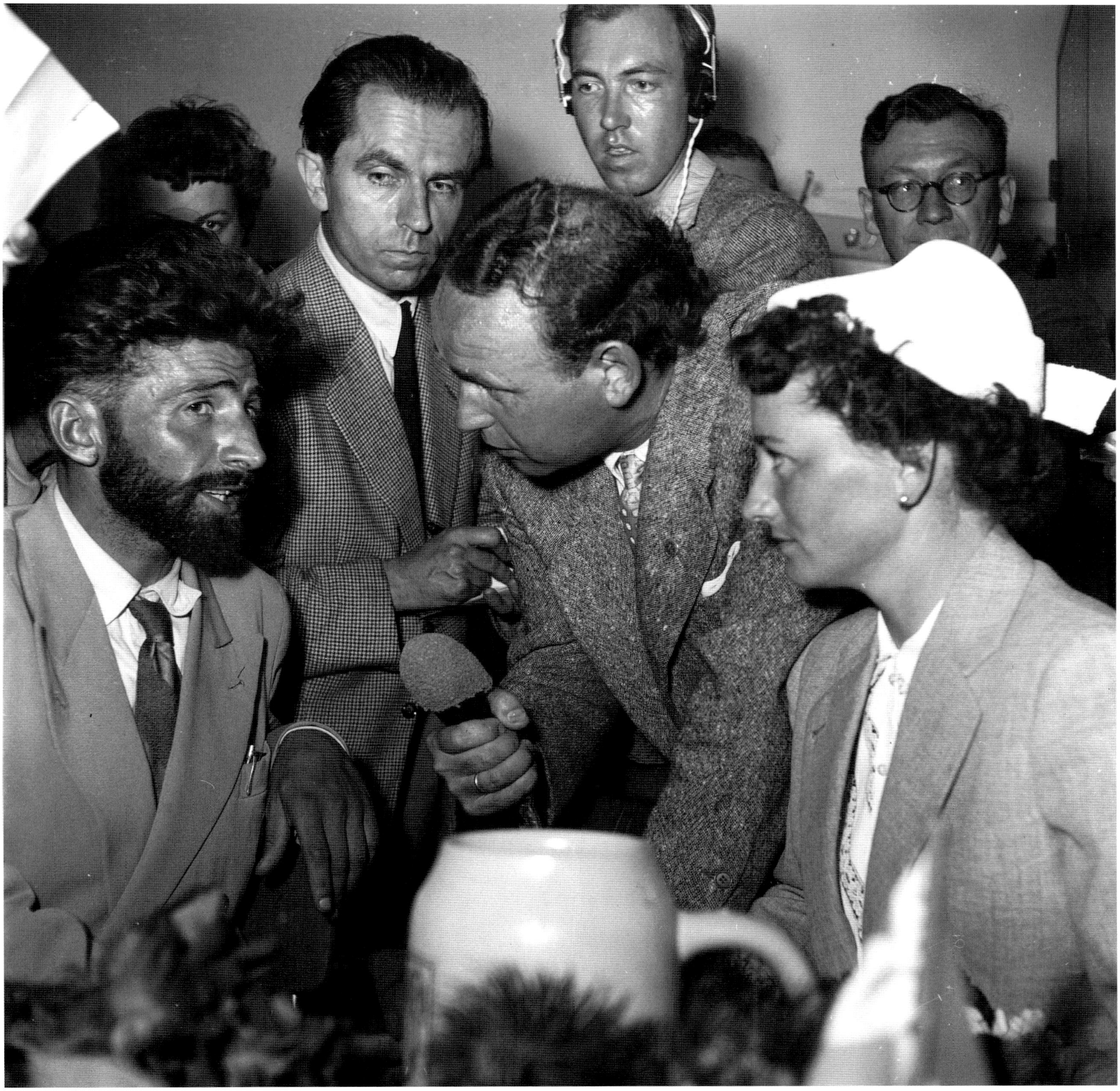

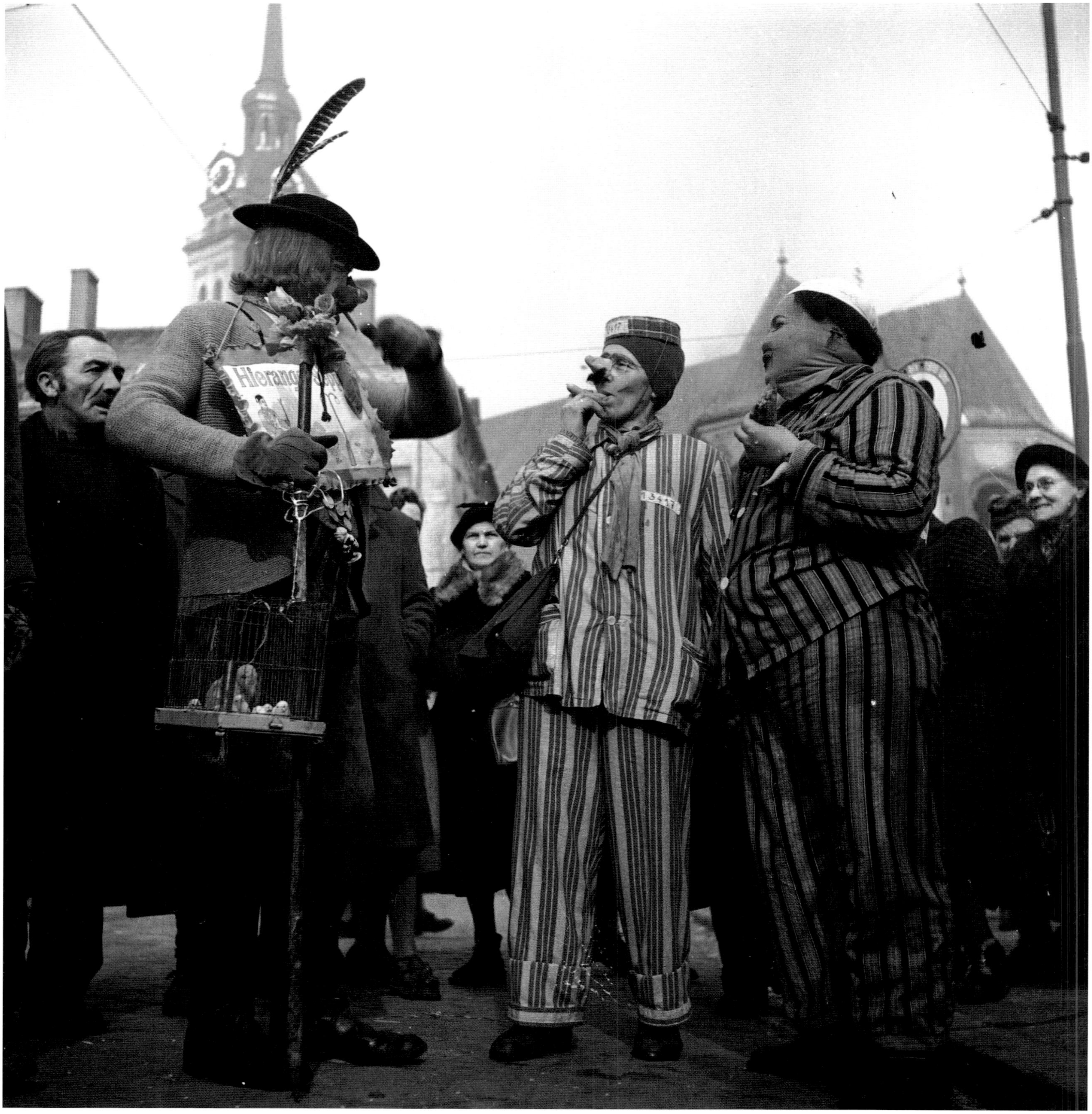

Münchner Fasching auf dem Viktualienmarkt

Das Faschingstreiben auf dem Viktualienmarkt mit dem Tanz der Marktweiber am Faschingsdienstag ist zentraler Bestandteil des Münchner Faschings.

Georg Fruhstorfer, Februar 1953

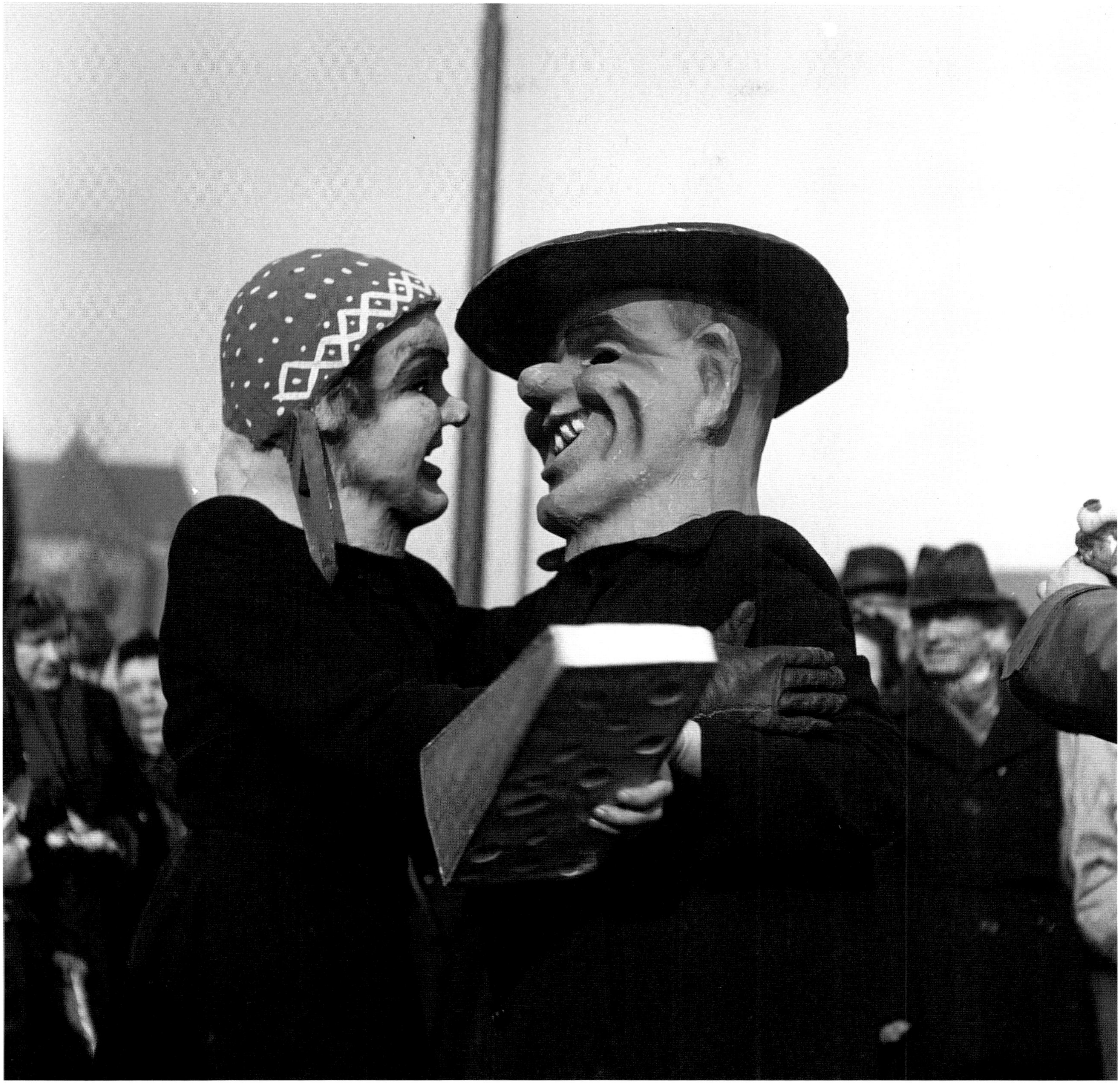

Tanz der Marktfrauen am Viktualienmarkt

Ursprünglich tanzten die Standlfrauen vor ihren Verkaufsständen. Der Brauch geht in die 1950er Jahren zurück. Erst in den 1980er Jahren wurde der Tanz auf eine Bühne verlegt.

Georg Fruhstorfer, Februar 1953

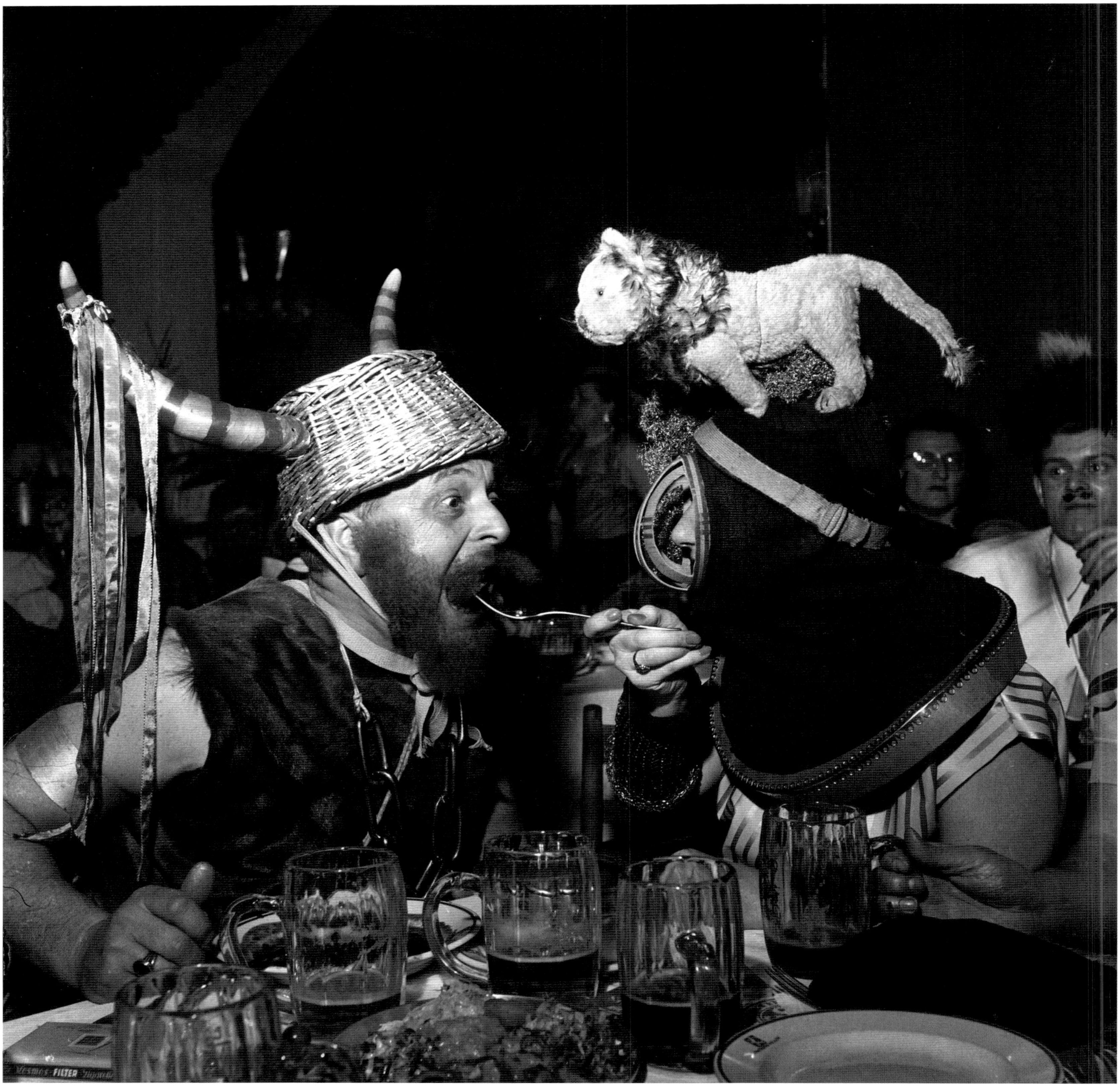

Faschingsball der „Damischen Ritter"

Auch der Ball der „Damischen Ritter" ist fester Bestandteil des Münchner Faschings. Er findet traditionell im Löwenbräukeller am Stiglmaierplatz statt.

Georg Fruhstorfer, 1954/1962

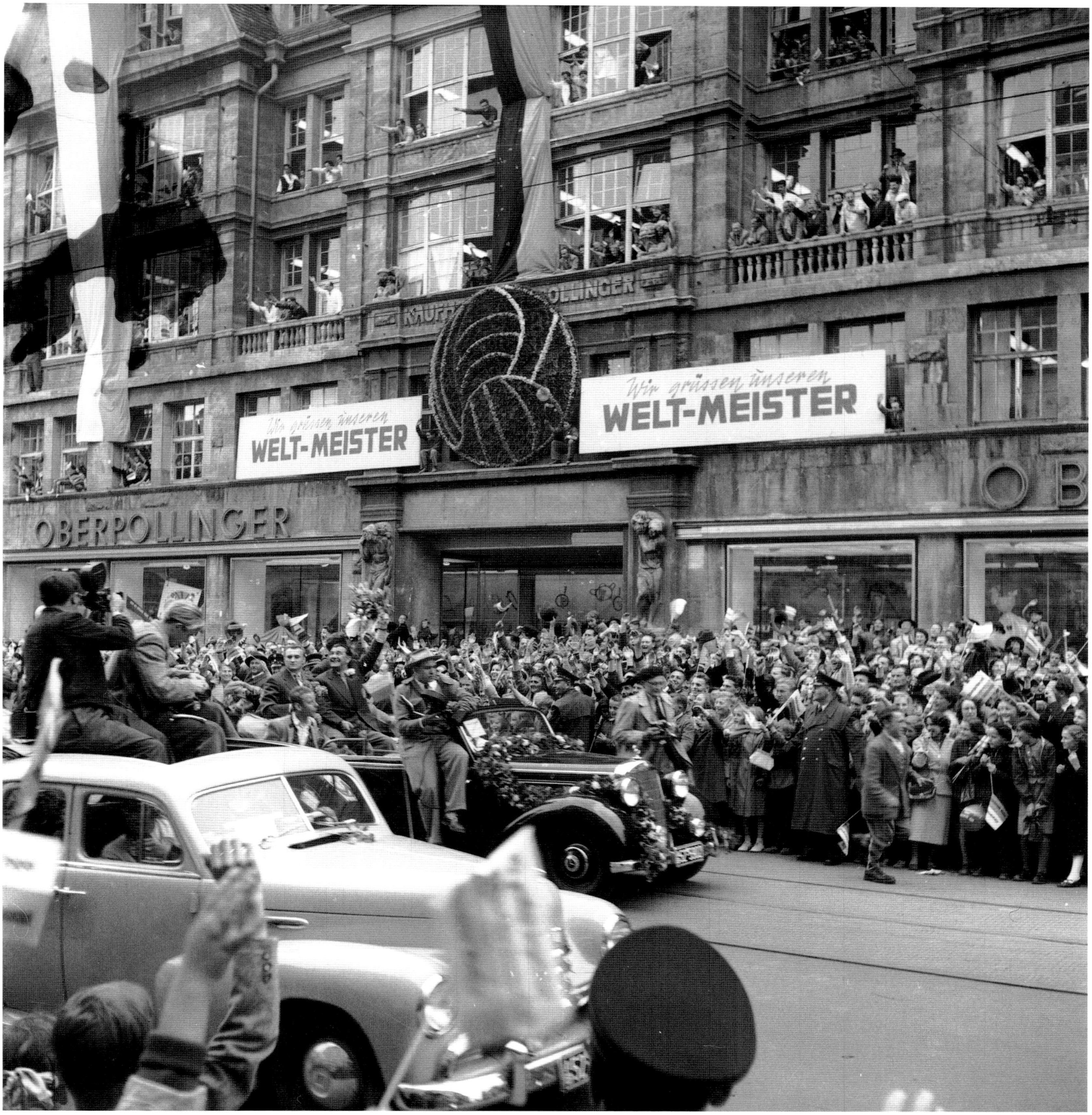

Empfang der Deutschen Nationalmannschaft nach der Fußballweltmeisterschaft 1954

Nach Besatzung und Wiederaufbau war das „Wunder von Bern", der 3:2-Sieg Deutschlands über Ungarn, für viele Deutsche ein Symbol des erfolgreichen Neuanfangs.

Georg Fruhstorfer, 6. Juli 1954

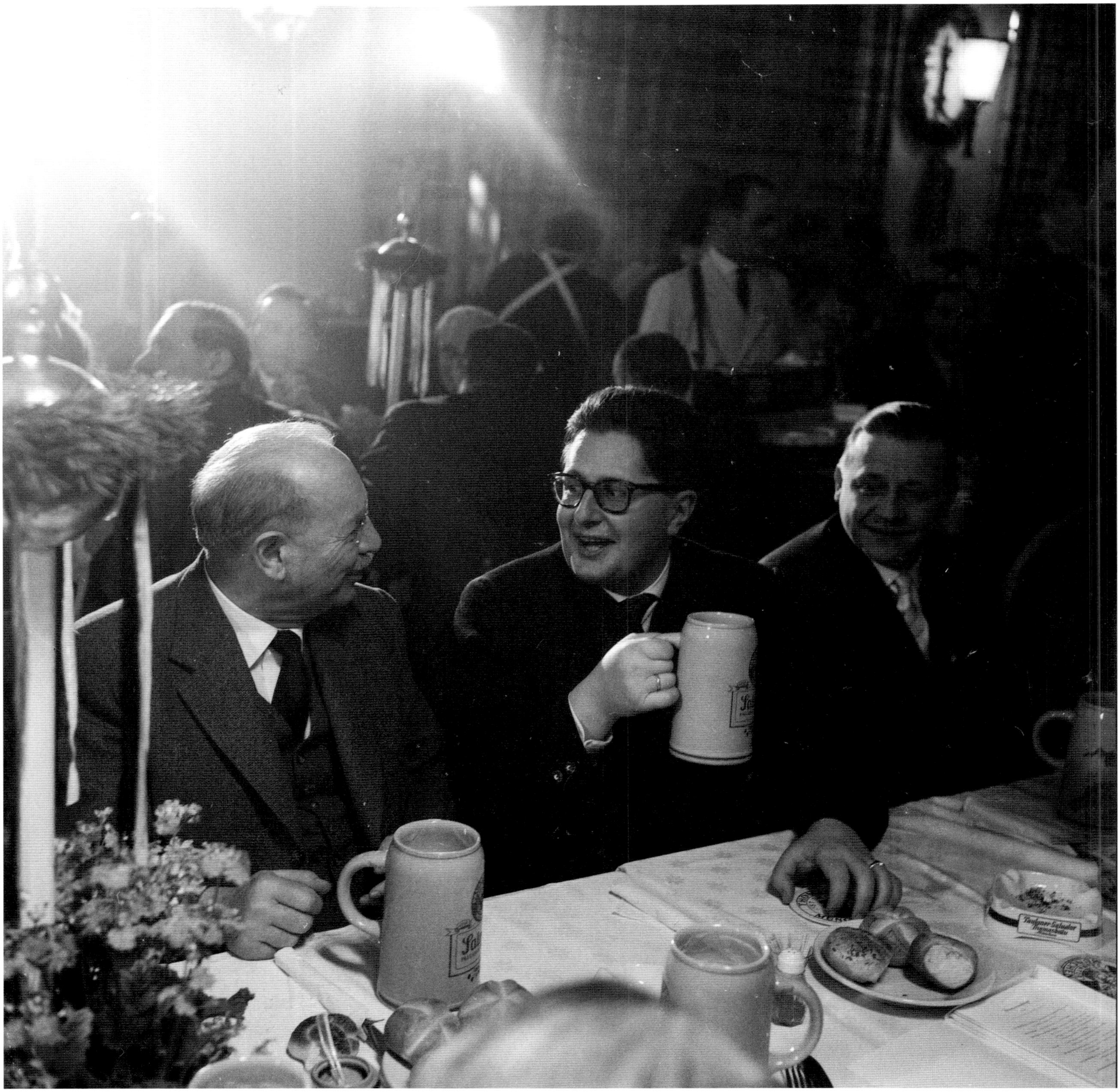

Oberbürgermeister Hans-Jochen Vogel und Ministerpräsident Wilhelm Hoegner bei der Salvatorprobe am Nockherberg

Der Starkbieranstich in der Fastenzeit ist ein Brauch, der seit dem 17. Jahrhundert gepflegt wird, als die Mönche des Paulanerordens besonders starkes Bier, den sogenannten Salvator, für die Fastenzeit brauten. Heute wird die Starkbierzeit oft als fünfte Jahreszeit bezeichnet.

Georg Fruhstorfer, 1960/1964

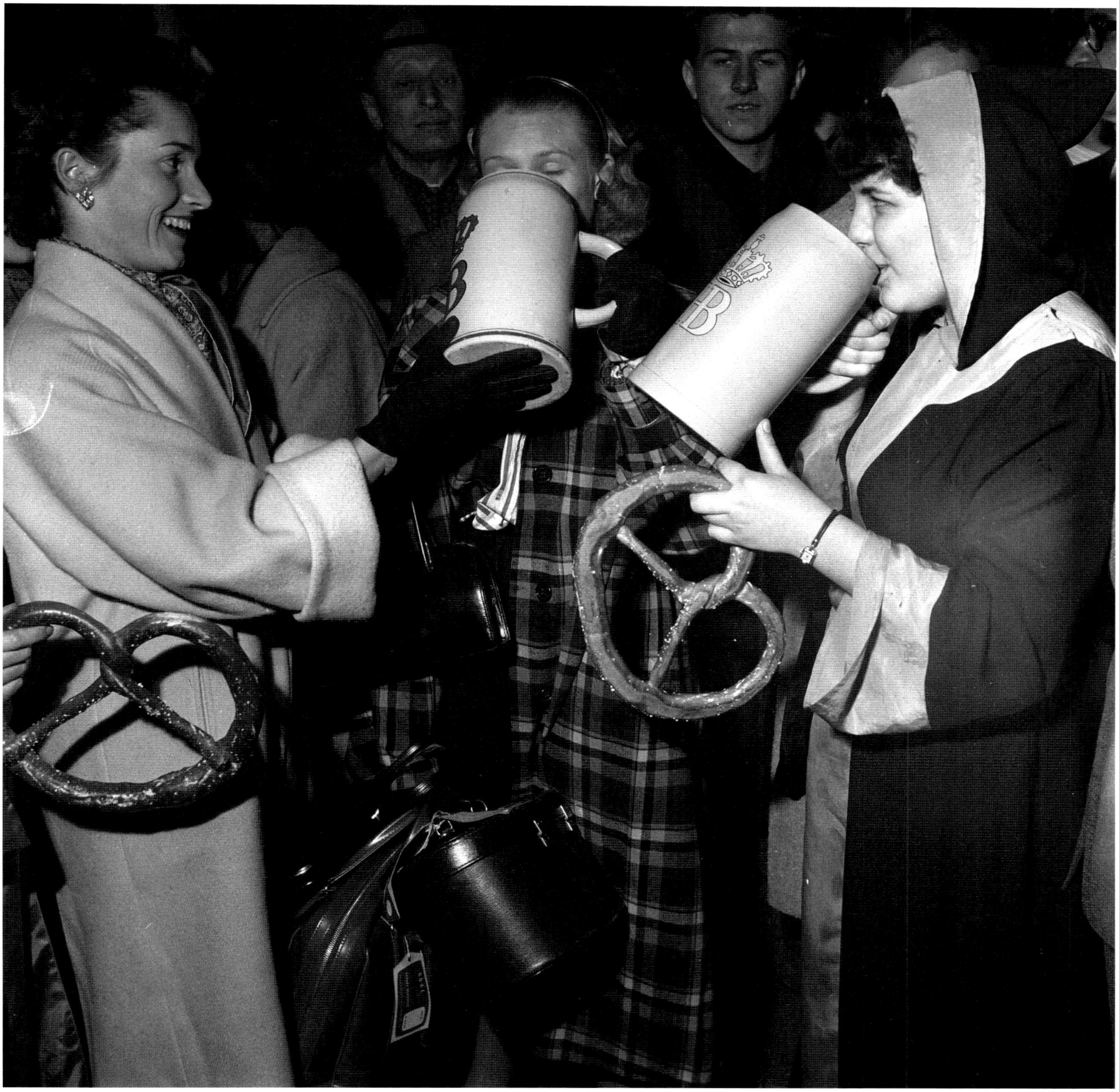

Empfang des „London Festival Ballet" am Münchner Hauptbahnhof

Das „London Festival Ballet" wurde 1950 gegründet. Sechs Jahre später gastierte es in München. Münchner Kindl, Bier und Brezn durften bei der Begrüßung nicht fehlen.

Felicitas Timpe, 17.–22. Mai 1956

Richtfest für den Forschungsreaktor Garching

Als erster Atomreaktor in Deutschland symbolisierte das wegen seiner markanten Kuppel oft „Atom-Ei" genannte Bauwerk den wissenschaftlichen und technischen Fortschritt der jungen Bundesrepublik. Die Realisierung erfolgte knapp 30 Jahre vor dem Unglück von Tschernobyl noch weitgehend ohne öffentliche Proteste.

Felicitas Timpe, Januar 1957

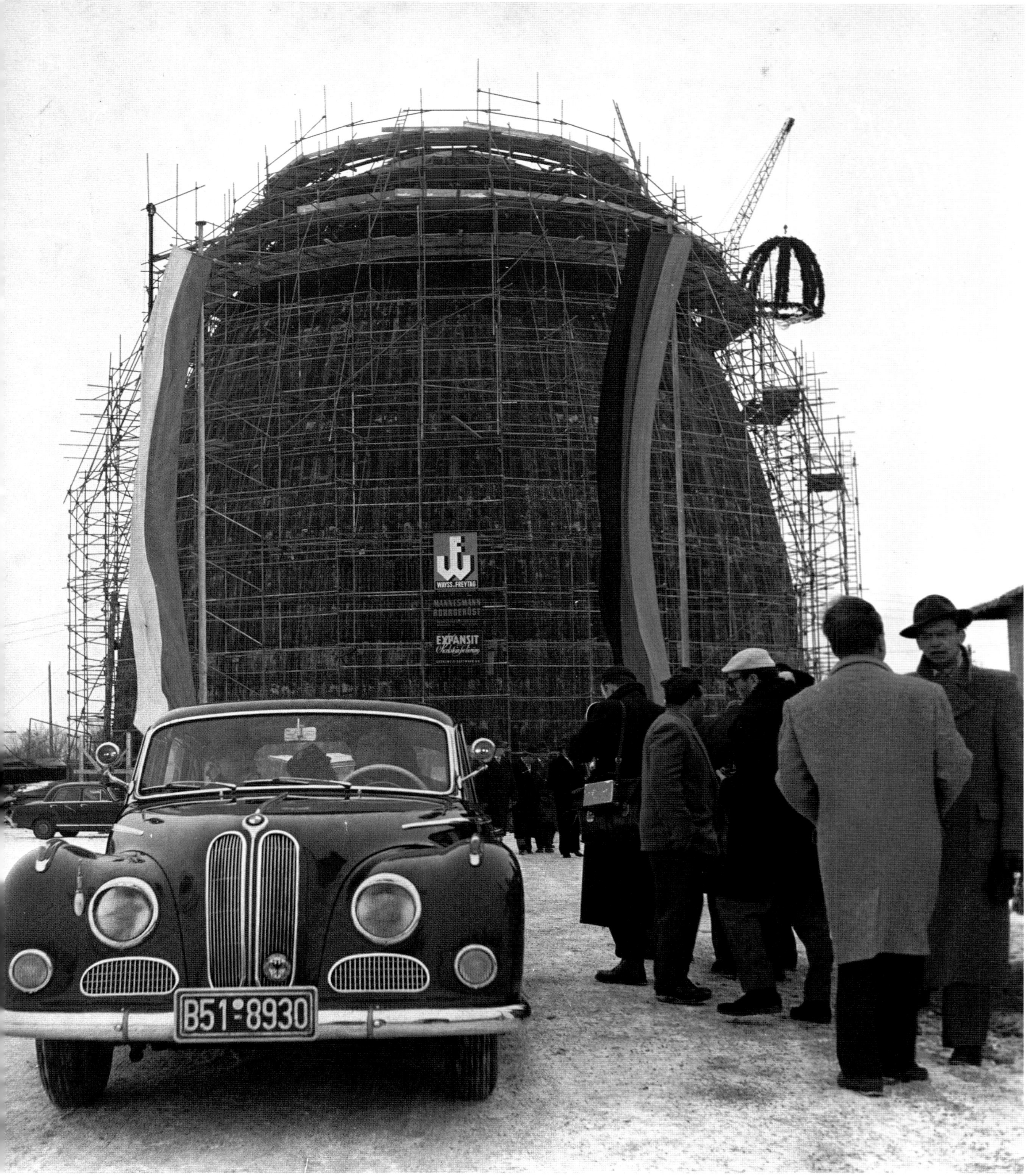
WAYSS & FREYTAG
MANNESMANN
ROHRGERÜST
EXPANSIT
B51-8930

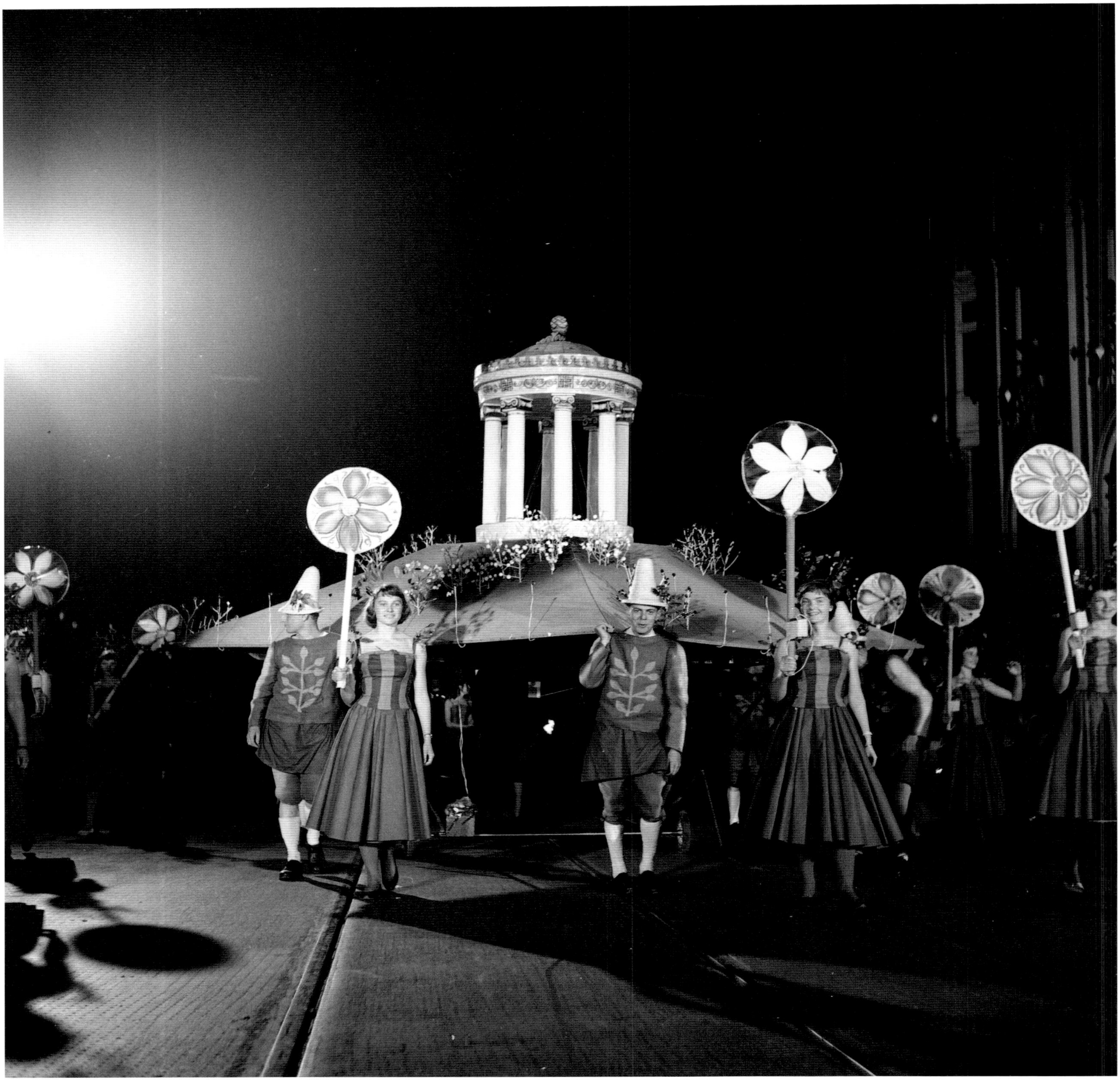

Festzug zur 800-Jahr-Feier der Stadt München

An dem nächtlichen Festzug zur 800-Jahr-Feier waren mehr als 2000 Münchnerinnen und Münchner aktiv beteiligt. Darstellungen zur Geschichte und Motive aus dem Stadtbild – hier der Monopteros im Englischen Garten – wurden in Nachbauten durch die Stadt getragen.

Felicitas Timpe, 13. Juni 1958

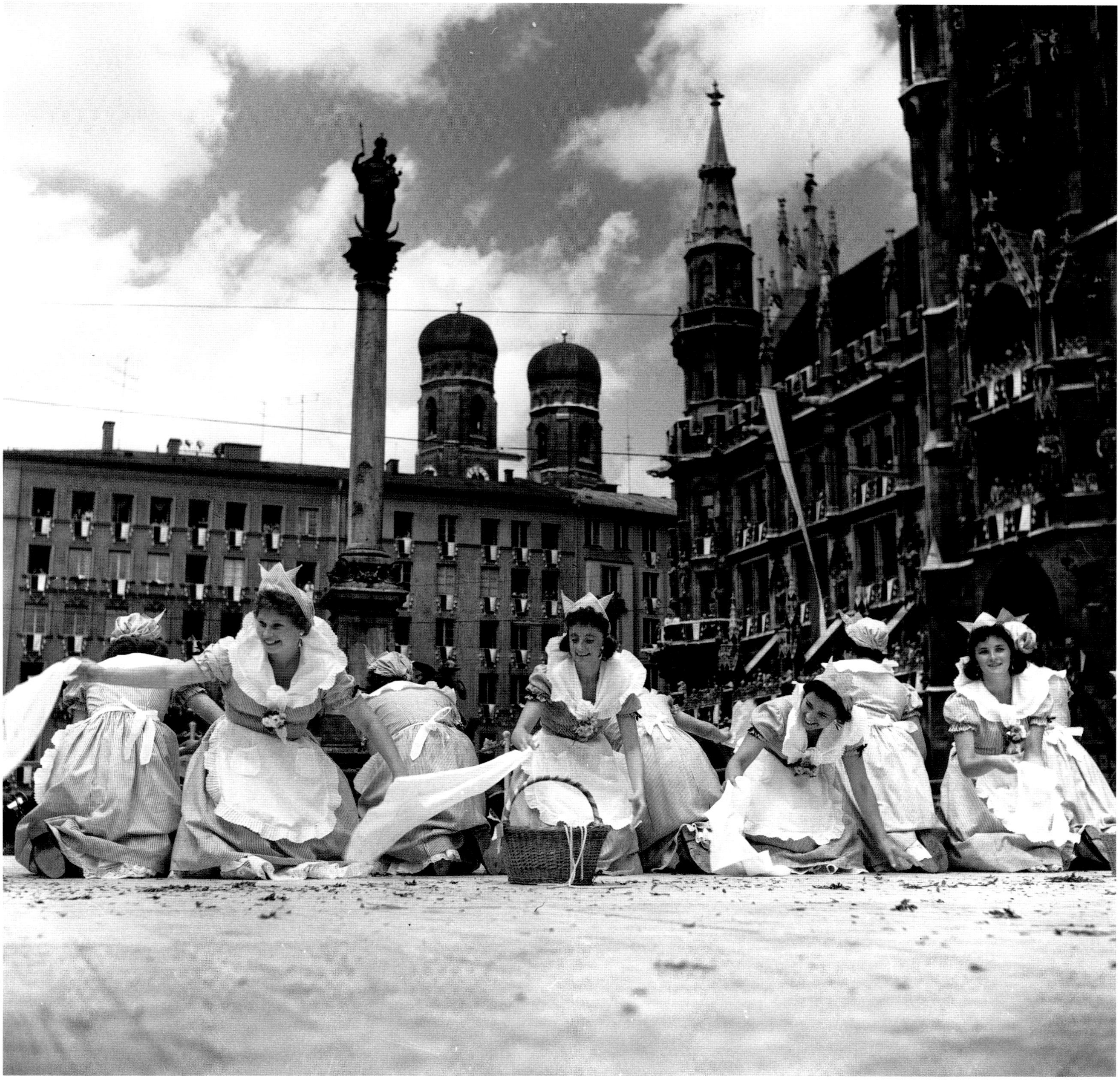

Tanz der Waschermadln auf dem Marienplatz

Zum Festprogramm der 800-Jahr-Feier zählte auch eine ¯anzvorführung der Schäffler und Waschermadln. Letztere unterstützten Kellnerinnen in besseren Lokalen bei ihrer Arbeit.

Georg Fruhstorfer, 22. Juni 1958

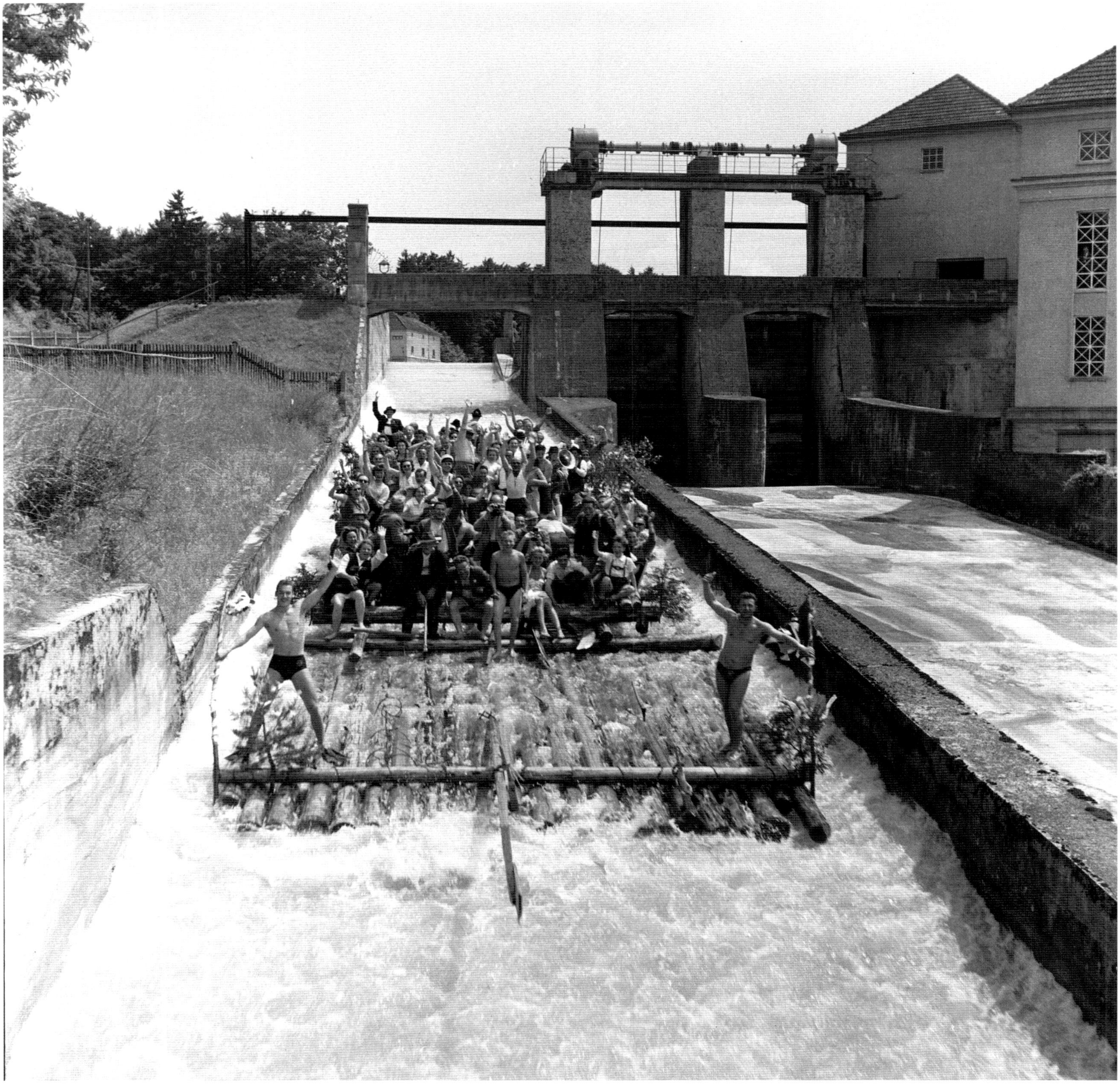

Floßfahrt auf der Isar

Seit Jahrhunderten waren Flöße das wichtigste Transportmittel, um Waren und Baumaterial auf der Isar nach München zu bringen. Heute ist die Isar-Floßfahrt eine Freizeit- und Touristenattraktion. Sie gehört zum immateriellen Kulturerbe der UNESCO.

Georg Fruhstorfer, 1959

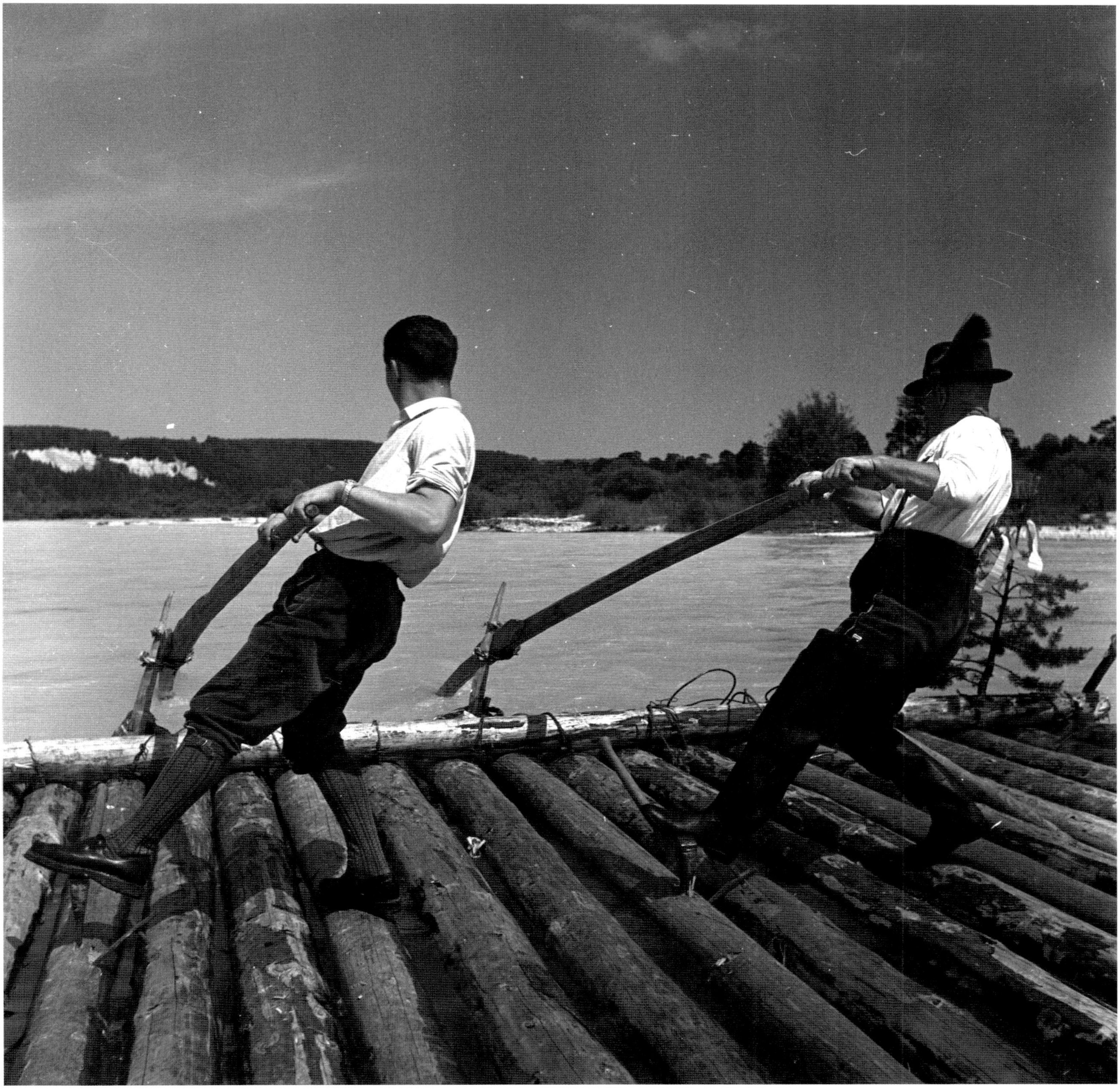

Isar-Flößer

Georg Fruhstorfer, 1959

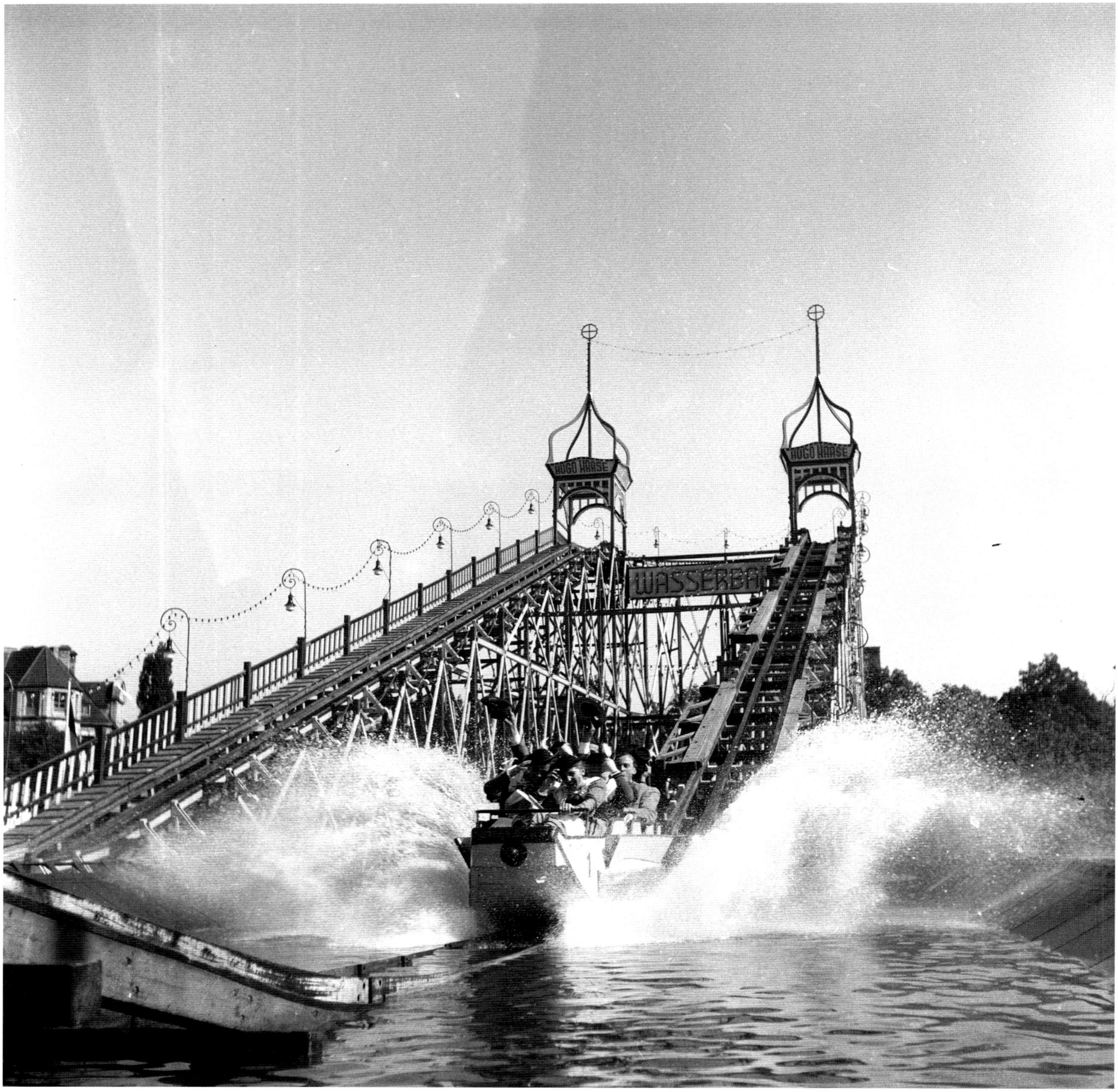

Die Wasserbahn des „Karussellkönigs" Hugo Haase auf dem Oktoberfest

Der Erbauer dieses spektakulären Fahrgeschäfts war Hugo Haase (1867–1933), der sich Ingenieur und „Dampf-Schiff-Carousell-Fabrikant" nannte.

Georg Fruhstorfer, um 1955

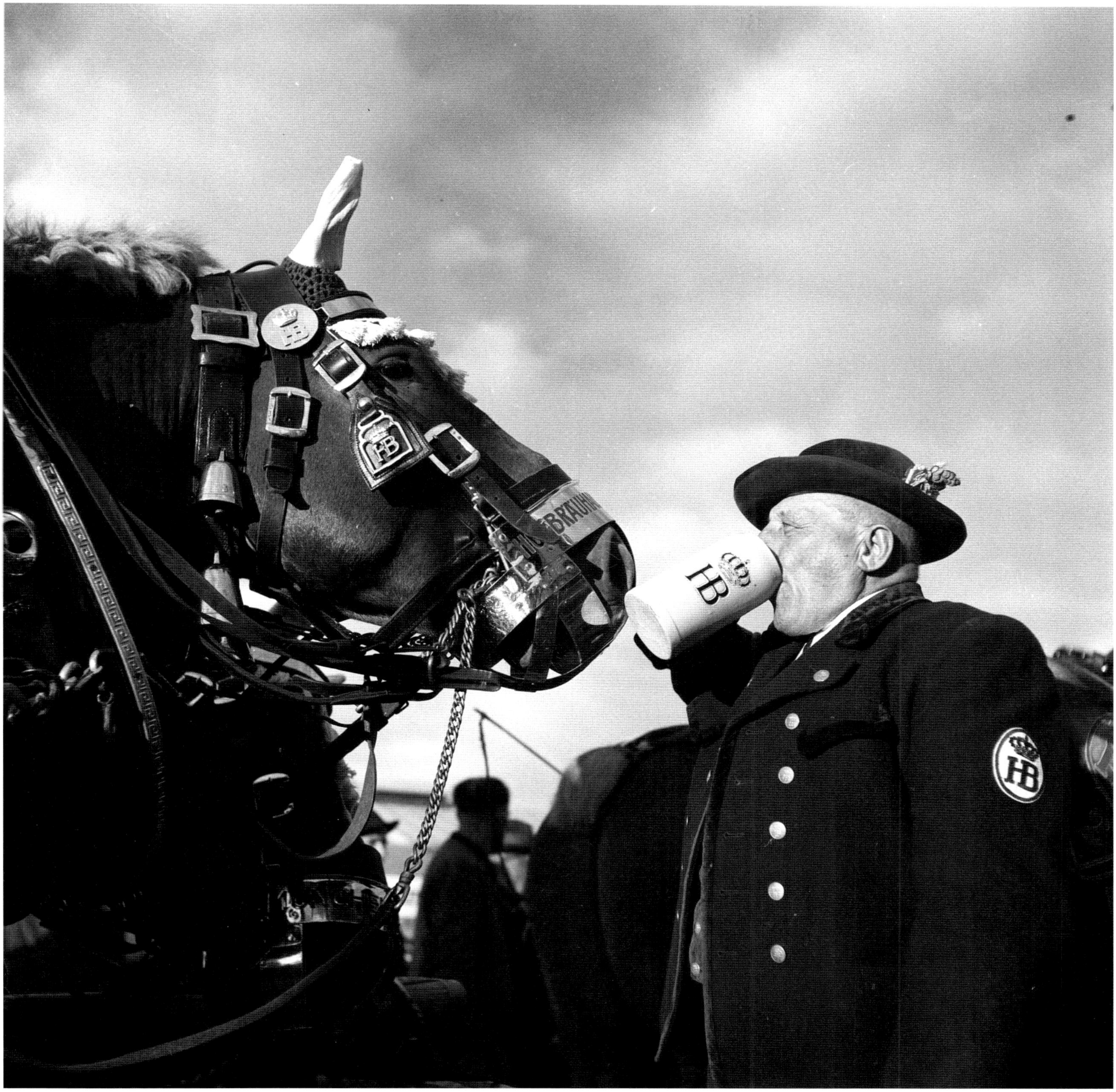

1960 feierte München das 150. Oktoberfest

Wegen des Eucharistischen Weltkongresses begann das 150. Münchner Oktoberfest mit einer Woche Verspätung. Die Maß Bier kostete wie im Jahr zuvor 1,90 DM inklusive Bedienung.

Georg Fruhstorfer, 1960

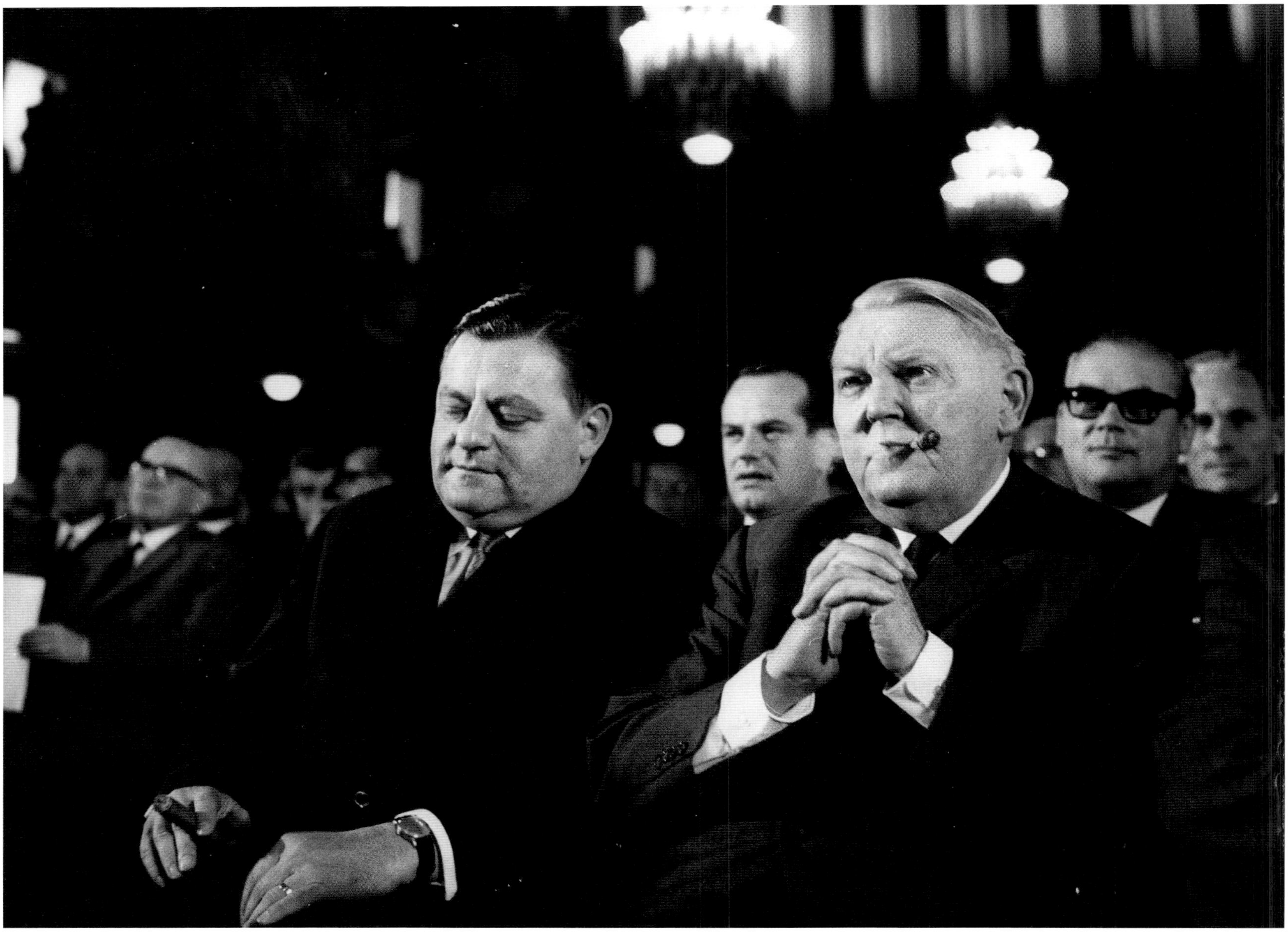

Franz Josef Strauß und Ludwig Erhard

Unter dem Motto „Der Weg in die Zukunft" fand vom 10.–12. Juli 1964 der 22. Parteitag der CSU im Kongresssaal des Deutschen Museums statt.

Felicitas Timpe, 10.–12. Juli 1964

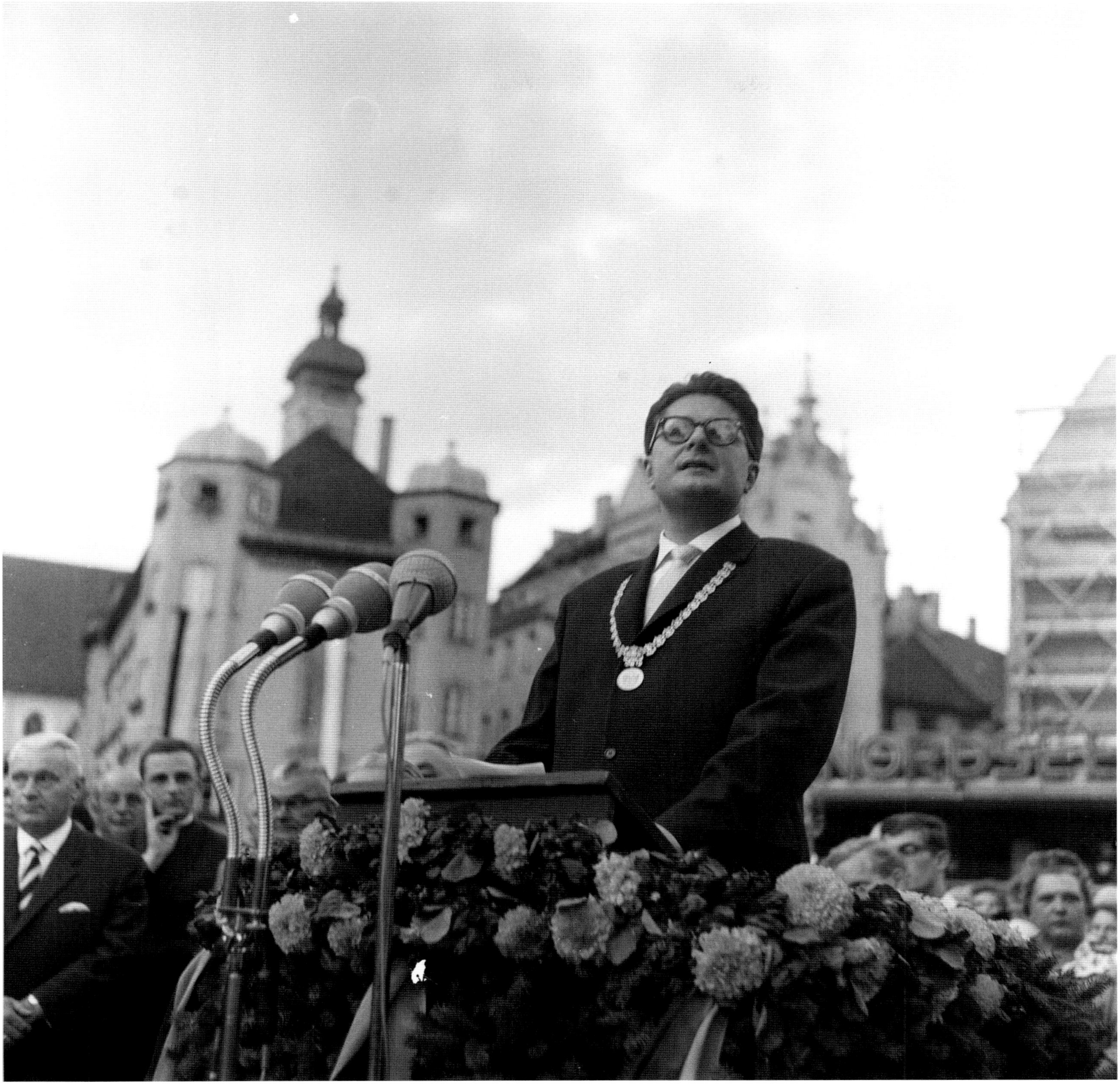

Oberbürgermeister Hans-Jochen Vogel bei der Einweihung des Liesl-Karlstadt-Brunnens

Im Gedenken an die populäre Komikerin Liesl Karlstadt (1892–1960) wurde auf dem Viktualienmarkt 1961 ein Brunnen errichtet.

Georg Fruhstorfer, 27. Juli 1961

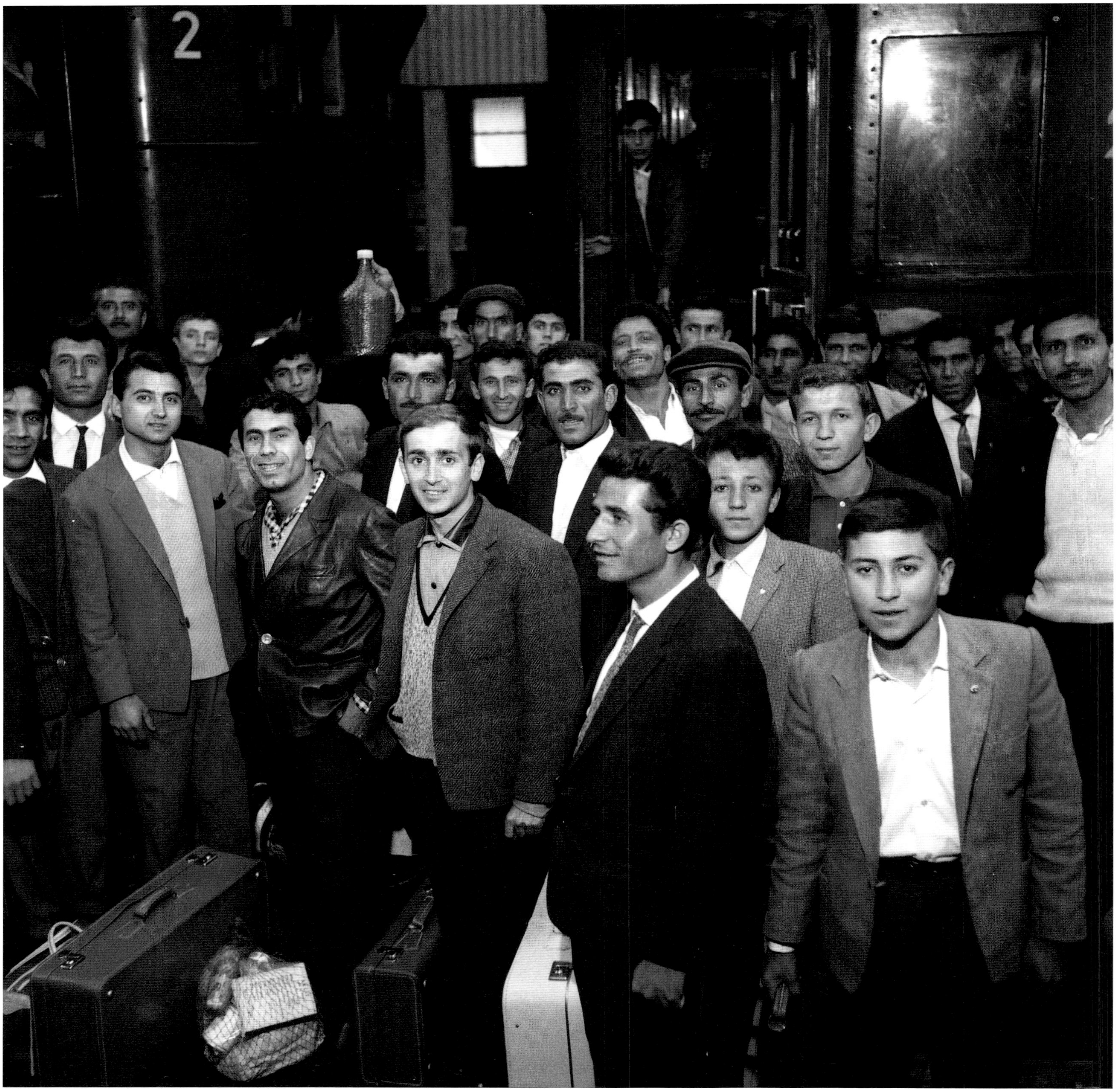

Ankunft türkischer Arbeiter am Münchner Hauptbahnhof

Im „Wirtschaftswunderland" herrschte in den 1950er und frühen 60er Jahren großer Arbeitskräftemangel, der mit der Anwerbung von Gastarbeitern – wie man sie lange Zeit nannte – bewältigt werden sollte. Das erste Anwerbeabkommen wurde 1955 mit Italien geschlossen, es folgten weitere, so 1961 mit der Türkei. Zum Zeitpunkt des Anwerbestopps, der im Jahr 1973 beschlossen wurde, lebten etwa vier Millionen ausländische Arbeitnehmerinnen und Arbeitnehmer in der Bundesrepublik, etwa ein Drittel von ihnen kam aus der Türkei.

Felicitas Timpe, 1964

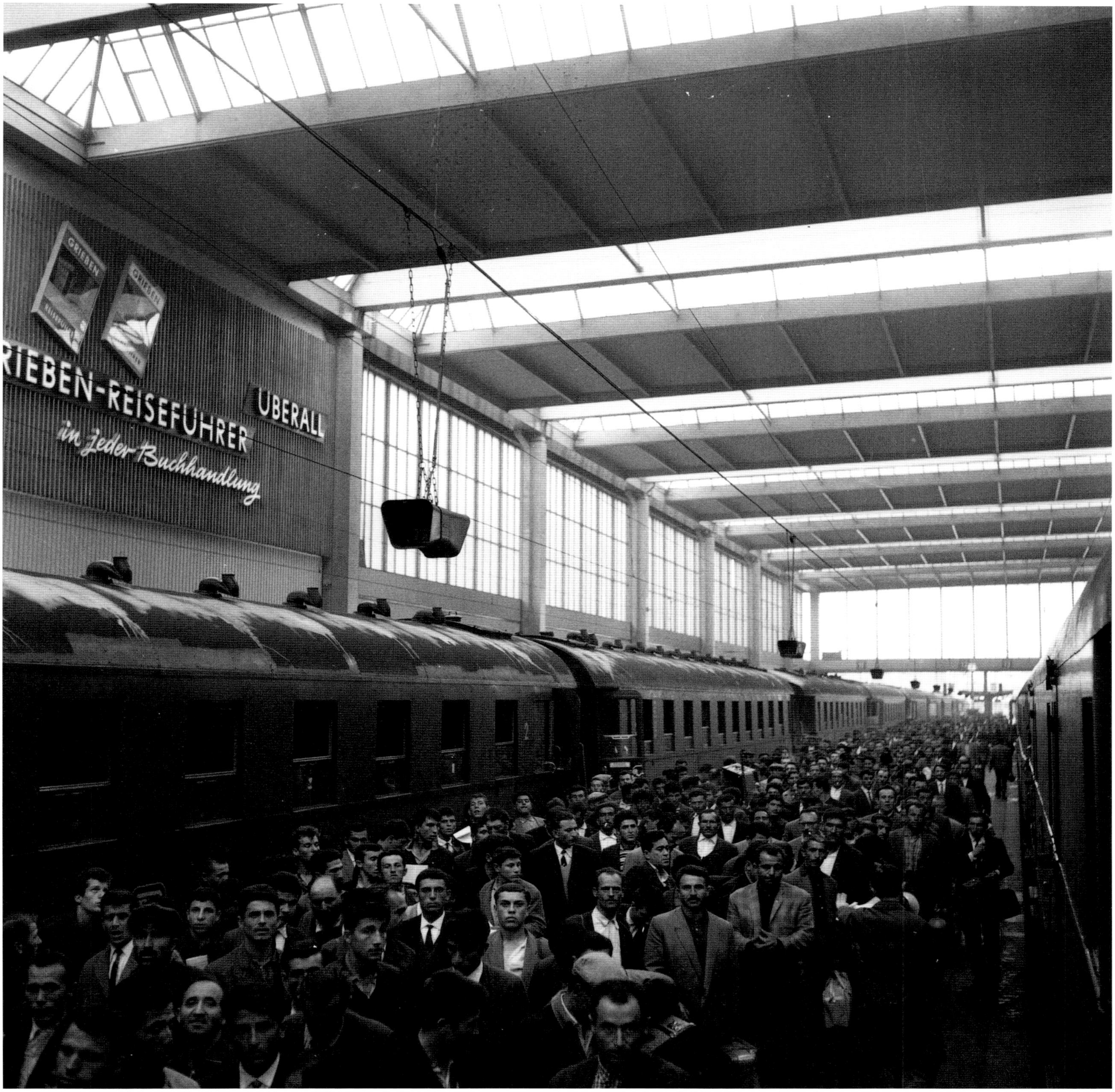

Ankunft türkischer Arbeiter am Münchner Hauptbahnhof

Felicitas Timpe, 1964

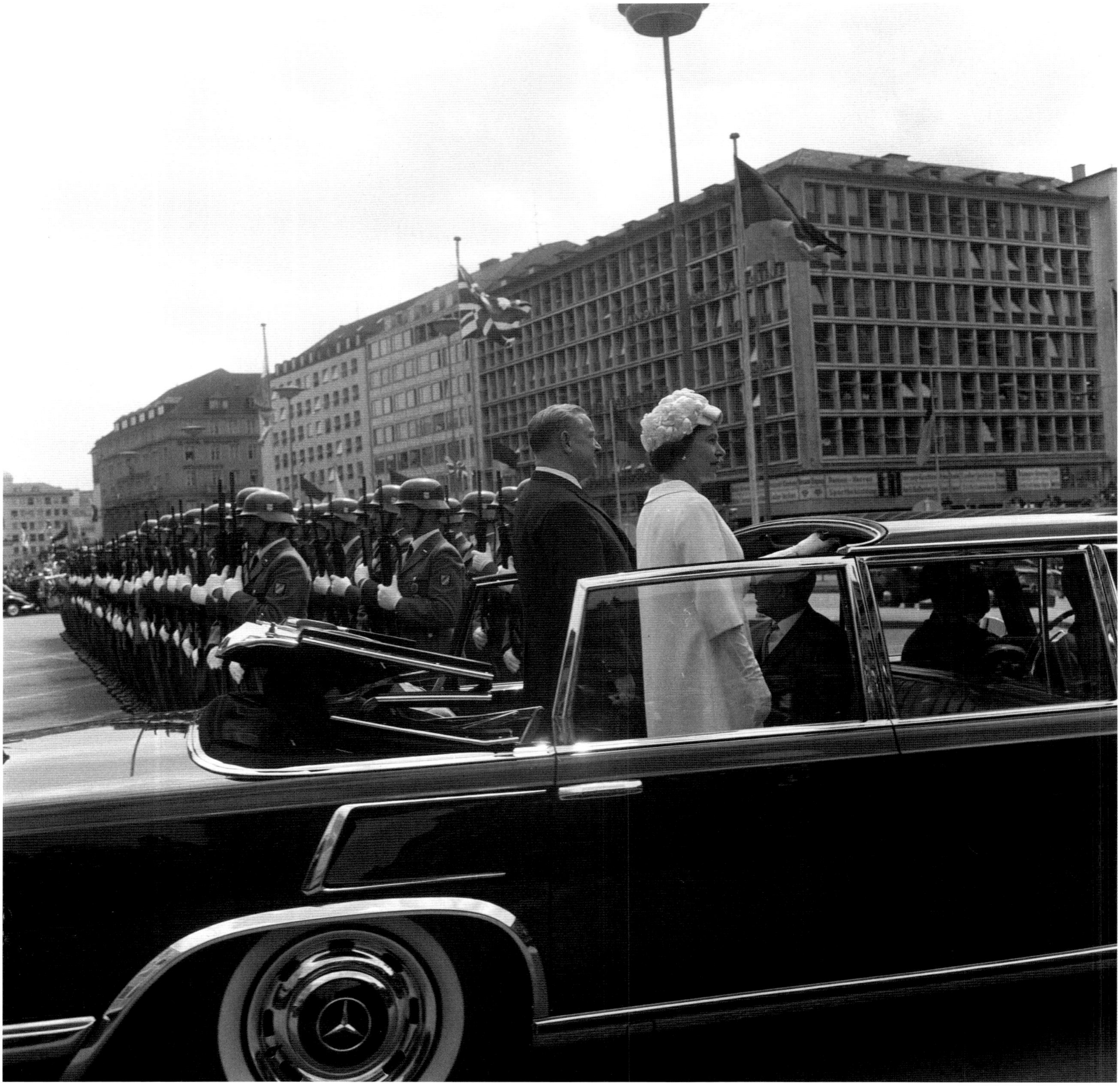

Königin Elisabeth II. im offenen Wagen am Münchener Hauptbahnhof

Während ihres 11-tägigen Staatsbesuchs in Deutschland im Mai 1965 besuchte Königin Elisabeth II. mit ihrem Ehemann Prinz Phillipp auch München. Die Queen kam mit einem Sonderzug am Hauptbahnhof an. Das dicht gedrängte Besuchsprogramm sah auch eine Festaufführung des *Rosenkavalier* von Richard Strauss im Nationaltheater vor.

Georg Fruhstorfer, 21. Mai 1965

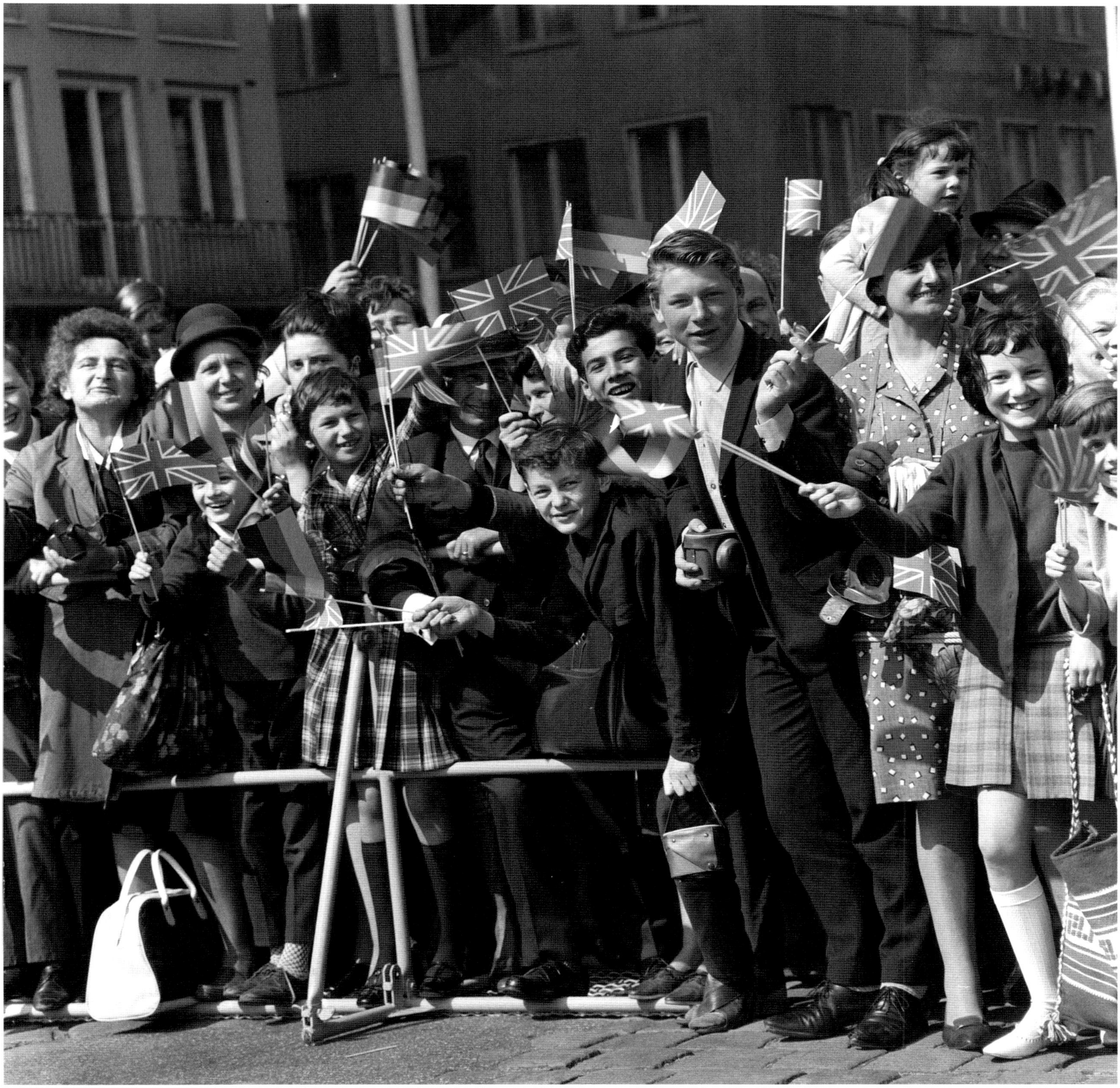

Jubeln statt lernen

Mit Elisabeth II. stattete erstmals ein britisches Staatsoberhaupt der bayerischen Landeshauptstadt einen Besuch ab. In einer wahren Volksfeststimmung jubelte die Bevölkerung den Gästen zu. Die Kinder bekamen schulfrei. Die Queen begeisterte die Menschen und der Staatsbesuch wurde zu einem Zeichen der Versöhnung mit Großbritannien.

Georg Fruhstorfer, 21. Mai 1965

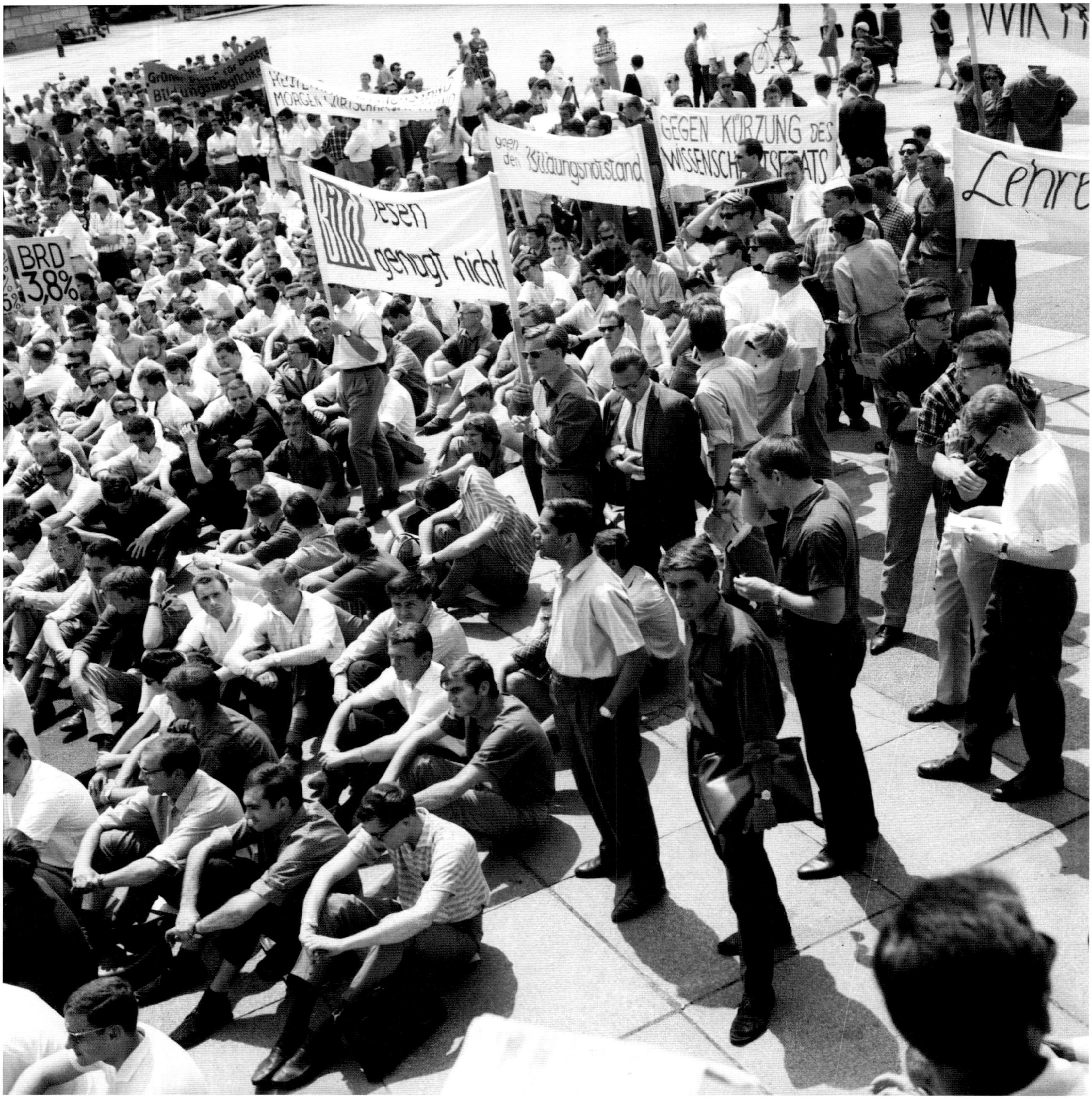

Studenten demonstrieren auf dem Königsplatz gegen den Bildungsnotstand

Die Studentenrevolte von 1968 hatte in München ein Vorspiel, das im Frühjahr 1967 mit Demonstrationen begann. Sie richteten sich gegen die umstrittenen Notstandsgesetze, gegen den Schah von Persien und den Vietnam-Krieg. Am 22. Februar demonstrierten Studenten der Technischen Universität gegen Preiserhöhungen und Kürzungen im Bildungsbereich.

Felicitas Timpe, 1967

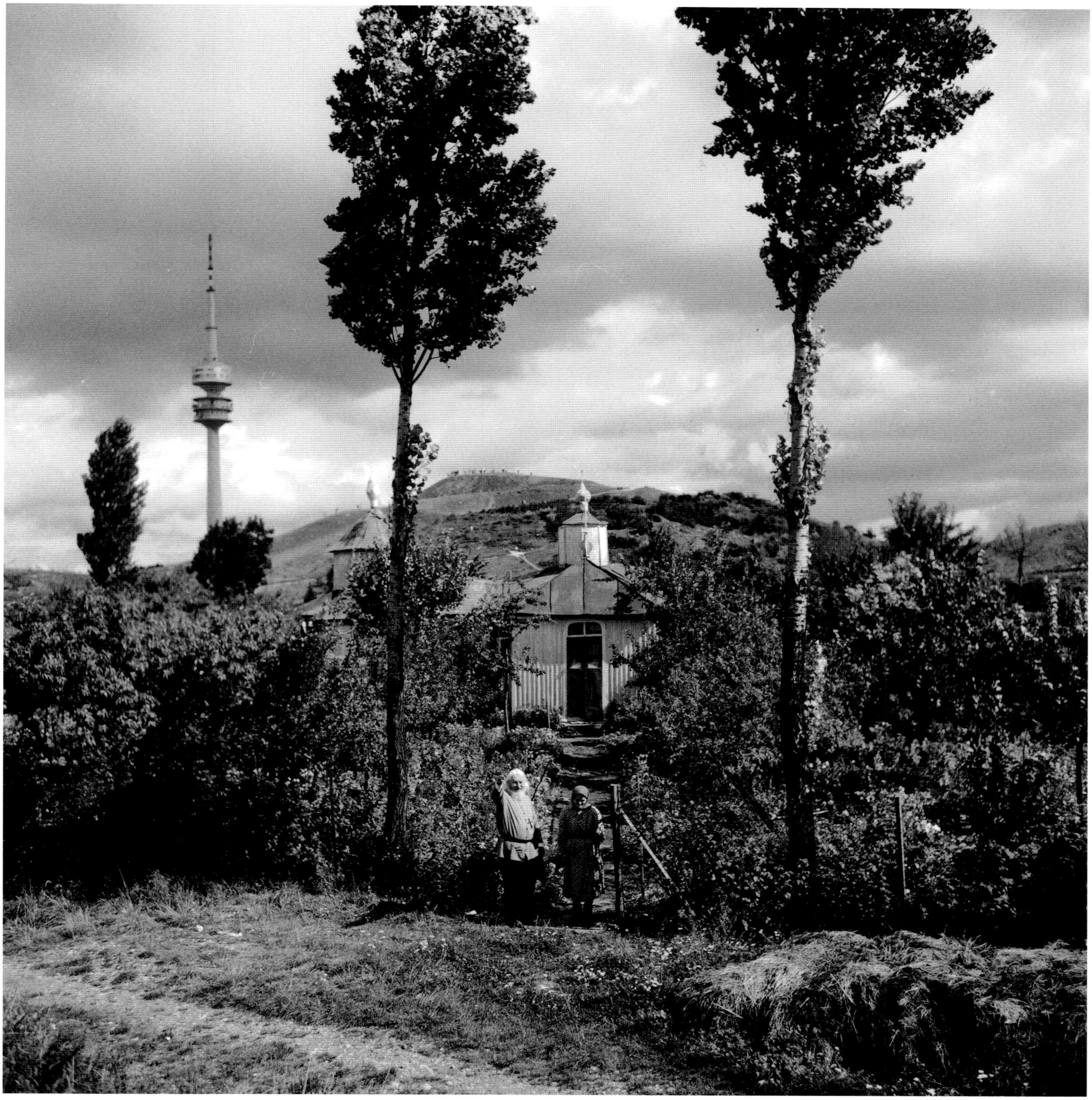

Timofei und Natascha Prochorow vor ihrer selbst errichteten Kapelle im Olympiapark

Ursprünglich sollte die ohne Genehmigung errichtete Kapelle von „Väterchen Timofei" den Bauten für die Olympischen Sommerspiele weichen. Nach Protesten der Bevölkerung wurden die Pläne jedoch geändert und die Anlagen weiter im Norden errichtet.

Georg Fruhstorfer, um 1972

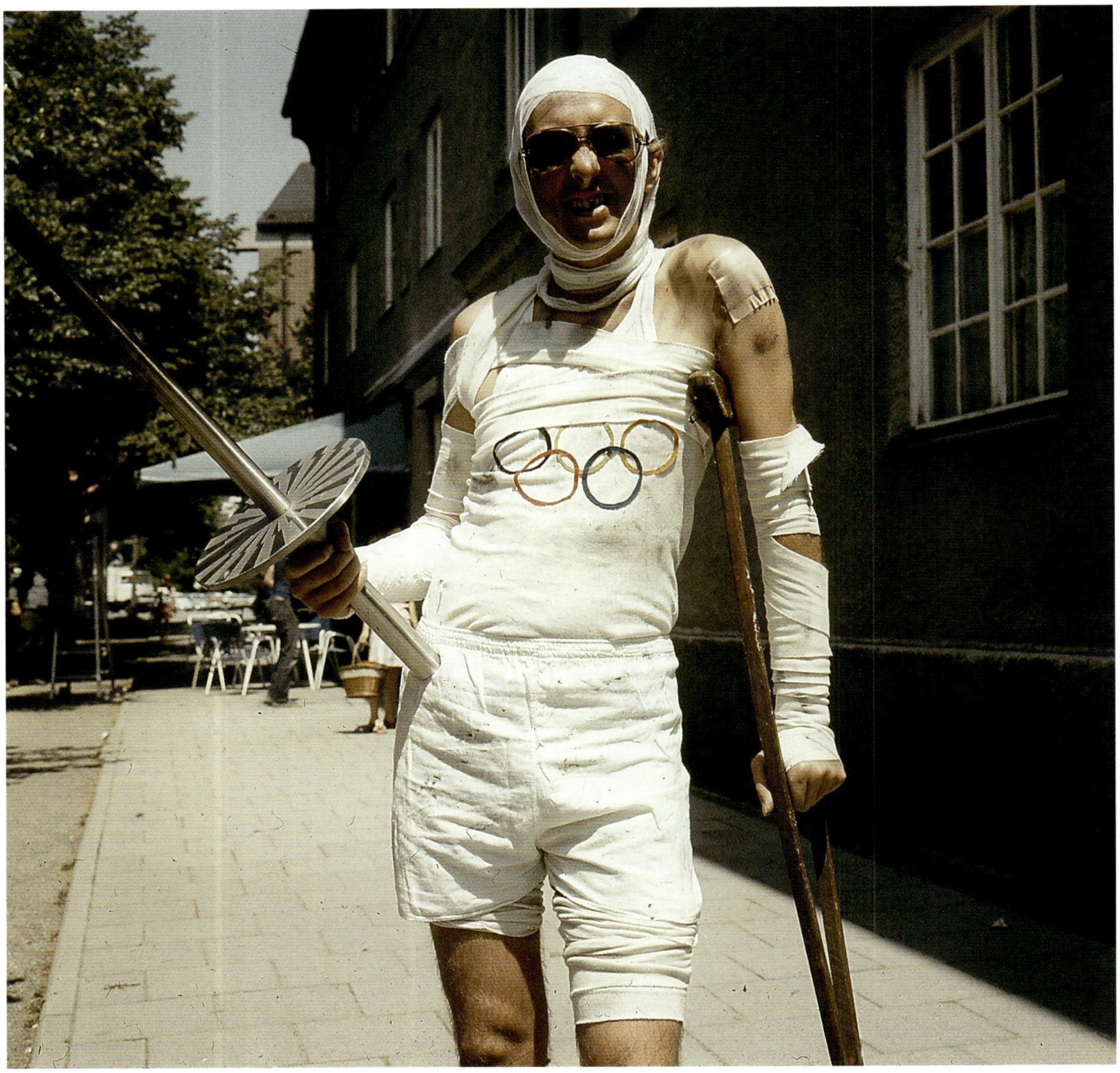

Eric Idle bei Dreharbeiten zu Monty Pythons *Silly Olympics* an der Säbener Straße

Die britische Komikergruppe Monty Python filmte anlässlich der Olympischen Spiele 1972 in München. Im Gegensatz zu den anderen Gruppenmitgliedern schrieb Eric Idle (geb. 1943) seine Sketche meist allein.

Felicitas Timpe, 1971/1972

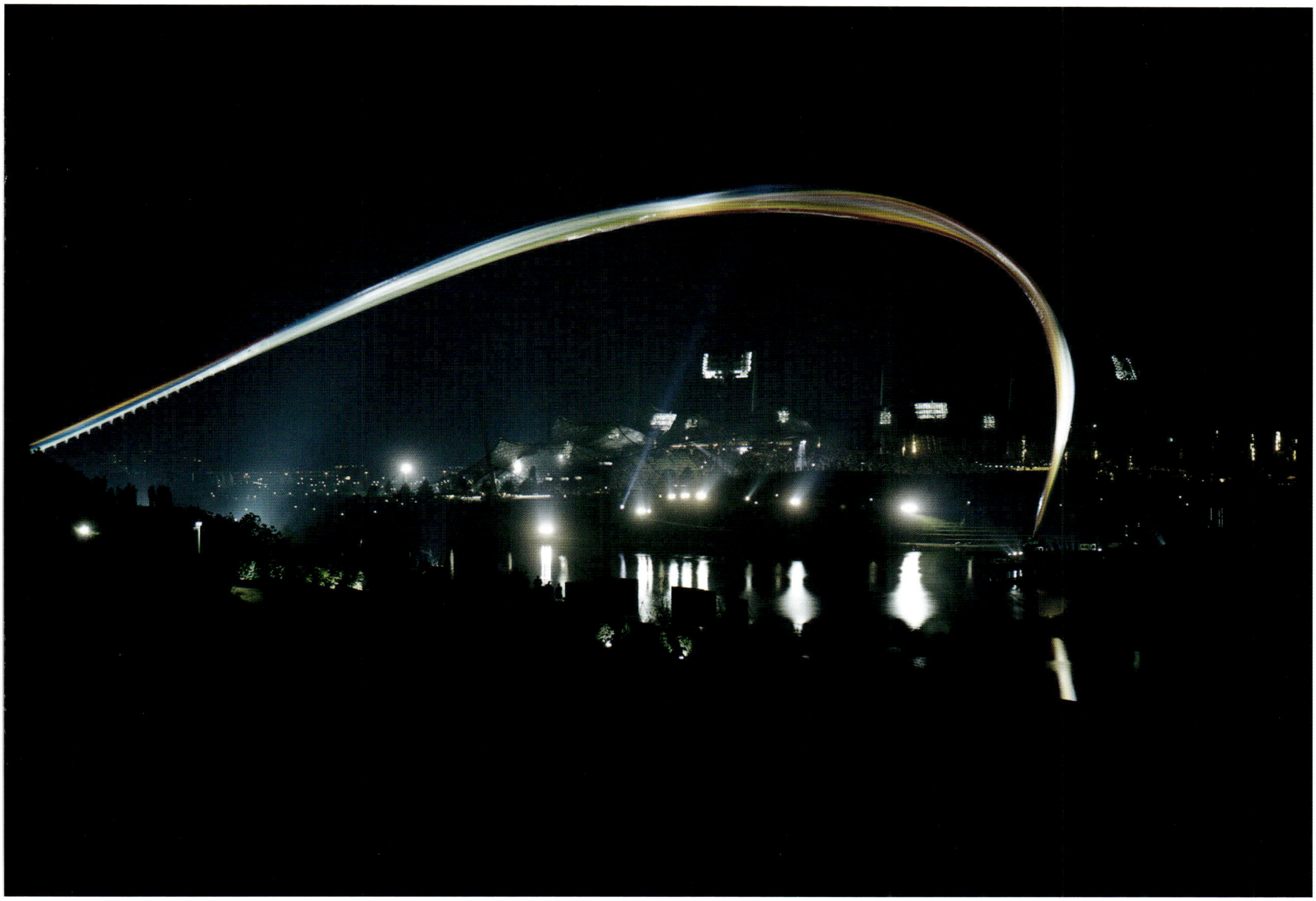

Die Schlussfeier der Olympischen Sommerspiele 1972 mit dem „Olympia-Regenbogen"

Nach einem Gedenken an die Opfer des Attentats konnte man vom Stadion aus den „Olympia-Regenbogen" des Lichtkünstlers Otto Piene (1928–2014) betrachten.

Joachim Kankel, 11. September 1972

Glossar fotografischer Fachbegriffe

THORSTEN ALLSCHER

Albumin

Frisches Hühnereiweiß, das zu Schaum geschlagen wurde und sich durch längeres Stehen wieder verflüssigt hat. Das Albumin wird nach Zusatz von Chlor-, Brom- oder Jodsalzen auf ein Trägerpapier aufgebracht und nach dem Sensibilisieren mit Silbernitrat als lichtempfindliche Aufnahme- und Kopierschicht benutzt.

Ambrotypie

Die Ambrotypie bezeichnet ein Unikatverfahren, bei dem das Glasnegativ direkt nach der Aufnahme und Bildentwicklung gebleicht wird. Dabei wird das in eine Kollodiumschicht eingebettete, schwarze Bildsilber in ein weißliches Bild umgewandelt. Der positive Bildeindruck entsteht durch Hinterlegen der Glasplatte mit einem schwarzen Hintergrund. Die Schichtseite der fertigen Platte konnte zusätzlich koloriert werden, um farbige Akzente zu setzen. Aufgrund der Empfindlichkeit des Bildes wurden Ambrotypien in der Regel hinter Glas montiert, entweder in Rahmen oder in kleinen Etuis, die industriell für die Aufbewahrung von Fotografien gefertigt wurden.

Barytpapier

Papier mit einer weißen Schicht aus Bariumsulfat (Baryt) und Gelatine. Die Barytschicht wird fotografischem Papier vor der Beschichtung mit einer lichtempfindlichen Emulsion aufgebürstet und verhindert das Einsinken der Emulsion in die Papieroberfläche und Fleckenbildung durch Unreinheiten im Papier.

Daguerreotypie

Die Daguerreotypie ist eine Fotografie auf einer polierten Metalloberfläche. Hierzu werden in der Regel versilberte Kupferplatten genutzt, die eine perfekt polierte Oberfläche aufweisen müssen. Die Silberoberfläche wird dann durch Einwirkung von Joddampf lichtempfindlich gemacht. Später werden die Platten zusätzlich auch noch Brom- und Chlordämpfen ausgesetzt, wodurch sich die Lichtempfindlichkeit der Platte erheblich erhöht. Durch die Bedampfung bilden sich an der Oberfläche der Silberschicht Silberhalogenide. Die Platten werden in der Regel direkt vor der Aufnahme bedampft, da sie nur kurz haltbar sind.

Wegen der geringen Empfindlichkeit dauerte eine Belichtung an der Sonne anfangs zehn bis fünfzehn Minuten, später jedoch durch Verbesserungen des Verfahrens und der Objektive weniger als eine halbe Minute, wodurch Porträts möglich wurden. An den belichteten Stellen der Aufnahme wird das Silberhalogenid zu metallischem Silber reduziert. Anschließend wird mit Hilfe von Quecksilberdämpfen entwickelt. Auf der Trägerplatte lagern sich dabei an den vorher vom Licht getroffenen Partien des sehr schwachen Silberbildes Quecksilber-Tröpfchen an. Nach dem Fixieren, wobei sich

die verbliebenen lichtempfindlichen Silbersalze auflösen, entsteht ein äußerst lichtbeständiges, hellgraues Bild. Der Quecksilber-Niederschlag ist jedoch extrem berührungsempfindlich. Die Trägerplatte wurde deshalb zusammen mit einem Passepartout hinter eine Glasscheibe montiert und mit dieser zum Schutz vor Oxidation luftdicht verklebt, bevor man sie abschließend in ein Etui oder einen Rahmen setzte.
Die Daguerreotypie lieferte von Anfang an gut nuancierte und fein strukturierte Bilder, die mit der Lupe betrachtet noch kleinste Details zeigen. Sie begründete dadurch bereits zu Beginn der Fotografiegeschichte einen hohen Standard, an dem sich alle späteren Verfahren messen lassen mussten. Jede Daguerreotypie ist ein Unikat. Eine besondere und ganz charakteristische Einschränkung gibt es beim Betrachten der Bilder: Die Schattenpartien der Aufnahmen werden durch blankes Silber repräsentiert. Je nachdem, ob sich darin Licht oder Dunkelheit spiegelt, sieht man eine Daguerreotypie negativ oder positiv.

Ferrotypie
Die Ferrotypie bezeichnet ein Unikatverfahren, bei dem die in der Kamera direkt ausbelichtete jod- und bromsilberhaltige Kollodiumschicht (später Gelatineschicht) ähnlich der Ambrotypie im Entwicklerbad weiß gefärbt wird. Das jetzt weißliche Negativ erhält durch das darunter liegende, dunkel lackierte Eisenblech als Schichtträger eine positive Bildwirkung. Das Eisenblech ist der Namensgeber dieses Verfahrens, bei dem pro Aufnahme immer nur ein unikales Bild entsteht.

Fotografie – Der fotografische Prozess
Bei der Fotografie mit Fotoplatte oder Film wird ein Lichtbild auf eine lichtempfindliche Schicht, die sogenannte Emulsion, projiziert. Sie besteht aus einer dünnen Schicht aus Kollodium, Albumin oder Gelatine, in der gleichmäßig kleine Kristalle (Körnchen) eines Silberhalogenids verteilt sind. Je kleiner die Körnung ist, desto weniger lichtempfindlich ist die Schicht, umso besser ist allerdings die Auflösung. Dieser lichtempfindlichen Schicht wird durch einen Träger Stabilität verliehen. Trägermaterialien sind anfangs Metall- oder Glasplatten, später Cellulosenitrat oder -acetatfolien und Polyester sowie Papier oder Textilien.
Bei der Belichtung zerfallen die Silberhalogenidsalze, es bildet sich entsprechend der einfallenden Lichtmenge elementares Silber, das sogenannte latente Bild. Aufgrund der mikroskopischen Mengen ist das latente Bild mit bloßem Auge nicht sichtbar. Erst durch das Entwickeln wird auf chemischem Wege das latente Bild sichtbar gemacht, indem sich ausgehend von den winzigen Silberkristallen weitere Silberablagerungen aus den Silberhalogeniden bilden. Wo durch die Belichtung bereits Silber entstanden ist, wird das Bild schnell dunkel, an den unbelichteten Stellen bildet sich hingegen nur sehr langsam weiteres Silber aus. Beim Fixieren werden die im Anschluss nicht belichteten Silberhalogenid-Körnchen wasserlöslich gemacht und mit Wasser herausgewaschen, sodass ein Bild bei Tageslicht betrachtet werden kann, ohne dass es nachdunkelt.

Heliogravüre
Als Heliogravüre, auch Fotogravure genannt, bezeichnet man ein fotografisches Edeldruckverfahren, das als Vorläufertechnik des modernen Tiefdrucks gilt. Mit der Heliogravüre können Fotos und Illustrationen mit echten Halbtönen durch ein fotomechanisches Druckverfahren reproduziert werden. Eine Kupferplatte wird dafür mit Kolophonium- oder Asphaltpulver eingestäubt und

dieses durch Erhitzen als Raster aufgeschmolzen. Darüber wird eine chromathaltige, lichtempfindliche Gelatineschicht aufgebracht. Nach dem Belichten der Druckplatte durch ein Halbton-Diapositiv findet die Entwicklung in warmem Wasser statt. Die Chromgelatine härtet durch Belichtung aus, während die unbelichteten Teile auswaschbar bleiben. Dadurch entsteht ein Gelatinerelief (vgl. Lichtdruck). Je nach Reliefstärke kann in einem nächsten Schritt beim Ätzen der Druckplatte die Säure die aufliegende Gelatineschicht durchdringen. Eine dünne Schicht erlaubt schnelles Durchdringen, wodurch das Kupfer längere Zeit geätzt wird und somit tiefere Vertiefungen erhält (dunklerer Ton durch mehr Farbaufnahme), bei einer dicken Schicht kann die Säure nicht oder erst verspätet zur Platte durchdringen, wodurch diese kaum bis gar nicht geätzt wird. Die kaum geätzten Partien nehmen auch weniger Druckfarbe auf, man erhält beim Druck hellere Töne. Diese unterschiedlich tiefen Vertiefungen, die entsprechend dem Gelatinerelief unterschiedlich viel Farbe aufnehmen können, erlauben im Druck eine differenzierte Halbtonwiedergabe.

(Gelatine-) Auskopierpapier

Fotopapier, beschichtet mit lichtempfindlicher Gelatineemulsion, bei dem das Bild durch Belichtung in direktem Kontakt mit dem Negativ entsteht und lediglich chemisch fixiert werden muss. Das lichtempfindliche Fotopapier befindet sich hierbei zusammen mit dem Negativ in einem Kontaktkopierrahmen, in dem es wie in einem Bilderrahmen fixiert ist. Je intensiver das Kopierlicht, desto niedriger wird der Bildkontrast. Bei Chlorsilberschichten ist das fotolytisch erzeugte, schwarze Bildsilber sehr fein strukturiert und erscheint daher durch Lichtbrechung im Auflicht rotbraun.

Kollodiumpapier matt / glänzend

Kollodium bezeichnet die aufgelöste Kollodiumwolle in einer Alkohol/Ether-Mischung, die beim Trocknen einen klare, lackartige Schicht bildet. Kollodiumwolle ist im Gegensatz zur Nitrocellulose eine niedrig nitrierte Baumwolle (Stickstoffgehalt zwischen 10,6–12,5). Für Kollodiumpapier wird ein Barytpapier mit einer silberhalogenidhaltigen und damit lichtempfindlichen Kollodiumschicht beschichtet. Glänzendes Kollodium zeigt eine glatte, leicht irisierende Oberfläche, die entsteht, wenn das noch feuchte Kollodium nach dem Entwickeln erst mit einem kühlen, dann mit einem erhitzten Rakel bearbeitet wird. Mattes Kollodium musste anfangs aufwändig durch das Quetschen der feuchten Kollodiumschicht auf eine mattierte Glasplatte erzeugt werden, ab 1894 waren Kollodiumpapiere mit matter Oberfläche im Handel erhältlich.

Lichtdruck

Der Lichtdruck ist ein Druckverfahren, bei dem die Druckvorlage fotografisch erzeugt wird. Träger der Druckform ist eine matt geätzte, sehr plane Glasplatte oder auch eine Metallplatte. Auf die Platte wird in zwei Lagen (Vorschicht und Druckschicht) eine lichtempfindliche Emulsion aus chromathaltiger Gelatine aufgebracht und im Halbdunkel getrocknet. Die Emulsion wird durch die Chromsalze lichtempfindlich.
Anschließend wird ein fotografisches Negativ unter Verwendung von Licht mit hohem UV-Anteil auf die Platte aufbelichtet. Das Negativ ist – anders als bei den meisten Druckverfahren – nicht gerastert. Beim Belichten verändern die in der Gelatine enthaltenen Chromate die Löslichkeit der Gelatine in Wasser und setzen das Negativbild in ein Gelatinerelief um. Dieser Vorgang wird Gerbung der Gelatine genannt. Die auftreffende Lichtmenge

bestimmt die Höhe der „gegerbten" Gelatine. Wenig Licht hinter den dunklen Partien des Negativs führt zu einer geringen Härtung der Gelatine, viel Licht hinter den hellen Stellen des Negativs zur starken Härtung. Nach dem Kopiervorgang wird die Platte in fünf bis zehn Grad kaltes Wasser getaucht, wodurch die Chromate ausgewaschen werden, so wird eine weitere Belichtung verhindert. Dabei bildet sich das charakteristische Runzelkorn, an dem fertige Lichtdrucke bei starker Vergrößerung unverkennbar zu identifizieren sind.

Photochromdruck

Annähernd einhundert Jahre lang war der Photochromdruck ab den 1880er Jahren das effektivste rasterlose Flachdruckverfahren zur Herstellung von hochwertigen Farbreproduktionen, seine Blütezeit erlebte er in der Zeit vor dem Ersten Weltkrieg. Beim Photochromdruck handelt es sich um ein Flachdruckverfahren. Dabei wird das Negativ einer Schwarzweiß-Fotografie auf einen mit einer Asphaltmischung überzogenen Lithographiestein belichtet. Für jede zu druckende Farbe wird dabei eine Asphaltkopie hergestellt und entwickelt. Nach weiteren komplexen Bearbeitungsschritten wird der Stein mit der jeweiligen Farbe eingefärbt und das Motiv übereinander in den verschiedenen Farbtönen auf Papier oder Karton gedruckt.

Rasterdruck

In Druckmaschinen kann aus technischen Gründen zumeist nur eine bestimmte, begrenzte Auswahl von Farben genutzt werden, die dann ausschließlich in reiner Form gedruckt werden. Die meisten Druckverfahren können somit keine Halbtöne darstellen, es kann an einer Stelle entweder ein Farbpunkt gedruckt werden oder nicht. Dabei kann auch nicht gesteuert werden, ob wenig oder viel Farbe an einem Bildpunkt verdruckt wird. Als Lösung werden Bilder – sofern diese nicht ausschließlich aus den reinen Druckfarben bestehen sollen – zur Darstellung verschiedener Graustufen oder Farbtöne gerastert. Um Mischungen zwischen den Druckfarben oder verschiedene Helligkeiten darstellen zu können, werden dabei sehr feine Druckpunkte der Farben nebeneinander gedruckt, um den gewünschten resultierenden Farbeindruck zu erzielen.
Ein Glasgravurraster dient dabei zum Zerlegen von Halbtonaufnahmen auf fotografischem Wege in druckbare Rasterpunkte. Das Verfahren wurde 1881 von Georg Meisenbach in München erfunden. In zwei runde Glasscheiben werden eng nebeneinander liegende dünne parallele Linien mit einem Diamant eingeritzt und mit Asphalt geschwärzt. Die beiden Glasplatten werden anschließend rechtwinklig zueinander zusammengekittet, so dass winzige quadratische Fenster entstehen.
In der Reproduktionskamera befindet sich eine Haltevorrichtung mit einer Gradeinteilung für die verschiedenen Drehungen des Glasgravurrasters, bei einem Vierfarbdruck üblicherweise 0° für Gelb, 15° für Magenta, 45° für Schwarz und 75° für Cyan. Die Rasterdrehung ist notwendig, damit kein Moiré entsteht. Die Rasterscheibe befindet sich im Strahlengang der Kamera in kurzem Abstand vor dem zu belichtenden Film. So wird für jede Farbe eine eigene Druckvorlage erzeugt, die dann im Druck kombiniert die farbige Abbildung ergeben.

Silbergelatine

Lichtempfindliche Emulsion aus Gelatine und Silberhalogeniden. Silber in Verbindung mit einem Element aus der Gruppe der Halogene wie Chlor, Brom oder Jod bildet lichtempfindliche Salze, die für den fotografischen Prozess essentiell sind.

Literaturverzeichnis

Angermair, Elisabeth: *München im 19. Jahrhundert. Frühe Photographien 1850–1914*. München 2013.

Benkert, Ralf: *Photographinnen und Photographen im Werdenfelser Land*. Eine Auswahl aus dem ersten Künstlerlexikon des Werdenfelser Landes. Sonderdruck o. O., o. J.

Biller, Josef H. / Rasp, Hans-Peter: *München. Kunst- und Kultur-Lexikon*. Stadtführer und Handbuch. München 1994.

Boll, Franz: „Photographische Einzelaufnahmen aus den Schätzen der K. Hof- und Staats-Bibliothek in München“, in: *Centralblatt für Bibliothekswesen* 19 (1902), S. 229–248.

Ceynowa, Klaus: „15 Millionen Bilder für die ‚Ewigkeit‘. Das *stern*-Fotoarchiv an der Bayerischen Staatsbibliothek“, in: *Zeitschrift für Bibliothekswesen und Bibliographie* 66 (2019), S. 271–279.

Ceynowa, Klaus: „‚Etwas Tolleres gab es damals nicht!‘ Das *stern*-Fotoarchiv an der Bayerischen Staatsbibliothek“, in: *Bibliotheksmagazin* 1 (2020), S. 13–22.

Dachs, Karl: *Die schriftlichen Nachlässe in der Bayerischen Staatsbibliothek München*, Wiesbaden 1970.

Derenthal, Ludger: *Bilder der Trümmer- und Aufbaujahre. Fotografie im sich teilenden Deutschland*. Marburg 1999.

Dewitz Bodo von / Matz, Reinhard (Hrsg.): *Silber und Salz. Zur Frühzeit der Photographie im deutschen Sprachraum 1839–1860*. Katalog zur Ausstellung. Köln und Heidelberg 1989.

Dollinger, Hans: *München im 20. Jahrhundert. Eine Chronik der Stadt von 1900 bis 2000*. München 2001.

Fabian, Claudia u. a.: *Das Ausstellungsgeschehen der Bayerischen Staatsbibliothek 1993 bis 2014*, München 2014.

Fackelmann, Michael (Hrsg.): *Leben in München. Fotos aus den frühen 60er Jahren*. München 2012.

Förster, Uwe: „Nachruf Dr. Lorenz“, in: *stereojournal* Heft 1 (2013), S. 25.

Fruhstorfer, Georg / Fruhstorfer, Heidi: *Hurra, wir leben noch! München nach 1945*. Gudensberg-Gleichen 2003.

Fruhstorfer, Heidi: *Wir Kriegskinder. Münchner Zeitzeugen erinnern sich*. Gudensberg-Gleichen 2005.

Fruhstorfer, Heidi: *Wir sind wieder wer! München im Wirtschaftswunder*. Gudensberg-Gleichen 2006.

Fruhstorfer, Heidi: *Aufgewachsen in München in den 40er und 50er Jahren*. Gudensberg-Gleichen 2008.

Fruhstorfer, Georg / Fruhstorfer, Heidi: *Rama dama! München nach 1945*. Gudensberg-Gleichen 2013.

Fruhstorfer, Heidi: *München in den 50er und 60er Jahren. Auf dem Weg zu Weltstadt*. Gudensberg-Gleichen 2019.

Gebhardt, Heinz: *Königlich bayerische Photographie 1838–1918*. München 1978.

Gebhardt, Heinz: *Franz Hanfstaengl. Von der Lithografie zur Photographie*. Katalog zur Ausstellung. München 1984.

Gebhardt, Heinz: *München. Das waren die Fünfziger. Fotografiert von Rudi Dix*. Mit einer Einführung von Otto Merk. München/Berlin 1994.

Haerendel, Ulrike / Ott, Bernadette (Red.): *München – „Hauptstadt der Bewegung"*. Katalog zur Ausstellung. München 1993.

Herz, Rudolf / Halfbrodt, Dirk: *Revolution und Fotografie – München 1918/19*. Berlin 1988.

Herz, Rudolf: *Hoffmann & Hitler. Fotografie als Medium des Führer-Mythos*. München 1994.

Heß, Helmut: *Der Kunstverlag Franz Hanfstaengl und die frühe fotografische Kunstreproduktion. Das Kunstwerk und sein Abbild*. München 1999.

Horn, Reinhard: „Heinrich Hoffmann – Reichsbildberichterstatter", in: *Bibliotheksforum Bayern* 22 (1994), S. 87–95.

Horstkemper, Gregor / Jahn, Cornelia / Kellner, Stephan: „‚Majestät, genga S'heim, Revolution is!' Sammlungen zur Revolution 1918/19 in der Bayerischen Staatsbibliothek und ihre Präsentation", in: *Zeitschrift für Bibliothekswesen und Bibliographie* 65 (2018), S. 182–194.

Ikas, Wolfgang / Jahn, Cornelia: „Verborgene Schätze berühmter Persönlichkeiten. Die Sammlung der Zimelienautographen der Bayerischen Staatsbibliothek und ihre Digitalisierung", in: *Bibliotheksmagazin* 1 (2017), S. 68–75.

Kemp, Cornelia: *Foto und Film. Die Technik der Bilder*. Paderborn 2017.

Koenig, Helmut: *7 Jahre Wiederaufbau in München. Ein Querschnitt durch den Wiederaufbau Münchens 1945–1952*, München 1952.

Körner, Torsten: *Ein guter Freund. Heinz Rühmann Biographie*. Berlin 2001.

Krauss, Marita: *Die königlich bayerischen Hoflieferanten*. München 2009.

Littger, Klaus Walter (Hrsg.): *Entwicklungen und Bestände. Bayerische Bibliotheken im Übergang zum 21. Jahrhundert*. Wiesbaden 2003.

Lorenz, Dieter: *Fotografie und Raum. Beiträge zur Geschichte der Stereoskopie*. Münster, München 2012.

Meier, Robert: *Bayern im Wirtschaftswunder. Unser Aufbruch in die 50er Jahre*. Gudensberg-Gleichen 2007.

Metzger, Christine (Hrsg.): *München. Blick auf eine Weltstadt*. München 2012.

Moisy, Sigrid von: „Aus den Anfängen der Autographensammlung der Bayerischen Staatsbibliothek", in: *Bibliotheksforum Bayern* 22 (1994), S. 7–25.

Moravetz-Kuhlmann, Monika: „Bestandsaufbau an der Bayerischen Staatsbibliothek zu Beginn des 21. Jahrhunderts" – Teil 1, in: *Sammeln und Erwerben an der Bayerischen Staatsbibliothek*, hrsg. von Klaus Haller und Klaus Kempf, Wiesbaden 2011, S. 57–67.

München – Maxvorstadt. St. Markus vor 50 Jahren. Bilder aus der Nachkriegszeit von Johann Vorzellner. München 2000.

Nerdinger, Winfried (Hrsg.): *München und der Nationalsozialismus*. Katalog des NS-Dokumentationszentrums München. München 2015.

Obermeier, Angelika / Horn, Reinhard: „Das Bildarchiv der Bayerischen Staatsbibliothek – Vom bayerischen Königsschloss zum amerikanischen Rockstar", in: *Bibliotheksmagazin* 2 (2007), S. 33–37.

Peters, Sebastian: „Heinrich Hoffmann. Verlag nationalsozialistischer Bilder", in: *Historisches Lexikon Bayerns*. URL: http://www.historisches-lexikon-bayerns.de/Lexikon/Heinrich_Hoffmann._Verlag_nationalsozialistischer_Bilder (letzter Zugriff am 23.12.2019)

Peters, Sebastian: *Heinrich Hoffmann. Hitlers Fotograf und seine Netzwerke zwischen Politik, Propaganda und Profit*. Dissertation in Vorbereitung. URL: https://www.ifz-muenchen.de/forschung/ea/forschung/heinrich-hoffmann-hitlers-fotograf-und-seine-netzwerke-zwischen-politik-propaganda-und-profit/

Pohlmann, Ulrich (Hrsg.): *Alois Löcherer. Photographien 1845–1855*. München 1998.

Pohlmann, Ulrich: *Lehrjahre, Lichtjahre: Die Münchner Fotoschule 1900–2000*. München 2000.

Pohlmann, Ulrich / Siegert, Dietmar (Hrsg.): *Zwischen Biedermeier und Gründerzeit. Deutschland in frühen Photographien 1840–1890 aus der Sammlung Siegert*. München 2012.

Ranke, Winfried: *Joseph Albert – Hofphotograph der Bayerischen Könige*. München 1977.

Schäffler, Hildegard: „Bestandsaufbau an der Bayerischen Staatsbibliothek zu Beginn des 21. Jahrhunderts"– Teil 2, in: *Sammeln und Erwerben an der Bayerischen Staatsbibliothek*, hrsg. von Klaus Haller und Klaus Kempf, Wiesbaden 2011, S. 69–77.

Scheutler, Rudolf: „Timpe, Felicitas", in: *Neue Deutsche Biographie* 26 (2016). S. 292–293.

Stenger, Erich: *Die Photographie in München 1839–1860*. Berlin 1939.

Von Armstrong bis Zappa. In Bildern von Felicitas Timpe. Katalog zur Ausstellung München 28.11.1997 – 31.1.1998, bearb. von Reinhard Horn, Starnberg/München/Erfurt 1997.

Walz, Tino: *Untergang und Neubeginn. Die Rettung der Wittelsbacher Schatzkammer, der Wiederaufbau der Münchener Residenz und andere Erinnerungen aus meinem Leben*. München 2003.

Wanninger, Susanne: *München im 20. Jahrhundert*. München 2012.

Konkordanz

Nach Seitenzahlen

Seite	*Bildnummer*
24	port-004560
24	port-018393
24	port-023193
25	port-028789
26	port-013364
26	port-013365
27	port-032691
28	ana-000048
28	ana-001535
29	port-032633
30	port-030712
31	port-017864
32	ana-000544
33	ana-000543
33	ana-000545
34	ana-000579
35	ana-000013
35	ana-000014
35	ana-000015
35	ana-000016
36	lore-000058
37	lore-000051
37	lore-000061
37	lore-000066
38	lore-000082
38	lore-000089
38	lore-000114
39	lore-000095
39	lore-000097
39	lore-000099
40	lore-000102
40	lore-000106
41	lore-000078
41	lore-000123
42	lore-000108
42	lore-000146
43	lore-000093
43	lore-000105
44	port-004561
45	port-009154
45	port-009249
46	port-008946
47	port-008927
48	port-004762
48	port-009167
49	port-008056
50	port-013824
51	port-004764
51	port-030748
52	port-032693
52	port-032694
53	port-032695
53	port-032696
54	port-028701
55	port-008634
56	port-017633
58	ana-000536
59	ana-000530
60	port-021619
61	port-017184
63	port-032697
64	hoff-4224
65	port-008953
67	port-008057
68	port-004569
68	port-009174
69	port-020146
69	port-020147
70	port-032692
72	port-032698
73	port-030731
74	port-003020
75	port-003014
76	port-031529
77	lore-000686
78	lore-000687
79	ansi-013475
80	ansi-001089
80	port-016011
81	ansi-000530
81	ansi-013357
81	beie-000273
82	ansi-000786
83	ansi-002872
84	ansi-002651
85	ansi-005642
87	ansi-005643
88	ansi-000062
89	ansi-002583
90	ansi-010652
91	ansi-002798
93	ansi-000775
94	ansi-008898
95	ansi-006275
96	ansi-003493
97	fruh-00296
98	ansi-004300
99	ansi-005320
100	ansi-006486
101	ansi-006560
103	ansi-006121
104	beie-000140
105	beie-000001
106	beie-000005
107	beie-000034
109	beie-000137
110	beie-000247
111	beie-000299
112	hoff-26412
113	hoff-26480
115	hoff-61766
116	port-006701
117	fruh-09287
118	hoff-473
118	hoff-60510
119	hoff-60866
120	hoff-4496
121	hoff-4497
122	hoff-5124
123	hoff-5137
124	hoff-5152
125	hoff-5147
126	hoff-5130
127	hoff-5221
128	hoff-5250
129	hoff-5227
130	hoff-5660
131	hoff-6519
132	hoff-6609
133	hoff-6622
134	port-002749
135	port-026116
136	hoff-8132
137	hoff-8496
138	hoff-7928
139	hoff-7936
140	hoff-8167
141	hoff-8185
142	hoff-12170
143	hoff-12173
144	hoff-20612
145	hoff-22046
146	hoff-14387
147	hoff-39054
149	hoff-28756
150	hoff-28767
151	hoff-28771
152	hoff-28820
153	hoff-28880
154	hoff-42421
156	fruh-03123
157	fruh-03124
158	hoff-8720
159	walz-0355
161	walz-0662
162	walz-0959
164	hoff-64295
165	hoff-64320
167	hoff-64352
168	hoff-64407
169	hoff-64330

Nach Bildnummern

Fotografenregister

Bayerische Staatsbibliothek. Ausstellungskataloge. 93

Dieses Buch erscheint anlässlich der Ausstellung
MÜNCHEN. SCHAU her!
Das Bildarchiv der Bayerischen Staatsbibliothek
6. März – 21. Juni 2020

Bayerische StaatsBibliothek
Information in erster Linie

Weitere Informationen zur Ausstellung finden Sie unter: www.muenchen-schau-her.de
Ausstellungsgestaltung und Cover der Bibliotheksausgabe: Gruppe GUT, Bozen

Ausstellung und Katalog: Dr. Cornelia Jahn
Mitarbeit: Paul Bräg M.A.

Wir danken den Förderern und Freunden der Bayerischen Staatsbibliothek e.V.
für die Unterstützung bei der Drucklegung des Katalogs.

Förderer & Freunde der Bayerischen StaatsBibliothek e.V.

Abbildungen auf dem Umschlag der Bibliotheksausgabe
vorne: Der „Donisl" in der Weinstraße, 1948/49. Foto Georg Fruhstorfer
hinten: Der Autor und Künstler Reiner Zimnik steigt aus seiner Isetta, 1955/59.
Foto Georg Fruhstorfer

© 2020 Bayerische Staatsbibliothek
© 2020 für diese Ausgabe Schirmer/Mosel München
Dieses Werk einschließlich aller seiner Teile ist urheberrechtlich geschützt. Sämtliche Arten der Vervielfältigung oder der Wiedergabe dieses Werkes sind ohne vorherige Zustimmung des Verlages unzulässig und strafbar. Dies gilt für alle Arten der Nutzung, insbesondere für den Nachdruck von Texten und Bildern, deren Vortrag, Aufführung und Vorführung, die Übersetzung, die Verfilmung, die Mikroverfilmung, die Sendung und die Einspeicherung und Verarbeitung in elektronischen Medien. Zuwiderhandlungen werden verfolgt.

Gestaltung: Regine Kaiser
Lithos: BayerMedia, München
Druck und Bindung: Passavia, Passau

ISBN 978-3-8296-0872-5 (Verlagsausgabe)
ISBN 978-3-8296-0905-0 (Bibliotheksausgabe)

Eine Schirmer/Mosel-Produktion
www.schirmer-mosel.com